出土文献与中国文学研究丛书

甲骨文祭祀动词句型研究

贾燕子◎著

社会科学文献出版社
SOCIAL SCIENCES ACADEMIC PRESS (CHINA)

作者简介

贾燕子，闽南师范大学文学院教授、博士生导师；闽南师范大学“龙江学者”特聘教授，学科带头人。主要研究兴趣为古文字学、汉语词汇史和词汇类型学。出版专著1部，在《世界汉语教学》《语文研究》《语言研究》《古汉语研究》《语言学论丛》《汉语史学报》等期刊发表论文40多篇。主持国家社科基金及省部级以上社科规划项目8项，参与社科基金重大和一般项目6项。

内容简介

本书选取殷墟甲骨文中的107个祭祀动词，按照每个祭祀动词所在句法结构的不同进行分类，详尽描述其类别，力求呈现句型的层级性；依照五期分期标准对各句型进行断代，讨论了祭祀动词句结构分布与甲骨文分期的关系；通过大量的数据统计，分析了祭祀动词句的句型结构、句法成分、句型变换手段、施事主语出现与否等使用频率的差异；从“语义价”和“句法向”两个层面，探讨了祭祀动词的句法语义关系；指出祭祀动词已有分类方法存在的不足，根据句法结构和宾语语义类型的不同对祭祀动词重新进行了多重分类。本研究可为甲骨文句法研究和古汉语句型研究提供参考。

总　序

汤漳平

闽南师范大学文学院的“出土文献与中国文学研究丛书”即将付梓，嘱予为之序。看着这沉甸甸的十部著作，回忆起多年来文学院的老师们在这一学科领域中所付出的巨大精力与艰辛，我不由得心潮澎湃。

出土文献与中国文学研究，是中国文学史研究中极具前沿性的研究方向。常言道，“十年磨一剑”，这十部著作，正展示了闽南师范大学文学院近十年来在该研究领域中所取得的丰硕成果。其中，有多项是国家社科基金和教育部规划项目的结项成果，已经获得有关鉴定专家的好评；一批相关论文也已在报刊公开发表，在一定程度上填补了相关领域空白，拓展了研究的思路。

20 年前，闽南师大文学院（当时是漳州师范学院中文系）在讨论学科的重点研究方向时，便将出土文献与中国文学研究确定为古典文学研究的重点方向，以提高古代文学师资队伍质量，也用以培养硕士研究生对这一研究领域的关注和兴趣。虽然说当时系里的师资力量并不雄厚，但是并没有人对此提出异议。报送省教育厅后，教育厅十分支持，立即将我校这一课题列为省古代文学的重点研究方向。2005 年，教育部对我们申报的课题“出土文献与中国文学史研究”予以批准立项，给我们很大的鼓励，也成了我们第一阶段工作的起点。我在《出土文献与中国文学史研究（先秦卷）》（2011 年版）的后记中有这样一段话：

感谢教育部对这项课题的支持与资助。从2005年教育部立项后，我们立即组织漳州师范学院古典文学教研室的老师投入这一课题的研究，希望能够尽快拿出成果来。但是这毕竟是一个比较新的研究课题，而且应当承认我们这支队伍中的多数人原先接触这方面的材料也很有限，更遑论自己进行研究了。然而，如果仅仅综述一下前人的研究成果意义虽有，但并不很大。因此，我们在组织队伍并进行分工时，就要求大家一要熟悉相关内容，熟悉前人的研究成果，掌握最新资料；二要投入研究，以自己的研究成果来补充和加强、加深研究工作的进展，应能提出本专题在未来研究中具有前瞻性的问题。我们不仅是为完成课题而开展研究，更希望在这一工作进行的过程中，培养和锻炼出一支能够熟悉并从事这一领域研究的队伍来。因此，我们的这一部书，既有各专题研究状况的综述，又有各自作为支撑的研究成果。应当讲，我们的目的已经初步达到。

2008年，我们的课题已经取得阶段性的成果。为了推进这一领域的研究，也考虑到距离首届北京会议已过九年，我向学校提出，由我校组织召开第二届全国出土文献与中国文学史研究学术研讨会。这个建议当即得到校领导特别是老校长林继中先生的支持，古代文学教研室的老师大多撰写了相关研究领域的论文。会议召开时，省外也来了不少学者，本次会议达到了我们预期的效果。不久，我们出版了会议的论文集，也相应加快了课题的研究进度。

2010年，我们的课题如期结项，并于2011年正式出版了先秦卷。这样，加上此前出版的《出土文献与〈楚辞·九歌〉》《汉魏晋南北朝诔碑文研究》，我们已经有了四部出土文献与中国文学史研究的著作，可以开始考虑第二个十年的工作计划了。

特别值得高兴的是，我们第二届会议的召开，确实起到了二传手的作用，高校的古代文学界被触动了。我们的会议开完不久，山东济南大学蔡先金副校长和张兵主任与我们联系，讨论共同推进在高校古代文学研究中重视出土文献研究的工作。蔡校长告诉我们，他们准备召开第三届出土文献会议，届时邀请我们参加。此后，济南大学成立了“出土文献与中国文学研究中心”（2010），并一鼓作气连续举办了第三届（2012）、第四届（2014）出土文献与中国文学史研究学术研讨会，进一步起到了扩大宣传的作用。

闽南师范大学文学院从第二个十年开始，就向更高的目标冲击。2013 年，黄金明老师的“出土文献与秦汉魏晋南北朝文学研究”获得国家社科基金项目立项。2014 年，陈良武老师的“百年来出土文献与中国文学史研究史论”获得国家社科基金项目立项。要完成这两个选题，如果过去没有一定的积累，是很不容易的。金明得益于自己前期的诔碑文研究的成果积累，而良武得益于在“先秦卷”中承担了大量的工作。因为当时我承担的任务太多，同学们在背后叫我“汤总”，意思是什么事都管。良武和常斐在“先秦卷”中协助我做了许多工作。

与此同时，我拉着王朝华老师一起来完成中华书局约好的《老子》“三全本”的撰写任务。我也是从“先秦卷”中发现朝华具有比较强的思辨能力。在《老子》“三全本”撰写过程中，我们毫无疑义要认真研究最新出土的各种文献资料，尤其是帛书《老子》和北大简《老子》。2014 年 7 月《老子》“三全本”如期出版，得到了专家和读者的一致好评，迄今已发行几十万册。前年已签订版权转让合同，入选国家对外学术交流的“大中华文库”。2020 年，商务印书馆又出版了现代阐释本《老子》。本丛书所收的王朝华老师的《出土简帛与先秦两汉典籍专题研究》应能体现出其行文的风格。

尤其值得一提的是，本丛书收入了五位年轻学者的几部专著。这些专著中有四部多是从文字学的角度，结合出土文献，对许多问题作出新的阐释，让人有耳目一新之感。“第八届出土文献与中国文学研究学术研讨会”由复旦大学出土文献与古文字研究中心承办，我当时就特别高兴。在致辞中，我说“这是一次突破”。因为准确释读古文字，是研究出土文献的基础。以前，每一期的《古文字研究》我都是要看的，网上一些重要的相关信息我也十分关注。不仅文字学，考古学动态也非常需要了解。以前《考古》《文物》《中原文物》《江汉考古》等重要的考古学杂志，我也是每期必读的。不同学科相互联系的重要性，我就不需要多说了。

本丛书还有一部我校 2016 年举办的“第五届出土文献与中国文学史研究学术研讨会”的论文集。六年前开的会，现在出论文集，是迟了一些，但论文集中许多学者的真知卓见是不会过时的。第五届会议上，来自全国各地高校的学者特别多，他们对于我校一连获得两个关于出土文献的国家社科基金项目深感惊讶。我校不仅有在校生提交了这方面的研究论文，也有已毕业的学生带着他们的研究成果返校来参加本次会议，大家都认为我校在这一研究领域成果确实喜人。

我衷心祝贺本丛书早日问世。是为序。

汤漳平

2022 年 11 月 12 日

序

贾燕子博士的《甲骨文祭祀动词句型研究》即将付梓，嘱我写几句话。此书是在她的硕士论文的基础上增补修订而成的，我作为论文的指导教师，当然义不容辞。

甲骨文是现存最早的成系统的汉语文献材料，是汉语史研究可以追溯的最早的源头，在汉语史研究中具有不可替代的作用。但相对于有2000年研究史的汉语传世文献来说，甲骨文面世才120多年，同时材料残缺分散，字词释读困难，文字考释又占用了学界太多的精力，因此甲骨文词汇语法的研究还处于比较薄弱和小众化的状态，亟待加强。我因为毕业于中文系汉语专业又比较喜欢古文字的缘故，切身感受到甲骨文对于汉语史研究的重要性，因此除自己做一些研究外，从1993年开始招收硕士研究生起，就有计划地指导研究生对甲骨文语言文字进行分专题的研究。论文内容涉及甲骨文语法、词汇、语义、语用、文字、辞例、分组断代、与外族文字的比较、工具书，以及甲骨学史、以甲骨文为起点的汉语汉字史等，至我退休已累计有数十篇。硕士论文不一定有很高的水平，但也不乏真知灼见和宝贵的材料，青年学者的努力探索和对甲骨学的贡献，也是甲骨学史的一部分，是值得珍视的。

贾燕子2000年考入西南师范大学文献所，是我招收的第6届研究生，她选定的题目是《甲骨文祭祀动词句型研究》。之所以选祭祀动词，是因为在甲骨文中，祭祀动词很多，句型也比一般动词复杂，如三宾语句就只出现在祭祀动词句中，可以说，把祭祀动词句的句型弄清楚了，整个甲骨文的句型也就基本上清楚了。这篇论文对《殷墟甲骨刻辞类纂》

中的107个祭祀动词的所有辞例进行了穷尽性考察，分单祭祀动词句和多祭祀动词句两大板块，按宾语数量以无宾句、单宾句、双宾句、三宾句为纲，详细描写了每种基本句型之下，因所带宾语、主语、状语、补语的有无和类别差异而产生的变式，从而建立起甲骨文祭祀动词句型的层级体系。论文还对甲骨文祭祀动词句型的数量、断代、句法语义等进行了专题研究，并附有句型索引、句型五期分布表等。论文材料比较丰富，描写比较细致，统计数据比较完备，每种句型都列出了辞例总数、分期辞例数和全部动词，附有详尽的索引，有较高的学术参考价值。论文送外审时，得到黄天树教授和张玉金教授的好评。张玉金教授指出："此前，有些学者探讨过甲骨文中的祭祀动词，也有一些学者研究过甲骨文中个别祭祀动词的句型问题，但对甲骨文祭祀动词的句型进行系统、全面的研究，还没有见到，因此这个选题带有创造性，应该说是一项具有填补空白性质的选题。"论文后来被评为西南师范大学和重庆市优秀硕士论文。

近20年过去了，甲骨文语法研究有了很大的进展，尽管本文作者根据后出的研究成果对论文进行了修订和补充，但受当时水平和条件限制留下的缺陷和不足，可能仍会或多或少地存在，恳请学界同行和读者批评指正。贾燕子后来在南京大学和浙江大学汪维辉教授门下攻读博士学位和从事博士后研究，理论水平和研究能力都有了很大的提升，她表示有意将汪门学人擅长的汉语词汇史、词汇语义学、词汇类型学的理论和方法用于甲骨文研究，这对推动甲骨文词汇语法的研究，是很好的事情，我们期待新成果的问世。

现在国家高度重视"冷门绝学"的研究，可以说是有史以来甲骨文研究环境最好的时期。习近平总书记2016年5月17日在哲学社会科学工作座谈会上指出："要重视发展具有重要文化价值和传承意义的'绝学'、冷门学科。这些学科看上去同现实距离较远，但养兵千日、用兵一时，需要时也要拿得出来、用得上。还有一些学科事关文化传承的问题，如甲骨文等古文字研究等，要重视这些学科，确保有人做、有传承。"2019年11月1日习近平总书记在致信祝贺甲骨文发现和研究120

周年中强调，殷墟甲骨文的重大发现在中华文明乃至人类文明发展史上具有划时代的意义。甲骨文是迄今为止中国发现的年代最早的成熟文字系统，是汉字的源头和中华优秀传统文化的根脉，值得倍加珍视、更好传承发展。2022年10月28日，中共二十大闭幕不久，习总书记又到殷墟考察，指出："殷墟出土的甲骨文为我们保存3000年前的文字，把中国信史向上推进了约1000年。""中国的汉文字非常了不起，中华民族的形成和发展离不开汉文字的维系。""中华优秀传统文化是我们党创新理论的'根'，我们推进马克思主义中国化时代化的根本途径是'两个结合'。""我们要坚定文化自信，增强做中国人的自信心和自豪感。"

可以说，甲骨文研究已不仅仅是一个学术问题，而是与文化传承、民族复兴、创新发展的伟业紧密相连了。所有从事甲骨文研究、传统文化研究的学者，特别是青年学者，重任在肩啊！希望贾燕子博士不忘初心，继续奋进，做出更多的优秀成果，在民族复兴的新征程中贡献自己的一份力量。

是为序。

喻遂生

2022年11月19日于北碚

目　录

凡　例

1. 本书所用符号的含义说明如下。第一章所使用符号中，“AV_1”代表句首状语，“AV_2”代表祭祀动词前的状语，“AV_3”代表介词、名词前的状语。为便于叙述，状语变序后其符号仍不变。“P”代表介词，“S”代表主语，“O”代表宾语（包括动词宾语和介词宾语），“V”代表祭祀动词。施事主语、神祇主语、祭牲主语、人事主语分别标作“$S_{施}$”“$S_{神}$”“$S_{牲}$”“$S_{事}$”，神祇宾语、祭牲宾语、人事宾语、地点宾语分别标作“$O_{神}$”“$O_{牲}$”“$O_{事}$”“$O_{地}$”，时间名词和处所名词分别标作“$N_{时}$”“$N_{地}$”。本书认为，祭牲、人事和神祇名词位于动词后时充当动词的宾语，位于动词前时充当句子的受事主语；带有介词的神祇名词位于动词后时充当补语，位于动词前时充当状语。

第二章所使用的符号中，“V_1”“V_2”“V_3”“V_4”都代表祭祀动词，它们之间是联合关系。其他符号的含义皆与第一章相同。

第三章所使用的符号中，“S”代表施事主语，“AV_1”代表使令动词前的状语，“V_1”代表使令动词，“OS”代表兼语，“V_2”“V_3”分别代表兼语后的祭祀动词，“AV_2”代表祭祀动词前的状语，“CO”代表补语。

一个符号外加圆括号，表示这个成分可以出现，也可以不出现；符号外不加圆括号的，表示该成分不可省。为便于叙述，文中所有句型统一编号。

第四章和附录部分所使用的符号与前三章的相同。在对句型进行定量和定性分析时，常用简称，如句型“1.（AV_1）+（$S_{施}$）+（AV_2）+V”

简称为 1 型。

2. 本书所引甲骨文辞例的释文均采用宽式。辞例中“…”表示残缺一字或若干字，所残缺的文字若据文意或同片其他卜辞可以补出的，则放在“[ ]”中。同一片号中有不止一条卜辞的，用“/”隔开。一条卜辞中占辞部分仅一句，则全句不加下划线；若占辞部分不止一个分句，则在要讨论的分句下加下划线。例句凡出自《甲骨文合集》者，径出片号，出自他书者，加注如下简称：

屯　　《小屯南地甲骨》
英　　《英国所藏甲骨集》
怀　　《怀特氏等收藏甲骨文集》
花东　　《殷墟花园庄东地甲骨》
村中南　　《殷墟小屯村中村南甲骨》

其中《殷墟花园庄东地甲骨》（以下简称《花东》）编号的前三位数字为甲骨片号，后两位数字为该辞例在甲骨片中的卜辞条号；《殷墟小屯村中村南甲骨》（以下简称《村中南》）编号的前三位数字为甲骨片号，“-”之后的数字为该辞例在甲骨片中的卜辞条号。缀合卜辞的片号用“+”连接。

3. 卜辞中的焦点标记，有些论著中使用了甲骨文原本的字形，写作“叀”；有些论著改用后代通行的写法，写作“惠”。本书在综述已有研究成果时，遵照论著原文的字形进行引用；在本书中则统一用字形“叀”。

绪　论

第一节　甲骨文句法研究概述

甲骨文是我国现存最早的成系统的文字材料，其所体现的语法规则，是汉语语法可追溯的源头。甲骨文语法研究，一则可为读通卜辞、正确理解其含义创造坚实的基础；二则可以为追溯汉语历史演变以及论证其发展规律提供前所未有的条件。甲骨文发现100年来，甲骨学已经发展为包含众多分支学科的综合性学科，成绩斐然，蔚为壮观，甲骨文语言的研究日益受到学者们的关注。就语法而言，在19世纪20年代末，何定生的《汉以前的文法研究》、胡光炜的《甲骨文例》卷下《辞例篇》，标志着这一研究的开端。[①]50年代初，管燮初《殷虚甲骨刻辞的语法研究》首次将体系性的语法理论运用到甲骨刻辞研究中，从而建立了一套系统的甲骨刻辞语法体系。如管文从句型、省略、语序、疑问句的格式、修饰语五个方面讨论了甲骨文句法问题。句型方面，他把句型分为较简单的句型和较复杂的句型，较简单的句型按照谓语的词性（内动词、外动词、系词、形容词、名词等）分为十类，较复杂的句型则包括双宾语、连动式、兼语式、复合句。[②]但由于材料和方法的限制，其中有些论述是

① 何定生:《汉以前的文法研究》,《国立中山大学语言历史研究所周刊》1928年第3集31-33期；胡光炜:《甲骨文例》，国立中山大学语言历史学研究所考古学丛书，余永梁手写石印本，1928。

② 管燮初:《殷虚甲骨刻辞的语法研究》，中国科学院，1953。

值得商榷的。关于这一问题，侯镜昶曾做专文进行评述。[①]此后，陈梦家《殷虚卜辞综述》、吴浩坤、潘悠《中国甲骨学史》、高明《中国古文字学通论》，刘翔等《商周古文字读本》等专著中，都列专章讲解语法，这些研究成果对于从事甲骨语法研究的人有非常重要的参考价值。[②]

20 世纪 90 年代以来，甲骨文句法研究日益受到甲骨文研究者的重视，有大量论文发表，同时也有专著陆续出版。下面分专题研究和综合研究两个方面对殷墟甲骨文句法研究的成果进行概述。[③]

一　对甲骨文句法的专题研究

关于甲骨文宾语前置问题，管燮初、杨树达在 50 年代就已有论述，[④]后来也有学者讨论这一问题。唐钰明确认甲骨文宾语前置的方式是“唯宾动”式，否定了“甲骨文的宾语可以自由前置”的流行看法，指出“宾是动”是“唯宾动”向“唯宾是动”蜕变的中介环节，三者属于不同层次的历史变体。[⑤]黄德宽发现，五期中，“（S）叀 OV”句式在使用数量、记载的内容、语言形式等方面发生了诸多变化。如该句式在五期中语言形式方面比较显著的变化有三点：其一，第一期卜辞这种句式同时又多为兼语式或连动式，第二期以后，只有个别例子是兼语式，谓语部分由复杂变得简单。其二，第一期用“勿唯”构成这种句式对贞句的为多，也只有用副词“勿”构成“SVO”语序的，但第二期以后已不再使用“（S）勿唯 OV”式的对贞句了，第三期不仅否定形式不用“勿

① 侯镜昶：《论甲骨刻辞语法研究的方向——评〈殷墟甲骨刻辞的语法研究〉》，载《中华文史论丛增刊·语言文字研究专辑》（上），上海古籍出版社，1982。

② 陈梦家：《殷虚卜辞综述》，中华书局，1988；吴浩坤、潘悠：《中国甲骨学史》，上海人民出版社，1985；高明：《中国古文字学通论》，文物出版社，1987；刘翔等编著《商周古文字读本》，语文出版社，1989。

③ 张玉金、陈顺成等学者曾对甲骨文语法的研究情况进行过综述，可参看。如张玉金：《二十世纪甲骨文语法研究的回顾暨展望》，《古籍整理研究学刊》2002 年第 1 期；陈顺成、魏德胜：《甲骨卜辞句型研究综述》，《汉语史研究集刊》第七辑，2009，第 80-90 页；张玉金：《21 世纪以来甲骨文语法研究的回顾与展望》，《出土文献》2021 年第 2 期。

④ 管燮初：《殷虚甲骨刻辞的语法研究》，中国科学院，1953；杨树达：《甲骨文之先置宾词》，载《积微居甲文说》，上海古籍出版社，1954。

⑤ 唐钰明：《甲骨文“唯宾动”式及其蜕变》，《中山大学学报》1990 年第 3 期。

唯”，而且一般否定副词“勿”也由“弜”替代。其三，第五期卜辞中，典型的“（S）叀 SOV”句式出现了以“唯”替代“叀”的例子。[①]祭祀动词“用、酒、岁、取、彡、有、祷”可出现于“（S）叀 OV”句式中。齐航福发现花东卜辞中的宾语前置句可分为三类：“惠”字句中的宾语前置、否定句中的宾语前置、肯定句中的宾语前置。“惠”字句中的宾语前置又有“惠 + 受事宾语 +V”“惠 + 工具宾语 +V”“惠 + 地名宾语 +V”和“惠 + 原因宾语 +V”四种类型，其中“惠 + 原因宾语 +V”型为花东卜辞中首次见到。[②]

刘克甫认为，殷墟卜辞所见语句属于两种不同层次。其一，任何语句均有其“形式结构”可言，由主、谓、宾等语法成分构成；其二，一部分语句另有其“资讯结构”，包含“已知”与“新述”两部分，且后者属于本句中前所未知的资讯，因此它是全句焦点所在。卜辞中具有资讯结构的“着重句”与无资讯结构可言的“平常句”分属不同句法，二者具备各自独有的特点。[③]齐航福指出，甲骨文主要利用语序和标记词作为焦点表达的手段。从焦点的分布来看，卜辞中的焦点可以存在于句子的任何一个位置，主语、谓语动词、宾语、定语、状语和补语等句法成分都会成为句子的焦点。齐文重点分析了几种宾语相关句式及受事主语句中的焦点等问题，发现如下。（1）在兼语前置句中，前置的兼语都是占卜焦点。（2）非祭祀动词双宾语句中的焦点一般都是指物的直接宾语“OD”。（3）在能带原因宾语的祭祀动词双宾语句、三宾语句及其相关句式中，如果有一个是焦点的话，在神名宾语和祭牲宾语一起出现时，焦点大多是后置或前置的牲名宾语；在神名宾语和原因宾语一起出现时，焦点一般都是后置的神名宾语；当牲名宾语、神名宾语和原因宾语一起出现时，焦点则大多都是牲名宾语。（4）不能带原因宾语的祭祀动词双宾语句及其相关句式，当牲名宾语或神名宾语中有一个是焦点时，一般

① 黄德宽：《甲骨文“（S）叀 OV”句式探踪》，《语言研究》1988 年第 1 期。

② 齐航福：《花东卜辞中的宾语前置句试析》，《河北师范大学学报》2008 年第 5 期。

③ 〔苏〕刘克甫：《殷墟卜辞语句的形式结构与资讯结构》，载《中央研究院历史语言研究所集刊》之六十七本第四分册，“中央研究院”历史语言研究所，1996。

都是牲名宾语充当焦点。（5）在“神名＋祭祀动词＋牲名”“神名＋祭祀动词＋其＋牲名”“神名＋祭祀动词＋惠＋牲名”等受事主语句中，牲名宾语一般都是占卜焦点。[①]

沈培专门研究了甲骨卜辞的语序，并把注意力集中在卜辞中的“特殊语序”上，从主语的位置、宾语的位置、介宾结构的位置、状语的位置和数名结合的顺序五个方面对卜辞的“特殊语序”进行了全方位的研究。[②]除专书外，沈培还有单篇文章《殷墟甲骨卜辞中主语的位置及相关问题》来研究语序。[③]沈之瑜、濮茅左研究了殷虚卜辞的辞式与辞序。[④]孟蓬生探讨了上古汉语大名冠小名的语序问题，认为甲骨文中采用小名冠大名语序的主要是方国名和一些地名，采用大名冠小名语序的主要有人名等。[⑤]齐航福对新出土的花东卜辞中的宾语语序问题做了全面的考察，分别探讨了宾语前置句、兼语句、兼语前置句、非祭祀动词双宾语句、祭祀动词双宾语句、三宾语句、介宾结构等。齐文运用“类组说”进行甲骨卜辞的句法分析，同时注重对甲骨文辞例含义进行深入研究。[⑥]

唐钰明、周锡馥《论上古汉语被动式的起源》提出六例十句“于”字式被动句。[⑦]之后，沈培、张玉金也都提出新的例句，将先秦汉语被动式的起源上溯至商代，可以说这将被动式的研究向前推动了一步。[⑧]赵诚指出：“甲骨文时代的汉语已经形成了真正的被动式，共有两种类型：第一类是‘见’字句；第二类是‘隹’字句，但是这两种句式都用得很少。”[⑨]陈昭容对甲骨文被动式研究的诸家学说加以检验，只承认甲

---

① 齐航福：《殷墟甲骨文中焦点问题的初步研究》，《语文研究》2014年第4期。

② 沈培：《殷墟甲骨卜辞语序研究》，台北文津出版社，1992。

③ 沈培：《殷墟甲骨卜辞中主语的位置及相关问题》，《古汉语研究》1992年第4期。

④ 沈之瑜、濮茅左：《殷墟卜辞的辞式与辞序》，中国古文字学研讨会论文，1986；又载《古文字研究》第十八辑，中华书局，1992。

⑤ 孟蓬生：《上古汉语的大名冠小名语序》，《中国语文》1993年第4期。

⑥ 齐航福：《殷墟甲骨文宾语语序研究》，博士学位论文，首都师范大学，2010；又中西书局，2015。

⑦ 唐钰明、周锡馥：《论上古汉语被动式的起源》，《学术研究》1985年第5期。

⑧ 沈培：《殷墟甲骨卜辞语序研究》，台北文津出版社，1992；张玉金：《关于殷墟甲骨文中有无被动句式的问题》，《殷都学刊》2006年第3期。

⑨ 赵诚：《甲骨文动词探索（二）——关于被动式》，《中国语言学报》1991年第4期。

骨文中存在“于”字式被动句，而“见”字式、“为”字式被动句在卜辞中是不存在的，卜辞中“隹”字都是起提示焦点的作用，不与作为被动标志的“为”字相类，认为被动式在甲骨文时期仍属于发轫阶段。[①]同年，董莲池也对甲骨文中的“于”字被动句进行了探索。[②]

张玉金全面探讨了殷墟甲骨文兼语句的句型问题，根据兼语之后不同的句子成分和兼语在语句中的不同位置（前置或后置），把甲骨文兼语句分成 8 种句式，每种句式又根据句子成分隐现的差异，分成不同的句型，共有 112 种句型。[③]郑继娥论述了甲骨文中的连动句和兼语句。[④]李曦、喻遂生、董莲池和高云海等学者对甲骨文的使动用法、意动用法、为动用法进行了讨论。[⑤]也有学者对甲骨文中的存现句、双重否定句和复句进行了论述。[⑥]

陈梦家、管燮初等认为卜辞命辞是疑问句，近年来，海外一些学者对此提出了质疑，国内学者李学勤、裘锡圭等也认为卜辞中有些命辞不是问句，[⑦]而陈炜湛、张玉金、朱歧祥等坚持卜辞命辞是问句的传统观点。[⑧]张玉金从语气上把甲骨文的句子分为疑问句、陈述句、感叹句和祈使句，指出这四种句子出现的频率不同，其中疑问句最为常见，陈述

① 陈昭容:《关于“甲骨文被动式”研究的检讨》，甲骨文发现一百周年学术研讨会论文，台湾，1998。

② 董莲池:《甲骨文中的“于”字被动式探索》,《古籍整理研究学刊》1998 年第 4 期、第 5 期。

③ 张玉金:《论甲骨文中的兼语句》,《古籍整理研究学刊》2003 年第 1 期。

④ 郑继娥:《甲骨文中的连动句和兼语句》,《古汉语研究》1996 年第 2 期。

⑤ 李曦:《古汉语中最早的使动意动用法》，载《徐中舒先生九十寿辰纪念文集》，巴蜀书社，1990;喻遂生:《甲骨文动词和介词的为动用法》,载《甲金语言文字研究论集》,巴蜀书社，2002；董莲池、高云海:《甲骨文使动、为动用法举例》,《古汉语研究》1991 年第 3 期。

⑥ 喻遂生:《甲骨文存现句述要》，载《甲金语言文字研究论集》，巴蜀书社，2002；甘露:《甲骨文中的双重否定句》,《古汉语研究》2001 年第 2 期；李曦:《殷虚卜辞复句初探》，中国古文字学会成立十周年研讨会论文，1988。

⑦ 李学勤:《关于师组卜辞的一些问题》，载《古文字研究》第三辑，中华书局，1980；裘锡圭:《关于殷墟卜辞的命辞是否问句的考察》,《中国语文》1988 年第 1 期。

⑧ 陈炜湛:《论殷墟卜辞命辞的性质》，载《语苑新论——纪念张世禄先生学术论文集》，上海教育出版社，1994；张玉金:《论殷墟卜辞命辞的语气问题》,《古汉语研究》1995 年第 3 期；朱歧祥:《由“不”的特殊句例论卜辞命辞有属问句》，载《第三届国际中国古文字学研讨会论文集》，香港中文大学，1997。

句次之，而感叹句和祈使句罕见。[①]

二 对甲骨文句法的综合研究

陈炜湛通过对比各种辞例，考察了卜辞中的一义多辞、一辞多类以及句子的简化与省略等现象，说明卜辞的文法既具有严格的结构规律，又有一定的灵活性，并藉以纠正一般人认为的甲骨文是公式化的、枯燥无味的、极其简略的档案材料的偏见。[②]姜宝昌综述了殷墟甲骨刻辞的句法特点，概括讨论了基本句式、语序、补语与宾语、使动与意动等方面的问题。[③]郭青萍、郭胜强采用结构层次分析法，分析卜辞的句法结构，指出卜辞句法结构的特点。[④]

刘克甫《论殷墟卜辞文法词位研究法》以陈梦家提出的"词位研究"为出发点，剖析了卜辞的文法结构，以结构成分具有相对活动性的多寡、从属成分与主要成分的位置关系、两个成分之间是否可以加入虚词为标准，归纳出卜辞的六种语法关系，并据此来探索有关实词的词义。[⑤]郑继娥根据动词在句中的语法功能和语法关系，对甲骨文中的全部动词进行了逐层分类，再通过分析动词谓语与句中其他成分的关系，研究了动词与其他句子成分的关系。[⑥]刘青《甲骨文句型研究》和《甲骨文句型的转换和衍生》两文，以动词为主要线索，对甲骨文的 65 种句型的转换和衍生过程做了描述和必要的分析说明。[⑦]

朱歧祥在卜辞常态的"主—动—宾"句式之外，归纳出省文（指句中的增省关系）、移位（指句中的移动方式）、加接（指句中的互补现象）、复合词（指句中同一词位兼有两个以上的词并排连用）和类比（指句与句之间的平衡结构）五种变异句型，通过对对贞卜辞中的常态和变

① 张玉金:《殷墟甲骨句类问题研究》,《古汉语研究》1997 年第 4 期。

② 陈炜湛:《卜辞文法三题》，载《古文字研究》第四辑，中华书局，1980。

③ 姜宝昌:《殷虚甲骨刻辞句法研究》,《殷都学刊》1990 年第 3 期。

④ 郭青萍、郭胜强:《卜辞句法结构研究刍议》,《殷都学刊》1986 年第 3 期。

⑤〔苏〕刘克甫:《论殷墟卜辞文法词位研究法》,《中原文物》1990 年第 3 期。

⑥ 郑继娥:《甲骨文动词语法研究》，硕士学位论文，西南师范大学，1996。

⑦ 刘青:《甲骨文句型研究》，硕士学位论文，西南师范大学，1996；刘青:《甲骨文句型的转换和衍生》,《殷都学刊》2001 年第 1 期。

异句型的对比分析，全面探讨了殷代对贞卜辞的句法。[①]

李曦《殷墟卜辞语法》、张玉金《甲骨卜辞语法研究两篇》等博士论文，梁银峰《甲骨文语言研究两篇》、沈林《甲骨文动词断代研究》等硕士论文，都对甲骨文句法从不同角度进行了不同程度的研究。[②]张玉金《甲骨文语法学》从词法、短语、句子成分、单句、复句和句类六个方面对甲骨文语法进行了全面、系统的研究，具有总结性的意义。[③]

21 世纪以来，对甲骨文句法的综合研究主要集中体现在一些硕博士论文中。

邓统湘运用转换生成语法的基本原理，结合统计的方法，按照单动词句、多动词句和省略动词句等不同类别，对花园庄东地非王卜辞的句型转换衍生过程进行了详尽描述，以呈现甲骨文句型的层级体系。邓文还把花东双宾句、祭祀动词三宾句、连谓句和兼语句与其他卜辞中这些句型进了比较，总结了花东甲骨文未出现和新出现的句型。[④]

陈练文以《甲骨文合集》第一册所收录的全部句子为考察对象，采用穷尽式定量统计的方法，对主语、谓语、宾语、定语、状语、补语六种基本句子成分进行考察，发现甲骨卜辞中各种基本句法成分都已具备，但能够充任各类句法成分的词语比较单一。单句共出现了 36 种不同的句式，动词谓语句是其中最主要的句型，占统计总数的 95% 以上。甲骨卜辞最为显著的句法特点就是祭祀动词可以带三个宾语。连动式、兼语式等复杂句式已经出现，并且二者可以连用或套用，但处置式、有标记的被动句等特殊句式尚未出现。[⑤]

逄方慧《甲骨文非祭祀动词句型研究》一文，从陈年福《甲骨文动词词汇研究》列举的非祭祀动词中选取了 106 个动词作为研究对象，

---

① 朱歧祥:《殷墟卜辞句法论稿——对贞卜辞句型变异研究》，台湾学生书局，1991。

② 李曦:《殷墟卜辞语法》，博士学位论文，四川大学，1988；张玉金:《甲骨卜辞语法研究两篇》，博士学位论文，北京大学，1988；梁银峰:《甲骨文语言研究两篇》，硕士学位论文，西南师范大学，1998；沈林:《甲骨文动词断代研究》，硕士学位论文，西南师范大学，1998。

③ 张玉金:《甲骨文语法学》，学林出版社，2001。

④ 邓统湘:《〈殷墟花园庄东地甲骨〉句型研究》，硕士学位论文，西南师范大学，2006。

⑤ 陈练文:《殷墟甲骨卜辞句法研究》，博士学位论文，武汉大学，2008。

按照语义将其分为三大类：第一类为一般行为类动词，下又分为取予类、运动类、动作类、感知类、言语使令类、心理类、变化类、状态类；第二类为生活行为类动词，下又分为饮食类、盥洗类、住休类、疾梦类、生育婚娶类；第三类为生产行为类，下又分为农事类、田牧类、工事类、军事行为类、刑讯类。以《合集》《屯南》《英藏》《东京》《怀特》《天理》《苏》《花东》为材料[①]，采用转换生成语法、配价语法以及三个平面的语法理论，对每一个动词出现的句型结构进行了穷尽性描写。[②]

齐航福在对甲骨文材料做尽可能穷尽性搜集整理的基础上，采用定性分析与定量分析相结合、句法分析与语义分析并重、横向联系与纵向对比相结合的方法，重点探讨了“宾语前置句”“兼语句”“双宾语句”“三宾语句”“介宾结构”这五个方面与甲骨文宾语相关的问题。齐文材料丰富，分析细致入微，创获颇多。在充分吸收学界在甲骨文考释、缀合、辨伪等方面成果的基础上，对文中所引疑难辞例逐一进行了疏通和深入的辨析，而对卜辞的正确释读也大大增加了该文句法分析的可信度。齐文还尝试把“组类说”运用到甲骨文句法分析中，注意观察比较不同组类的卜辞在占卜同一内容时，语序、句法结构等方面有何变化。这样不仅有利于考察殷墟甲骨文不同组类、不同系别在句式方面的差异，同时也有利于考察相关句式在整个殷墟甲骨文时期的发展变化情况。[③]

综上可知，在甲骨学领域，甲骨文的句法研究，“受重视的程度不够。学术界更重视的是甲骨文字的考释和利用甲骨文材料进行历史文化的研究”。[④] 现有从事甲骨文句法研究的学者中，硕士生占大多数。现有句法研究的成果，主要是一些硕士论文，这些论文整体水平不高，

① 以上书名为简称，全称分别为《甲骨文合集》《小屯南地甲骨》《英国所藏甲骨集》《东京大学东洋文化研究所藏甲骨文字》《怀特氏等收藏甲骨文集》《天理大学附属参考馆甲骨文字》《苏德美日所见甲骨集》《殷墟花园庄东地甲骨》。

② 逄方慧:《甲骨文非祭祀动词句型研究》，硕士学位论文，西南师范大学，2013。

③ 齐航福:《殷墟甲骨文宾语语序研究》，中西书局，2015。

④ 张玉金:《21 世纪以来甲骨文语法研究的回顾与展望》，《出土文献》2021 年第 2 期。

多数研究仅停留在材料描写和数据分析层面，对于甲骨文句法的规律和特点揭示得不够。已有研究成果在文字识读、标点断句、句法分析等方面都出现了不少问题，甚至存在一些“硬伤”；在甲骨文材料使用方面也存在诸多问题，“如未能全面利用已著录出版的材料，同时利用殷代金文作为语料进行研究的成果不多；未能充分吸收甲骨学界在甲骨文缀合、摹写、断代、考释、训释、断句以及历史文化研究方面的成果”[①]。

第二节　甲骨文祭祀动词句法研究综述

本节主要从单祭祀动词句型句式研究、祭祀动词三宾语句和双宾语句研究、多祭祀动词句型句式研究、祭祀动词句法语义研究、祭祀动词句式使用的组类差异研究五个方面，对殷墟甲骨文祭祀动词句法研究的相关成果进行综述。

一　单祭祀动词句型句式研究

喻遂生《甲骨文单个祭祀动词句的转换和衍生》一文，根据乔姆斯基转换生成语法的原理，运用移位、添加、省略、替换等转换方法，按无宾句、单宾句及其变式、双宾句及其变式、三宾句及其变式的分类，具体分析了单个祭祀动词 50 多种句型的衍变过程。

祭祀动词单宾句及其变式按照“动词—人事”“动词—神祇”“动词—祭品”分为三大类，各大类再细分为若干小类。以小类数量最多的“动词—神祇”为例，其基本句式下所分小类共六种：

（1）动词 + 神祇宾语。为基本句式。

（2）惠 / 勿唯 + 神祇宾语 + 动词。由句型（1）将宾语前置而成。

（3）神祇主语 + 动词。由句型（1）变序而成。

（4）动词 + 介词 + 神祇宾语。由句型（1）加介词而成。

① 张玉金：《21 世纪以来甲骨文语法研究的回顾与展望》，《出土文献》2021 年第 2 期。

（5）介词 + 神祇宾语 + 动词。由句型（4）变序而成。

（6）介词 + 神祇宾语。由句型（4）省略动词而成。

（7）神祇。由表神祇的词语独立成句，亦可视为由句型（1）或句型（3）省略动词而成。

祭祀动词双宾句及其变式，因宾语可从人事、神祇、祭品宾语中任取其二，同时两个宾语又可以调换次序，因此从理论上讲可以产生以下六种双宾句：

（1）动词 + 人事 + 神祇。

（2）动词 + 神祇 + 人事。

（3）动词 + 神祇 + 祭品。

（4）动词 + 祭品 + 神祇。

（5）动词 + 人事 + 祭品。

（6）动词 + 祭品 + 人事。

以“动词—人事—神祇”为例，其基本句式为：

（1）动词 + 人事宾语 + 神祇宾语。

其变式句共六种：

（2）神祇主语 + 动词 + 人事宾语。由句型（1）变序而成。

（3）动词 + 人事宾语 + 介词 + 神祇宾词。由句型（1）加介词而成。

（4）惠 + 人事宾语 + 动词 + 介词 + 神祇宾语。由句型（3）加“惠”将人事宾语提前而成。

（5）介词 + 神祇宾语 + 动词 + 人事宾语。由句型（2）变序而成。

（6）人事主语 + 动词 + 介词 + 神祇宾语。由句型（2）变序而成。

（7）人事主语 + 介词 + 神祇宾语 + 动词。由句型（2）或句型（6）变序而成。

喻文根据祭祀动词所带宾语数量的多少及宾语同现的类型来确定基本句式，各基本句式通过加介词、宾变主、宾语加“惠”前置和省略动词等句型变换的手段来构成变式句。喻文重点分析了甲骨文单个祭祀动词各类变式句转换和衍生的过程，喻文的分析使我们对祭祀动词句型的概况有了清晰的认识。但祭祀动词的句型研究还存在较大的探索空间。

其一，文中所述某句型由某句型变化而成，具有一定的主观性和猜测性。各类句型之间的生成关系，到底是由简单句型通过添加手段衍生出复杂句型，还是由复杂句型通过省略手段生成简单句型，难以确定。[①] 其二，在甲骨卜辞中各种句型发展很不平衡，有些句型仅发现了一两例，有些句型则多至上百例。限于篇幅，喻文各类句型都仅列举了一条或几条卜辞进行说明，并未对每种句型在殷墟甲骨文中共出现了几次、都有哪些祭祀动词可以出现在某类句型中等做穷尽性分析和定量统计。正如喻文结语部分所说，“甲骨文祭祀动词句型应进一步作定量研究，才能准确地分清轻重主次”。其三，喻文所采用的句型变换的手段主要是加介词、宾变主、宾语加“惠”前置和省略动词，为使问题简化、脉络清楚，喻文没有把施事主语、处所状语、情态状语、否定状语、时间状语、处所补语等的出现与否作为词序变项考虑在内。施事主语为动词的主要论元，其有无应当关注。在单宾语句中，处所宾语和处所补语是否出现也当留意。其四，多个祭祀动词联合谓语句的句型情况如何，喻文未做讨论，至今也尚未有其他学者进行系统地探索。

值得注意的是，喻文还深入分析了甲骨文单祭祀动词句句型繁复的原因，认为这主要与事情繁简、强调和省略有关。其一，祭祀动词最多可带三个宾语，仅宾语多少、次序的变化，就产生了 11 种句型。其二，介语结构前置、宾语加“惠 / 勿唯”前置、宾语前移作主语等语法手段在语用上都有强调的作用，各种前置共产生句型 21 种之多。其三，省略实际上也是一种强调。特别在对贞、选贞卜辞中，后辞往往承前省略，而留下的都是关键的词语，如神祇、祭品类别、数量等。许多名词句由此产生。[②]

还有学者对卜辞中某个特定祭祀动词的句式进行了全面描写和分析，其中最具代表性的是对“宾”字句和“御”字句的讨论。

张玉金将甲骨文中出现“宾”的祭祀卜辞称为王宾卜辞，这种用法

① 喻文在开篇也已明确指出，“文中所述某句型由某句型变化而成，有时并非唯一途径”。

② 喻遂生:《甲骨文单个祭祀动词句的转换和衍生》,《语言研究》2002 年第 2 期；又载《甲金语言文字研究论集》，巴蜀书社，2002。

的“宾”字当从郭沫若之说，是迎导、傧导、迎接之意。“宾”字常见句式为“王宾+神名+祭名”。该句式并非之前学者所认为的双宾语句或复合句，而是动宾结构，是为助成“神名+祭名”而举行“宾”这种礼仪的意思。其中“宾”后的“神名+祭名”当为主谓结构，“神名”为被动主语。甲骨文中“宾字句”共有“神名+祭名，王宾”“祭名+（于）+神名，王宾”“王宾+祭名+（于）+神名”“王宾+祭名”“王宾+祭祀动词语+祭名”“王宾+神名+祭名+祭牲名/祭品名”等十种不同的句式。①

之后，郑继娥在张文的基础上，进一步考察了能出现在“王宾”句式中的全部动词，并把“宾”字句的句型归为七大类18小类，进行分期分组描写，以便观察该句型在周祭卜辞和非周祭卜辞中的变化情况。郑文发现，能在王宾卜辞中出现的动词共32个，其中“叙”使用频率最高，而且它与其他动词的连用能力极强，有“岁叙、祭叙、翌叙、肜叙、𧻚叙、龠叙、肜龠叙、日叙”等，主要是在出组中出现。在周祭五种祭祀动词中，“肜”数量最多，“𧻚”最少。在与其他动词的连用中，“肜”的能力最强，有“肜叙、肜龠、肜龠叙、肜祼、肜彭”等；其次是“祭”，有“祭叙、祭戠、戠祭”几种；“𧻚”只有“𧻚叙”4例，而“劦”“翌”无一例与其他动词连用例。②

“王宾”句式是甲骨文祭祀动词所出现的句型句式中非常特殊的一类句式，郑继娥曾把是否能出现在“王宾”句型“王宾+祖某+动词”中作为检验祭祀动词的一条标准，并把只能出现在“王宾”句型中而不符合一般祭祀动词判定标准的动词（品、幼、苎、龠、薦、戠、执、祏）单列一类，称为丁类祭祀动词。故以上张文和郑文对“宾”字句的分析方式不适用于分析其他祭祀动词的句型句式。

陈年福对367例含有祭祀动词“御”的句子进行分析，并对各种句

① 张玉金：《论宾字句的句法结构》，《古汉语研究》1993年第2期；张玉金：《论甲骨金文中的“宾”字及相关问题》，《古汉语研究》1996年第2期。

② 郑继娥：《殷墟甲骨卜辞祭祀动词的语法结构及其语义结构》，博士学位论文，四川大学，2004，第89-106页。

型的数量和各种结构成分出现的位置做了统计。陈文根据虚词“于”的有无将“御”字句分为两大类，共六种。

有“于”式：

A.（时人 1、2）[①]+ 御 + 于 + 先人 +（祭牲）。

B.（时人 1）+ 御 +（时人 2）+（疾祸）+ 于 + 先人 +（祭牲）。

C. 于 + 先人 + 御 +（时人 2）+（疾祸）。

无“于”式：

D.（时人 1）+ 御 +（先人）+（时人 2）+（祭牲）。

E.（先人）+（时人 1、2）+ 御。

F. 先人 + 御 + 先人。

从句型数量上看，A 类最为常见，多达 104 例；其次常见的是 C 类和 B 类，分别为 90 例和 82 例；E 类与 F 类数量极少，仅分别有 7 例和 1 例。从“御”字句各结构成分出现的位置看，作为受事成分的“于 + 先人”结构最为常见，在“御”前出现 90 例，在“御”后出现 186 例；为动者“时人 2、疾祸”成分亦可用于“御”之前或者之后，但以在“御”后出现为常，可视其为原因宾语；施事主语几乎不出现，可以认定的主语仅五例；没有无标志宾语前置的句式。[②] 通过对“御”字句的分析，陈文旨在说明卜辞句式的描写不能不顾语义而仅做结构分析，对卜辞某一个词从句法角度进行穷尽性的研究，可以弥补前人释字析义的不足。根据介词“于”的出现与否对“御”字句进行分类，虽也能呈现“御”字句句型句式的差异，但对于全部祭祀动词而言，“于”是否出现并非造成句法格式不同的唯一因素，故若要对全部祭祀动词的句型结构进行分析，还当考虑更多的因素和更合理的分类方式。

张玉金以“御”字句为例，说明应该如何研究具体动词的句型句式，以使其显示出层次性、系统性的特点，并设想编纂一部《甲骨文句

① 陈文中的“时人”指在世的人，分两种，“时人 1”指施事者，“时人 2”指为动者；“先人”包括先公先王先妣及神名；括号表示其中的项目可以省略。

② 陈年福：《卜辞“御”字句型试析》，《古汉语研究》1996 年第 2 期。

型句式汇典》。[1]稍后，张玉金采用以核心元素确立句型、以强制同现成分确立基本句式、以随意同现成分确立扩展句式、以语法空位确立基本句式和扩展句式的变体的研究方法，对甲骨文“御”字句中的单动句进行了全面描写。张文把“御”看作三价动词，有三个主元：施事主语“S”、受事宾语“$O_{因}$”和与事宾语“$O_{神}$”，其中“$O_{神}$”前可以出现主元标记“P”。“御”字句中的次元也分为三大类：一类是副词性的“Ad”，一般出现在“S”之后、“御”之前；第二类是名词性的，包括时间名词、祭牲名词等；第三类是介宾短语。三者可以各自出现在“$S+V_{御}+O_{因}+O_{神}$”之中，也可以同时出现在这个句式之中。由此形成基本句式和扩展句式的一些变体。张文认为，“基本句式、扩展句式的变体是一种具体的存在，而基本句式、扩展句式则是一种抽象的存在。基本句式、扩展句式都是从其变体中抽象概括出来的”[2]。

“御”字句的典型句型为：$S+V_{御}+O_{因}+O_{神}$。

“御”字句的基本句式共 7 种，其中第 1 种与典型句型相同，第 2~7 种都是由典型句型变换而来的：（1）$S+V_{御}+O_{因}+O_{神}$；（2）$S+O_{神}+V_{御}+O_{因}$；（3）$S+V_{御}+O_{因}+P+O_{神}$；（4）$S+P+O_{神}+V_{御}+O_{因}$；（5）$S+O_{因}+V_{御}+P+O_{神}$；（6）$S+O_{因}+P+O_{神}+V_{御}$；（7）$S+O_{神1}+V_{御}+O_{因}+O_{神2}$。

每种基本句式都有 1~5 种数量不等的基本句式变体，如基本句式（1）的基本句式变体有 5 种：（1）[ ][3]$+V_{御}+O_{因}+O_{神}$；（2）[ ]$+V_{御}+$[ ]$+O_{神}$；（3）[ ]$+V_{御}+O_{因}+$[ ]；（4）[ ]$+V_{御}+$[ ]+[ ]；（5）$S+V_{御}+$[ ]+[ ]。

每种基本句式都还有 1~12 种数量不等的扩展句式，如基本句式（1）的扩展句式共 12 种：（1）$S+Ad+V_{御}+O_{因}+O_{神}$；（2）$S+V_{御}+O_{因}+O_{神}+N_{牲}$；（3）$S+V_{御}+O_{因}+N_{牲}+O_{神}$；（4）$S+N_{牲}+V_{御}+O_{因}+O_{神}$；（5）S+惠$+N_{牲}+V_{御}+O_{因}+O_{神}$；（6）$S+Ad+V_{御}+O_{因}+O_{神}+N_{牲}$；（7）$S+V_{御}+O_{因}+$自$+O_{神}+O_{神}$；（8）$S+Ad+V_{御}+O_{因}+$自$+O_{神}+O_{神}$；（9）$S+V_{御}+O_{因}+$自$+O_{神}+O_{神}+N_{牲}$；

---

① 张玉金：《〈甲骨文句型句式汇典〉编纂的设想》，古文字信息化处理国际学术研讨会论文，2001。

② 张玉金：《论甲骨文“御”字句中的单动句》，《古汉语研究》2003 年第 3 期。

③ 张文句式中的“[ ]”代表语法空位，下同。

（10）$N_{时}+S+V_{御}+O_{因}+O_{神}$；（11）$S+N_{时}+$惠$+V_{御}+O_{因}+O_{神}$；（12）$N_{时}+S+V_{御}+O_{因}+$自$+O_{神}+$至于$+O_{神}+O_{神}$。

每种基本句式的扩展句式还有数量不等的扩展句式变体。如基本句式（1）的扩展句式（1）“$S+Ad+V_{御}+O_{因}+O_{神}$”共有4种扩展句式变体：（1）$[\ ]+Ad+V_{御}+[\ ]+O_{神}$；（2）$[\ ]+Ad+V_{御}+O_{因}+[\ ]$；（3）$[\ ]+Ad+V_{御}+[\ ]+[\ ]$；（4）$S+Ad+V_{御}+[\ ]+[\ ]$。基本句式（1）的其他扩展句式也分别有1~4种不同的扩展句式变体。①

综上可以看出，张文对卜辞中“御”字句的描写很细致，也充分显示了甲骨文“御”的句型句式的层次性、系统性特点。但该方式似乎仅适合于对某个祭祀动词的句型句式进行全面描写，若对全部祭祀动词进行句型分析则会显得过于繁杂。此外，张文把神祇名词和表人事的原因名词看作主元，而把祭牲名词看作次元的做法也值得商榷。

二 祭祀动词三宾语句和双宾语句研究

有不少学者对甲骨文三宾语和双宾语问题进行了深入研究。管燮初用157个双宾语句作为分析材料，根据两个宾语的排列次序将语料分为四类，对它们分别进行了数量和百分比统计，揭示了双宾语句型发展的不平衡性。另外，管文还从句法角度对一条祭祀殷先王的著名卜辞做了实例分析，显示了句法分析对理解甲骨文文意的重要性。②但管先生把介宾结构看作间接宾语，如“有伐于上甲十又五（乙3411）”中的“于上甲”；把一些动宾结构看作直接宾语，如“王宾文武丁伐十人（前1184）”中的动宾结构“伐十人”；将动词语义上涉及的对象都看作宾语，如把“上甲燎十（乙8683）”看作间接宾语前置，把“父己父戊岁王宾（粹311）”看作双宾语均前置。以上诸观点受到了以后学者的质疑。

陈初生认为，甲骨刻辞中某些有祈求目的的祭祀动词有表“事”、

① 张玉金：《论甲骨文“御”字句中的单动句》，《古汉语研究》2003年第3期。
② 管燮初：《殷虚甲骨刻辞中的双宾语问题》，《中国语文》1986年第2期。

表“人（神）”和表“物”的三个宾语，揭示了甲骨文中三宾语句的存在，同时分析了三宾语句消亡的原因，并考察了其消亡的轨迹。[①]沈培最早将非祭祀动词双宾语句和祭祀动词双宾语句分开研究，原因在于二者内部语义关系不完全相同，且非祭祀动词双宾语句才是西周以后汉语双宾语句的源头，而祭祀动词则与后世的双宾语句没有明显的源流关系。[②]喻遂生对甲骨文双宾语句进行了界定，并考察了商以后双宾语句的源流。[③]

齐航福、邓统湘分别对《殷墟花园庄东地甲骨》中的祭祀动词双宾语和三宾语句型进行了全面整理，发现与其他卜辞相比，花东的单祭祀动词三宾句新增了三种句型：动词＋人事＋祭品＋神祇、动词＋祭品＋神祇＋人事、叀＋祭品＋动词＋人事＋神祇；花东的单祭祀动词双宾句新增加了三种句型：叀＋祭品＋动词＋人事、动词＋祭品＋神祇＋祭品数、叀＋祭品＋动词＋人事＋介词＋神祇；花东的双祭祀动词双宾语句新增加了两种句型：动词$_1$＋动词$_2$＋人事＋神祇、动词$_1$＋动词$_2$＋祭品＋神祇。花东卜辞未见三祭祀动词双宾语句。花东卜辞中祭祀动词双宾语句的使用情况使我们对甲骨卜辞中双宾语和三宾语语序有了更为全面的认识。[④]其中由于对花东卜辞之外其他卜辞的已有研究了解不够全面，齐文、邓文的一些结论与事实不符，“动词＋祭品＋神祇＋祭品数”“叀＋祭品＋动词＋人事＋介词＋神祇”两种格式在花东之外的王卜辞中已经出现，且管燮初、沈培、张玉金、时兵等对“动词＋祭品＋神祇＋祭品数”格式的句法结构及产生原因都有过讨论，[⑤]贾燕子列举了

① 陈初生：《论上古汉语动词多对象语的表示法》，《中国语文》1991 年第 2 期。

② 沈培：《殷墟甲骨卜辞语序研究》，台北文津出版社，1992。

③ 喻遂生：《甲骨文双宾语句研究》，载《甲金语言文字研究论集》，巴蜀书社，2002。

④ 齐航福：《花东卜辞中的祭祀动词双宾语句试析》，《古汉语研究》2010 年第 1 期；邓统湘：《〈殷墟花园庄东地甲骨〉祭祀动词双宾语和三宾语句型研究》，《南昌航空大学学报》（社会科学版）2011 年第 1 期。

⑤ 管燮初：《殷虚甲骨刻辞中的双宾语问题》，《中国语文》1986 年第 2 期；沈培：《殷墟甲骨卜辞语序研究》，台北文津出版社，1992，第 61、110 页；张玉金：《甲骨文语法学》，学林出版社，2001；时兵：《古汉语双宾结构研究——殷商到西汉年代相关地下语料的描写》，博士学位论文，安徽大学，2002。

“叀＋祭品＋动词＋人事＋介词＋神祇”格式的卜辞用例。[①]

黄劲伟在最简方案框架下对甲骨文三宾语句进行句法推导，认为甲骨文三宾语句“$VP+NP_1+NP_2+NP_3$”结构下嵌套着3个介宾结构：“为某人（或某事）”“用某祭品”“向某神祇”。按照参与者在事件构成中的显著度，祭祀事件当解释为“为某人（或某事）向某神祇用某祭品祭祀”。一个完整的典型祭祀事件实际上是由两个事件叠置融合而成的，如“告秋上甲二牛”实际上是“告秋上甲”与“用上甲二牛”两个双宾结构融合而成，即乙类祭祀动词在轻动词驱动下发生位移，与甲类祭祀动词融合所得。[②]

此外，时兵、徐志林、贾燕子、喻遂生、龙正海等也从不同角度对甲骨文的三宾语句和双宾语句有过讨论和分析。[③]

三　多祭祀动词句型句式研究

与单祭祀动词句的研究相比，多祭祀动词句型句式的研究成果要少得多，周国正、郑继娥、邓统湘等论文中的某些章节有过讨论，专题研究仅王崇月一篇。[④]

周国正认为两个（或以上）祭祀子句之间的语法关系事实上是两种（或以上）祭祀活动关系的反映，这些关系有两种，一是主从关系，一是并列关系。周先生通过甲、乙两类祭祀动词的语法特征去探索这两种

---

① 贾燕子：《甲骨文祭祀动词句型研究》，硕士学位论文，西南师范大学，2003，第41页。

② 黄劲伟：《甲骨文三宾语句的句法推导》，《外文研究》2013年第3期。

③ 时兵：《古汉语双宾结构研究——殷商到西汉年代相关地下语料的描写》，博士学位论文，安徽大学，2002；徐志林：《甲骨卜辞中的“三宾语”问题的反思》，《江西师范大学学报》（哲学社会科学版）2009年第6期；贾燕子：《甲骨文祭祀动词的三宾语句和双宾语句》，《乐山师范学院学报》2009年第10期；喻遂生：《甲骨文三宾语句研究》，载《语言文字与文学诠释的经典对话》，台湾东海大学中国文学系，2011；龙正海：《也谈甲骨卜辞中的三宾句》，《语文知识》2011年第4期。

④ 周国正：《卜辞两种祭祀动词的语法特征及有关句子的语法分析》，载《古文字学论集初编》，香港中文大学，1983；郑继娥：《殷墟甲骨卜辞祭祀动词的语法结构及其语义结构》，博士学位论文，四川大学，2004；邓统湘：《〈殷墟花园庄东地甲骨〉句型研究》，硕士学位论文，西南师范大学，2006；王崇月：《甲骨文含“侑”祭祀动词连用句研究》，《唐山师范学院学报》2015年第6期。

关系。甲类祭祀动词是一种“四位动词”；乙类祭祀动词代表一种具体的祭牲方法。周先生认为乙类祭仪是用来“助成”甲类祭仪的，或者可以说乙类祭仪是甲类祭仪的构成部分。就宗教仪式而言，甲类词代表的是主要的活动，而乙类词代表的是从属的活动；但就语法关系而言，乙类词所在的子句是主句，而甲类词所在的是条件从句或副词句。[①]

郑继娥将多个动词谓语句间的语义关系分为以下三类。第一，并列关系。由连词“暨”和“并”连接的两个祭祀动词一定是并列关系；虽无任何标记，但从卜辞的上下文的文意中可推知，几个祭祀动词间的语义是相同或相近的，也可将其判断为并列关系；或者根据祭祀动词后面所带的名词短语属相同性质（即都为神祇名词），也可以反过来推断动词的关系为并列关系。例如：

（1）丙申卜，蒸并酒祖丁暨父丁。屯 58

（2）贞妣庚岁并酒。23326

（3）贞：燎于土三小牢卯一牛沉十牛。779 正

（4）贞：彭彤，勿鼓，十月。15710

（5）癸未卜，贞：燎于土祷于岳。399 正

（6）癸未卜，王贞：旬无祸？在十月又一甲申，䒭彭祭上甲。35411

第二，先后关系。通过动词前面表示时间的名词（如一月、二月、干支等）或副词（如先、后、廼等），我们可以推断出两个动词谓语为先后关系。先后关系一般是有标记的。

（7）贞：我一月彭，二月俎。2890

（8）癸酉卜，贞：取岳，廼燎。14457

（9）岳燎，后彭。屯 4397

第三，兼语形式。这种多动词谓语是普通动词“呼”和祭祀动词搭配使用的一种特殊方式。“呼”为命令，其宾语为时人，后面则是几个

① 周国正：《卜辞两种祭祀动词的语法特征及有关句子的语法分析》，载《古文字学论集初编》，香港中文大学，1983。

祭祀动词连用。[①]

（10）贞：翌乙未呼子渔侑于父乙牢。130 正

（11）乙卯卜，宾贞：呼妇好侑报于妣癸。94 正

甲骨卜辞中祭祀动词的连用极为常见，王崇月统计了“侑”与其他祭祀动词连用的组合及其组类分布情况，发现“V+ 于 +$O_{神}$”类最多；其次是加祭祀物品宾语的“V+ 于 +$O_{神}$+$O_{牲}$”；再次是不出现宾语的句型“V”，以及“V+$O_{神}$”“V+ 自 +$O_{神}$”句型；其他句型卜辞数较少，按数量多少排列依次为：“V+$O_{神}$+$O_{牲}$”“P/AV_1+$O_{神}$+V”“V+$O_{牲}$”“V+ 自 +$O_{神}$+$O_{牲}$”。由此总结出甲骨文中含“侑”祭祀动词连用句呈现句子成分越少、卜辞条数越多的规律。[②]

四　祭祀动词句法语义研究

郑继娥根据语法形式和语义相结合的原则，把 74 个祭祀动词分为甲乙丙丁四类。从语义结构上分析了祭祀动词与原因、对象、牲品、时间、空间、施事六个论元的关系，以揭示其在卜辞中的表现形式和与其他论元的相对位置，并从句法语义角度总结出祭祀动词具有的若干特点：（1）它们中只有甲类可以直接带原因宾语，不需要介词引导；（2）动词所带的对象宾语为祖先名，不是一般的时人；（3）可直接带牲名宾语，但除了乙类用牲动词，甲、丙两类动词理解时必须加上“用”；（4）祭祀的祭者很少出现。[③]

李立新指出，“甲骨文中的祭名很多，以往学者对甲骨文中所见祭名多从文字考释的角度予以论证，往往通过字形分析、音韵训诂、文献比勘等方法隶定其字形、解释其字义，然后援引卜辞辞例对其释解进行求证，很少直接从卜辞辞例分析入手，揭示每个祭名的内涵。这种方法

① 郑继娥：《殷墟甲骨卜辞祭祀动词的语法结构及其语义结构》，博士学位论文，四川大学，2004，第 86-88 页。

② 王崇月：《甲骨文含“侑”祭祀动词连用句研究》，《唐山师范学院学报》2015 年第 6 期。

③ 甲类、丙类的工具宾语和乙类的受事宾语实际上都是以牲品为宾语，只是因为动词性质不同，故区分之。参郑继娥《殷墟甲骨卜辞祭祀动词的语法结构及其语义结构》，博士学位论文，四川大学，2004；又《甲骨文祭祀卜辞语言研究》，巴蜀书社，2007。

先设定结论，然后再去求证，置卜辞辞例于从属地位，是一种舍本逐末的方法”[①]。李文则从卜辞辞例分析入手，确定甲骨文中共有211个祭名（即本书的祭祀动词），按照董作宾的新旧派理论将其分为旧派祭名、新派祭名、旧派新派共有祭名三类，分别从祭名释义、祭祀对象、祭祀目的、祭品、祭祀时间、祭祀地点、相伴祭名以及综合分析几方面，引用相关辞例对每个祭名进行疏解，以揭示211个祭名的各项内涵在五期中的变化情况。

五 祭祀动词句式使用的组类差异研究

随着甲骨文分期断代研究的深入，学者们发现，殷墟甲骨文有不同组类之分，且在这些不同组类的卜辞间，除了字体、书体、用字习惯等有所不同，在句式使用方面也存在一定的差异。齐航福的系列论文为该类研究的代表性成果。[②]

齐航福通过对殷墟甲骨文中“岁”字句、“燎”字句、“祷”字句的穷尽性统计，分别比较了三种句式使用的组类差异，主要有以下几个方面的发现。

（1）在“岁”字句中，“岁＋牲名＋神名”“岁＋神名＋牲名”等双宾语句及其相关句式主要出现于非王卜辞中，王卜辞中很少出现；“神名＋岁＋牲名”“神名＋岁＋其/叀＋牲名”等神名用作受事主语的句式只见于王卜辞的两系中，在非王卜辞中未见。与“岁”字句恰好相反，“燎”字双宾语句及其相关句式几乎都出现于王卜辞中，且集中在村北系列的卜辞中；而与“岁”字句完全一样的是，“燎”字其他句式（指神名和牲名同时出现的情况）也全部见于王卜辞中，以村中南系列的卜辞最为集中。与“燎”字句相似，“祷”字双宾语句及其相关句式除极

① 李立新：《甲骨文中所见祭名研究》，博士学位论文，中国社会科学院研究生院，2003，第7页。

② 齐航福：《殷墟甲骨文中句式使用的组类差异考察——以“岁”字句为例》，《中国语文》2014年第2期；齐航福：《再论殷墟甲骨文中句式使用的组类差异——以“燎”字句为例》，《语言研究》2017年第2期；齐航福：《三论殷墟甲骨文中句式使用的组类差异考察——以“祷”字句为例》，《古汉语研究》2020年第1期。

少数例子外，几乎都出现于王卜辞中；“祷”字其他句式，当神名宾语和牲名宾语同时出现而原因宾语不出现时，也全部见于王卜辞中。这是“祷”字句与“岁”字句最大的不同之处。

（2）“神名＋祭祀动词＋牲名”式出现最早，使用时间也最长，其数量也较为发达；其次常用的是“神名＋岁＋惠＋牲名”式，而“神名＋祭祀动词＋其＋牲名”式或只在较短的时间内存在过。

（3）与“神名＋祭祀动词＋牲名”式相比，“神名＋祭祀动词＋惠＋牲名”式出现得相对较晚。说明在神名作主语的受事主语句中，时代越靠后，越多使用“惠”字引出表牲宾语。

（4）在“燎”字双宾语句及其相关句式中，非王卜辞系列在引出神名宾语时，不使用介词“于”；而王卜辞中都喜好使用介词“于”。在“祷”字双宾语句及其相关句式中，在神名前，无论是王卜辞还是非王卜辞，都喜好使用介词“于”。“岁”字句、“燎”字句中都很少有“于＋神名”前置用作状语的例子。

（5）诸字句各种结构中的焦点一致，一般都是表牲成分。辞中的“其”“惠”都可看作焦点标记。

（6）卜辞中当神名和牲名都出现时，较多使用神名作受事主语而牲名用作受事主语的例子很少见到，这与牲名往往是句子焦点，而汉语言中的焦点又往往不位于句首有关。

（7）神名与牲名同时出现时，几乎都是神名在前、牲名在后。这充分显示出相对于神名，牲名更多充当句子的焦点。当原因、牲名与神名三者一同出现时，原因总是在最前面，相对于神名，牲名更多出现于最后。这也显示出，原因最不易成为句子的焦点，而牲名最易成为句子的焦点。①

此外，赵岩在蒋玉斌对子卜辞分类的基础上，② 选取时代大致相近的

① 齐航福：《殷墟甲骨文中句式使用的组类差异考察——以“岁”字句为例》，《中国语文》2014年第2期；齐航福：《再论殷墟甲骨文中句式使用的组类差异——以“燎”字句为例》，《语言研究》2017年第2期；齐航福：《三论殷墟甲骨文中句式使用的组类差异考察——以“祷”字句为例》，《古汉语研究》2020年第1期。

② 蒋玉斌：《殷墟子卜辞的整理与研究》，博士学位论文，吉林大学，2006。

甲种、乙种两种子卜辞中的祭祀动词，从出现数量、使用频率、组合关系等不同方面比较了非同类卜辞语言使用的特色。[①]

到目前为止，甲骨文的句法研究虽已取得了一定的成果，但这并不等于说，我们对卜辞语法了解得差不多，这方面已没有尚待解决的问题了。正好相反，到了今天，我们才体会到，对卜辞语法的若干现象，目前还只知其然而不知其所以然，很有必要对卜辞进行更为细致、深入的研究。正如吕叔湘先生所说："语法研究中很多问题都需要掌握大量材料，说话才有说服力。如果不从发掘和分析资料入手，进行详细的描写，满足于画出几根粗线条（并且不一定很准确），那是于人于己都没有益处的"。[②]

第三节　商代祭祀概况

《左传·成公十三年》："国之大事，在祀与戎。"《国语·周语》："夫祀，国之大节也。"由此可知，在春秋战国时期，祭祀是国家的头等大事。古代的人在为生存而和自然作斗争的过程中，由于武器和生产工具的简陋，对自然现象缺乏了解、无力控制，因此就认为是神灵在统治世界。而统治阶级为了保持他们的统治地位，也乞求祖先、神灵来保护自己的利益。有了这种意识，在行动上就表现为凡事占卜，以祭祀、求告、崇拜的方式来求助于祖先、神灵。"祭祀活动从本质上说，就是古人把人与人之间的求索酬报关系推广到人与神之间而产生的活动。所以，祭祀的具体表现就是用礼物向神灵祈祷（求福曰祈，除灾曰祷）或致敬。祈祷是目的，献礼是代价，致敬是手段。"[③]

《礼记·表记》："殷人尊神，率民以事神，先鬼而后礼。"殷墟遗留下来的甲骨卜辞中大量的祭祀卜辞证明，商人的祭祀繁多、复杂，也非

① 赵岩:《论非同类卜辞语言使用的特色——以两类子卜辞祭祀动词的比较研究为例》,《大庆师范学院学报》2009 年第 2 期。

② 吕叔湘:《〈现代汉语句型〉序》，商务印书馆，1986，第 2 页。

③ 詹鄞鑫:《神灵与祭祀——中国传统宗教综论》，江苏古籍出版社，1992，第 172 页。

常严密。他们按照一个既定的祭祀谱，几乎是每天必祭，每旬必祭，每年必祭。“不同形式的祭祀在甲骨文中被赋予不同的祭名，如以祭品为名的有荐祭、米祭、鬯祭、祭祭等，以祭祀方法为名的有伐祭、卯祭、鼓祭、舞祭等，以祭祀时间为名的有翌祭、夕祭、旬祭等。”①

一　商代祭祀研究概述

王国维最早论及商代的特祭、专祭、合祭、内祭、外祭等不同种类的祭祀，②陈梦家《古文字中之商周祭祀》率先对商代祭祀进行了系统的研究，③董作宾《殷历谱》首次发现了商代卜辞中的周祭制度。④之后，陈梦家《殷虚卜辞综述》、岛邦男《殷墟卜辞研究》、许进雄《殷卜辞中五种祭祀的研究》、张秉权《殷代的祭祀与巫术》、常玉芝《商代周祭制度》等先后从不同角度对商代的祭祀问题进行了更为深入的探讨。⑤例如张秉权分析了祭祀对象、种类、用牲与场所，全面检讨了卜辞中的祭祀制度。以上研究“使对商代祭祀的研究达到了相当细密科学的水平，在商代世系、礼制、宗法、历法以及甲骨分期等方面多有创获”⑥。

20 世纪 80 年代以来，不断有硕博士论文对商代的祭祀问题进行研究。如孙睿彻参照陈梦家《古文字中之商周祭祀》的分类，对甲骨卜辞中出现的祭祀动词进行了字形、字义的诠释，也对祭祀的对象及对象的

---

① 李立新:《甲骨文中所见祭名研究》，博士学位论文，中国社会科学院研究生院，2003，第 1 页。

② 王国维:《殷礼徵文》，载《海宁王忠悫公遗书》(初集)，1927。

③ 陈梦家:《古文字中之商周祭祀》，《燕京学报》1936 年第 19 期。

④ 董作宾:《殷历谱》，“中央研究院”历史语言研究所专刊之二十三，“中央研究院”历史语言研究所，1945。

⑤ 陈梦家:《殷虚卜辞综述》，中华书局，1988。〔日〕岛邦男:《殷墟卜辞研究》，日本弘前大学，1958；又温天河、李寿林中译本，台湾鼎文书局，1975。〔加拿大〕许进雄:《殷卜辞中五种祭祀的研究》，台湾大学文学院文史丛刊之二十六，国立台湾大学出版社，1968。张秉权:《殷代的祭祀与巫术》，载《“中央研究院”历史语言研究所集刊》第四十九本第三分册，1978。常玉芝:《商代周祭制度》，中国社会科学出版社，1987。

⑥ 李立新:《甲骨文中所见祭名研究》，博士学位论文，中国社会科学院研究生院，2003，第 2 页。

神权、举行祭祀的时间与地点、祭祀所用祭品等分别进行了描述。[①] 冯丽萍也从祭名、祭祀对象、祭祀目的、祭品、场所、时间及祭祀用语诸方面按体系分期描写了商代的祭祀情况。[②] 张新俊《殷墟卜辞祭名祭法考》一文，利用甲骨卜辞分类断代研究的成果，对每种祭名、祭法的祭祀对象、祭祀目的、时间、场所、用牲种类及数量、诸种祭祀之间的配合关系等方面进行数据统计，概括总结了 71 种祭名的时代特征，并结合历史文献进行了考证。[③] 刘源的博士学位论文《商周祭祖礼研究》，对商代祭名的分类、祭名的仪式内容、商周之间祭礼的嬗变等问题进行了有益的探讨。[④] 李立新《甲骨文中所见祭名研究》一文，从卜辞辞例入手，通过分析主祭者、受祭者、祭祀方式、祭祀目的、祭祀时间、祭祀地点、祭品的种类、相伴祭名在甲骨文前后五期间的消长演变，对殷墟卜辞中出现的 211 个祭名的内涵进行了全面考察。[⑤] 李林林将《殷墟甲骨刻辞类纂》中各祭祀动词所出现的卜辞，依据杨郁彦《甲骨文合集分组分类总表》和黄天树《殷墟王卜辞的分类与断代》进行分组。在此基础上，对埋、沈、俎、蒸、乇、彝、敳、刚、鼗、烄、盟、𦎫、酉、伐共十四个用牲类祭祀动词所带的祭祀原因、祭祀对象、祭祀用牲、祭祀时间、祭祀地点等论元的变化情况进行研究。[⑥]

关于甲骨文中祭祀动词的数量，不同的学者所认定的数目不一样。数量少的，仅确定为几十个。如李林林根据祭祀动词字构字层次的多少，将其分为单层次结构字和多层次结构字。确定甲骨文单层次结构的祭祀动词字有盟、龠、升、奏、祝、祀、柰、献、取、酉、埋、沈、俎、

① 〔韩〕孙睿彻:《从甲骨卜辞来研究殷商的祭祀》，硕士学位论文，台湾大学研究生院，1980。

② 冯丽萍:《论商代祭祀》，硕士学位论文，北京师范大学，1993；又收录于邹晓丽等著《甲骨学文字述要》，岳麓书社，1999。

③ 张新俊:《殷墟卜辞祭名祭法考》，硕士学位论文，郑州大学，1999。

④ 刘源:《商周祭祖礼研究》，博士学位论文，南开大学，2000。

⑤ 李立新:《甲骨文中所见祭名研究》，博士学位论文，中国社会科学院研究生院，2003。

⑥ 李林林:《甲骨文祭祀动词专题研究》，硕士学位论文，西南大学，2012。

蒸、彝、将、簸等32个；甲骨文多层次结构的祭祀动词字[①]有御、置、攺、祼、毁、蒸、餗、尊、俎、刚、叙、舞等17个。[②]郑继娥《甲骨文祭祀卜辞语言研究》一书中也仅确定了74个祭祀动词。[③]多数学者都认为其数量在一百到两百个之间。赵诚《甲骨文简明词典——卜辞分类读本》中列出了134个祭祀动词，[④]陈年福在《甲骨文动词词汇研究》中列举了108个祭祀动词，但在其《甲骨文词义研究》中又增加为146个。[⑤]也有少量学者认为祭祀动词达两百个以上。如徐中舒《甲骨文字典》所收动词中认为是祭名的约260个（包括“疑为祭名”的95个）。李立新的博士学位论文对甲骨文所见祭名进行了详尽整理，他选择了六种对卜辞祭名有集中专门论述的著作（即陈梦家《古文字中之商周祭祀》、岛邦男《殷墟卜辞研究》《殷墟卜辞综类》，孙睿彻《从甲骨卜辞来研究殷商的祭祀》，赵诚《甲骨文简明词典》，徐中舒主编《甲骨文字典》）和两种索引书（于省吾主编《甲骨文字诂林》和姚孝遂主编、肖丁副主编《殷墟甲骨刻辞类纂》），通过合并其重复的、剔除判定错误的，再加上他认定的，确认甲骨文中共有祭名211个。[⑥]

以往甲骨学或商代史的著作在论及商代的宗教与祭祀时，“多从祭祀的种类、对象、祭品、场所、诸神的权能等方面进行纵向的宏观的论述。而对每种祭祀的具体内涵及整个商代祭祀制度的发展演变过程则鲜有阐发”[⑦]。近年来，越来越多的学者以专题讨论的形式对某个特定祭祀动词进行了卓有成效的个案研究。陈梦家在《古文字中之商周祭祀》中开对“燎”祭进行专题研究的先河，陈文从祭祀对象的角度（燎于先

---

① 李文所谓多层次结构字由上位层次和下位层次构成，下位层次或是只有一个层次，或是由两个或两个以上的层次构成。

② 李林林：《甲骨文祭祀动词专题研究》，硕士学位论文，西南大学，2012。

③ 郑继娥：《甲骨文祭祀卜辞语言研究》，巴蜀书社，2007。

④ 赵诚：《甲骨文简明词典——卜辞分类读本》，中华书局，1988。

⑤ 陈年福：《甲骨文动词词汇研究》，巴蜀书社，2001，第28-29页；陈年福：《甲骨文词义研究》，博士学位论文，郑州大学，2004，第66-68页。

⑥ 李立新：《甲骨文中所见祭名研究》，博士学位论文，中国社会科学院研究生院，2003，

⑦ 李立新：《甲骨文中所见祭名研究》，博士学位论文，中国社会科学院研究生院，2003，第4页。

公、燎于土/社、燎于日月风、燎于旬、燎于河、燎于岳、燎于东母西母、燎于蚀）对商周时期的燎祭进行了阐释。[①] 焦智勤又在陈文的基础上，对燎祭对象各辞例数据在五期的变化进行了统计。[②] 岛邦男从禘祀的祭神（即祭祀对象）、禘祀的场所、禘祀的目的和禘祀的祭仪（即与禘祭相伴的祭名）四个方面对禘祀进行了较为全面的论述，可以说是早期对卜辞祭名做专题研究的典范之作。[③] 王宇信曾论证“告”祭系战神祭祀。[④] 郭新和也从告祭的对象、目的、场所、祭品、相伴祭名等方面卜辞中的“告”祭进行了论述。[⑤] 近十多年来，学者们又分别对御、宾、俎、祔、衣、祊、作、酌、血、福、雩、祼、取、肜等多个祭名做了专题研究。[⑥]

二　祭祀的对象

由祭祀卜辞的内容可以看出，商朝统治者敬畏和崇拜的鬼神是很多的。学者们对卜辞中祭祀对象的分类也有所不同。

王国维把卜辞中的祭祀对象分为内祭和外祭两类，内祭是指对先王先妣的祭祀，外祭是对自然神的祭祀。内祭又分为特祭和殷祭，特祭是

---

① 陈梦家:《古文字中之商周祭祀》,《燕京学报》1936 年第 19 期。

② 焦智勤:《卜辞燎祭的演变》,《殷都学刊》2001 年第 1 期。

③〔日〕岛邦男:《殷墟卜辞研究》，温天河、李寿林中译本，台湾鼎文书局，1975，第 197-208 页。

④ 王宇信:《周原出土庙祭甲骨考》,《考古与文物》1988 年第 2 期。

⑤ 郭新和:《卜辞中的“告”》,《殷都学刊》1999 年第 2 期。

⑥ 连劭名:《甲骨刻辞中的血祭》，载《古文字研究》第十六辑，中华书局，1989；郭旭东:《商代“雩”祭的考察》,载《甲骨学研究第二辑·纪念甲骨文发现九十周年》,《安阳甲骨学研究》编辑部，1989；彭明瀚:《卜辞“作祭”考》,《殷都学刊》1990 年 2 期；连劭名:《甲骨刻辞中的福祭》，载《第二届国际中国古文字学研讨会论文集续编》，香港中文大学，1995；彭明瀚:《卜辞取祭考》,《殷都学刊》1995 年第 2 期；张玉金:《释甲骨文“宾”》,《古汉语研究》1996 年第 4 期；葛英会:《附论祊祭卜辞》，载《夏商周文明研究》，中国文联出版社，1999；葛英会:《卜辞衣祀与与周礼禘祫之祭》，载《文化的馈赠——汉学研究国际会议论文集·考古卷》，北京大学出版社，2000；卢岩、葛英会:《关于殷墟卜辞的肜祭》,《故宫博物院院刊》2000 年第 2 期；葛英会:《论卜辞祔祭》,《殷都学刊》2001 年第 1 期；刘桓:《试释勺祭与“某某祊其牢》,《殷都学刊》2001 年第 1 期；张玉金:《释甲骨金文中的“宜”字》,《殷都学刊》2008 年第 2 期。

指对先王先妣的单独祭祀，殷祭即合祭。[①]

陈梦家把卜辞所见祭祀对象分为天神、地示、人鬼三部分：

a. 天神：上帝、日、东母、西母、云、风、雨、雪

b. 地示：社、四方、四戈、四巫、山、川

c. 人鬼：先王、先公、先妣、诸子、诸母、旧臣[②]

陈梦家的天神和地示被岛邦男合为自然神，而人鬼又被分为三种：高祖神、先臣神、先王先妣父母兄子。[③]

晁福林提出殷代祖先神、自然神、天神三足鼎立说，“殷代神权基本上呈现着三足鼎立之势，即：以列祖列宗、先妣先母为主的祖先神，以社、河、岳为主的自然神，以帝为代表的天神”[④]。

朱凤瀚将卜辞中所见的商人诸神灵划分为四类：

第一类是上帝。

第二类是自然神，如土（即社神）、方（即四方之神）。

第三类是由自然神人神化（即将自然神与有功德的祖先合二为一）而形成，有明显自然神色彩的祖神，如河、岳。

第四类是非本于自然物的祖神，包括以下三种亚型：

a. 与商王有血缘关系，但年代久远、世袭关系已不可考的祖神，其中有的在卜辞中称为“高祖”，如夒、王亥。

b. 与时王有明确世袭关系的祖神，包括上甲及其以后诸先王、先妣。

c. 部分对商王朝发展有功绩的旧臣，如伊尹、黄尹及部分戊（即巫），如咸巫、尽戊等，也可以认为是商人即商民族的祖神。[⑤]

郑继娥把祭祀对象分为天神、地示、先祖、先王先妣四类：

a. 天神：帝、日、东母、西母、风、云。

---

① 王国维：《殷礼徵文》，收入《海宁王忠悫公遗书》（初集），1927。

② 陈梦家：《古文字中之商周祭祀》，《燕京学报》1936 年第 19 期。

③ 〔日〕岛邦男：《殷墟卜辞研究》，日本弘前大学，1958；又温天河、李寿林中译本，台湾鼎文书局，1975。

④ 晁福林：《论殷代神权》，《中国社会科学》1990 年第 1 期。

⑤ 朱凤瀚：《商周时期的天神崇拜》，《中国社会科学》1993 年第 4 期；朱凤瀚：《商人诸神之权能与其类型》，载吴荣曾主编《尽心集 • 张政烺先生八十庆寿论文集》，中国社会科学出版社，1996。

b. 地示：河、岳、土。

c. 先公：夒（帝喾）、王昊、王亥（振）、王亥母等。

d. 先王先妣：上甲、报乙、报丙、报丁、示壬、示癸、大乙唐、咸、大丁、外丙、大甲、大庚、小甲、雍己、大戊、中丁、祖乙、祖辛、祖丁、小乙、武丁、祖庚、祖甲、康丁、武乙、文丁、帝乙、帝辛；妣庚、妣壬、妣辛、妣癸等。[①]

综合前代学者们的研究成果，我们把卜辞中的祭祀对象分为上帝、自然神、祖先神三类，其中祖先神又分为高祖神和先王先妣两小类。下面分类简介商人对诸神的祭祀情况。

（一）对上帝的祭祀

商人认为上帝有至高无上的权力。他能够驱使风、雷、雨等自然神，还能主宰人间的吉凶祸福。为了祈求福佑，商人必须祭祀上帝。[②]例如：

（1）…午卜：方帝三豕又犬，卯于土牢，奉雨。12855

（2）己丑卜：御于帝三十小牢。22073。

（3）辛未卜：侑岁于帝牢。22075

（4）乙巳卜，贞：王宾帝史，无尤。35931

（二）对自然神的祭祀

商代祭祀的自然神有风、日、雨、云、雷、东母、西母、四方、山等。对日神的祭祀如：

（5）乙酉卜，何贞：祖丁舌，其遘于日。27282

（6）乙巳卜：王宾日，弗宾日。32181

---

① 郑继娥：《殷墟甲骨卜辞祭祀动词的语法结构及其语义结构》，博士学位论文，四川大学，2004，第 115 页。

② 20 世纪 50 年代，胡厚宣（《殷卜辞中的上帝和王帝》，《历史研究》1959 年第 9 期、第 10 期）对殷卜辞中的上帝和王帝进行了全面分析，提出“上帝是殷人的至上神，是殷王形象在天国的反映；卜辞中的‘王帝’正是指死去的帝王，为王权神化的表现”的观点。长期以来，多数学者对胡文提出的观点都较为认可。但也有学者对此观点提出异议。如晁福林（《论殷代神权》，《中国社会科学》1990 年第 1 期）指出，“卜辞中的上帝并非至上神，而只是殷代诸神之一，居于殷代神权崇拜地位的是殷人的祖先神”。朱凤瀚（《商周时期的天神崇拜》，《中国社会科学》1993 年第 4 期）认为，“商人的上帝虽在商人的神灵系统中有崇高地位，但并未与祖先神、自然神形成明确的上下统属关系，既非至上神也非商民族的保护神”。

（7）贞：于日蒸，王受佐。30982

以上是以宾、蒸、遘祭祭祀日神的记录。卜辞还有祭祀“出日”“入日”“出入日”的记录，例如：

（8）戊戌卜，内：呼雀䵼于出日入日牢。6572

（9）辛未卜：侑于出日。33006

（10）丁巳卜，贞：侑入日。/ 丁巳卜：侑出日。34163

（11）癸未贞：其卯出入日，岁三牛，兹用。屯 890

（12）甲午卜，贞：侑出入日。/ 弜侑出入日。屯 1116

对云神的祭祀如：

（13）乙丑卜，争贞：呼雀燎于云犬。1051 正

（14）癸酉卜：侑燎于六云六豕，卯羊六。33273

对东母、西母的祭祀如：[①]

（15）壬申卜，贞：侑于东母西母，若。14335

（16）贞：燎于东母三牛。14339

方神，即四方之神，指东、南、西、北四方，总称为方，这是一个比较抽象的自然神。商人求年祈雨，都要向四方神祭祀。对方神的祭祀如：

（17）贞：禘于东方曰析，风曰劦，桒年。贞：禘于西方曰彝，风曰夷，桒年。14295

（18）禘于南犬。14323

（19）癸未贞：其宁风于方，有雨。30260

（20）丙申卜：于北禘。怀 1565

（三）对祖先神的崇拜和祭祀

1. 对高祖神的崇拜和祭祀

自王国维以来，学者们对商人上甲以前的高祖进行了卓有成效的研

① 关于“东母”“西母”，陈梦家（《殷虚卜辞综述》，科学出版社，1956，第 574 页）以为是“日月之神而天帝的配偶”，宋镇豪（《夏商社会生活史》，中国社会科学出版社，1994，第 788-789 页）据《甲骨文合集》14761“东母”与“王恒”同卜之例，认为她们既是女性神，又兼有自然神性，但人间神色彩居多。

究。据陈梦家的统计，商人崇拜的远世高祖神主要有夒、王亥、土、季、王恒、岳、河、兇、王吴、戣十位，这十位“是卜辞中所常见的重要的，其他还有不少”。[①]甲骨卜辞表明这些高祖神可以降福也可以降祸，所以商人向他们祈雨、求年，例如：

（21）贞：桒年于夒九牛。10085 正

（22）辛未贞：桒禾高祖河，于辛巳酻燎。32028

（23）乙亥卜：高祖夒燎二十牛。屯 4528

2. 对先王先妣的崇拜和祭祀

商代从上甲进入有史时代，所以把上甲以前属于神话传说时代的先祖称为高祖，而把从上甲到帝辛的各世称为先王。《史记·殷本纪》载商代先王共 23 世 37 王，从甲骨文和金文材料可得 23 世 36 王，比《史记》少“中壬”“沃丁”两位，多了一个“且己”。根据祭祀，商代先王分直系、旁系两类。直系为 23 王，旁系为 13 王。[②]他们是上甲；三报（报乙、报丙、报丁）；二示（示壬、示癸）；大乙；大丁、大甲、卜丙；大庚、小甲、大戊、雍己；中丁、卜壬、戋甲、祖乙；祖辛、羌甲、祖丁、南庚；鲁甲、般庚、小辛、小乙；武乙、祖乙、祖庚、祖甲；祖辛、康祖丁；武乙、文武丁、帝乙、帝辛。[③]先妣有妣甲、妣乙、妣丙、妣丁、妣戊、妣戊、妣己、妣庚、妣辛、毓妣辛、妣壬、妣癸。[④]据学者们研究，商人祭祀先公、先王、先妣采用单祭、合祭、选祭、周祭等不同的祭祀形式。[⑤]

“单祭”，也称“散祭”，是对某一位先王或先妣单独进行祭祀。例如：

（24）甲申卜：乙酉侑祖乙三牢，酉三十牛。1513

（25）壬午卜：其侑岁于妣癸，叀小牢。27572

（26）癸未卜，侑岁牛于下乙。22088

① 陈梦家：《殷虚卜辞综述》，中华书局，1988，第 337-345 页。

② 一般计算商世系自大乙灭夏立商起，则为 17 世 31 王。

③ 赵诚：《甲骨文与商代文化》，辽宁人民出版社，2000，第 69-70 页。

④ 姚孝遂主编、肖丁副主编《殷墟甲骨刻辞类纂》，中华书局，1989。

⑤ 常玉芝：《商代周祭制度》，中国社会科学出版社，1987；李立新：《甲骨文中所见祭名研究》，博士学位论文，中国社会科学院研究生院，2003。

（27）庚子卜，行曰贞：翌辛丑其侑勺岁于祖辛。23002

（28）贞：御于妣庚。6016 正

“合祭”是集合多位祖先同时进行祭祀。例如：

（29）…未卜：桒自上甲、大乙、大丁、大甲、大庚、大戊、中丁、祖乙、祖辛、祖丁十示，率羊。32385

（30）乙丑卜：桒自大乙至于丁祖九示。14881

“选祭”是指在一次合祭中选择若干先祖，多是直系或五世以内的先祖（包括旁系）进行祭祀。[①]

（31）壬辰卜，祷自祖乙至父丁。32031

（32）己亥卜，侑自大乙至于中丁示牛。14872

（33）翌乙酉，侑伐于五示：上甲、成、大丁、祖乙。248 正

“周祭”是商王及王室贵族用翌、祭、𩛥、𠻺、肜五种祀典，对殷王上甲以降的先王和直系先批举行的周而复始的轮番祭祀。这种祭祀是一个王世接着一个王世连绵不断地举行下去的，整个祭礼完成一遍约需一年的时间。因此它是商王朝一种非常重要的祭祀制度。

“周祭”盛行于祖甲、帝乙、帝辛时期，而“单祭”“合祭”“选祭”则贯穿于从武丁到帝辛的整个商代晚期。[②]

三 祭祀所用祭品

甲骨文中所见祭品可以分为有生命的和无生命的两大类。有生命的祭品包括动物牲和人牲，其中以动物牲为主体。无生命的祭品主要是粢盛、酒鬯和贝玉。下面分别简要介绍。

（一）有生命的祭品

卜辞中有生命的祭品包括牺牲和人牲两类。

牺牲是祭品中最重要的部分。由卜辞可知，殷人最常用的牺牲是

---

① 常玉芝（《说文武帝——兼略述商末祭祀制度的变化》，载《古文字研究》第四辑，中华书局，1980）通过对黄组卜辞的研究，提出商人会对近世直系祖先举行多种特殊祭祀，如“祊祭”。

② 李立新：《甲骨文中所见祭名研究》，博士学位论文，中国社会科学院研究生院，2003，第 5 页。

牛、羊、豕、犬、鹿以及它们的幼子等。此外，还有不常用的兕、象、麇、龟、虎等。对牛羊豕，常又有牡牝之分，并有专字。牛、羊又可细分为经圈养（牢、宰）的还是未经圈养的[①]，还可按大小分为大牢、小牢。从颜色上看，牛可分为幽（微青黑色）、黄、黎；羊有黄白之分；而犬、豕则只有白与非白之分。例如：

（1）弜戠，夕其酌牝牛。33709。

（2）贞：燎东西南，卯黄牛，小告。14315 正

（3）卜，小乙卯惟幽牛，王受佑，吉。屯 763

（4）贞：燎十黎牛又五鬯。15617

（5）祷雨，叀黄羊用，有大雨。/ 叀白羊，有大雨。30022

（6）丙午卜宾贞：侑于祖乙十白豕。1524

（7）戊寅卜，燎白犬卯牛于妣庚。英 1891

（8）丁巳卜，争贞：降册千牛。/ 不其降册千牛千人。1027 正

（9）甲午卜，侑于父丁犬百羊百，卯十牛。32698

（10）贞：肇丁，用百羊百犬百豚，十一月。15521

（11）其鬻兕祖丁。32603

（12）以象侑祖丁丑。8983

（13）戊午，御虎于妣己。22065

除了动物牺牲，商代祭祀时还使用了大量的人牲。卜辞中人牲的种类主要有羌、报、伐、奚等。其中“羌作为人牲，使用次数较伐、报、奚都多”[②]。卜辞中有关人牲的记载数量惊人。据胡厚宣统计，“有关人祭的卜辞共有 1350 片、1992 条之多，总计用人数不少于 14197 人”[③]。“商代人牲往往用于建筑仪式、墓圹奠基和宗庙杀祭。往往与牛羊豕等动物

① 张秉权（《祭祀卜辞中的牺牲》，载《中央研究院历史语言研究所集刊》第三十八本，1968）、姚孝遂（《牢宰考辨》，载《古文字研究》第九辑，中华书局，1984）等学者一致认为，“牢”“宰”为专门圈养、用于祭祀的牛和羊。

② 郑继娥:《殷墟甲骨卜辞祭祀动词的语法结构及其语义结构》，博士学位论文，四川大学，2004，第 120 页。

③ 胡厚宣:《中国奴隶社会的人殉和人祭（下）》，《文物》1974 年第 8 期。

一起使用，所采用的用牲法也与动物同。”① 例如：

（14）丁卯卜，贞：侑于祖乙，舌羌三人。501

（15）侑祖甲，用报。743

（16）庚午卜，侑奚大乙卅。19773

（17）丁丑卜，贞：王宾武丁伐十人，卯二牢。35355

人牲还有白人、白羌之别，如：

（18）壬子卜，宾贞：惟今夕用三白羌于丁，用一。293

（19）己丑卜，贞：燎白人。1039

（20）庚寅卜，辛卯侑伐于父丁羌三十卯五牢。32055

（21）庚寅贞：酢勺伐自上甲六示三羌三牛，六示二羌二牛，小示一羌一牛。32099

（二）无生命的祭品

卜辞中无生命的祭品可分为粢盛、酒鬯和贝玉等类别。

粢盛即祭祀用的粮食供品，包括穧、米、黍、来（即麦）、禾等。卜辞的辞例如：

（22）贞：登黍？ 勿登黍？ 235 正

（23）…争贞：乙亥登囧黍祖乙。1599

（24）辛丑卜，衍，酢穧登辛亥。十二月。/ 辛丑卜，于一月辛亥酢穧登。十二月。21221

（25）叀白穧登。32014

（26）癸巳贞：乙未王其登米…？ 34591

（27）己巳贞：王其登南囧米，叀乙亥。30024

（28）甲辰贞：其登黍？ 34587

（29）甲辰卜，酢来登祖乙，乙巳。27219

（30）癸未卜，登来于二示。34107

（31）辛未卜，酢来乙亥登祖乙。32534

（32）庚寅卜，贞：王宾登禾，亡尤。/ 辛卯卜，贞：王宾二升登

① 李立新：《甲骨文中所见祭名研究》，博士学位论文，中国社会科学院研究生院，2003，第 16 页。

禾，亡尤。38686

（33）辛亥卜，贞：其登米于祖乙。屯 189

鬯是用秬（黑黍）酿成的一种香酒，商代时多将其用于祭祀中。如卜辞中的“登鬯”“登新鬯”即把新酿成的鬯酒进献给祖先。

（34）庚辰卜，王祀父辛羊豕，酒鬯父乙。19921

（35）其登新鬯，二牛用。30977

（36）癸亥卜，其登鬯于祖乙，叀翌乙丑。27220

（37）登新鬯，若。冏龟至，王受又。登鬯二卣，王受又。屯 766

（38）壬申贞：多宁以鬯登于丁卯，叀…　壬申贞：登多宁以鬯于大乙。屯 2567

贝玉类主要有贝、玉、珏等。王宇信关于殷人的用玉制度有详密的考述，他认为：“殷人有着强烈的宝玉意识”，祭祀严格而隆重；卜辞中“用玉为祭品的行祭次数，远较其他品物为少，而每次祭祀所用玉品的数量，与其他用人牲、物牲等为祭祀献品的数量相比，也有天壤之别；用玉最大数字仅至‘三玉’（《屯南》225、《合集》30997）、‘二珏’（《合集》1052 正）”；“用玉行祭的对象，先公先王只祭及王亥、成唐、大甲、祖乙、南庚、丁等，旧臣只有黄尹，自然神祇只祭及黄河、淹水和山；只有在商人历史上占有重要地位的先公先王，才能受到以玉为祭品的最高规格的祭祀”；“甲骨文中所见以玉为祭品的祀典和祭法，有燎、刚、卯、埋、酒、奏、侑、晞、祀等名目。”[①] 例如：

（39）甲申卜，争贞：燎于王亥，其玉。14735 正

（40）甲午卜，㱿贞：王奏兹玉，成佐。/ 甲午卜，㱿贞：王奏兹玉，成弗佐。6653 正

（41）丙戌卜贞，巫曰：㲹贝于妇，用，若，五月。5648

（42）…王称珏于祖乙，燎三牢，卯三大…，兹用。32535

（43）丁卯贞：王其称珏，燎三牢，卯…牢。32420（称：举献物品之祭。珏：祭品名。）

---

① 王宇信：《殷人宝玉、用玉及对玉文化研究的几点启示》，《中国史研究》2000 年第 1 期。

四 祭祀的原因与目的

“祭祀的目的不外乎向神灵求福、报谢和消灾辟祸。祭祀的目的与祭祀的神灵及神灵的权能有关，不同祭名有相对固定的祭祀目的，有一些甲骨文祭名的文字本身，其字形字义便透露着祭祀的目的，如‘祭’为以手持肉于神主前，‘荐’为双手奉牲首于台案，均为报谢神灵之义，而‘御’则为免除灾害之祭。”①

卜辞中显示的祭祀原因主要有以下几类。②

一是祈求年、禾、秋、牧等收成一类的农事，常用的祭祀动词为御、告、奉、宁、福等。

二是为攘除风、雨、祸、水（洪水）等自然灾害，祭祀动词常用御、告、奉、宁、叙等。

三是为消除商王或贵族的某种疾病如疾足、疾齿、疾肘、疾身等。如“宁疾”“御疾”等。

四是为与商王有着直接亲属关系的贵族如妇好、子如、戊等当世的人物进行祭祀，祭祀动词为祝、御、祷、祛、彭等。

五是向祖先告祭日有凿、日有戠、启（天晴）等自然现象或者“方出”等外族入侵事件，祭祀动词为告、奉、匄等。

六是祈求生育、祈求生子的，如奉生。

第四节 研究主旨及相关说明

一 研究的依据、目的和方法

李临定认为划分句型的目的应该是“建立一个句型系统，这个系统应该能够比较充分地反映出句子构造的规律。同时，它又是有条理的，

---

① 李立新:《甲骨文中所见祭名研究》，博士学位论文，中国社会科学院研究生院，2003，第 27 页。

② 按：此处主要参考了李立新（《甲骨文中所见祭名研究》，博士学位论文，中国社会科学院研究生院，2003，第 28 页）和郑继娥（《殷墟甲骨卜辞祭祀动词的语法结构及其语义结构》，博士学位论文，四川大学，2004，第 26、113 页）。

是按照一定的原则建立起来的层次系统"[①]。陈昌来认为"归纳句型必须讲究层次。因为，任何语句都是由一定材料按一定规则构成的，但多个构成成分不是在一个平面上一下子组织起来的，而是由小单位组成大一些的单位逐层逐级构成的，层次性是语言结构的本质特点，因而归纳句型就不能把组成句子的各种成分放在一个平面上处理。句子的各个成分处于不同的层面上，句型系统应体现出句子组成的自然层次来。""由于句子是层层组成的，大层次包含小层次，因而归纳句型时，只按大层次（上位层次）的特点归纳出的是上位句型，若要体现小层次（下位层次）、再小层次（再下位层次）的结构特点，则可按小层次（下位层次）、再小层次（再下位层次）的特点归纳出下位句型、再下位句型，类推下去，就可以构成一个由上下位关系组成的有层级的句型系统。"[②]

据此，划分句型的标准主要应着眼于句子构造（句法）方面。又因为句型问题跟动词的关系最密切，为了使研究脉络清楚，本书句型划分以祭祀动词为主要线索。根据充当谓语的祭祀动词的多寡及其组合关系，把甲骨文的祭祀动词句型分为由单个祭祀动词充当谓语的单祭祀动词句和由两个或两个以上祭祀动词联合词组充当谓语的多祭祀动词句；根据"出现句型鉴定词是一种句型，没出现句型鉴定词是另一种句型"的划分原则[③]，我们把由"呼""令""使"与祭祀动词构成的祭祀动词兼语句看作出现句型鉴定词的特殊句型，另列一类。

祭祀动词宾语句表层结构虽然复杂多样，但其深层的语义模式很简单，即因什么事用什么祭牲（我们所说的祭牲，包括其他的祭品）、向哪位神祇进行祭祀。例如：

（1）甲申卜：御妇鼠妣己二牝牡。19987

（2）壬子卜：桒禾示壬牢。33333

卜辞 19987 意为：为妇鼠用二牝牡向妣己进行御祭；卜辞 33333

① 李临定:《句型与动词》，语文出版社，1987，第 63 页。

② 陈昌来:《现代汉语句子》，华东师范大学出版社，2000，第 114 页。

③ 划分句型的原则参见陈建民《现代汉语句型论》，语文出版社，1986。

意为：为庄稼用牢向示壬进行)祭。这就是甲骨文的三宾语句。[①]我们把三宾语依次称为人事宾语、神祇宾语、祭牲宾语。人事宾语可以分为两种，一种是指人的，一种是指事的。请看下引卜辞：

（3）辛巳贞：其告令望乘。/ 于祖乙告望乘。/ 于大甲告望乘。屯 135

“告”的宾语“令望乘”指事，宾语“望乘”指人。我们把这两种宾语统称为“人事宾语”，是因为它们不但都能用作同一个动词的宾语，而且可以在同版的有关卜辞中互相代替。[②]另外，人事宾语非受事宾语，而是为动宾语，“于大甲告望乘”即为望乘而向大甲进行告祭。如果仅带两个宾语、一个宾语或不带宾语，则分别构成双宾句、单宾句、无宾句。祭祀动词兼语句是指使令动词后的动词为祭祀动词的兼语句。例如“呼子渔侑于祖乙”（2972），其中“子渔”是兼语成分，“侑”为祭祀动词。

对于祭祀动词宾语句，我们首先根据祭祀动词是否带宾语以及所带宾语的数量，将祭祀动词出现的句型分为无宾句、单宾句、双宾句和三宾句四大类；再按照宾语的类型、介词是否出现、表示“神祇”“祭牲”“人事”义的名词或名词词组的句法位置和句法功能来确定各大类的基本句式；按照施事主语出现与否，状语出现与否，所出现的状语是句首状语、谓语前的状语还是介宾词组或名词前的状语，谓语之后是否出现处所名词和时间名词等标准来确定各类基本句式的变式句。对于祭祀动词兼语句，先按照祭祀动词的数量，祭祀动词是否带宾语或补语、所带宾语或补语的类型，兼语是否前置等标准来确定祭祀动词兼语句的基本句型，再根据施事主语、状语、兼语、介词的隐现来确定各基本句型的变式句。我们把各种基本句型看作上位句型（即第一层次），基本句型的变式则可看作由上位句型分出的中位句型（即第二层次），一些中位句型又可分出下位句型（即第三层次），这样，繁杂的甲骨文祭祀动词句型就呈现出层级体系来，让人一目了然。

语言是在不断变化的，甲骨文语言文字的时间跨度近 300 年，若将

① 陈初生：《论上古汉语动词多对象语的表示法》，《中国语文》1991 年第 2 期。

② 沈培：《殷墟甲骨卜辞语序研究》，台北文津出版社，1992，第 96 页。

其放在一个平面来研究，则有可能造成源流不清，掩没其发展变化的本来面目。在汉语史研究越来越深入细致的今天，对甲骨文进行断代研究，已经成为学术发展的必然要求。甲骨文各种句型的发展又很不平衡，有些句型用例很多，而有些句型只有一两个用例。甲骨文祭祀动词句型只有做定量的研究，才能分清轻重主次。

本书以殷墟甲骨文中的107个祭祀动词为研究对象。收集材料和所做统计以《殷墟甲骨刻辞类纂》为主，并辅以《甲骨文合集》《小屯南地甲骨》《英国所藏甲骨集》《怀特氏等收藏甲骨文集》等。研究的基本方法是：对《殷墟甲骨刻辞类纂》所列的这些祭祀动词的所有辞例进行穷尽性研究，一则排除兼作非祭祀动词的辞例，一则对祭祀动词句型进行分类，并对照《甲骨文合集》《小屯南地甲骨》《英国所藏甲骨集》《怀特氏等收藏甲骨文集》等进行复检补充修正，然后分期，进行数量统计，再做研究。

本书卜辞五期断代的划分，是以《甲骨文合集》所分为准：即第一期，武丁时期；第一期附，武丁时期；第二期，祖庚祖甲时期；第三期，廩辛康丁时期；第四期，武乙文丁时期；第五期，帝乙帝辛时期。《小屯南地甲骨》中有少数卜辞未作分期，本书以“无分期”标明；另有少数卜辞是第三期至第四期之间的，未能确定具体划入哪一期，本书以“第三期—第四期”标明。断代的时限基本上因承董作宾《甲骨文断代研究例》[①]的分法，例外的只有“一期附”的卜辞，董作宾归入第四期文丁时期，今则从《甲骨文合集》所分，定为武丁时期的卜辞。

本书研究的目的在于详尽描述祭祀动词基本句型和变式句型的类别，力求建立甲骨文祭祀动词句型的层级体系；同时对各种句型做分期和定量的研究，以反映甲骨文各期的句法特征；并试图运用配价理论，对祭祀动词的句法语义进行分析。希望能对古汉语句型研究提供一些参考。

虽然前哲时贤的研究成果为我们进一步深入研究打下了较好的基

---

① 董作宾：《甲骨文断代研究例》，“中央研究院”历史语言研究所专刊之五十附册，“中央研究院”历史语言研究所，1970。

础，但卜辞句型的研究仍然存在种种困难，如因材料残缺，一些理论上成立的句型却找不到相应的例句；因为解读困难，少数卜辞无从分析其句法结构；因为卜辞本身无标点，对同一卜辞不同的学者往往采用不同的标点，而标点的不同直接影响到句型的归类。本书在研究时，把残辞和少数不能识读的卜辞排除掉；对于一些有疑问的卜辞，列入存疑类另论，以待进一步研究；对于卜辞的标点，参照各家之说，择善而从。当然，对于有些卜辞，很难绝对地说哪种标点更为合理，但又只能选择出一种形式，故把有些对句型划分影响比较大的不同的标点形式在文中加以讨论。

二　研究对象、研究难点及处理方式

（一）研究对象

祭祀动词是表示祭祀行为的动词。参照已有学者的研究成果，[①] 本书主要根据以下几方面的标准来判断某词是否为祭祀动词。

（1）从句法功能上看，该动词主要充当句子的谓语。

（2）从句法位置上来看，该动词之前或之后可以出现表示祭牲、祭祀对象、祭祀原因的名词、名词性词组或者介宾结构。

（3）从意义上看，该动词表示祭祀义。

（4）根据系联原则，能与其他祭祀动词连用的动词也是祭祀动词。

早在 20 世纪 50 年代，岛邦男就根据不同祭名往往相伴出现于同一条卜辞的特点，通过系联关系检索出不同的祭名群。[②] 岛邦男创建的这种系联法非常有效，为后代多位甲骨文研究者所采纳。如郑继娥就根据系联原则，将能出现在“王宾”卜辞中的动词也认定为祭祀动词。[③] 据

---

① 〔日〕岛邦男:《殷墟卜辞研究》，温天河、李寿林中译本，台湾鼎文书局，1975，第 52 页；周国正:《卜辞两种祭祀动词的语法特征及有关句子的语法分析》，载《古文字学论集初编》，香港中文大学，1983；郑继娥:《殷墟甲骨卜辞祭祀动词的语法结构及其语义结构》，博士学位论文，四川大学，2004，第 12-14 页。

② 〔日〕岛邦男:《殷墟卜辞研究》，温天河、李寿林中译本，台湾鼎文书局，1975，第 52 页。

③ 郑继娥:《殷墟甲骨卜辞祭祀动词的语法结构及其语义结构》，博士学位论文，四川大学，2004，第 12-14 页。

郑文调查，“甲骨卜辞中能出现在‘王宾+祖先某+X，无尤/无祸’中X位置上的字有个37左右，但有20个是可以根据带不带祖先名认定的祭祀动词。既然有这么多祭祀动词能出现在此位置，根据聚合、系联原则，能出现在同一位置上的词，一定具有相同的词类、功能。由此我们也可谨慎地推断其他出现在‘X’位置上的词也是祭祀动词”[①]。以“龠”为例，虽然其没有“神祇”或“祭牲”作宾语，也没有“于神祇”作补语的用例，但因能出现在“王宾”卜辞中，故也算是祭祀动词。辞例如：

（1）乙卯卜出贞：王宾龠，不遘雨。24883

（2）戊戌卜尹贞：王宾父丁彡龠，无祸。3241正

（3）庚子卜行贞：王宾兄己龠桒，无尤。41003

（4）戊辰卜旅贞：王宾大丁彡龠桒，无尤，在十一月。22762

根据以上判断标准，对陈年福《甲骨文动词词汇研究》所列举的108个祭祀动词在卜辞中的具体用例一一进行了考察，[②]确定下列107个祭祀动词为本书的研究对象：[③]

企 竸 舞 祝 即 飨 御 取 告 龠 品 正 侑 祭
共 荐 蒸 寻 将 秦 彝 示 福 禘 日 畴 烄 陟
燎 奏 沉 埋 淮 祀 米 翌 宾 丁 宿 延 肈 伐
岁 弘 血 宁 酉 奠 尊 鼎 鬲 爵 鼓 亯 鬯 刚
凡 兴 遘 方 幼 升 宜 肜 勺 用 卯 桒 戠 酌
舌 甗 芒 攺 餿 餿 𡕶 蓺 㞢 𣪊 蔑 弜 斫 𩱧
餗 毁 寇 盭 次 晋 鬻 豊 䝞 叙 卩 祐 祊 智
匄 束 雩 箙 称 若冏 翌日 肜日 劦日

以上所列107个祭祀动词中的“蒸”或释为“登”，“升”或释为“必”“祔”，“戠”或释为“敦”[④]，“桒”或释为“祷”“求”，“福”或释

① 郑继娥：《殷墟甲骨卜辞祭祀动词的语法结构及其语义结构》，博士学位论文，四川大学，2004，第14页。

② 陈年福：《甲骨文动词词汇研究》，巴蜀书社，2001，第28-29页。

③ 其中“𠂤”仅发现一例残辞，难以确定为祭祀动词，故除去。

④ 曹定云：《殷墟卜辞“戠”乃“敦”字初文考》，《纪念殷墟甲骨文发现一百周年国际学术研讨会论文集》，社会科学文献出版社，2003，第165-177页。

为“祼”，“肜”或释为“彡”，“劦”或释为“脅”，“宜”或释为“俎”，“酌”或释为“酒”，“侑”或释为“㞢”“有”“又”，“𠕋”或释为“册”，“䀠”或释为“畿”，“舌”或释为“𥘅”“乇”，“𤊾”或释为“柰”，“𢦏”或释为“执”，“鬻”或释为“鼎”。另，有学者将“翌日”“彡日”“劦日”看作“翌”“彡”“劦”单用时的另一形式。

这107个词并非单纯作祭祀动词，它们大都兼有几种意义，例如：

1. 即：作动词，靠近。例如：

（5）庚辰贞：方来即使于犬延。32904

又作副词，立即。例如：

（6）即令。怀1468

2. 次：作动词，泛滥。例如：

（7）洹不次。8317

又疑作地名。例如：

（8）辛巳卜…妇不捍于次。7007

3. 御：作动词，抵御。例如：

（9）己卯卜：王令御方。20451（方：方国）

又作动词，用。例如：

（10）辛酉卜，贞：其雨，今日不雨，兹御。英2589

又作方国名。例如：

（11）贞：遘于御方。6800

4. 取：同“娶”。例如：

（12）辛卯卜，争：勿呼取奠女子，二告。536

又作动词，获取，收取，取用。例如：

（13）贞：呼取牛。8813反

或疑作人名。例如：

（14）…令取射子汰。5758

5. 鼎：作副词，读为“当”。例如：

（15）丙午卜，争贞：其雨，之日鼎雨。英1136

又作祭器。例如：

（16）乙酉卜：御家艰于下乙五牢，鼎用。22091 甲

6. 爵：作礼器。例如：

（17）五牢二爵。22365

作人名。例如：

（18）乙丑卜，贞：妇爵多子无疾。22323

又作地名。例如：

（19）在爵。36537

（二）研究难点及处理方式

根据卜辞的具体用例，可以很容易地把大多数祭祀动词与非祭祀动词的用例区别出来，但也存在一些难以判断的辞例。下面我们将在释读中遇到的一些问题及处理方法说明如下。

1. 伐，本像以戈割人头之形，再由此引申出“征战”“伐祭”等义项。[①]（彭明瀚，1995）“伐”出现在与祭祀有关的句子里，兼有动、名两义，动词义为用人牲祭祀，“伐”的对象多是人，也可以是牲畜。例如：

（1）辛未卜：侑伐十羌十牢。32072

（2）庚辰卜：侑升伐于上甲三羌九小牢。32097

（3）庚子贞：伐卯于大示五牢，下示三牢。屯 1115

名词义为被杀而用以祭祀的人牲。例如：

（4）五伐五牢。925

（5）五伐一牛。927

而下面的一些用例，容易引起歧义。例如：

（6）贞：自上甲侑伐。947 正

（7）翌乙酉呼子商酌伐于父乙。969

（8）于来乙丑酌勺伐。3225

（9）辛卯贞：侑伐于大甲祖乙。32219

这些卜辞中的“伐”可看作动词，与其后的祭祀动词一起作联合谓语，也可看作名词，其前的数词“一”省略。本书处理的方法是：把

① 彭明瀚：《卜辞取祭考》，《殷都学刊》1995 年第 2 期。

“数词＋伐”和利用同片卜辞能确定“伐”作名词的看作人牲。例如：

（10）贞：翌乙丑勿龤侑伐于唐，二告。/ 贞：侑唐伐。952 正。

（11）翌乙巳侑祖乙牢又牝。/ 翌庚子侑伐。翌庚子勿侑伐。/ 贞：勿侑牝，叀牡。6653 正

（12）庚寅卜：侑伐妣丙。/ 乙巳卜：侑艮妣丙。32175

其他如上辞 947 正、969、3225、32219 的情况都看作祭祀动词的连用。

2. 丁：又作神祇名。例如：

（13）贞：侑于丁一牛。339

（14）彫祊于丁。英 2174

当丁与其他祭祀动词连用且位于后面时，容易产生歧义。例如：

（15）壬子卜：穷贞：其彫勺岁𢆶丁，九月。15695 正

（16）延勺丁彘。22258

这些卜辞中的“丁”可看作动词，与其前的祭祀动词一起作联合谓语，也可看作神祇名词。本书处理的方法是：把利用同片卜辞能确定“丁”作神祇名词的看作名词，其他情况都看作祭祀动词的连用。我们把以上卜辞中的“丁”都看作祭祀动词。

3. 夕：既作时间名词，又作祭祀动词。当它位于另外的祭祀动词之前时，易产生歧义。例如：

（17）癸亥卜：父甲夕岁二牢，吉。/ 兄叀今其三牢，旦彫，正，王受佑，大吉。27453

（18）夕岁叀牛。30494

（19）庚子贞：夕福𦉢羌，卯牛一，羸。32182

（20）辛卯卜：叀今日其夕侑岁兄辛，王受佑，大吉。屯 2996

上辞 27453 中的“夕”与“旦”相对，可知是时间名词，其他三例中的“夕”既可看作时间名词，也可看作祭祀动词。

4. 延：延作副词时，意义较实，有“接着、继续”的意思，当“延”与祭祀动词连用位置又在前时，容易产生歧义。例如：

（21）癸未卜：延福父甲至父乙，彫一牛。20530

（22）延勺丁彘。22258

（23）癸未卜：其延蒸穧于羌甲。32592

（24）大丁延攺。33986

5. 鼎、爵、鬲、甗既可作祭器，又可作祭祀动词，它们连用或与其他祭祀动词连用位置又在后时，容易产生歧义。例如：

（25）其尊鬲，攺十牛于丁。1975

（26）乙卯贞：其尊甗，侑羌。32125

（27）甲寅贞：来丁巳尊甗于父丁，宜三十牛。32125

（28）于父丁其尊鬲。32235

（29）甲寅贞：来丁巳尊鬲于父丁，宜三十牛。32694

6. 翌日：既作时间名词，又作祭祀动词，当它出现在祭祀句中时，有时会产生歧义。例如：

（30）癸亥贞：酌彡，翌日甲子。34506

（31）乙未贞：大御，其遘翌日。/ 乙未贞：大御，弜遘翌日，其兴。34083

（32）甲寅贞：酌翌日，其福告。34505

（33）…贞：酌翌日自上甲至多毓，…自𣅀，在八月，唯王五祀。37843

卜辞（31）、（32）、（33）也可这样标点：

（34）乙未贞：大御，其遘，翌日。/ 乙未贞：大御，弜遘，翌日其兴。34083

（35）甲寅贞：酌，翌日其福告。34505

（36）…贞：酌，翌日自上甲至多毓，…自𣅀，在八月，唯王五祀。37843

若按（31）~（33）的标点方式，“翌日”应看作祭祀动词；若按（34）~（36）的标点，应把“翌日”看作时间名词。

7. 侑：“侑”和“有”在甲骨文中字形相同，在有关祭祀的卜辞中，当“侑 / 有”与另一个或两个祭祀动词连用时，既可释作“侑”，也可释作“有”，《殷墟甲骨刻辞类纂》和《甲骨文合集》中把出现在这种情况下的“侑/有”，有时释作“侑”，有时释作“有”，特别是同片中常有两释的情况。例如：

（37）乙卯卜，贞：其有舌祖丁五牢，大吉。27269

（38）壬午卜：商有伐父乙。/乙酉卜：有伐自上甲，汝示。/乙酉卜：有伐自上甲，汝示，叀乙巳。/乙酉卜：有伐自上甲，汝示，叀乙未。/乙酉卜：有伐，乙巳。/甲午卜：有勺伐，乙未。/戊戌卜：侑十牢。/戊戌卜：侑十牢伐五大乙。/己亥卜：有伐五大乙。/己亥卜：侑十牢。/己亥卜：侑十牢祖乙。/己亥卜：先侑大乙二十牢。/己亥卜：先侑大乙十牢。/乙巳卜：叀鼗伐。屯 751（商：人名。比较：勿呼商取逆。7058）

（39）庚子卜，行曰贞：翌辛丑其侑勺岁于祖辛。/贞：翌辛丑其侑祖辛牢。/贞：翌辛丑祖辛岁物牛。/贞：毋侑，在正月。/贞：二牢。/贞：弜侑。23002

对于以上 3~7 类所列举的一个词可作两释的情况，我们处理的方法是：尽量结合同片卜辞加以考察分辨，如果仍不能做出判断，则把它们暂视作祭祀动词的连用。

一词可作两释只是甲骨义释读过程中诸多问题中的一个，还有其他很多问题。比如由于大部分祭祀动词的意义不明，我们把一个动词确定为祭祀动词，多是根据它所出现的语境，正如周国正所说：“何谓祭祀动词，从语法的角度看，一个祭祀动词是以神灵为间接宾语的动词；语义上这神灵是‘关切者’（beneficiary），两者之间带介词‘于’。（有时神灵是祭祀动词的直接宾语，例如‘宾礼’。）在某些情况下，由于省略的关系，介词‘于’可以不出现，但只要某个动词可以出现于‘X+于+神灵’的结构中而这‘神灵’是这种动词的间接宾语和‘关切者’的话，那么这个动词就可以划定为祭祀动词，以后即使有‘X+神灵’的例子，这动词仍然不失为祭祀动词。”[①] 因此，对于甲骨文中的祭祀动词，目前虽然已有不少研究成果，但是很多东西都不是定论，各有各的说法，我

① 周国正：《卜辞两种祭祀动词的语法特征及有关句子的语法分析》，载《古文字学论集初编》，香港中文大学，1983。

们不妨举一个比较典型的例子。卜辞中有不少“王宾神名+祭名+（祭牲）”的用例。例如：

（40）戊申卜，尹贞：王宾大戊祭叡，无尤。22838

（41）王宾小辛升伐羌二，卯二牢，亡尤。23106

（42）王宾父丁岁十牛。23190

（43）戊戌卜，尹贞：王宾父丁肜龠，无旧。23241正

（44）辛巳卜，贞：王宾河燎。屯1116

陈梦家、于省吾等把“宾”看作祭祀动词。陈梦家认为这种句子中的“宾+神名+祭名”是一个双宾语结构，“宾”是动词，“神名”是间接宾语，而祭名是直接宾语。[①]于省吾主张在这种句子中的“神名”后点断，把“王宾+神名+祭名”看成由“王宾+神名”和“祭名+（祭牲）”两个小句组成的复合句，认为“神名”是“宾”的宾语。[②]

张玉金则认为“宾”应读为“傧”，是迎导、傧导的意思（采用郭沫若的说法），“宾”后的“神名+祭名+（祭牲）”都是“宾”的为动宾语，“王宾+神名+祭名”的结构语意就是为助成“神名+祭名”而举行“宾”这种礼仪。例如：卜辞23190的意思是“大王为助成对父丁举行的用十头牛的岁祭而举行迎神仪式”，卜辞23106的宾语是复句形式“小辛升伐羌二，卯二牢”。[③]岛邦男、赵诚都认为“宾”是动词，意思是“亲自迎导、参加……”，王宾句式的语意为“王亲自参加为某祖先举行的某祭，有无灾祸”[④]。郑继娥认为“宾”当释为“以……为客”，是一般动词。[⑤]

众说纷纭，我们只能参照各家之说，择善而从。对于上述情况，我们倾向于采用于省吾的说法，在“神名”后点断，但我们把“王宾+神

① 陈梦家：《殷虚卜辞综述》，中华书局，1988，第337-345页。

② 于省吾：《甲骨文字释林》，中华书局，1993，第37页。

③ 张玉金：《论宾字句的句法结构》，《古汉语研究》1993年第2期。

④ 〔日〕岛邦男：《殷墟卜辞研究》，日本弘前大学，1958；又温天河、李寿林中译本，台湾鼎文书局，1975。赵诚：《甲骨文与商代文化》，辽宁人民出版社，2000，第171页。

⑤ 郑继娥：《殷墟甲骨卜辞祭祀动词的语法结构及其语义结构》，博士学位论文，四川大学，2004，第89页。

名”和“祭名+(祭牲)”作为两个单句，而不是复合句来处理。[①]

另外，我们发现，对于卜辞的标点，学者们的分歧也很大。例如：

(45)乙亥贞：其彡王御于父丁告。屯1104

《商周古文字读本》标点作“乙亥贞：其彡，王御于父丁，告。”认为是“主语后置”。[②]沈培标点为：“其彡王御，于父丁告。”或“其彡王御于父丁，告。”认为“王御”是偏正结构，意思是为王举行的御祭，“彡王御”是为这一御祭进行彡祭的意思，是卜辞中一种特殊的动宾句。[③]我们对此卜辞的标点有不同的看法，试比较：

(46)庚申贞：今来甲子彡王，大御于上甲，燎六小牢，卯九牛，不遘雨。/…贞：甲子彡王，大御于大甲，燎六小牢，卯九牛。32329正

再参看同片的其他辞例：

(47)庚午贞：今来…御自上甲至于大示，叀父丁𢆶用。/癸酉贞：甲戌其侑伐自上甲，燮，兹…/癸酉贞：其侑伐自上甲，燮，叀辛巳伐。/癸酉贞：甲申其彡，大御自上甲。/乙亥贞：其彡王，御于父丁，告。/乙…王御于父丁，告。/丁丑贞：其…自…毓。/辛…十五人又二。屯1104

所以我们把此辞标点为：“已亥贞：其彡王，御于父丁，告。”当然，对于一些卜辞，很难绝对地说哪种标点更为合理，我们也不能保证我们的选择是正确的。

三 研究价值及存在的不足

(一)研究价值

本书的主要研究价值可以归纳为以下几点。

其一，对《殷墟甲骨刻辞类纂》所列107个祭祀动词的所有辞例进行了穷尽性考察，并对照《甲骨文合集》《小屯南地甲骨》《英国所藏甲骨集》《怀特氏等收藏甲骨文集》等进行复检补充修正。对于确定的辞

---

① 因本书研究范围只限于带祭祀动词的单句。

② 刘翔等编著《商周古文字读本》，语文出版社，1989，第261页。

③ 沈培：《殷墟甲骨卜辞语序研究》，台北文津出版社，1992，第7页。

例，按照每个祭祀动词所在句法结构的不同进行分类，详尽描述了其类别，力求建立甲骨文祭祀动词句型的层级体系。

其二，本书首次大规模地对甲骨文祭祀动词句型进行定量研究，详细分析了祭祀动词句的句型结构、句法成分、句型变换手段、施事主语出现与否、基本句型与变式句型以及神祇、人事、祭牲名词语法功能的频率差异；首次大规模地对祭祀动词句型作分期和定量的研究，依照《甲骨文合集》的分期标准对各种句型作了断代研究，从而归纳出甲骨文祭祀动词句各期的句法特征；尝试运用配价理论，对祭祀动词的句法语义关系进行探讨。

其三，以本书调查的语料为参照，反观近年来在核心期刊发表的一些质量较高的甲骨文句法方面的论文，由于语料调查的不够全面而存在少许瑕疵。如齐航福曾指出，“有些可带双宾语的动词如‘言’‘醢’‘祭’等在花东卜辞中是首次出现的”[①]，但比较花东之外的其他卜辞会发现，“言”“醢”是否为祭祀动词、是否可带双宾语尚存在异议，而“祭”的双宾语句已经出现过，辞例如下：

（1）庚子卜：弜祭羌祖庚。22045

齐航福[②]把以下花东卜辞中的“宜”“御”都解释为“进献、贡纳”义，“延”解释为“施及、带来”义。[③]

（2）甲辰：宜丁牝一，丁各，仄于我，翌日于大甲？花东 42002（花东 03404、33502 同文）

（3）癸酉，子金，在㲋：子乎大子御丁宜，丁丑王入？花东 48003

（4）壬卜：于乙延休丁？花东 40929

从花东之外的其他卜辞用例来看，“延”“宜”“御”都当视作祭祀动词。例如：

（5）贞：其延于大戊，飨。27174

① 齐航福：《花东卜辞中的祭祀动词双宾语句试析》，《古汉语研究》2010 年第 1 期。

② 齐航福：《花东卜辞中所见非祭祀动词双宾语研究》，《北方论丛》2009 年 5 期。

③ 齐文采用姚萱（《殷墟花园庄东地甲骨卜辞的初步研究》，线装书局）的说法，将花东 42002 中的“宜丁牡一”解释为“向商王武丁进献一头牝牛的肴肉”。将花东 48003 中“御丁宜”解释为“进献丁肴肉”。

（6）…祖丁大勺，王其延父甲，大吉。27363

（7）己未卜：祖丁大勺，王其延大甲。屯 2276

（8）自上甲宜。32367

（9）丙申卜，贞：燎于河三牢，沈三牢，宜一牢。14556

（10）壬戌卜：其宜叀羊。30120

（11）庚申卜：有土燎羌，宜小牢。屯 961（有：名词词头。）

（12）弜御庚牢、中妣小牢、子小牢。22226

（13）御父乙羊，御母壬五豚、兄乙犬。32729

（14）癸巳卜：御妣辛豕五。22074

（二）存在的不足

尽管费时颇多，但本书仍存在明显的不足。

其一，本书未能对甲骨文中出现的全部祭祀动词进行考察。笔者的本意是要对祭祀动词句型做全面研究的，故当时参照陈年福的研究成果，[①] 选取了 107 个祭祀动词进行考察。关于殷墟甲骨卜辞中祭祀动词到底有多少个，直至目前学界尚未形成一致的看法。但从现有的研究成果可以推知，祭祀动词估计应该有两百个左右。所以，本书考察的祭祀动词并非甲骨文中全部的祭祀动词。

其二，在甲骨文材料使用方面，未能全面利用已著录出版的材料。一则本书收集材料和所做统计以《殷墟甲骨刻辞类纂》为主，《殷墟甲骨刻辞类纂》是甲骨文字词的索引，但在编纂时对虚词和常见辞例实行了节录，这就可能导致语料不全。尤其是经过选录的语料和未经选录的语料在书中没有统一加注区别性的标志，哪些字头下的语料齐全、哪些不全，就不得而知。虽然笔者对照《甲骨文合集》《小屯南地甲骨》《英国所藏甲骨集》《怀特氏等收藏甲骨文集》等进行了补充修正，但肯定仍有疏漏。二则对于《甲骨文合集补编》《东京大学东洋文化研究所藏甲骨文字》等旧有材料以及近年新著录出版的材料《殷墟花园庄东地甲骨》《殷墟小屯村中村南甲骨》等都未曾做穷尽性分析；对于近十年来

① 陈年福：《甲骨文动词词汇研究》，巴蜀书社，2001，第 28-29 页。

甲骨学界在甲骨文缀合研究方面的成果，如黄天树《甲骨拼合集》《甲骨拼合续集》《甲骨拼合三集》等，也未能充分吸收，由此导致所分析的语料不够全面。

其三，囿于时代局限，在断代分期上采用的是董作宾的五期分法，未使用现在比较科学的分组分期。

其四，由于对一些卜辞的标点、释读、分类或对句意理解等的不同，使得一些句式在本书中未能呈现出来。比如张玉金将甲骨文中出现“宾”字的祭祀卜辞称为王宾卜辞，并将“宾字句”分为十种不同的句式。[①] 张文中分析的一些句式如“神名＋祭名，王宾”“祭名＋（于）＋神名，王宾”“王宾＋祭祀动词语＋祭名”“王宾＋神名＋祭名＋祭牲名/祭品名”等，在本书中都没能呈现出来。

如第五种“宾字句E”为“王宾＋神名＋祭名＋祭牲名/祭品名”式。卜辞用例如：

（15）丁酉卜，旅贞：王宾父丁岁十牛，亡尤。23188

（16）丁巳卜，贞：王宾父丁登黍。（天理644）

张文将该句式解释为大王为“神名＋祭名＋祭牲名/祭品名”而“宾”，把“神名＋祭名＋祭牲名/祭品名”看作是主（被动）谓宾结构。

第七种“宾字句G”为“王宾＋祭祀动词语$_1$＋暨＋祭祀动词语$_1$”式。卜辞用例如：

（17）庚午卜，即贞：王宾兄庚登暨岁，亡尤。23485

（18）庚午卜，旅贞：王宾妣庚岁暨兄庚，亡尤。/丁未卜，旅贞：王宾小丁岁暨父丁十伐又五。22560

（19）乙巳卜，行贞：王宾祖乙岁三宰暨小乙岁三宰，亡尤。40951

（20）丁卯卜，行贞：王宾祖丁岁暨父丁岁一宰，亡尤。/丁卯卜，行贞：王宾𣪊，亡尤。24305

张文将“宾字句G”解释为大王为“祭祀动词语$_1$＋暨＋祭祀动词语$_2$”而“宾”，认为其中的“祭祀动词语$_1$＋暨＋祭祀动词语$_2$”可以单

① 张玉金：《论宾字句的句法结构》，《古汉语研究》1993年第2期。

独成句，也可以作定语。

第八种“宾字句 H”为“王宾 + 祭祀动词语$_1$、祭祀动词语$_2$……”式。卜辞用例如：

（21）辛已卜，行贞：王宾小辛升伐羌二、卯二宰，亡尤。23106

（22）丁酉卜，贞：王宾文武丁伐十人、卯六宰、鬯六卣，亡尤。36365

张文把“王宾小辛升伐羌二、卯二宰”看作单句，其中“宾”为动词，“小辛升伐羌二、卯二宰”为宾语。

由于目前研究水平的限制，我们暂时无法评判张文的以上分析是否正确。但显然张文的标点和解释可备一说。

又如齐航福通过考察“岁”字、“燎”字各类句式在花东子组中与在花东子组之外的其他组类中分布的不同来说明殷墟甲骨文中句式使用的组类差异。[①]齐航福发现，在“岁”字句中，当相关的神名与牲名一同出现时，花东子组之外的其他组类常常使用四类句式：[②]

a.“神名 + 岁 + 牲名”式；

b.“其 + 牲名 + 神名 + 岁”式；

c.“神名 + 岁 + 惠 + 牲名”式；

d.“神名 + 岁 + 其 + 牲名”式。

齐航福将“燎”字双宾语句及相关句式之外的其他句式分为五类：[③]

a.“燎 + 于 + 神名 + 惠 + 牲名”式（仅 3 例）；

b.“燎 + 于 + 神名 + 其 + 牲名”式（仅 1 例）；

c.“神名 + 燎 + 惠 + 牲名”式（共 6 例）；

d.“神名 + 燎 + 牲名”式（共 50 例）；

---

① 齐航福：《殷墟甲骨文中句式使用的组类差异考察——以“岁”字句为例》，《中国语文》2014 年第 2 期；齐航福：《再论殷墟甲骨文中句式使用的组类差异——以“燎”字句为例》，《语言研究》2017 年第 2 期。

② 齐航福：《殷墟甲骨文中句式使用的组类差异考察——以“岁”字句为例》，《中国语文》2014 年第 2 期。

③ 齐航福：《再论殷墟甲骨文中句式使用的组类差异——以“燎”字句为例》，《语言研究》2017 年第 2 期。

e.“于 + 神名 + 燎 + 牲名”式（仅 2 例）。

以上“岁”字句的后两类和“燎”字句的前三类，本书由于在“惠”“其”前将其点断，故没有出现这几类句型。

此外，由于笔者学识有限，在对卜辞进行标点、释读、分类时，可能出现不当和错误，甚至存在一些“硬伤”。

第一章　单祭祀动词句

第一、二两章，首先根据祭祀动词是否带宾语以及所带宾语的数量，将祭祀动词出现的句型分为无宾句、单宾句、双宾句和三宾句四大类。再按照宾语的类型、介词是否出现、表示“神祇”“祭牲”“人事”义的名词或名词词组句法位置和句法能功的不同来确定各大类的基本句式；按照施事主语出现与否，状语出现与否，所出现的状语是句首状语、谓语前的状语还是介宾词组或名词前的状语，谓语之后是否出现处所名词和时间名词等标准来确定各类基本句式的变式句。

单祭祀动词句是指由一个祭祀动词作谓语的单句。本章将按照无宾句及其变式、单宾句及其变式、双宾句及其变式、三宾句及其变式的分类，分四节对甲骨文中出现的单祭祀动词句进行描写。每种句型下面先列基本句式，再列因成分隐现不同而形成的不同变式句；每种变式句下都列出若干条由不同祭祀动词做谓语的卜辞辞例，并说明该变式句在甲骨文中共出现多少例、在五期中各有多少例、分别有哪些祭祀动词可以出现在其中。对于卜辞的标点、释读、分析等学界有争议的，则随文进行讨论。

第一节　无宾句及其变式

1　$(AV_1)+(S_{施})+(AV_2)+V$

句型 1 因成分隐现的不同，而形成不同的句型。

1.1 V

（1）癸巳卜，争贞：燎，王其有曰若，二若。15563 正

（2）壬申卜，尹贞：王宾父己奏暨兄庚奏，叙，无尤。22624（原片“父”字不清楚）

（3）甲午𩰫上甲，遘示癸，祭，无囚。22644

（4）贞：其延于大戊，飨。27174

（5）祝，叀癸酉彡。27239

（6）壬申卜：王宾示壬，劦日，无尤。35472

（7）乙亥贞：其酌王，御于父丁，告。屯 1104（御：乃祈福于神灵以求祓除疾患不祥之祭。）

句型 1.1 共 639 例，其中一期 130 例、一期附 37 例、二期 151 例、三期 87 例、四期 76 例、五期 155 例、三期—四期 1 例、无分期 2 例。动词有舞、祝、冂、即、飨、御、祀、蓺、侑、爵、取、告、劦日、劦、㲋、祭、禘、薦、将、叙、禘、畴、烄、陟、燎、奏、桒、沈、淮、㲋、米、敀、翌、翌日、宾、餿、祊、蕺、伐、𩰫、韱、箙、匄、弜、弘、尊、岁、鼎、奠、斫、甗、勹、凡、刚、鼓、卯、𠀠、兴、遘、䴡、餗、宜、彡日、彡、酌。

1.2 AV_2+V

句型 1.2 是“V”前出现了状语“AV_2”，共 1146 例，其中一期 323 例、一期附 47 例、二期 73 例、三期 370 例、四期 300 例、五期 31 例、三期—四期 1 例、无分期 1 例。句型 1.2 因状语构成的不同，可分为两类。

一类是由时间名词、否定副词、语气副词等构成的状语。此类状语或是一层的，如例（12）、例（14）、例（15）；也有一些是二层的，如例（9）的否定副词“勿”与语气副词“唯”、例（13）的语气副词“其”与形容“大”；还有少数卜辞的状语为三层的，如例（11）焦点标记“叀”、表示大时间的名词“癸”和表示小时间的名词“夕”。

（8）勿自飨。5243

（9）勿唯烄，无其雨。12851（烄：字形像以火焚人之形，为祈雨

之祭。)

(10)弜丁卯寻，其悔，无灾。28750

(11)叀癸夕寻。31063

(12)庚辰卜：其舌，叀今乙酉酌。31068

(13)癸丑卜：其大御，叀甲子酌。32330

(14)癸亥贞：酌肜于小乙，其舌。32335

(15)其桒于上甲，其祝。32654

此类卜辞共1042例，其中一期300例、一期附46例、二期70例、三期341例、四期272例、五期11例、三期—四期1例、无分期1例。动词有競、舞、卩、企、祝、寻、即、飨、祭、御、叙、畴、翌、宜、蓺、告、酉日、祐、舌、弢、侑、肈、次、蒸、熹、将、福、褅、烄、陟、燎、桒、奏、米、埋、沈、敀、叡、祀、馘、翌日、宾、宿、伐、戠、匄、斫、弘、宁、尊、岁、酉、鼎、奠、鬻、餕、鬲、鼓、爵、凡、兴、茾、豊、㲃、称、刚、遘、餗、勺、肜日、肜、嘈、酌、延、卯、用。

另一类状语或是由处所名词、介词加处所名词组成的介宾结构充当的一层状语，或是由处所名词、表处所义的介宾结构与否定副词、语气副词、时间名词等一起构成的两层状语。共104例，一期23例、一期附1例、二期3例、三期29例、四期28例、五期20例。

其中由处所名词充当状语的卜辞共18例，都是五期的。动词为丁。

(16)甲子卜，贞：武乙宗丁，其牢，兹用。36076(宗：卜辞泛指安放祖宗牌位之处。武乙宗：指安放武乙牌位的宗庙。)

(17)甲戌卜，贞：武祖乙宗丁，其牢，兹用。36080

(18)丙午卜，贞：文武丁宗丁，其牢。36094

(19)甲子卜，贞：武乙必丁，其牢。36101

其中由处所名词与副词一起充当状语的卜辞仅2例，是三期的。动词为酌。

(20)雪暨閔虘酌，有雨。英2366(虘：同"列"，并。雪及閔两地并用酌祭。参看同片：弜燎于閔，无雨。/其燎于雪，有大雨。/弜燎，无雨。/叀弜燎酌，有雨。英2366)

（21）其侑勺岁于大乙，其宗酢。27097（宗：祖庙，神主之所在。）

其中由介词加处所名词组成的介宾结构单独充当状语的卜辞共 79 例，其中一期 21 例、一期附 1 例、二期 3 例、三期 25 例、四期 27 例、五期 2 例。动词有飨、品、祭、寻、禘、彝、燎、奏、伐、奠、用、刚、凡、御、舞、舌、酢、桒、烄。

（22）于南门寻。28086（南门：宗庙的正门。参看同片：壬戌卜，王其寻二方伯。/ 弜寻。/ 王其寻二方伯于师辟。28086）

（23）王其侑于滴，在有石燎。有雨。28180（有石：地名。有：名词词头。[①] 比较：雀氏[②]石人，雀不其氏石人。6952）

（24）丁巳卜：于南宫舌，大吉。30374

（25）于新室奏。31022

（26）于享京燎。32691（享京：地名。）

（27）甲戌卜：于宗飨。屯 341

（28）宜飨。屯 341

（29）…亥贞：…以子方奠于并，在父丁宗彝。屯 3723

其中由表处所义的介宾结构与副词一起充当状语的卜辞共 5 例，一期 2 例、三期 2 例、四期 1 例。动词有舌、酢、寻、奠、祝。

（30）贞：勿于宜奠。2137（宜：疑作祭祀之处。比较：祏大甲于宜。英 21）

（31）贞：勿于新宗酢，八月。13547

（32）庚申于南门寻。32256

（33）弜于必舌。30360

（34）于谷亩其祝，于危方奠，兹用。27999（谷亩：地名。）

以上例（30）~ 例（33）为“$AV_2+P+O_{地}+V$”式，例（34）则为“$P+O_{地}+AV_2+V$”式。

《说文・宀部》：“宗，尊祖庙也。从宀从示。”段注：“当云‘尊也，祖庙也’。”祖庙即供奉及保存祖先神主之地，“示”为神主，“宗”像神

① 喻遂生：《甲骨文的词头“有”》，载《甲金语言文字研究论集》，巴蜀书社，2002。

② 氏：即致。

主在屋中之形。“在商族人的祀典中，宗一般是指宗庙而言，殷之先公先王各有宗。”①“‘宗’可按祖先名分为河宗、岳宗、夒宗、唐宗、大乙宗、中丁宗、祖乙宗、祖丁宗、父宗、父丁宗、父乙宗、祖甲宗、四祖丁宗、康祖丁宗、武乙宗、文武丁宗、大庚宗、妣庚宗、母辛宗，或按大小分大宗、小宗、中宗，或按新旧分新宗、旧宗，按方向分为北宗、西宗、右宗。”②例如：

（35）丁亥卜，在大宗，有勹伐三羌十小牢自上甲。/ 乙丑卜，在小宗，有勹岁自大乙。34047

（36）丁丑卜，在小宗有勹岁［自大］乙。/ 乙亥卜，有勹岁在小宗自上甲，一月。34046

1.3　$S_{施}+V$

（37）王福，勿侑伐。418 正。

（38）庚子卜，争贞：王凡，其遘。之日凡，遘雨，五月。5349

（39）己亥卜：我燎，无其雨。12843 反（我：商王自称。）

（40）己丑卜，行贞：王戠，无囚。25743

（41）贞：王用，允叀羊，十三月。26100

（42）戊戌卜：其示于妣己，王宾。27518（妣：商代父辈以上妇女之通称。）

（43）贞：勿延，我宜。英 782 正

句型 1.3 是在“V”前出现了“$S_{施}$”，共 40 例，其中一期 22 例、一期附 2 例、二期 3 例、三期 9 例、四期 1 例、五期 3 例。动词有舞、敹、次、告、祭、福、禘、宾、燎、凡、伐、舌、戠、称、宜、勹、彭、延、用。

1.4　$AV_1+S_{施}+V$

句型 1.4 是在“$S_{施}$”前出现了句首状语“AV_1”，共 4 例，一期 2 例、一期附 1 例、三期 1 例。动词有敹、告、侑、伐。

（44）贞：翌庚寅王告。1051 正

① 焦智勤：《卜辞燎祭的演变》，《殷都学刊》2001 年第 1 期。

② 郑继娥：《殷墟甲骨卜辞祭祀动词的语法结构及其语义结构》，博士学位论文，四川大学，2004，第 132 页。

（45）乙巳王侑。21141

（46）甲午王飨，其…31042

（47）贞：翌庚申我伐，暘日，庚申，明雾，王来途首，雨。6037 正。

例（45）卜辞 21141 也可这样标点：乙巳，王侑。“乙巳”即“乙巳卜”之省。对于这种出现在主语或祭祀动词之前的时间名词，本书都看作状语。

1.5　叀 +$S_{施}$+V

（48）叀王飨。5236

（49）贞：叀王祝。15278

（50）乙巳卜，喜贞：祖乙岁，叀王祝。22919

句型 1.5 是“$S_{施}$”前出现焦点标记“叀”，其作用是表示强调。句型 1.5 共 14 例，其中一期 4 例、二期 5 例、三期 2 例、四期 2 例、无分期 1 例。动词有飨、祝、豊。

对于甲骨文中“叀 / 唯”的性质，学界有不同的看法。管燮初、唐钰明等学者认为“叀 / 唯”是宾语前置的标记，[①] 而张玉金、沈培、齐航福则将其看作焦点标记。[②] 由于“叀 / 唯”除了用于前置宾语之前，也可出现在施事主语之前，故将其看作焦点标记更恰当。

1.6　$S_{施}$+AV_2+V

句型 1.6 是在“$S_{施}$”和“V”之间出现了“AV_2”，共 48 例，其中一期 24 例、一期附 1 例、二期 7 例、三期 11 例、四期 5 例。句型 1.5 因状语构成的不同，可以分为两类。

1.6.1　$S_{施}$+AV_2+V

（51）丁巳卜，王：余勿彡，十月。585 正（余：商王自称。）

（52）贞：王于甲午告。1051 正

（53）贞：王勿飨。5242

① 管燮初:《殷虚甲骨刻辞的语法研究》，中国科学院，1953，第 17 页；唐钰明:《甲骨文“唯宾动”式及其蜕变》,《中山大学学报》1990 年第 3 期。

② 张玉金:《甲骨卜辞中“惠”和“唯”的研究》,《古汉语研究》1988 年第 1 期；沈培:《殷墟甲骨卜辞语序研究》，台北文津出版社，1992，第 30-31 页；齐航福:《殷墟甲骨文宾语语序研究》，中西书局，2015，第 12 页。

（54）癸亥卜：王其凡，惟…5347

（55）癸未卜，王贞：畏梦，余勿御。17442

（56）王其鼎，有大雨。30013

句型 1.6.1 的状语是副词、时间名词或时间名词加介词组成的介宾结构。句型 1.6.1 共 46 例，其中一期 23 例、一期附 1 例、二期 7 例、三期 11 例、四期 4 例。动词有舞、告、宾、伐、叙、鐩、酌、凡、肜、飨、御、寻、彝、福、陟、米、鼎、侑、蓺、奠。

1.6.2　$S_{施}$+P+$O_{地}$+V

（57）王于祖乙宗彝，不用。32360

（58）贞：微人于砅奠。英 547 正（微：方国。砅：地名。比较：微伯[①]。180 勿于砅奠。英 547 正）

句型 1.6.2 的状语是表处所义的介宾结构，共 2 例，一期 1 例、四期 1 例。动词有彝、奠。

1.7　AV_1+$S_{施}$+AV_2+V

句型 1.7 是在“$S_{施}$”前和“V”前同时出现状语，其中“$S_{施}$”前的状语是时间名词，“V”前的状语为副词。句型 1.7 共 2 例，都是三期的。动词为寻。

（59）壬辰卜：乙王其寻。31059

（60）乙王弜寻，其悔。28749（参看同片：…王弜寻，其悔。28749）

1.8　叀 / 勿唯 +$S_{施}$+AV_2+V

（61）贞：勿唯王自飨。5244

（62）勿唯王自飨。5245

（63）勿唯王自飨。5246

（64）叀王自飨。英 198

句型 1.8 是在“$S_{施}$”前出现焦点标记“叀 / 勿唯”表示强调。同时“V”前又出现状语，句型 1.8 共 4 例，都是一期的。动词为飨。

---

① 伯：方国首领。

甲骨文中多层状语的语序问题十分复杂，目前的研究还很不够，这里略谈几点：①

第一，副词与时间名词的相对位置。

副词和时间名词若同时出现在谓语中心语前，则形成多层状语。依据与副词相对位置的不同，时间名词可分成两类：

甲组：夕、暮、明

乙组：今日、今夕、翌日、干支（如“甲辰”）

副词与甲组时间名词连用时，一般是副词在前，时间名词在后。例如：

（65）贞：今日不夕风。13338

（66）其暮入于之，若，万，不雨。27769

（67）翌其明雨。不其明雨。6037

甲组时间名词放在副词前面的例子虽有，但很少见。例如：

（68）弜戠，夕其酚牝牛。33709。

副词与乙组时间名词连用时，一般是时间名词在前，副词在后。例如：

（69）贞：翌乙未其燎。/ 翌乙未勿卒燎。152。

有时，乙组时间名词出现在副词之后，这时时间名词往往是句子的焦点。例如：

（70）叀乙未酚，有正。/ 弜乙未酚。30812

（71）丁丑贞：其桒生高妣，其庚酚。屯 1089

第二，否定副词与副词“其”的相对位置。

能与副词“其”连用的否定副词有“不、弗、毋”等，它们一般出现在“其”前面。“其”有时也出现在否定副词之前，但这大都是占辞，而且在“其”前一般有语气副词“唯”。

第三，否定副词与副词“允”的相对位置。

在贞辞中，副词“允”出现在否定副词之后，“允 +VP”和“否定

① 下文主要参张玉金《甲骨文语法学》，学林出版社，2001，第 165-168 页。

副词＋允＋VP”正反对贞；在验辞中，副词“允”出现在否定副词之前。

第四，否定副词与副词“亦”的相对位置

跟“亦”连用的否定副词只有“不”。在贞辞中，“亦”出现在否定副词之后；在占辞里，“亦”则一般出现在否定副词之前。

第二节　单宾句及其变式

甲骨文单祭祀动词可以带人事、神祇、祭牲、地点四种宾语，因此其单宾句有“动词＋地点”“动词＋神祇”“动词＋人事”“动词＋祭牲”四种基本句型。下面分类讨论。

一　动词—地点

2　（AV_1）＋（$S_{施}$）＋（AV_2）＋$V+O_{地}$

这个句型中的“V”和“$O_{地}$”都不可省，“AV_1”“$S_{施}$”“AV_2”则可隐可现。句型2因成分隐现的不同，而形成不同的句型。

2.1　$V+O_{地}$

（1）祈宗。672正

（2）其侑勺小乙，宾宗。30334

（3）庚戌卜：将母辛宗。怀1566（母辛宗为母辛受祀之室。）

句型2.1共3例，一期1例、三期1例、四期1例。动词有祈、奏、将。

2.2　$AV_2+V+O_{地}$

（4）其即父庚必。30356（必：藏祖先神主的处所。）

（5）…卜：其祝父甲必，叀旧册…吉。30358

（6）己丑卜：告于父丁，其飨宗。32681

（7）…卜：其侑父丁必，叀今日戊彡，吉。32716

（8）弜秦宗。34064

（9）其㲋祖丁必，有正，王受佑。屯3896

句型2.2是“V”前出现了“AV_2”，共10例，其中二期1例、三期 4 例、四期 4 例、三期—四期 1 例。动词有寇、𣪊、𢦏、桒、祝、即、侑、将、奏。

2.3　$AV_1+S_{施}+AV_2+V+O_{地}$

（10）癸丑卜，王贞：翌甲寅王其宾父丁必。23248

句型 2.3 是“V”和“$S_{施}$”前分别出现了“AV_2”和“AV_1”，仅 1 例，是二期的。动词为宾。

3　$(AV_1)+(S_{施})+(AV_2)+V+P+O_{地}$

句型 3 中“V”“P”“$O_{地}$”都不能省，“$S_{施}$”“AV_1”“AV_2”则可隐可现。句型 3 因成分隐现的不同，而形成不同的句型。

3.1　$V+P+O_{地}$

（11）己丑卜，𣪘贞：𢦔于丘商，四月。776 正（丘商：即商丘，地名。）

（12）贞：燎于西邑。6156 正

（13）甲午卜：燎于丘商。7838

（14）𢼄于甘。10936 正（甘：地名。比较：王往于甘。8001）

（15）贞：告在马。11031（马：地名。比较：田[①]在马。4047）

（16）宁于滴[②]。屯 930（滴：水名。比较：涉滴。屯 256）

（17）遘[③]在行。屯 2718（行：地名。比较：有兕在行。24391）

句型 3.1 共 48 例，其中一期 28 例、一期附 1 例、二期 2 例、三期 10 例、四期 6 例、五期 1 例。动词有祝、告、烄、即、彝、禘、燎、宁、奠、𡆥、遘、侑、用、尊、若冏、桒、𢦏、𢦔、𢼄。

3.2　$AV_2+V+P+O_{地}$

（18）勿于𢦔丘商。9774 正

（19）酉卜，祝贞：叀今夕告于南室。24938（南室：宗庙的室名。）

（20）…卜：其舌于祖丁必。30351

（21）辛丑贞：酌，大宜于宔。屯 675（宔：卜辞用作厅室，祭祀

① “田”后来写作“畋”，狩猎。

② 滴又为祭祀对象。比较：王其侑于滴。28180　桒禾于滴。28243

③ 遘又可释为相逢。

之处。参看同片：丁酉卜：于宰伐。屯 675）

（22）弜刚于寝。屯 1050（寝：居室。比较：作王寝。24953）

（23）辛巳贞：其刚于祖乙寝。屯 1050

（24）翌日于祖乙，其舌于武乙宗，王受有祐，弘吉。屯 3564

（25）己巳卜，祝贞：其叙于盟室，叀小牢。英 2119（盟室：为盟誓歃血处。）

句型 3.2 是“V”前出现了“AV_2”，“AV_2”可以是一层状语，也可以是两层状语，不再加以区别。句型 3.2 共 33 例，其中一期 8 例、二期 5 例、三期 10 例、四期 8 例、三期—四期 2 例。动词有舞、告、将、禘、烄、燎、奠、刚、宜、侑、叙、𠦪、䌛、㲋。

3.3　$S_{施}+V+P+O_{地}$

（26）贞：我将自兹邑，若。13530

（27）我将自兹邑，若。13531

（28）甲午卜：王其侑祖乙，王飨于宦。屯 2470（宦：卜辞用作厅室，祭祀之处。）

句型 3.3 是“V”前出现了“$S_{施}$”，共 3 例，一期 2 例、三期 1 例。动词有将、飨。

3.4　$S_{施}+AV_2+V+P+O_{地}$

（29）甲戌卜，争贞：我勿将自兹邑，𢦏宾祀作，若。13525

（30）甲戌卜，𡧊贞：我勿将自兹邑，𢦏宾祀作。13526

句型 3.4 是“$S_{施}$”与“V”之间出现了“AV_2”，共 2 例，都是一期的。动词为将。

3.5　$AV_1+S_{施}+AV_2+V+P+O_{地}$

（31）甲戌卜：乙亥王其彝于祖乙宗，兹用。32360（祖乙宗：指安放祖乙牌位的宗庙。）

句型 3.5 是“$S_{施}$”与“V”之前都出现了状语，仅 1 例，是四期的。动词为彝。

詹鄞鑫认为“彝”字“本象双手进献被砍掉头颅的反缚两手的俘馘之形，它的本义很可能是屠杀俘虏而献祭祖先。这是一种古书中所说献俘或献馘”[①]。

二　动词—神祇

4 （AV_1）+（$S_{施}$）+（AV_2）+V+$O_{神}$

在这个句型中，“V”“$O_{神}$”都不能省，“$S_{施}$”“AV_1”“AV_2”则可隐可现。句型 4 因成分隐现的不同，而形成不同的句型。

4.1　V+$O_{神}$

句型 4.1 共 305 例，其中一期 111 例、一期附 62 例、二期 5 例、三期 41 例、四期 44 例、五期 42 例。句型 4.1 因宾语形式的不同，可分为两类。

4.1.1　V+$O_{神}$

（1）贞：燎东西南，卯黄牛。14315 正（东西南：指东西南三方之神。）

（2）庚申卜，㱿贞：取河，有从雨。14575（河：河神。）

（3）祭大乙，其舌祖乙二牢。27129

（4）癸丑卜：𡴘祖丁祖乙父己。22184（“祖丁祖乙父己”为联合词组作宾语，这与一般所见双宾语或三宾语句的性质不同。）

（5）甲子卜：祭祖乙，有鼎，王受佑，吉。27226

（6）攺小丁，有正。27333

（7）丙子卜：将兄丁于父乙，用。32731（于：连词，连接“兄丁”与“父乙”，构成联合词组作宾语。）

句型 4.1.1 共 304 例，其中一期 111 例、一期附 61 例、二期 5 例、三期 41 例、四期 44 例、五期 42 例。动词有舞、祝、即、劦、智、御、蒸、取、告、将、劦日、舌、祭、祐、福、禘、畴、燎、𡴘、翌、奏、祀、攺、宾、肇、戠、弘、爵、兴、翌日、雩、晳、飤、凡、卯、遘、方宜、肜日、侑、用、宁、彭、正、延。

① 詹鄞鑫:《释甲骨文“彝”字》,《北京大学学报》1986 年第 2 期。

4.1.2　$V+O_{神}+P+O_{神}$

（8）己卯卜：福三匚至丩甲十示。22421 反（三匚：即三报，报乙、报丙、报甲的合称。至：介词。十示：指上甲、大乙、大丁、大甲、大庚、大戊、中丁、祖乙、祖辛、祖丁。）

句型 4.1.2 仅 1 例，是一期附的。动词为福。

4.2　$AV_2+V+O_{神}$

句型 4.2 共 286 例，其中一期 87 例、一期附 15 例、二期 9 例、三期 52 例、四期 43 例、五期 79 例、三期—四期 1 例。句型 4.2 因宾语形式的不同，可分为两类。

4.2.1　$AV_2+V+O_{神}$

（9）贞：甲辰勿酌大甲。672 正

（10）贞：勿舞河。14604

（11）辛酉卜：王祝于妣己，廼取祖丁。19890（廼：同乃，副词。）

（12）其智大乙，王受佑。27121

（13）辛酉贞：癸亥侑父丁，岁五牢，不用。32665

（14）丁巳贞：于来丁丑将兄丁，若。32767

（15）甲辰肜上甲。35534

句型 4.2.1 的“AV_2”可以是一层状语，如例（10）~ 例（15）；也有少数卜辞是两层状语，如例（9）。

句型 4.2.1 共 285 例，其中一期 86 例、一期附 15 例、二期 9 例、三期 52 例、四期 44 例、五期 78 例、三期—四期 1 例。动词有舞、祝、智、即、[illegible]、[illegible]日、舌、赖、爵、[illegible]、競、示、御、取、告、祭、侑、卯、蒸、肜、宁、将、叙、禘、烄、燎、桒、奏、鼓、祀、饮、翌日、翌、宾、伐、刚、兴、方、晋、称、正、肜日、宜、勺、酌、延、用。

4.2.2　$AV_2+V+O_{神}+P+O_{神}$

（16）其祝妣母至母戊，大吉。屯 2121（至：介词，表示祭祀对象的下限。妣母至母戊：指从妣母到母戊的先妣。）

句型 4.2.2 仅 1 例，是三期的。动词为祝。

4.3 $S_{施}+V+O_{神}$

（17）甲申卜，宊贞：王曶大示。242

（18）甲午卜，争贞：我舞岳。14472

（19）王侑示癸。19812 正。

（20）甲戌卜，扶贞：王宾上甲，无囚。22630

（21）癸亥卜，大贞：王宾示癸，日，无尤。22716

（22）乙巳卜，行贞：王宾雍己，无尤。22819

（23）辛巳卜，贞：王宾河，燎。屯 1116

句型 4.3 共 21 例，其中一期 2 例、一期附 1 例、二期 9 例、三期 6 例、四期 1 例、五期 2 例。动词有舞、曶、侑、宾。

焦智勤认为，“宗庙中的神主，称为示，示有大小之别，大示是指直系先王，小示包括旁系先王”[1]。但卜辞中的“大示究竟指哪些先王，学界有争议，或说是指自上甲开始的所有直系先公先王，或说只包括上甲、大乙、大丁、大甲、大庚、大戊六位直系先公先王”[2]。常玉芝则认为这两种说法均可商，“大示”应该是指自大乙开始的所有直系先王。[3]常说似可从。

4.4 $S_{施}+AV_2+V+O_{神}$

（24）贞：王唯祊于唐。1286（唐：即成汤，商朝的开国君主。）

（25）王其侑大乙大丁大甲，叀勹岁公。27149

（26）…祖丁大勹，王其延父甲，大吉。27363

（27）王其侑妣庚，寎宗，王…大吉。30324

（28）…酉卜：王其曶岳，燎叀犬暨豚，十月。30411

（29）己未卜：祖丁大勹，王其延大甲。屯 2276

从以上辞例可以看出，句型 4.4 的“AV_2”多为语气副词“其”，如例（25）~ 例（29）；仅有少数卜辞中用副词“唯”，如例（24）。

① 焦智勤：《卜辞燎祭的演变》，《殷都学刊》2001 年第 1 期。

② 齐航福：《殷墟甲骨文中句式使用的组类差异考察——以“岁”字句为例》，《中国语文》2014 年第 2 期。

③ 常玉芝：《卜辞“大示”所指再议》，载《甲骨文与殷商史》新辑，线装书局，2008。

句型 4.4 共 10 例，其中一期 3 例、三期 6 例、四期 1 例。动词有侑、宾、習、延。

4.5　AV_1+S施+AV_2+V+O神

（30）丁亥卜，出贞：来春王其𠬝丁，𢀛宾新。25371（丁：神祇名。比较：侑于丁一牛。339）

例（30）在施祭者“王”之前出现句首状语“来春”表示祭祀的时间，在谓语“𠬝”前出现语气副词“其”。

句型 4.5 仅 1 例，是二期的。动词为𠬝。

5　叀/勿唯+O神+（AV_2）+V

句型 5 是以“叀”（肯定句）或“勿唯”（否定句）为标志的神祇宾语前置句。这个句型中的“叀/勿唯”“V”和“O神”都不可省，“AV_2”则可隐可现。句型 5 因成分隐现的不同，而形成不同的句型。

5.1　叀/勿唯+O神+V

（31）贞：叀父丁岁，先…23230

（32）戊寅卜，即贞：叀父戊岁，先酢。25204

（33）叀武唐用，王受祐。27151

（34）叀兹祖丁𩰫，受祐。27288

（35）叀祖丁祝，用，吉。27296（比较：祝祖丁祖乙。27295）

（36）叀父己示，先𢼄。27412（参看同片：戊辰卜，其示于妣己，先𢼄。27412）

（37）叀母己暨子癸酢。27633（暨：连词。）

（38）丁丑卜，狄贞：其𠦪禾于河，叀祖丁祝，用，吉。30439

（39）叀小乙𦧇。32441（参看同片：甲子贞，𦧇祖乙，遘大乙。32441）

从以上辞例可以看出，前置的神祇宾语多数情况仅是某位神祇，也有少数用例是并列的两位神祇，如例（37）的“母己”与“子癸”。例（34）的“祖丁”由定语“兹”修饰，此种情况不多见。

句型 5.1 共 25 例，其中一期 2 例、一期附 1 例、二期 2 例、三期 15 例、四期 4 例、三期—四期 1 例。动词有兴、𦧇、品、示、岁、𩰫、熹、豊、彡、正、祝、御、取、告、用。

5.2 叀/勿唯 +O神+AV2+V

（40）戊戌卜，㱿贞：叀成先彡。1351 甲正（成：商汤的庙号。）

（41）勿唯成先彡。1351 乙正

（42）叀示壬先彡。28272

（43）叀上甲先彡。28272

（44）叀王亥先侑。34291

（45）壬戌卜：叀岳先侑。屯 342

（46）叀河先侑。屯 342

句型 5.2 共 18 例，其中一期 2 例、三期 8 例、四期 8 例。动词有彡、侑。

我们把“叀/勿唯 +O神+（AV2）+V”看作宾语前置句，“O神”是句子的焦点。和这种句式功能相同的是“P+O神+V”句，这是通过介宾结构把“O神”移到动词前来表示焦点的。另有学者把此种句型看作神祇作主语，认为“叀/勿唯”的功能是表示强调。

对于“叀”宾语前置句与“勿唯”宾语前置句的区别，李曦、张玉金等学者认为，卜辞中的“叀”与“唯”在功能上是大致相同的。它们的区别在于：“用‘叀’的句子表现的是主体的活动，有表达主观愿望的倾向，句子中的行为动作是占卜者能控制的；而用‘唯’的句子表现的是非主体的活动，表达客观的事实或推测某种客观的可能性，句子中的行为动作一般是占卜者不能控制的。但是如果占卜者认为没有必要表示主观色彩时，完全可能在本应用‘叀’的场合使用‘唯’。”[①] 例如：

（47）乙未侑岁于祖乙牡、三十牢，唯旧岁。22884

（48）…巳彡伐六牢，唯白豕。995

沈培也指出，无论是在殷墟王卜辞还是非王辞中，“叀”和“唯”的使用都充分体现了占卜主体的不同。命辞在叙述另一占卜主体的事情时，对于他们动作关联的对象，在选择焦点标记时一般会使用“唯”，

① 李曦：《“惠”“唯”辨》，中国古文字学会第六届年会论文，1986；张玉金：《甲骨卜辞中“惠”和“唯”的研究》，《古汉语研究》1988 年第 1 期。

而在叙述自己作为占卜主体的事情时，对于其动作关联的对象，在选择焦点标记时一般会使用“叀”。[①]

据齐航福对九种殷墟甲骨文材料的统计，“叀”字宾语前置句共计1343例、“唯”字宾语前置句有140例，“叀”字宾语前置句不仅在数量上要远远多于“唯”字宾语前置句，而且在类型上也较为丰富：前者有“叀+受事宾语+V”“叀+牲名宾语+V”“叀+神名宾语+V”“叀+原因宾语+V”“叀+地名宾语+V”以及“叀+为动宾语+V”共六类，而后者仅有“唯+受事宾语+V”“唯+牲名宾语+V”“唯+神名宾语+V”“唯+地名宾语+V”四类。至于“叀”字宾语前置句为什么较“唯”字宾语前置句发达，齐文认为可以从卜辞的占卜主体这个角度来做出合理的解释，即因为殷人贞问大多数情况下是在叙述自己作为占卜主体的事情。[②]

齐航福在李曦、张玉金、沈培等研究的基础上进一步指出，“‘惠’字宾语前置句中的‘V’所表示的动作行为一般是占卜主体所能够控制的；‘唯’字宾语前置句中的‘V’所表示的动作行为尽管大多数时候也是占卜主体所能够控制的，但也有一些（均出现在‘唯+受事宾语+V’中）却是占卜主体所无法控制的，如‘唯我忧’‘唯年忧’‘唯摧降’和‘唯黍年受’中的‘忧’‘降’和‘受’，其动作发出者都不是商王。即使同样出现在‘V’表示的动作行为是占卜主体所能够控制的句子中，二者也存在差别，前者主要出现于肯定句，而后者主要出现于否定句。”[③]

从分布时期上看，两类宾语前置句也有着明显的差别：“‘叀’字宾语前置句和‘唯’字宾语前置句都贯穿于整个殷墟卜辞前后时期，前者在武乙之前较为常见，武乙之后也可以见到；后者主要见于武丁时期，及至文丁之后也偶有出现。”[④]

---

① 沈培：《商代占卜中命辞的表达方式与人我关系的体现》，载李宗焜主编《古文字与古代史》第二辑，“中央研究院”历史语言研究所，2009。

② 齐航福：《殷墟甲骨文宾语语序研究》，中西书局，2015，第58页。

③ 齐航福：《殷墟甲骨文宾语语序研究》，中西书局，2015，第59页。

④ 齐航福：《殷墟甲骨文宾语语序研究》，中西书局，2015，第59页。

据沈培考察，后代“唯”合并了“叀”，但“唯 OV”形式存在的时间也不长，至迟到战国时代，我们已经很难看到这种说法了。[①]

6 （AV_1）+$S_{神}$+（AV_2）+V

句型 6 中的“$S_{神}$”和“V”都不可省，“AV_1”“AV_2”则可隐可现。句型 6 因成分隐现的不同，而形成不同的句型。

6.1　$S_{神}$+V

（49）戊戌卜，旅贞：祖戊岁，叀羊。22852

（50）甲申卜，即贞：妣岁，王其敹，十一月。25162

（51）乙酉卜，何贞：祖丁舌，其遘于日。27282

（52）丁丑卜，贞：祖丁丁，其牢，兹用。35858

（53）甲寅卜：武乙升，其牢。36002

（54）辛巳卜：上甲燎，大乙大丁大甲先…屯 1042

（55）甲子卜：父甲豊，叀祖乙豊，用，大吉。屯 2294

句型 6.1 共 216 例，其中一期 12 例、一期附 10 例、二期 36 例、三期 66 例、四期 39 例、三期—四期 3 例、五期 49 例、无分期 1 例。动词有祝、御、燎、舌、祭、福、𡧊、宾、祊、伐、束、鼎、餕、岁、豊、𢀛、刚、遘、升、肜、卯、丁、𡴂、酌、用。

按:以上例（49）中的“祖戊岁，叀羊”，以及下例（56）、例（57）中类似的卜辞，齐航福（2014a）看作为“神名 + 岁 + 惠 + 牲名”式。例（52）中的“祖丁丁，其牢”、例（53）中的“武乙升，其牢”，以及下例（58）中的“翌丁亥父丁岁，其物牛”，齐航福都认定为“神名 + 岁 + 其 + 牲名”式。[②]

（56）辛酉卜：上甲岁，叀豭。32353

（57）壬辰卜：母壬岁，叀小牢。屯 1011

（58）丙戌卜，行贞：翌丁亥父丁岁，其物牛。23215

---

① 沈培:《殷墟甲骨卜辞语序研究》，台北文津出版社，1992，第 46 页。

② 齐航福:《殷墟甲骨文中句式使用的组类差异考察——以“岁”字句为例》,《中国语文》2014 年第 2 期。

6.2　$AV_1+S_{神}+V$

（59）翌日己酉父庚升，叀其即宗。30330

（60）丙子卜，旅贞：翌丁丑父丁舌，其有伐，二月。22611

（61）癸丑卜，行贞：翌甲寅毓祖乙岁，朝彭，兹用。23148

（62）甲申卜，何贞：翌乙酉小乙蒸，其暨。27221

（63）勿父乙御。500 正

（64）贞：勿祖辛御。1719 正

（65）贞：先妣庚岁。23359 正。

（66）贞：其妣甲福。27148

句型 6.2 表示神祇的受事主语之前出现的状语主要是时间名词，如例（59）~例（62）。其次是副词，可以是否定副词，如例（63）中的“勿”；也可以是时间副词，如例（65）中的“先”；或者是语气副词，如例（66）中的“其”。

句型 6.2 共 27 例，其中一期 3 例、一期附 4 例、二 10 例、三期 9 例、四期 1 例。动词有祝、次、御、沓、舌、蒸、示、福、燎、岁、餀、升、彭、祝。

副词一般是放在主语之后的，但在祭祀卜辞中，我们发现了少数把副词放在主语前的例子，如上例（63）、例（64）、例（65）、例（66）等卜辞。在非祭祀卜辞中，也有这种情况出现，例如：

（67）…申卜：王梦，允大甲降。19829

（68）弜犬延土田。33215

一些学者考察发现，在古书中也有少数把副词放在主语前的例子，例如：[①]

（69）允王维后。（《诗·周颂·时迈》）

（70）允王保之。（同上）

---

① 例（69）、例（70）两例转引自裘锡圭（《卜辞“異”字和诗、书里的“式”字》，《中国语言学报》第 1 期，商务印书馆，1983。），例（71）、例（72）两例转引自周法高（《中国古代语法·造句编》，台北“中央研究院”历史语言研究所，1961 原刊，光华版，第 191 页），例（73）、例（74）两例转引自马悦然（《关于古代汉语表达情态的几种方式》，《中国语文》1982 年第 2 期）。

（71）其尔典听朕教。（《尚书·酒诰》）

（72）其汝克敬德，明我俊民！（《尚书·君奭》）

（73）其晋实有阙。（《左传·成公二年》）

（74）若果行此，其郑国实赖之。（《左传·襄公三十一年》）

6.3 $S_{神}+AV_2+V$

（75）贞：巫妆不御。5652（巫：神名。妆：巫名。比较：巫御，不御。5651）

（76）贞：母其侑。15013（母：母辈之通称。比较：勿侑于母。2588）

（77）祖乙允飨。19851 正

（78）父旦唯卩。22204（父：指前一辈的男性亲长。）

（79）伊弜宾。32799（尹：即伊尹。比较：弜求于伊尹，无雨。32797）

（80）丙戌贞：父丁其岁。屯 1126

（81）丁未卜，王曰，贞：父丁莫岁，其弘三牢，兹用。怀 1016（莫："暮"的本字。）

与句型 6.2 所举卜辞比较可以看出，在神祇受事主语和动词之间出现的"AV_2"与在句首出现的"AV_1"有所不同。"AV_2"以副词居多，包括否定副词、语气副词、情态副词等；"AV_2"为时间名词的用例要少一些。

句型 6.3 共 12 例，其中一期 2 例、一期附 4 例、二期 1 例、三期 3 例、四期 2 例。动词有飨、御、宾、岁、勺、侑、用、卩、彡。

6.4 $AV_1+S_{神}+AV_2+V$

（82）…午卜，旅贞：翌丁未父丁莫岁，其物牛。英 1953（莫："暮"的本字。）

（83）…卜，旅…丁未父丁莫岁，其牡，在八月。英 1953

例（82）与例（83）中，受事主语"父丁"前出现了表示大时间的"翌丁未"，动词"岁"前又出现了表示具体时间的"暮"。

句型 6.4 仅 2 例，都是二期的。动词为岁。

沈培、齐航福把此类神祇位于句首的句子都看作受事主语句，[①] 朱岐祥则依照传统观点仍把此类"宾—动"句式视作宾语前置句。[②] 我们也把"（AV_1）+$S_{神}$+（AV_2）+V"看作受事主语句，但与齐文不同的是，在"惠 + 牲名""其 + 牲名"前点断。

7 （AV_1）+（$S_{施}$）+（AV_2）+V+P+$O_{神}$

句型 7 中"V""P""$O_{神}$"都不能省，"$S_{施}$""AV_1""AV_2"可隐可现。句型 7 因成分隐现的不同，而形成不同的句型。

7.1　V+P+$O_{神}$

（84）侑于父乙。456 正

（85）贞：御于祖辛，畀十伐…910

（86）爵于祖丁。22184

（87）壬辰卜：𠦪自上甲六示。32031

（88）庚戌贞：侑于河，来辛酉。屯 1119

（89）甲辰贞：祭于祖乙，侑勺岁，兹用二牢。屯 1131

（90）燎于土，叀羊又豚。 / 燎于蚰，叀羊又豚。14395

（91）甲申卜，争贞：燎于王亥，其玉。14735 正

句型 7.1 共 411 例，其中一期 304 例、一期附 14 例、二期 11 例、三期 18 例、四期 63 例、三期—四期 1 例。动词有祝、即、㞢日、御、舌、祭、蒸、福、陟、燎、埋、𣪘、告、禘、日、𠦪、米、𢦏、㦰、匄、弘、刚、𦎫、岁、肜日、侑、宁、用、酌。

齐航福将例（90）中的"燎于土，叀羊又豚""燎于蚰，叀羊又豚"看作"燎 + 于 + 神名 + 惠 + 牲名"式，将例（91）中的"燎于王亥，其玉"看作"燎 + 于 + 神名 + 其 + 牲名"式。[③]

① 沈培:《殷墟甲骨卜辞语序研究》，台北文津出版社，1992，第 58-59 页；齐航福:《殷墟甲骨文中句式使用的组类差异考察——以"岁"字句为例》,《中国语文》2014 年第 2 期。

② 朱歧祥:《论花园庄东地甲骨用词的特殊风格——以岁字句为例》，载《古文字研究》第二十三辑，中华书局，2002。

③ 齐航福:《再论殷墟甲骨文中句式使用的组类差异——以"燎"字句为例》,《语言研究》2017 年第 2 期。

7.2 AV_2+V+P+O神

（92）贞：勿御自上甲。362

（93）贞：亦福于父乙。2218 正

（94）贞：勿𣪊福于祖乙，告囚。10613 正

（95）癸卯卜，即贞：翌乙巳其侑于祖乙。22887

（96）其凡于祖丁，舌，王受佑。27281

（97）贞：甲子酢王，大御于大甲，燎六小牢，卯九牛。32329 正

（98）弜祝于妣辛。屯 261

（99）辛巳贞：雨不既，其燎于亳土。屯 665（亳土：即亳社，亳地的土地神。）

（100）其侑在父庚。怀 1374（在：介词，相当于"于"。参看同片：其侑于父庚羌。怀 1374）

句型 7.2 共 343 例，其中一期 166 例、一期附 3 例、二期 72 例、三期 40 例、四期 61 例、三期—四期 1 例。动词有祝、御、咎、舌、示、告、福、侑、陟、祭、禘、蒸、燎、桒、奏、㲋、祀、淮、翌、宾、伐、祊、戠、刚、𠭯、凡、岁、遘、餗、𦣞、彤、勺、卯、酢、延、用、沈、尊、鼓、若冋。

对于像例（100）"其侑在父庚"这类结构（即"（AV_2）+V+ 在 +O神"）的卜辞，其中的"神祇"很可能指祭祀的处所。如下例的"父甲"：

（101）其桒，王受佑。/ 弜祀桒于之，若。/ 其桒在父甲，王受佑。/…祖丁桒…受佑。27370

此例中"桒在父甲"与"桒于之"同版，"于之"一般指祭祀的处所，因此"在父甲"指处所的可能性也是很大的。

张玉金、孙志豪发现，甲骨卜辞中非处所词语在"动词 +（介词）+ □"中"□"的句法位置上可以发生处所化。这种处所化了的非处所词语主要有两类。一类是动词及动词性短语。其中有"田""比""延"等一般的动词，但更多的是"日""夕""延""升""裸""衩""夕裸""夙裸"等祭祀动词。另一类是"帝""羌甲""祖乙""妣丁""妣己"等鬼神名词，这些词处所化后表示该鬼神之牌位所在的处所。非处所词语处所化

的句法环境可以概括为三点。第一，如果是一价位移 / 存在动词，那么一般要在其后出现介词“于”或“自”，其后的非处所词语才可处所化；介词有时也可以省略。第二，如果是二价位移动词，如“跻”，则其后不出现介词，非处所词语也可以处所化。第三，处所介词“在”后的非处所词语，也可以处所化，如上例的“侑在父庚”“𡔼在父甲”。①

“𩰫”字大多位于否定句中诸否定词之后，如“勿𩰫”“不𩰫”“弜𩰫”，但不是否定词的叠用，整句仍表示否定的意义，其性质与“勿不”“亡不”“弗亡”“弜亡”等两个否定词连用以表示肯定不同。②

7.3　$S_{施}+V+P+O_{神}$

（102）丁未卜，争贞：王告于祖乙。1583

（103）贞：王告于祖乙。1584 乙

（104）庚申卜，㱿贞：<u>王福于妣庚</u>，叀𦉪𢁒。2472

（105）<u>王告于祖乙</u>，其征。匄佑，七月。6347

句型 7.3 共 4 例，都是一期的。动词有告、福。

7.4　$AV_1+S_{施}+V+P+O_{神}$

（106）庚子王𩱛于祖辛。23003

句型 7.4 仅 1 例，是二期的。动词为𩱛。

7.5　$S_{施}+AV_2+V+P+O_{神}$

（107）贞：王唯祊于唐。1286

（108）贞：王其侑曰父乙。2281 正（曰：介词，其用法类同于“于”。）

（109）…王勿祝于四父，三月。2331

（110）庚寅卜，争贞：我其祀于河。14549

（111）余其侑于唐。24132

（112）庚申贞：王其告于大示。32807

（113）壬申贞：王又御于祖乙，叀先。屯 4583

① 张玉金、孙志豪：《论殷墟甲骨文非处所词语的处所化》，《古汉语研究》2021 年第 2 期。

② 朱歧祥：《殷墟卜辞句法论稿——对贞卜辞句型变异研究》，台湾学生书局，1991，第 140 页。

句型 7.5 共 7 例，其中一期 4 例、二期 1 例、四期 2 例。动词有祝、御、告、祀、祊、侑。

7.6　AV_1+S施+AV_2+V+P+O神

（114）庚戌卜：叀王自桒于岳。32301

句型 7.6 仅 1 例，是四期的。动词为桒。

8　（S施）+（AV_3）+P+O神+（AV_2）+V

句型 8 中的“P”“O神”和“V”都不可省，“S施”“AV_2”“AV_3”则可隐可现。句型 8 因成分隐现的不同，而形成不同的句型。

8.1　P+O神+V

（115）丙寅卜，穷贞：于祖辛御。272 正

（116）贞：于河桒。1506 正

（117）自成告，至于丁。6583

（118）己丑卜，大贞：于五示告：丁、祖乙、祖丁、羌甲、祖辛。22911

（119）在毓祖丁舌，吉。27322

（120）于二父父己父庚舌。27417

（121）于多父舌。27417（多父：指前一辈的诸男性亲长。）

（122）至于妣辛彭，兹用。27551（至于：介词连用。）

（123）自上甲宜。32367

（124）贞：于北禘。34156

句型 8.1 共 156 例，其中一期 74 例、一期附 7 例、二期 7 例、三期 27 例、四期 41 例。动词有祝、即、桒、蒸、祭、告、舌、福、禘、陟、叡、御、燎、宾、奏、伐、匄、束、宁、岁、宜、饚、勺、卯、侑、彭、延、用。

例（118）卜辞 22911 中“丁、祖乙、祖丁、羌甲、祖辛”复指“五示”，例（120）卜辞 27417 中“父己父庚”是“二父”的同位语，与“二父”一起作介词的宾语。可能因为同位语词组“五示丁、祖乙、祖丁、羌甲、祖辛”太长，会使整个句子结构失衡，故将它们分开而置“丁、祖乙、祖丁、羌甲、祖辛”于动词之后。

8.2　$AV_3+P+O_{神}+V$

（125）贞：勿于祖辛御。1721

（126）勿于妣庚侑。2002 反

（127）贞：勿于高妣己御。2355

（128）勿于母庚告。2562

（129）其自上甲舌。27077

（130）其至中宗祖乙祝。27239

（131）弜于示桒，无…27658

句型 8.2 是在作状语的“$P+O_{神}$”前又出现了“AV_3”。由以上辞例可知，“AV_3”多为否定副词和语气副词。

句型 8.2 共 41 例，其中一期 37 例、三期 4 例。动词有告、祝、燎、御、侑、桒、舌、宁。

8.3　$P+O_{神}+AV_2+V$

（132）于祖丁旦寻。屯 60（旦：早晨。参看同片：于厅旦寻。/ 于大学寻。屯 60）

（133）甲申卜：于祖乙其舌。屯 3129

（134）贞：于岳先桒。英 2089

句型 8.3 是在表示对象的状语“$P+O_{神}$”与谓语“V”之间出现状语，“AV_2”可以是时间名词，如例（132）的“旦”；可以是语气副词，如例（133）的“其”；或者是时间副词，如例（134）的“先”。

句型 8.3 共 3 例，二期 1 例、三期 2 例。动词有舌、寻、桒。

8.4　$S_{施}+P+O_{神}+V$

（135）庚申贞：王于父丁告。32807

句型 8.4 的“$P+O_{神}$”前出现了施祭者“王”，仅 1 例，是四期的。动词为告。

陈梦家指出：“介词组之所以移前移后，是有意义的。凡是特别着重的卜问的，往往从后移向前。”[①] 当介宾结构前置时，它往往是卜问的

① 陈梦家：《殷虚卜辞综述》，中华书局，1988，第 124 页。

焦点所在。

9 （$S_{\text{施}}$）+（AV_2）$+V+O_{\text{神}}+P+O_{\text{地}}$

句型 9 中的“V”“$O_{\text{神}}$”“P”和“$O_{\text{地}}$”都不可省，“$S_{\text{施}}$”“AV_2”则可隐可现。句型 9 因成分隐现的不同，而形成不同的句型。

9.1　$V+O_{\text{神}}+P+O_{\text{地}}$

（136）辛酉卜：将兄丁于父宗。32765

（137）取岳于三门，[illegible]。34219（三门：又称“三户”，古漳水的一个渡口，在今河北省磁县境内。）

句型 9.1 共 2 例，都是四期的。动词有取、将。

9.2　$AV_2+V+O_{\text{神}}+P+O_{\text{地}}$

（138）庚辰卜，大贞：来丁亥其叙丁于大室，[illegible]丁酉既。23340（丁：神祇名。大室：即太室。太庙，祭祀先祖的处所。）

（139）叀伐妣于凿。28068（凿：地名。比较：在凿。屯 2298/ 田[①]凿。37545）

句型 9.2 共 2 例，二期 1 例，三期 1 例。动词有叙、伐。

9.3　$S_{\text{施}}+AV_2+V+O_{\text{神}}+P+O_{\text{地}}$

（140）贞：王其酌贼于右宗，有大雨。30319（贼：殷先公名。比较：即右宗夒，有雨。30318 其即于右宗，有大雨。30320）

句型 9.3 仅 1 例，是三期的。动词为酌。

三　动词—人事

10 （AV_1）+（$S_{\text{施}}$）+（AV_2）$+V+O_{\text{事}}$

这个句型中的“V”和“$O_{\text{事}}$”不可省，“$S_{\text{施}}$”“AV_1”“AV_2”则可隐可现。句型 10 因成分隐现的不同，而形成不同的句型。

10.1　$V+O_{\text{事}}$

（1）贞：御妇好。2622

（2）贞：彭子央，御于父乙。3013

---

① 田：后来写作“畋”，狩猎。

（3）贞：告子，其有囚。4735 正

（4）次王入。9375

（5）戊寅卜，争贞：𢼄王循，于之若，二告。16152 正（循：巡视。为商王巡视之事进行𢼄祭。参看同片：贞，勿𢼄，不若，二告。16152 正）

（6）戊午贞：𠦪雨。屯 932

句型 10.1 共 103 例，其中一期 55 例、一期附 27 例、二期 1 例、三期 6 例、四期 14 例。动词有次、御、告、寻、福、旦、燎、𠦪、奏、𢼄、宾、肇、匄、束、宁、尊、凡、侑、彡、延、将、用、若冏。

10.2　AV_2+V+O事

（7）贞：勿御妇好。2625 正

（8）贞：来乙巳彡子央。3015（子央：人名。）

（9）癸巳卜：叀戊御妇子，七月。15117

（10）乙亥贞：其彡王，御于父丁，告。屯 1104（参看同片：癸酉贞，甲申其彡，大御自上甲。/ 乙…王御于大乙，告。屯 1104）

（11）乙亥卜，贞：弜告秋。屯 2227

句型 10.2 共 89 例，其中一期 30 例、一期附 7 例、二期 9 例、三期 20 例、四期 23 例。动词有祝、御、執、取、寻、叙、𣪊、燎、𢼄、将、告、宾、肇、伐、𢎌、宁、尊、𢀛、𣉻、称、遘、勺、侑、舞、彡、延、用。

10.3　S施+V+O事

（12）贞：王告沚𢦏，若。3957（沚𢦏：人名，商朝将领。比较：王比[①]沚𢦏。英 2810　）

（13）己酉卜，争贞：我奏兹匄。18899 正（匄：用为害，灾害。）

（14）甲辰卜：侯宾雀。33071（雀：人名。侯：伯侯，地方长官。参看同片：甲辰卜，雀受侯祐。33071）

（15）…辰…㱿贞：我宁风。怀 249

句型 10.3 共 4 例，一期 3 例、三期 1 例。动词有告、奏、宾、宁。

① 比：带领。

10.4　$AV_1+S_{施}+V+O_{事}$

（16）庚午卜，争贞：唯王飨𢦏。5237（𢦏：征伐。王为征伐之事进行飨祭。）

句型 10.4 仅 1 例，是一期的。动词为飨。

10.5　$S_{施}+AV_2+V+O_{事}$

（17）丙寅贞：王其奠𠙵侯，告祖乙。32811（𠙵侯：𠙵地长官。）

（18）丙寅贞：王其奠𠙵侯，告祖乙。32811

（19）…贞：王其奠𠙵侯，告祖乙 32811

（20）癸亥贞：王其奠𠙵。屯 862

句型 10.5 共 4 例，都是四期的。动词为奠。

11　（AV_2）$+V+P+O_{事}$

句型 11 中的“V”“P”和“$O_{事}$”都不可省，“AV_2”则可隐可现。句型 11 因成分隐现的不同，而形成不同的句型。

11.1　$V+P+O_{事}$

（21）侑于介子。1623 反（介子：犹庶子。）

（22）燎于有水，叀犬。10151 正（有：词头。水：水灾。比较：辛巳卜，其燎，于七月。/ 燎即。其各，大水不各。/ 弜宁。33348）

（23）壬寅卜：御于量。22094（量：人名。参看同片：壬寅卜，御量于父戊。22094）

（24）御于雨。22758

句型 11.1 共 4 例，一期 2 例、一期附 1 例、二期 1 例。动词有御、燎、侑。

“御于量”即为量而御，“御于雨”即为雨而御。有学者认为此为介词“于”的为动用法，[①] 也有学者只承认甲骨文中动词存在为动用法。[②]

齐航福把例（22）中的“有水”解释为神祇名，并把“燎于有水，

① 喻遂生：《甲骨文动词和介词的为动用法》，载《甲金语言文字研究论集》，巴蜀书社，2002。

② 梅广：《上古汉语语法刚要》，三民书局，2015，第 397 页。

叀犬”视作“燎 + 于 + 神名 + 惠 + 牲名”式。[①]

11.2　AV_2+V+P+$O_{事}$

（25）勿御于四宦妇，羸，小告。2832 正甲（宦，似可读作“姬”。）

（26）丁未卜，亘贞：其侑曰戠。3987（曰：介词。戠：即沚戠。）

（27）贞：叀今日彭，其侑于二子。24983

句型 11.2 共 3 例，一期 2 例、二期 1 例。动词有御、侑。

四　动词—祭牲

12　（$S_{施}$）+（AV_2）+V+（叀 / 其）+$O_{牲}$

此句型中的“V”“$O_{牲}$”不可省，“$S_{施}$”“AV_2”“叀 / 其”则可隐可现，且“$S_{施}$”和“叀 / 其”不同现。句型 12 因成分隐现的不同，而形成不同的句型。

12.1　V+$O_{牲}$

（1）贞：一羌，卯一牢。385

（2）贞：三小牢，卯三牛。14436

（3）丙申卜，贞：燎于河三牢，沈三牢，宜一牢。14556

（4）丁未卜：其侑木丁于父丁，福一牢。32673

（5）十犬又五犬，卯牛一。32775

（6）乙卯卜，贞：桒禾于高，燎九牛。33305

（7）丁丑卜，贞：王宾武丁，伐十人，卯二牢，쁩…35355

（8）甲寅贞：乙卯侑祖乙，岁大牢，不…屯 441

句型 12.1 共 699 例，其中一期 342 例、一期附 24 例、二期 61 例、三期 49 例、四期 208 例、五期 11 例、三期—四期 4 例。动词有舞、告、舌、侑、蒸、福、烄、燎、桒、戠、祝、御、将、禘、沈、埋、祀、攺、伐、㦰、勻、簸、束、弘、岁、尊、𢦏、毁、沓、鬳、𩚬、升、宜、㸚、卯、彭、用、勺、㞢。

① 齐航福：《再论殷墟甲骨文中句式使用的组类差异——以“燎”字句为例》，《语言研究》2017 年第 2 期。

《说文·火部》:“燎，祡祭天也。”又《示部》:“祡，烧祡焚燎以祭天神。”据焦智勤调查，《甲骨文合集》共出现982例“燎”祭卜辞，在五个时期“燎”祭的受祭者发生了显著的变化。焦文由此认为，“燎”在卜辞中有两义：最初，“燎”祭作为殷商时期祭祀制度中的一种祭法，仅积薪而燎之；后来渐及于燎牲，“燎”祭又成为用牲之法。[①]

以上例（1）、例（2）、例（5）三条卜辞似乎也可以这样标点：

（9）贞：一羌卯，一牢。385

（10）贞：三小牢卯，三牛。14436

（11）十犬又五犬卯，牛一。32775

但是从同版的上下文例来看，以上卜辞在“卯”前逗开最为合适。

（12）贞：翌丁未侑于丁三羌，卯三牢。/ 贞：一羌，卯一牢。/ 贞：桒年于岳，燎三小牢，卯三牛。385

（13）癸亥贞：燎于岳三小牢，卯三牢。/ 丙子卜，贞：彭岳三小牢，卯三牢。/ 贞：三小牢，卯三牛。14436

（14）甲午…将…丁于…乙…。/ 甲午卜：侑勺于子畝十犬，卯牛一。/ 十犬又五犬，卯牛一。/ 甲午卜：侑于子。32775

12.2　AV_2+V+O 牲

句型12.2共125例，其中一期34例、一期附7例、二期8例、三期41例、四期33例、五期1例、三期—四期1例。句型12.2因状语的构成不同，可分为3小类。

一类是由副词、时间名词或时间名词加介词组成的介宾结构充当的状语。此类状语多数是一层的，如例（15）、例（17）~例（19）；也有少数为二层的，如例（16）、例（20）。

（15）翌己酉奏三牛。16038

（16）贞：来乙巳勿彭五牢。15784

（17）辛亥卜，贞：其祝一羌，王受有佑。26954（羌：人牲。）

（18）莫舌十人又五，王受佑，大吉。27020（莫：“暮”的本字）

① 焦智勤：《卜辞燎祭的演变》，《殷都学刊》2001年第1期。

（19）其蒸鬯。30980（鬯：一种香酒。）

（20）己亥贞：来乙其酌五牢。屯 974

（21）其侑羌五。屯 1003

（22）乙亥岁三牢。英 2462

此句型共 120 例，其中一期 31 例、一期附 7 例、二期 8 例、三期 40 例、四期 32 例、五期 1 例、三期—四期 1 例。动词有祝、次、御、舌、侑、伐、叙、故、束、弘、祭、蒸、将、禘、日、烄、𠦪、奏、沈、岁、尊、䜌、刚、𣍘、䵼、宜、勺、卯、酌、用、奠。

一类是由处所名词加介词组成的介宾结构充当的状语。其中由表处所的介宾结构单独充当状语的卜辞共 4 例，一期 2 例、三期 1 例、四期 1 例。动词有酌、蒸、烄。

（23）…巳卜，争贞：侑祖辛，<u>于香酌十牢</u>。1653（香：地名。比较：今日步于香，无灾。2583）

（24）贞：于宗酌三十小牢，九月。13549

（25）于宗蒸穧，兹…30304

（26）在畓烄㛸。32299（畓：地名。烄：焚人祈雨之祭。㛸：女罪隶名，人牲。参看同片：甲申贞，烄㛸，雨。32299）

此外，由介宾结构与其他副词共同充当状语的卜辞仅见 1 例，是四期的。动词为奠。

（27）贞：于京其奠叙刍。32010（叙：地名。刍：牲畜。）

12.3　V+ 叀 / 其 +O牲

（28）贞：御叀牛三百。300

（29）…王其用羌于大乙，<u>卯叀牛</u>，王受佑。26955

（30）卯叀羊。27040

（31）祝叀羊。30630

（32）燎叀白豚。34463

（33）𩜁其二牛。34575

（34）刚其五牢。屯 2232

（35）伐其七十羌。屯 2792

句型12.3是在“O牲”前添加焦点标记“叀”或“其”，共30例，其中一期3例、一期附1例、二期1例、三期13例、四期12例。动词有祝、御、品、禘、燎、伐、䵼、岁、尊、刚、㫚、𩚨、卯。

12.4 AV_2+V+叀/其+O牲

（36）甲子卜，旅贞：翌乙丑𦧅叀白牡。26027

（37）壬戌卜：其宜叀羊。30120

句型12.4共2例，二期1例、三期1例。动词有𦧅、宜。

“（AV_2）+V+叀/其+O牲”“S神+V+叀/其+O牲”以及“（AV_2）+V+（P）+O神+叀/其+O牲”等句型应该如何标点，学者们持有不同看法。陈梦家、管燮初认为不应点断。[①] 张玉金、沈培则认为这种句子的“VP”应与“叀NP”分开来读。[②] 沈培为其观点提供了以下证据：

> 首先看下引一个例句：
>
> （103）壬辰卜，妣辛史，其延妣癸，惠小宰。
>
> △惠牛。　　　屯323
>
> “惠小宰”不能看作“延”的宾语，“延”不是祭祀动词。卜辞有“上甲史五宰”（27070）的说法，因此这里的牲名“小宰”显然指“史”这种祭祀中的用牲。“妣辛史”与“惠小宰”中间可以插入一个小句，说明它们不能连读。上引例（85）（引按，即：岁延酒惠勿牛，王受祐。30727）恐怕也应读为“岁，延酒，惠勿牛”，“勿牛”在语义上是为“岁”所支配的。
>
> 其次，我们看到，祭祀动词和牲名之间往往还有“其”字，如：
>
> （104）卯，其五宰。
>
> △其十宰。
>
> △其十宰又五。31107
>
> 没有人把“其五宰”看成是“卯”的宾语。我们在卜辞中经常

① 陈梦家：《殷虚卜辞综述》，中华书局，1988，第100-101页；管燮初：《殷虚甲骨刻辞中的双宾语问题》，《中国语文》1986年第2期。

② 张玉金：《甲骨卜辞中“惠”和“唯”的研究》，《古汉语研究》1988年第1期；沈培：《殷墟甲骨卜辞语序研究》，台北文津出版社，1992，第49-50页。

看到“其＋牲名”与“惠＋牲名”对贞的例子。如：

（105）癸卯卜，岁，其牢。

△惠小牢。34428

（106）其又兄辛惠牛，王受祐。

△其牢，王受祐。27600

（107a）癸巳卜，贞：祖甲祊，其牢。

（107b）其牢又一牛。

（107c）惠骍。

（107d）惠物。兹用。

（107e）甲午卜，贞：□□宗祊，其牢。

（107f）其牢又一牛。兹用。

（107g）〔惠〕骍。

（107h）惠物。35931

（107）中的“惠＋骍／物”前面没有说出神名和祭祀动词，下面是说出神名和祭祀动词的例子：

（108）丙戌卜，贞；武丁祊惠騂。35848

（109）▧贞：武乙勺祊惠骍。兹▧。东787a

把它们跟例（107）中的“祖甲祊，其牢”与“□□宗祊，其牢”相比较可以肯定例（108）、例（109）也应读成“武丁祊，惠骍”“武乙勺祊，惠骍”。[①]

以上各家观点都既有合理之处，也有不当之处。如沈培的论证值得商榷之处有以下几点。

首先，沈先生认为在屯323卜辞中，“延”不是祭祀动词，而“史”是祭祀动词。据我们的考察，“史”字并没有祭祀动词的用法，沈先生所举27070卜辞“上甲史五牢”，意为“用五牢来祭祀上甲的史臣”，“史”指“史臣”。卜辞另有“帝史”（乙巳卜，贞：王宾帝史，亡尤。

① 以上内容转引自沈培（《殷墟甲骨卜辞语序研究》，台北文津出版社，1992，第49-50页），转引的例句都沿用沈文原来的编号。“▧”表示残缺一字。

35931）、“大乙史”（大乙史王其飨。27125），“史”都指“史臣”，而非祭祀动词。但是“延”字有不少作祭祀动词的用法，例如：

（38）鬯其延羌甲，王受…27259

（39）…祖丁大勺，王其延父甲，大吉。27363

（40）戊戌卜：祖丁史其延妣辛妣癸，王…27367

（41）…丑卜：王其延事于父甲。27475

（42）鲁甲史其延般庚小辛，王受佑，吉。屯738

（43）己未卜：祖丁大勺，王其延大甲。屯2276

其次，沈先生也承认，“从‘惠’和‘唯’的分布看，它们几乎可以放在句子的任何一个成分的前面。当它们在某一成分之前出现时，就表明这个成分是句子的焦点”①。

我们认为，若祭祀动词后直接出现“叀/其+牲名”，由于祭祀动词和祭牲之间的语义联系非常紧密，不应点断，此时，牲名前的“叀”和“其”的作用相同，都表明祭牲是句子的焦点。若祭祀动词前出现主语（包括施事主语、神祇类受事主语等），或者祭祀动词后有“神祇名”/“介词+神祇名”，然后再出现“叀/其+牲名”，从语义上来看，此时祭牲与祭祀动词的联系已不紧密，都应该点断。

12.5　$S_{施}+V+O_{牲}$

（44）贞：王侑豰，不若。7426反（豰：用作奚，人牲。比较：御小辛三牢又豰二，酢萑至…21538）

（45）…亥贞：王侑百鬯百牛。32044

句型12.5共2例，一期1例、四期1例。动词为侑。

12.6　$S_{施}+AV_2+V+O_{牲}$

（46）王其宜敝麋，吉。29405（敝：地名。比较：其获敝麓，弗擒。10970）

（47）己巳贞：王其蒸南冏米，叀乙亥。32024（南冏：地名。米：粟米，祭品。）

（48）丁卯贞：王其称珏，燎三牢，卯…牢。32420（称：举献物

① 沈培：《殷墟甲骨卜辞语序研究》，台北文津出版社，1992，第30页。

品之祭。珏：祭品名。）

（49）己巳贞：王其蒸南冏米，叀乙亥。34165

（50）王其蒸穧二升。屯 618（升：容量名。穧：祭品，本为一种庄稼名，此指穧之子实粟。穧二升即二升穧。）

句型 12.6 共 5 例，三期 2 例、四期 3 例。动词有蒸、称、宜。

13　叀 / 勿唯 +O$_{牲}$+V

（51）丁酉贞：叀牛用。4762

（52）丙辰贞：叀豕。15982

（53）叀小牢用。30714

（54）叀白穧蒸。32014

（55）叀白牛燎。屯 231

（56）叀十牢晋，　王受有佑。屯 817

（57）叀五牢晋，王受佑。屯 817（参看同片：晋十牢，王受佑。晋五牢，王受…　屯 817）

（58）叀四小牢用，有雨，吉。屯 2107

句型 13 是以“叀 / 勿唯”为标志的祭牲宾语前置句，共 51 例，其中一期 13 例、一期附 6 例、二期 1 例、三期 25 例、四期 2 例、五期 4 例。动词有次、舞、蒸、褅、烄、燎、晋、用。

14　（AV_1）+S$_{牲}$+（AV_2）+V

句型 14 是祭牲名词作主语的受事主语句，其中的“S$_{牲}$”和“V”都不可省，“AV_1”“AV_2”则可隐可现。句型 14 因成分隐现的不同，而形成不同的句型。

14.1　S$_{牲}$+V

（59）羊祝。22138（参看同片：祝亚，束彘。22138）

（60）羊束。22226（参看同片：豕束。22226）

（61）丙辰贞：盧羊岁。22439

（62）二牛燎，卯二小牢。34456

（63）壬申贞：多宁以鬯蒸，于丁卯叀…屯 2567（多宁：人名。以：动词，致，送。多宁以鬯即多宁送来的鬯。参看同片：壬申贞，蒸多宁

以鬯于大乙。屯 2567）

（64）牢又二牛用，王受佑。屯 4122

（65）牢示，兹用。英 2260（参看同片：癸亥卜，其示于大乙，酚。英 2260）

句型 14.1 共 16 例，其中一期 4 例、一期附 6 例、三期 4 例、四期 2 例。动词有用、祝、蒸、示、燎、束、岁。

14.2　$AV_1+S_{牲}+V$

（66）丁丑卜，穷贞：侑于丁，勿龤牢用。6（勿龤：表示否定意义。）

（67）不豕束。7773（比较：贞，我…凡牛，束羊，二告。7773）

（68）生月歲用。21885

（69）己酉卜，何贞：其牢又一牛㲋。27138（参看同片：己酉卜，何贞，其牢。27138）

句型 14.2 共 4 例，一期 2 例、一期附 1 例、三期 1 例。动词有㲋、束、用。

14.3　$S_{牲}+AV_2+V$

句型 14.3 共 18 例，一期 9 例、二期 1 例、三期 3 例、四期 5 例。句型 14.3 因状语构成的不同，可分为两类。一类是状语由否定副词、语气副词、范围副词等充当的卜辞，共 16 例，一期 9 例、二期 1 例、三期 3 例、四期 3 例。动词有福、蒸、用。

（70）丙子卜，㱿贞：今来羌勿用。248 正（今来羌：今天送来的羌俘。“今也”可以看作全句的状语。）

（71）丙子卜，㱿贞：今来羌率用。248 正

（72）辛亥卜，喜贞：鬯其福。25978（原片“辛”字不清楚。）

（73）羌方由其用，王受有佑。28093（羌方：方国名。由：敌人首级，祭品。比较：…用羌方由于妣庚，王宾。28092）

（74）癸亥贞：危方以牛其蒸，于来甲申。32896（危方：方国名。）

（75）癸卯贞：射丵以羌其用，叀乙。屯 9（射丵：人名。射丵以羌：射丵致送的羌人。）

一类是状语由处所名词加介词组成的介宾结构的卜辞，仅 2 例，都

是四期的。动词有卩、奠。

（76）辛亥贞：⺀以二縠于父丁宗卩。32700（⺀：人名。以：致送。参看同片：乙巳贞，⺀以縠于父丁。32700）

（77）己巳贞：叙芻在𢓊奠。屯1111（叙：地名。芻：牲畜。𢓊：地名。参看同片：己巳贞，叙芻其奠于京。屯1111）

15　（AV_2）+V+P+O牲

句型15中的“V”“P”“O牲”都不可省，“AV_2”则可隐可现。句型15因成分隐现的不同，而形成不同的句型。

15.1　V+P+O牲

（78）侑于牢。15086

（79）贞：燎于小牢九牛。15605

句型15.1仅2例，都是一期的。动词有燎、侑。

15.2　AV_2+V+P+O牲

（80）贞：勿侑于黄牛。15048

（81）贞：翌丁卯侑于牢又一牛。15080

句型15.2仅2例，都是一期的。动词为侑。

16　（AV_2）+V+O牲+P+O地

句型16是在祭牲宾语之后出现了表示处所的介词结构“P+O地”。这个句型中的“V”“O牲”“P”和“O地”都不可省，“AV_2”则可隐可现。句型16因成分隐现的不同，而形成不同的句型。

16.1　V+O牲+P+O地

（82）丙午卜，贞：皁尊，岁羌三十，卯三牢，箙一牛于宗，用，八月。320

（83）丙午卜，贞：皁尊，岁羌十，卯十牢于亯，用，八月。340（亯：地名。）

（84）𢼄豕于洱。9774（洱：地名。比较：于洱，…妇娘子。14122）

（85）贞：用小牢于㓷。9774（㓷：地名。）

（86）勹羌于宗。26929

（87）戊辰卜：烄嫜于𢍰。32289（嫜：女罪隶名，人牲。𢍰：地名。

比较：在帛田。屯 2409）

句型 16.1 共 6 例，其中一期 4 例、三期 1 例、四期 1 例。动词有烄、饮、箙、勺、卯、用。

16.2　$AV_2+V+O_{牲}+P+O_{地}$

（88）贞：勿用小牢于爂。9774 正（爂：地名。）

（89）丙子卜：其蒸穧于宗。30306

（90）丙辰卜：其蒸穧于酉。30981

（91）…子卜：其蒸穧于酉。34590

（92）庚辰卜：其蒸方以羌在必，王受有佑。屯 606（方以羌：方致送来的羌人。必：藏祖先神主的处所。）

句型 16.2 共 5 例，一期 1 例、三期 3 例、四期 1 例。动词有蒸、用。

17　$AV_2+V+P+O_{地}+O_{牲}$

（93）己未宜于义京羌三，卯十牛，中。388（义京：地名。）

（94）癸卯宜于义京羌三人，卯十牛，右。390 正

（95）癸亥𫿄于磬十牛，𠕋 8032（磬：指磬京。比较：…贞，其宜于磬京，不…8034 贞，翌辛亥呼妇姘宜于磬京。8035）

（96）贞：翌辛未其侑于盟室三大牢，九月。13562

句型 17 是在谓语动词与祭牲宾语之间出现了表示处所的介词结构“$P+O_{地}$”。句型 17 共 9 例，都是一期的。动词有𫿄、宜、侑、燎。

第三节　双宾句及其变式

双宾语指一个动词后边接连出现两个宾语，这两个宾语各自跟动词发生关系，但它们互相之间没有结构上的关系。甲骨文单祭祀动词双宾语句，宾语可从人事、神祇、祭牲宾语中任取其二，同时两个宾语又可以调换次序，因此从理论上讲可以产生以下六种双宾语句基本句型：①

① 实际只发现了五种基本句型，双宾语为“神祇 + 人事”的形式未见。参喻遂生《甲骨文单个祭祀动词句的转换和衍生》，《语言研究》2002 年第 2 期。又载《甲金语言文字研究论集》，巴蜀书社，2002。刘青：《甲骨文句型的转换和衍生》，《殷都学刊》2001 年第 1 期。

（1）动词 + 人事 + 神祇　　（2）动词 + 神祇 + 人事

（3）动词 + 神祇 + 祭牲　　（4）动词 + 祭牲 + 神祇

（5）动词 + 人事 + 祭牲　　（6）动词 + 祭牲 + 人事

本节将按照以上类型和次序对甲骨文中单祭祀动词的双宾句及其变式进行描写。

一　动词—人事—神祇

18　（AV_2）+V+O$_{事}$+O$_{神}$

这个句型中的“V”“O$_{事}$”和“O$_{神}$”都不可省，“AV_2”则可隐可现。句型 18 因成分隐现的不同，而形成不同的句型。

18.1　V+O$_{事}$+O$_{神}$

（1）御𡆥南庚。721 正（𡆥：灾祸。）

（2）戊子卜：御雀父乙。4115（雀：人名，或方国名。）

（3）壬辰卜：福𢀛方大甲。8425（𢀛方：方国名。比较：贞，千弗其作𢀛方𡆥。8424）

（4）壬戌卜，古贞：御疾身妣癸。13675 正（疾身：身体。参看同片：御疾身于妣癸。13675 正）

（5）己未卜：御子辟小王，不。20023（子辟：人名。）

（6）戊申卜：奉生五妣。22100（生：生育。）

（7）己未卜：御妇妣庚。22226

（8）甲午贞：告妻其步祖乙。屯 866（妻：人名。参看同片：…巳贞，𠂤以妻于蜀，乃奠。/ 癸巳贞，王令妻，生月。/ 甲午贞，于父丁告妻其步。/ 弜告妻其步。屯 866）

句型 18.1 共 14 例，一期 6 例、一期附 7 例、四期 1 例。动词有御、奉、福、告。

18.2　AV_2+V+O$_{事}$+O$_{神}$

（9）贞：勿福舌父乙。2201

（10）其告秋上甲。28207

（11）其宁风伊。30259（伊：伊尹，殷旧臣。比较：侑于伊尹。

32786）

句型 18.2 共 3 例，一期 1 例、三期 2 例。动词有告、福、宁。

19 $S_{事}+AV_2+V+O_{神}$

（12）疾身不御妣己，嬴。6475 反

句型 19 是由人事名词充当主语的受事主语句，仅 1 例，是一期的。动词为御。

20 （$S_{施}$）+（AV_2）+$V+O_{事}+P+O_{神}$

此句型中的“V”“$O_{事}$”“P”和“$O_{神}$”都不可省，“$S_{施}$”“AV_2”则可隐可现。句型 20 因成分隐现的不同，而形成不同的句型。

20.1 $V+O_{事}+P+O_{神}$

（13）己卯卜，㱿贞：御妇好于父乙，𠭯羊又豕，𦉭十牢。271 正

（14）贞：御子央于母庚。3010 反

（15）贞：告土方于上甲。6384（土方：方国名。）

（16）甲申卜，穷贞：告秋于河。9627

（17）贞：御疾身于父乙。13668 正

（18）己未卜：宁雨于土。34088（土：社神）

（19）乙卯卜：桒雨于上甲，不。屯 2282

（20）贞：匄𢀛方于上甲。英 558（𢀛方：方国名。）

句型 20.1 共 89 例，其中一期 74 例、一期附 5 例、二期 2 例、四期 8 例。动词有御、蓺、告、禘、桒、宁、侑、戠、匄。

20.2 $AV_2+V+O_{事}+P+O_{神}$

（21）甲戌卜，㱿贞：勿𦤎御妇好趾于父乙。2627（勿𦤎：表示否定意义。）

（22）甲子卜，争贞：来乙亥告𠬝其西于六元示。14829（元示：殷先王集合庙主。）

（23）…卜：其告火自毓祖丁，吉。27317

（24）弜告秋于上甲。33230

（25）甲子卜：其桒雨于东方。30173

（26）丁未贞：其大御王自上甲，盟用白豭九，三示𩰫牛，在父丁宗

卜。32330

（27）丁丑贞：其宁雨于方。32992（方：指四方之神。）

以上卜辞中的“AV_2”大多是一层状语，也有少数卜辞如例（26）中的“其”“大”是两层状语。

句型 20.2 共 37 例，其中一期 14 例、一期附 1 例、三期 5 例、四期 17 例。动词有御、告、蒸、宁、勺、酌、桒。

20.3　$S_{施}+AV_2+V+O_{事}+P+O_{神}$

（28）丁丑卜，穷贞：子雍其御王于丁妻二妣己，㞢羊三…羌十。331

（29）乙亥卜，行贞：王其寻舟于河，无灾。24609（寻：祭祀动词，或认为是一般动词，用。）

（30）…丑卜：王其延事于父甲。27475

句型 20.3 中出现了施祭者，从辞例来看，“$S_{施}$”多数是“王”，也可以是其他王室贵族，如例（28）中的“子雍”。句型 20.3 共 3 例，一期 1 例、二期 1 例、三期 1 例。动词有御、寻、延。

21　叀$+O_{事}+V+P+O_{神}$

（31）戊申贞：叀雨桒于兇。34271

句型 21 是以“叀”为标志的人事宾语前置句，仅 1 例，是四期的。动词为桒。

卜辞中，原因宾语一般是不可置于祭祀动词前的，“大概这种原因宾语提前以后很容易被看成施事主语”①。

齐航福发现花东卜辞中约出现了 10 例由“惠”标记的“原因宾语”前置的例子。② 例如：

（32）己卜：惠子兴往妣庚？花东 05319

（33）己卜：惠多臣御往妣庚？花东 05321

（34）戊卜：惠奠御往妣己？花东 16210

（35）[戊]卜：惠奠御往妣己？花东 16220

① 沈培：《殷墟甲骨卜辞语序研究》，台湾文津出版社，1993，第 34 页。

② 齐航福：《花东卜辞中的宾语前置句试析》，《河北师范大学学报》2008 年第 5 期。

（36）己卜：惠多臣御往于妣庚？花东 18100

齐文认为，“从花东卜辞来看，上述辞例中的‘子兴’‘多臣’和‘奠’有可能是用作‘御往’祭的原因宾语的，也就是说，正是由于他们染上了疾患，才向先妣进行祭祀的”。并由此得出结论，“旧有卜辞中，未见‘惠’字后面跟有原因宾语的例子，因此这种‘惠 + 原因宾语 + V’类型的宾语前置句应为花东卜辞中首次见到”。

齐文 10 例中的“子兴”等能否被理解为原因宾语前置，我们尚不敢断言。

22　$S_{事}$+（AV_2）+V+P+$O_{神}$

这个句型中的“$S_{事}$”“V”“P”和“$O_{神}$”都不可省，“AV_2”则可隐可现。句型 22 因成分隐现的不同，而形成不同的句型。

22.1　$S_{事}$+V+P+$O_{神}$

（37）丙午卜，宾贞：生㱿于丁，一月。1977（生：指生育之事。丁：神祇名。）

（38）贞：疾齿御于父乙。13652（疾齿：牙齿有疾。）

（39）贞：疾齿告于丁。40369

（40）疾□御于妣己暨妣庚，小告。英 97 正（暨：连词。）

（41）贞：疾齿告于丁。英 1122 正

（42）贞：疾趾御于妣己。英 1124

句型 22.1 共 6 例，一期 5 例、五期 1 例。动词有御、告、㱿。

以上例（38）~ 例（42）中充当人事主语的“疾齿”“疾趾”等都是动宾词组，试比较以下由句子形式充当的人事宾语：

（43）于大甲告𢀛方出。6141

（44）贞：御疾身于父乙。13668 正

（45）贞：勿于父乙告疾身。13670

因此，我们把例（38）~ 例（42）以及与此形式类似的卜辞（例如：贞：疾趾于妣庚御。13689）都看作一个单句。但以下形式的卜辞：

（46）贞：有疾，告羌甲。869

（47）贞：有疾身，御于祖丁。13713 正

“有疾”“有疾身”表示陈述一件事情，当作一个小句点断。

22.2　$S_{事}+AV_2+V+P+O_{神}$

（48）贞：小疾勿告于祖乙。6120 正

句型 22.2 仅 1 例，是一期的。动词为告。

23　$(AV_1)+S_{事}+P+O_{神}+V$

此句型中的“$S_{事}$”“P”“$O_{神}$”和“V”都不可省，“AV_1”则可隐可现。句型 23 因成分隐现的不同，而形成不同的句型。

23.1　$S_{事}+P+O_{神}+V$

（49）贞：舌方于河匄。6152（舌方：方国名。比较：于河匄舌方。6203）

（50）贞：疾趾于妣庚御。13689（比较：御疾趾于父乙。13688 正）

句型 23.1 共 2 例，都是一期的。动词有御、匄。

23.2　$AV_1+S_{事}+P+O_{神}+V$

（51）庚寅卜：勿雀于母庚御。13892（雀：人名，或方国名。参看同片：勿御雀于母庚。13892）

句型 23.2 仅 1 例，是一期的。动词为御。

二　动词—神祇—人事

24　$(AV_1)+S_{神}+(AV_2)+V+O_{事}$

句型 24 是神祇名词作主语的受事主语句。这个句型中的“$S_{神}$”“V”和“$O_{事}$”都不可省，“AV_1”“AV_2”则可隐可现。句型 24 因成分隐现的不同，而形成不同的句型。

24.1　$S_{神}+V+O_{事}$

（1）贞：父乙卯媚。811 正（媚：妇名。比较：侑伐妾媚。655）

（2）卜，㱿贞：岳肇我，雨。14487

（3）贞：母御齿。17386（参看同片：勿母御齿。17386）

（4）天御量，十一月。22093（天：指天庚。量：人名。比较：辛丑卜，乙巳岁于天庚。22094）

（5）卜丙岁王宊。27164（王宊：王的宗庙建筑。参看同片：乙亥

卜，王先敀，卜丙岁，廼申，兹用。27164）

（6）癸酉卜：巫宁风。33077（巫：神祇名）

句型 24.1 共 6 例，其中一期 3 例、一期附 1 例、三期 1 例、四期 1 例。动词有御、肇、宁、岁、卯。

24.2 AV_1+S $_{神}$ +V+O $_{事}$

（7）贞：唯祖乙取妇。2636 正

（8）贞：唯大甲取妇。2636 正

（9）贞：唯唐取妇好。2636 正

（10）己卯卜，宾贞：唯帝取妇好。2637

（11）勿母御齿。17386

句型 24.2 共 5 例，都是一期的。动词为取、御。

彭明瀚考察发现，“卜辞中‘取’祭的对象均为先王，无一例外，而且主要是唐、祖乙等商民族历史上的贤王，与战前出征仪式上举行的‘告’祭的对象几乎完全相同。故‘取’祭亦类于后世的战神祭祀”[①]。

24.3 S $_{神}$ +AV_2+V+O $_{事}$

（12）贞：父乙弗卯媚。811 正

（13）父乙不唯伐祟。903 正（祟：灾祸。）

（14）父乙唯伐祟。903 正

（15）贞：唐弗爵竹妾。2863（竹：地名。为竹妾而向唐进行爵祭。比较：侑妾于妣己。904）

句型 24.3 共 4 例，都是一期的。动词有伐、爵、卯。

25 V+P+O $_{神}$ +O $_{事}$

（16）…申卜，亘贞：告于妣癸孽王。2500 正（孽：动词，为害，灾害。）

（17）桒于河年，有雨。28259

（18）…戌卜：燎于兕雨。34275（兕：神祇名。参看同片：于兕

① 彭明瀚:《卜辞取祭考》,《殷都学刊》1995 年第 2 期。

父燎雨。34275）

句型 25 共 3 例，一期 1 例、三期 1 例、四期 1 例。动词有𠦪、告，燎。

26　（$S_{施}$）+（AV_3）+P+$O_{神}$+V+$O_{事}$

此句型中的“P”“$O_{神}$”“V”和“$O_{事}$”都不可省，“$S_{施}$”“AV_3”则可隐可现。句型 26 因成分隐现的不同，而形成不同的句型。

26.1　P+$O_{神}$+V+$O_{事}$

（19）贞：于祖乙御王囚。1580 乙（囚：灾祸。）

（20）贞：于妣庚御妇好。2617

（21）贞：于大甲告𢀛方。6141（𢀛方：方国名。）

（22）壬申卜，㱿贞：于河匄𢀛方。6203

（23）于仲子祐子辟。20024（子辟：人名。参看同片：戊午卜，王勿御子辟。20024）

（24）丙辰卜：于土宁风。32301（土：社神）

（25）甲申卜：于大示告方来。屯 243（方：指方国。）

（26）己卯卜：于五示御王。屯 250

（27）贞：于王亥𠦪年？ 10105

（28）庚午，贞：于大示𠦪禾，雨？ 33320

（29）壬午卜：于河𠦪雨，燎？ 12853

句型 26.1 共 48 例，其中一期 32 例、一期附 5 例、三期 2 例、四期 9 例。动词有𠦪、御、告、蒸、祐、福、匄、宁。

26.2　AV_3+P+$O_{神}$+V+$O_{事}$

（30）贞：勿于妣己御子𡜵。905 正（子𡜵：人名。）

（31）勿于祖丁彡子𩜾。1866（子𩜾：人名。）

（32）勿于河御年。10097

（33）贞：勿于父乙告疾身，小告。13670（疾身：身体有疾。比较：御疾身于父乙。13668 正）

（34）甲申于河告方来。33052（方：指方国。方来：主谓结构，作“告”的宾语。）

（35）壬辰于大示告方。屯 63（方：指方国。）

句型 26.2 共 7 例，一期 5 例、四期 2 例。动词有酌、御、告。

26.3　$S_{施}+P+O_{神}+V+O_{事}$

（36）甲申卜：王于妣己御占娩，十月。19886（娩：人名。比较：妇娩子子[①]。2783）

（37）戊午卜：王于母庚佐子辟。19964（子辟：人名。）

句型 26.3 共 2 例，都是一期附的。动词有御、佐。

三　动词—神祇—祭牲

27　$(S_{施})+(AV_2)+V+O_{神}+O_{牲}$

在这个句型中，"V""$O_{神}$""$O_{牲}$"都不能省，"$S_{施}$""AV_2"则可隐可现。句型 27 因成分隐现的不同，而形成不同的句型。

27.1　$V+O_{神}+O_{牲}$

句型 27.1 根据双宾语"$O_{神}+O_{牲}$"出现的次数，可分为两小类。

一类是"$O_{神}+O_{牲}$"仅出现一次的，这类卜辞共 102 例，一期 43 例、一期附 43 例、三期 2 例、四期 13 例、无分期 1 例。动词有舌、祝、飨、御、祐、燎、肇、戠、凡、餕、岁、嘒、方、宜、卯、告、侑、酌。例如：

（1）乙卯卜，内：嘒大庚七十牢伐二十。895 甲

（2）癸未卜，㱿：燎黄尹一豕一羊，卯三牛，嘒五十牛，6945（黄尹：即伊尹。）

（3）燎于东西有伐，卯南黄牛，小告。14315（南：指南方之神。）

（4）辛未卜：侑大庚三牢，庚辰。19831

（5）禘风九犬。21080

（6）己丑卜：岁父丁、戊羌。22073

（7）癸巳卜：御妣辛豕五。22074

（8）祐妣庚豕。22284

---

① 子：第一个"子"作动词，疼爱之义，第二个"子"指儿子。

（9）辛卯卜：侑妣壬妣癸小牢。33327

一类是“$O_{神}+O_{牲}$”在句中连续出现两次或三次的，这类卜辞共 2 例，都是四期的。动词为御。

（10）御祖癸豕、祖乙豕、祖戊豕豕。31993

（11）御父乙羊，御母壬五豚、兄乙犬。32729

27.2　$AV_2+V+O_{神}+O_{牲}$

句型 27.2 根据双宾语“$O_{神}+O_{牲}$”出现的次数，可分为两小类。

一类是“$O_{神}+O_{牲}$”仅出现一次的，这类卜辞共 38 例，一期 14 例、一期附 4 例、二期 3 例、三期 9 例、四期 8 例。动词有祝、舌、侑、燎、𢼄、𣈆、方、餗、彡、告。例如：

（12）贞：来乙亥彡祖乙十伐又五，卯十牢。892 正

（13）贞：今癸卯𢼄娥小牢。8656（娥：神祇名。比较：侑㚔于娥。14784）

（14）癸酉卜，即贞：上甲勺岁，其告丁一牛。22676

（15）贞：翌辛丑其侑祖辛牢。23002

（16）甲子贞：其舌小乙牢，乙丑。32621

（17）戊午卜：其餗妣辛牢，吉。屯 610

（18）己亥卜：先侑大乙二十牢。屯 751

（19）其侑小乙牢。屯 2665

例（12）中“十伐又五”的“又”是一个连词，它常常连接两个以上的名词、数词、“数词 + 名词”构成的名词性词组以及由数词充当谓语的主谓词组。例如：

（20）御小辛三牢又奚二。21538

（21）叀犬又豚用。30867

（22）丙戌卜，在箕：丁亥王陷，允擒三百又四十又八。屯 663

（23）壬辰卜：其宁疾于四方三羌又九犬。屯 1059

（24）大乙伐十羌又五。屯 2293

一类是“$O_{神}+O_{牲}$”在句中连续出现多次的，这类卜辞共 4 例，一期附 2 例、四期 2 例。动词有御、彡。

（25）己酉卜：丁巳彭祖丁…、祖辛二牛、父己二牛。22184（参看同片：癸丑卜，奉祖丁祖辛父己。22184）

（26）弜御庚牢、中妣小牢、子小牢。22226

（27）甲午贞：乙未彭高祖亥…、大乙羌五牛三、祖乙羌…、小乙羌三牛二、父丁羌五牛三，无壱，兹用。32087

（28）乙丑，在八月彭大乙牛三、祖乙牛三、小乙牛三、父丁牛三。屯777

例（25）、例（26）中，“彭”“御”的宾语“$O_{神}+O_{牲}$”分别连续出现了三次；例（27）、例（28）中，“彭”的宾语“$O_{神}+O_{牲}$”分别连续出现了五次与四次之多。

27.3　$S_{施}+V+O_{神}+O_{牲}$

（29）辛巳卜，㱿贞：彭，我祊大甲祖乙十伐十牢。904正

句型27.3仅1例，是一期的。动词为祊。

27.4　$S_{施}+AV_2+V+O_{神}+O_{牲}$

（30）翌日大乙，王其舌祖乙有羌。26935（有：名词词头。）

句型27.4仅1例，是三期的。动词为舌。

28　（AV_1）$+S_{神}+$（AV_2）$+V+O_{牲}$

这个句型中的“$S_{神}$”“V”和“$O_{牲}$”都不可省，“AV_1”“AV_2”则可隐可现。句型28因成分隐现的不同，而形成不同的句型。

28.1　$S_{神}+V+O_{牲}$

（31）甲申卜，即贞：羌甲岁二牛。23021

（32）丁酉卜，即贞：毓祖乙舌牡，四月。23163

（33）丙申卜，即贞：父丁岁鬯一卣。23227

（34）丁未贞：奉禾自上甲六示牛，小示盠羊。33296

（35）庚申卜：有土燎羌，宜小牢。屯961（有：名词词头。土：社神）

（36）庚午贞：上甲燎一小牢。屯4530

（37）大乙伐十羌。怀1558（参看同片：辛未贞，乙亥侑岁于大乙三牢。/大乙伐十羌又五。怀1558）

句型28.1共91例，一期2例、一期附7例、二期23例、三期19例、四期36例、三期—四期4例。动词有御、𠯑、燎、攺、祊、伐、戠、岁、𢀛、酉、刚、必、宜、𦎫、卯、用。

28.2　$AV_1+S_{\text{神}}+V+O_{\text{牲}}$

（38）贞：翌辛丑祖辛岁物牛。23002

（39）癸丑卜，行贞：翌甲寅毓祖乙岁二牢。23148

（40）甲申卜，行贞：翌乙酉毓祖乙岁牢。23155

（41）贞：翌丁未父丁岁物牛。23218

（42）丙午卜，旅贞：翌丁未父丁岁物牛。23220

句型28.2共5例，都是二期的。动词为岁。

28.3　$S_{\text{神}}+AV_2+V+O_{\text{牲}}$

（43）…卜：祖丁莫岁二牢，王受…27274（莫：“暮”的本字。）

（44）…卯卜：祖丁莫岁二牢，王受…27274

（45）丙子卜：祖丁莫𠯑羌五人，吉。屯1005

句型28.3共3例，都是三期的。动词有𠯑、岁。

28.4　$AV_1+S_{\text{神}}+AV_2+V+O_{\text{牲}}$

（46）丙辰卜，尹贞：翌丁巳父丁莫岁牢。23206（莫：“暮”的本字。）

（47）丙午卜，行贞：翌丁未父丁莫岁牛。23207

（48）丙戌卜，…贞：翌丁…父丁莫岁牢。23208

（49）丙寅卜，行贞：翌丁卯父丁莫岁牢，在三月，在雇卜。24348

句型28.4共4例，都是二期的。动词为岁。

29　$S_{\text{神}}+\text{叀}+O_{\text{牲}}+V$

（50）上甲叀牢用。924正

此种句型是神祇名词作主语的受事主语句，又以“叀”为标志将“$O_{\text{牲}}$”置于动词之前。

句型29仅1例，是一期的。动词为用。

30　$S_{\text{神}}+S_{\text{牲}}+V+P+O_{\text{地}}$

（51）庚午卜：兄辛𢀛延于宗，兹用。屯657（参看同片：甲寅卜，

其蒸鬯于祖乙小乙暨，大吉。屯657）

此种句型也是神祇名词作主语的受事主语句，但前置的祭牲宾语没有任何标记。

句型30仅1例，是三期的。动词为延。

31 （AV_2）+V+P+O神+O牲

在这个句型中，“V”“P”“O神”“O牲”都不能省，“AV_2”可隐可现。句型31因成分隐现的不同，而形成不同的句型。

31.1 V+P+O神+O牲

句型31.1共134例，其中一期108例、一期附7例、二期2例、三期3例、四期13例、无分期1例。句型31.1根据“P+O神+O牲”出现的次数，可分为两类。

一类是“P+O神+O牲”仅出现一次的，这类卜辞共133例，一期108例、一期附6例、二期2例、三期3例、四期13例、无分期1例。动词有祝、告、御、福、侑、禘、燎、埋、岁、刚、日、卯、奉。

（52）贞：御自唐大甲大丁祖乙百羌百宰，二告。300

（53）燎于河王亥上甲十牛，卯十宰，五月。1182

（54）贞：燎于上甲于河十牛。1186（于上甲于河：介词词组的连用。“于……于……”在甲骨文中常连接同类的人名或地名，其性质是介词词组的连用，其意义为某动作施于A，也施于B。[①]）

（55）贞：戠于王夨宰。1825（王夨：殷先公名。）

（56）燎于蚰一豚。14395正（蚰：神祇名。比较：燎于土，叀羊又豚。/燎于蚰，叀羊又豚。14395）

（57）癸未卜，贞：燎于ᗢ十小宰，卯十牛年，用，十月。14770（ᗢ：神祇名。比较：辛卯卜，燎于ᗢ。/辛卯卜，燎于兇 。14771）

（58）丙辰卜：岁于祖己牛一。22055

（59）己巳卜，彭贞：御于河羌三十人，在十月又二卜。26907

（60）辛亥卜：祝于二父一人，王受祐。27037

① 喻遂生:《甲金语法札记三则·于A于B》，载《甲金语言文字研究论集》，巴蜀书社，2002。

（61）丙申卜：告于父丁牛一。32031

（62）贞：侑于父乙白彘、新豰。英79（白彘、新豰：为并列结构。）

（63）乙亥卜，争贞：桒于成十牛？1345（成：卜辞中也称为“唐”或“大乙”，即传世文献中的“汤”或“成汤”。）

一类是“P+O神+O牲”在句中连续出现多次的，这类卜辞仅1例，是一期附的。动词为酌。

（64）庚申卜：酌自上甲一牛、至示癸一牛、自大乙九示一牢䢅示一牛。22159

31.2　AV_2+V+P+O神+O牲

句型31.2共77例，一期40例、一期附1例、二期9例、三期12例、四期14例、三期—四期1例。句型31.2根据“O神+O牲”出现的次数，可分为两类。

一类是介词“P”后的“O神+O牲”仅出现一次的，这类卜辞共76例，一期40例、一期附1例、二期9例、三期12例、四期13例、三期—四期1例。动词有舌、告、燎、桒、岁、攺、宜、侑、酌。

（65）贞：勿餡先酌于父乙艮，卯三牢。712（勿餡：表示否定意义。艮：人牲。）

（66）贞：勿侑于魯甲父庚父辛一牛。6647正（魯甲父庚父辛：三个神祇名词并列。）

（67）贞：亦燎于昌三牛。14690（昌：神祇名。）

（68）壬辰卜：翌甲午燎于蚰羊又豕。14702（蚰：神祇名。又：连词。）

（69）癸巳卜：甲午岁于入乙牛。七月。22098（入乙：先祖名。）

（70）癸丑卜，旅贞：翌甲寅其侑于丁一牛。22618（原片“旅”字不清楚。）

（71）甲寅卜，旅贞：翌乙卯其侑于祖乙牢。22886

（72）癸亥卜，大贞：翌甲子其从侑于魯甲牢。23085（从：用作纵，大也。比较：有从雨。英1846。舞[①]，有从雨。12841）

① 舞：跳舞祈雨之祭。

（73）癸酉卜：其告于丁牛一。32649（丁：即商王武丁。）

（74）贞：翌丁亥桒于丁二牛？ 1960

（75）己卯，贞：庚辰桒于父丁三牛？屯 1099

以上卜辞中，例（65）、例（70）~例（72）中的“AV_2”是两层状语，其他卜辞中的“AV_2”都是一层状语。

一类是介词“P”后的“$O_{神}+O_{牲}$”在句中连续出现两次的。这类卜辞仅 1 例，是四期的。动词为桒。

（76）乙未贞：其桒自上甲十示又三牛、小示羊。34117

沈培指出，“$O_{牲}$”在“$V+O_{神}+O_{牲}$”“$V+$于$+O_{神}+O_{牲}$”两式中有 95% 以上是焦点，而在“$V+O_{牲}+O_{神}$”“$V+O_{牲}+$于$+O_{神}$”两式中只有 10% 是焦点。由此可见，当“$O_{牲}$”后置时大多是焦点，而前置时则大多不是焦点。①

32 （AV_3）+ $P+O_{神}+V+O_{牲}$

在这个句型中，“P”“$O_{神}$”“V”“$O_{牲}$”都不能省，“AV_3”则可隐可现。句型 32 成分隐现的不同，而形成不同的句型。

32.1　$P+O_{神}+V+O_{牲}$

（77）于父乙酉羊。2226

（78）于父乙祐豕。19941

（79）辛亥卜：至伊尹用一牛。21575（至：介词。）

（80）于兄己攺犬。22276

（81）于父丁卯三牢羌十。32076

（82）乙巳贞：于父丁告牛。33054

（83）于示壬告三牛。屯 783

（84）贞：于父甲侑犬。英 75 正

句型 32.1 共 14 例，其中一期 3 例、一期附 4 例、四期 7 例。动词有告、祐、勺、攺、岁、尊、卯、侑、酉、用。

① 沈培：《殷墟甲骨卜辞语序研究》，台北文津出版社，1992，第 116-117 页。

32.2　AV_3+ P+$O_{神}$+V+$O_{牲}$

（85）贞：勿䲨于母丙侑小牢。2524（勿䲨：表示否定意义。）

句型32.2仅1例，是一期的。动词为侑。

四　动词—祭牲—神祇

33　（AV_2）+V+$O_{牲}$+$O_{神}$

句型33是带祭牲宾语和神祇宾语的双宾语句，在这个句型中，“V”“$O_{牲}$”“$O_{神}$”都不能省，“AV_2”则可隐可现。句型33因成分隐现的不同，而形成不同的句型。

33.1　V+$O_{牲}$+$O_{神}$

（1）甲辰卜：勺二伐祖甲，岁二牢，用。2198（伐：人牲。）

（2）己卯卜：用豕二母二戊。19954（二母二戊：并列的两位神祇。）

（3）庚寅卜，王贞：用豕母庚，今日。20706反

（4）丁巳卜：御三牢妣庚。22294

（5）辛酉卜：卯犬子庚。22295

（6）侑伐十五，岁小牢上甲。32198

（7）侑勺伐十五，岁十牢上甲。32200

（8）癸卯卜：烝禾乙祖。32572正

句型33.1共20例，其中一期2例、一期附14例、四期4例。动词有彭、御、烝、燎、翌、岁、酉、勺、卯、用。

33.2　AV_2+V+$O_{牲}$+$O_{神}$

（9）庚寅㞢一牛妣庚，哲十㞋十牢十㲋。893正

（10）丁亥卜：于翌戊子彭三豭祖乙，庚寅用，四月。1526

（11）庚申卜，殻贞：辛侑豕祖辛。1677正（辛：时间名词。）

（12）丁酉卜，殻贞：今日用五牢祖丁。1878正

（13）弜用牛豼父戊。22045

（14）庚子卜：弜祭豼祖庚。22045

（15）丁未烝禾祖辛。32572

句型33.2共12例，其中一期7例、一期附2例、三期2例、四期

1 例。动词有祭、蒸、侑、宾、用、彭、𡆥。

34　叀 +O 牲 +V+O 神

（16）叀十牢又五彭大甲。1445

（17）叀九牢彭大甲。1445

（18）庚子子卜：叀小牢御龙母。21805

句型 34 是以“叀”为标志将“O 牲”前置的祭牲宾语前置句，共 3 例，一期 2 例、一期附 1 例。动词有彭、御。

35　S 牲 +（AV_2）+V+O 神

句型 35 是祭牲名词作主语的受事主语句或工具主语句，这个句型中的“S 牲”“V”和“O 神”都不可省，“AV_2”则可隐可现。句型 35 因成分隐现的不同，而形成不同的句型。

35.1　S 牲 +V+O 神

（19）贞：𢀛羌用上甲。421（𢀛羌：人牲。）

（20）壬未卜，扶：一牛侑鲁甲，勺岁。19908

（21）…午：三牢用妣庚。22247（参看同片：六牢妣庚。22247）

（22）辛丑卜：奚御祖乙。32524（奚：奴隶。）

（23）丁丑贞：多宁以鬯侑伊。屯 2567（多宁以：多宁送来的，作鬯的定语。“多宁以鬯”是主谓词组作定语。伊：即伊尹。参看同片：壬申贞，多宁以鬯蒸，于丁卯，叀…　屯 2567）

（24）丁亥贞：多宁以鬯侑伊尹、鼉示，兹用。屯 2567（鼉示：疑即元示。比较：勺伐鼉示五羌三牢。32086）

句型 35.1 共 6 例，其中一期 1 例、一期附 2 例、四期 3 例。动词有御、侑、用。

35.2　S 牲 +AV_2+V+O 神

（25）鬯其延羌甲，王受…27259

（26）…申卜：馨穧其蒸兄辛。27632（馨穧：馨香之穧。）

句型 35.2 共 2 例，都是三期的。动词有蒸、延。

对于像句型 35 的这类句型，陈梦家认为，“无论其为间接宾语或直接宾语，无论其附有介词或不附有介词，都可以先置于动词之前”，并且还认为“O—V”形式在卜辞中很常见。陈先生书中列举了很多例子，代表宾语前置句的各种句型。例如他把“河燎三牛”分析为“O_2—V—O_1”（按：陈先生的 O_2 代表间接宾语，O_1 代表直接宾语），把“三百羌用于丁”分析为“O_1—V—P—O_2”（按：陈先生的 P 代表介词）。[①]另外，管燮初等学者也持同样观点。我们认为，这种分析法实质上是把主语、宾语与施事、受事等同起来，实际上是以语义分析代替语法分析。近年来语法学界对这种混淆语义和语法的作法已经做出很多批评，应当引起我们的重视。[②]对于神祇在祭祀动词前的句子，都应看作受事主语句，对于祭牲放在祭祀动词前的句子，一些应看作受事主语句，一些应看作工具主语句。（因祭牲分为受事和工具两种。）

36 （其）+$S_{牲}$+$S_{神}$+V

句型 36 是一个主谓谓语句，神祇受事主语与“V”组成主谓结构，整个主谓结构再充当神祇主语的谓语。这个句型中的“$S_{牲}$”“$S_{神}$”和“V”都不可省，“其”则可隐可现。句型 36 因成分隐现的不同，而形成不同的句型。

36.1 $S_{牲}$+$S_{神}$+V

（27）癸丑卜：奚祖乙卯。19765

（28）彘妣辛毋用。22246

（29）甲寅卜：黍母庚用。怀 78

句型 36.1 共 3 例，一期 1 例、一期附 2 例。动词有卯、用。

36.2 其+$S_{牲}$+$S_{神}$+V

（30）丁丑卜：其十牢大甲岁。32476

句型 36.2 在大主语“$S_{牲}$”前出现了焦点标记“其”，仅 1 例，是四期的。动词为岁。

齐航福将“其 + 牲名 + 神名 + 岁”式中的表牲成分看作前置宾语。[③]

① 陈梦家：《殷虚卜辞综述》，中华书局，1988，第 22-102 页。

② 朱德熙：《语法讲义》，商务印书馆，1982，第 111 页；朱德熙：《语法答问》，商务印书馆，1985。

③ 齐航福：《殷墟甲骨文中句式使用的组类差异考察——以“岁”字句为例》，《中国语文》2014 年第 2 期。

37 （$S_{施}$）+（AV_2）+V+$O_{牲}$+P+$O_{神}$

此句型中的“V”“$O_{牲}$”“P”和“$O_{神}$”都不可省，“$S_{施}$”“AV_2”则可隐可现。句型37因成分隐现的不同，而形成不同的句型。

37.1 V+$O_{牲}$+P+$O_{神}$

（31）贞：攺羌自高妣己。438正（羌：人牲。）

（32）酌五十牛于河。1403

（33）丙辰卜，殻贞：御羌于河。6616正

（34）贞：侑犬于父庚，卯羊。6482正

（35）丁卯卜：用今𠬝于兄己。19776（今：时间名词作定语。𠬝：人牲。）

（36）甲戌卜：燎羊二十于𠬤。35174（羊二十：二十头羊。𠬤：神祇名。）

（37）壬申贞：蒸多宁以鬯于大乙。屯2567（多宁：人名。多宁以鬯：多宁致送的鬯酒。）

（38）沈九牛于河。英2475

句型37.1共34例，其中一期15例、一期附7例、三期1例、四期11例。动词有御、蒸、沈、䝨、攺、刚、𠷎、卯、侑、酌、用、祭。

37.2 AV_2+V+$O_{牲}$+P+$O_{神}$

（39）壬子卜，穷贞：叀今夕用三百羌于丁，用…293（丁：即商王武丁。）

（40）贞：翌甲辰勿酌羌自上甲。419正

（41）贞：翌丁未用十尸于丁，卯一牛。828正

（42）勿侑犬于父甲。2114

（43）于翌辛攺牛于祖辛。6949正

（44）癸亥卜，何贞：其蒸鬯于祖乙，翌乙丑。27220

（45）己未卜：其刚羊十于西南。32161（西南：西方之神和南方之神。）

（46）甲寅卜：其蒸鬯于祖乙小乙，暨，大吉。屯657（参看同片：弜暨。/小乙其暨一牛。屯657）

以上例（39）、例（40）中的“AV_2”为两层状语，其他卜辞中的“AV_2”都是一层状语。

句型 37.2 共 33 例，其中一期 18 例、一期附 1 例、二期 4 例、三期 4 例、四期 6 例。动词有御、侑、蒸、𣪘、攺、宜、用、彭、刚。

37.3　$S_{施}+V+O_{牲}+P+O_{神}$

（47）…王称珏于祖乙，燎三牢，卯三大…，兹用。32535

句型 37.3 仅 1 例，是四期的。动词为称。

37.4　$S_{施}+AV_2+V+O_{牲}+P+O_{神}$

（48）庚午贞：王其称珏于祖乙，燎三牢，…乙亥彭。32535

（49）王其称朋于祖乙。32537（朋：一串贝。）

句型 37.4 仅 2 例，都是四期的。动词为称。

沈培曾指出，“O”尤其是非牲畜的“O”总是直接跟在动词后，从来不放在“$O_{神}$”后，如“登黍（于）$O_{神}$”，这是因为殷人除偶尔“登牛”外，通常所登的是“黍”或用黍酿成的“鬯”“禾”与“米”，一般不需要通过占卜来选定，所以不把这类“O”放在“$O_{神}$”后。[①] 时兵曾对“V于 $O_{神灵}O_{祭品}$”与“$VO_{祭品}$于 $O_{神灵}$”两式中的“$O_{祭品}$”做过统计，他发现前式中的“$O_{祭品}$”一般都是有生命的，如“牛”“羌”等；而后式中的“$O_{祭品}$”既可以是有生命的，也可以是无生命的，如“玉”“鬯”等。[②]

38　叀 $+O_{牲}+V+P+O_{神}$

（50）贞：叀羊侑于母丙。2523

（51）丙申卜：叀兹用于河。怀 1461（：形似兵器，此处作祭品。）

句型 38 是以“叀”为标志将“$O_{牲}$”前置，共 2 例，一期 1 例、三期 1 例。动词有侑、用。

39　$S_{牲}+（AV_2）+V+P+O_{神}$

句型 39 是祭牲名词作主语的受事主语句。这个句型中的“$S_{牲}$”“V”“P”和“$O_{神}$”都不可省，“AV_2”则可隐可现。句型 39 因成分隐

① 沈培：《殷墟甲骨卜辞语序研究》，台北文津出版社，1992，第 117 页。

② 时兵：《上古汉语双及物结构研究》，安徽大学出版社，2007，第 109 页。

现的不同，而形成不同的句型。

39.1　$S_{牲}+V+P+O_{神}$

（52）贞：疋来羌用自成大丁…甲大庚下乙。231（疋：人名。疋来羌即疋送来的羌人。成：商汤的庙号。）

（53）乙巳卜，宾贞：三羌用于祖乙。379

（54）戊寅卜：九犬禘于西，二月。21089（西：西方之神。比较："禘于北二犬"。14332）

（55）壬寅卜，㱿贞：兴方以羌用自上甲至下乙。270 正（兴方：方国名。以：致送。羌：人牲。自……至……：是两个介词的搭配连用，表示对象的范围。如"自上甲至下乙"指从上甲到下乙的一系列先王。）

句型 39.1 共 4 例，一期 3 例、一期附 1 例。动词有禘、用。

39.2　$S_{牲}+AV_2+V+P+O_{神}$

（56）乙未卜，旅贞：有以牛其用于妣，叀今日。23403（有以牛：有致送的牛。）

（57）执其用自中宗祖乙，王受有佑。26991（执：俘虏。比较：王宾执自上甲至于武乙。35439）

（58）己酉贞：𠂤以牛其用自上甲，三牢𢀛。屯 9（𠂤以牛：𠂤致送的牛。）

（59）丁未贞：𠂤以牛其用自上甲，𢀛大示。屯 9

（60）己酉贞：𠂤以牛其…自上甲，五牢𢀛大示，五牢。屯 9

（61）己酉贞：𠂤以牛其用自上甲，𢀛大示，叀牛。屯 9

（62）甲辰贞：射𢀛以羌其用自上甲，𢀛至于…屯 9（射𢀛：人名。射𢀛以羌：射𢀛致送的羌人。）

（63）甲辰贞：射𢀛以羌其用自上甲，𢀛至于父丁，叀乙巳用伐四十。屯 636

句型 39.2 共 11 例，其中三期 1 例、四期 10 例。动词为用。

以上卜辞 231、379、270 正、屯 9 中，祭祀动词"用"前的祭牲主语是一个主谓词组作宾语的偏正词组，"兴方以羌"即"兴方送来的羌人"，其他例同此。在卜辞中还可以看到这种词组作宾语的例子，例如：

（64）贞：勿用盧以羌。259

也有些学者如沈培等主张把“兴方以羌”看作一个小句点断。[①]

40　（AV_2）+V+O 牲 +O 神 + 数词 / 数量词

在该句型中，“O 牲”是由“祭牲 + 数词”词组充当的，“O 神”则出现在祭牲和数词 / 数量词之间。这个句型中的“V”“O 牲”“O 神”和数量词都不可省，“AV_2”则可隐可现。句型 40 因成分隐现的不同，而形成不同的句型

40.1　V+O 牲 +O 神 + 数词

（65）壬午卜，殻贞：侑伐上甲十又五，卯十小牢。901

（66）庚午卜：侑奚大乙卅。19773

例（65）、例（66）中的“上甲”“大乙”嵌在“伐十又五”“奚卅”之中。

句型 40.1 共 2 例，一期 1 例、一期附 1 例。动词为侑。

40.2　AV_2+V+O 牲 +O 神 + 数词 / 数量词

（67）来甲午侑伐上甲八。904 正

（68）来甲午侑伐上甲十。904 正

（69）…卜：其侑羌妣庚三人。26924（比较：其侑勹伐于祖辛羌三人。22567）

（70）戊辰卜：侑艮妣己一女、妣庚一女。26924（艮：人牲。）

例（69）、例（70）中的数量词“三人”“一女”都分别是人牲“羌”“艮”的具体数量。

句型 40.2 共 4 例，一期 2 例、三期 2 例。动词为侑。

41　V+O 牲 +P+O 神 + 数词

（71）贞：侑伐于上甲十又五，卯十小牢豭，二告。900 正

（72）侑伐于上甲十又五，卯十小牢又五。901

句型 41 共 2 例，都是一期的。动词为侑。

---

① 沈培：《殷墟甲骨卜辞语序研究》，台北文津出版社，1992，第 61 页。

句型40、句型41的句子较难分析，或认为“奚卅”为主谓结构；[①]或认为是“侑卅奚大乙”将“奚（奴隶）”的定语“卅”后置，又被“大乙”隔开；[②]或认为是“侑奚大乙”和“侑大乙卅”的糅合，或可认为是将“大乙”插入“侑奚卅”之中。[③]沈培认为，从结构上讲，“$O_{牲}$”与这些数词应看作被拆开的同位成分。[④]时兵称此种格式为“割裂式”，认为“奚卅”“伐十又五”原是一体，共同作为动词谓语“侑”的近宾语。[⑤]但各家观点均有欠妥帖之处，尚待进一步研究。

时兵还从认知角度对该结构产生的原因进行了分析，“从认知语言学的角度来说，具体语序位置的认知处理与其承载的信息量成正比，即短时记忆机制中越容易处理的语序位置，它所承载的信息量也就可能越大。靠近核心动词的宾语（近宾位）一般认知处理难度较大，相应地它的信息承载量相对较少；离核心动词远的宾语则信息承载量大。如果需要表达的材料，如例中的牺牲及其数量，超过了近宾语位置所能承载的限度，就打破了语序位置与其所能承载的信息量的平衡关系。将近宾位材料分解成两部分，并让其中一部分后移，以减轻近宾位的承载量，这便是一种补救措施”。[⑥]时文认为这种结构具有以下三方面特征：“（1）被割裂的成分总是位于近宾位且具有无定性质。（2）后移的成分总是被割裂材料的重要组成部分。因为只有重要的信息才可能作为句末焦点。（3）被跨越的成分大多结构简单且具有定指性质。只有信息小的单位才能前移，位于割裂材料的两部分之间。”[⑦]

42　$AV_2+V+O_{牲}+O_{神}+P+O_{地}$

（73）其勺执父甲于必，大吉。26976（必：藏祖先神主的处所。执：人牲。比较：王其用执，叀…　26981 / …子卜：执其用，吉。

① 陈初生：《论上古汉语动词多对象语的表示法》，《中国语文》1991年第2期。

② 张玉金：《甲骨文语法学》，学林出版社，2001，第158页。

③ 管燮初：《殷虚甲骨刻辞中的双宾语问题》，《中国语文》1986年第2期。

④ 沈培：《殷墟甲骨卜辞语序研究》，台北文津出版社，1992，第110页。

⑤ 时兵：《上古汉语双及物结构研究》，安徽大学出版社，2007，第27-28页。

⑥ 时兵：《上古汉语双及物结构研究》，安徽大学出版社，2007，第27-28页。

⑦ 时兵：《上古汉语双及物结构研究》，安徽大学出版社，2007，第27-28页。

26982）

句型 42 仅 1 例，是三期的。动词为勺。

五　动词—人事—祭牲

43　（AV_2）+V+$O_{事}$+$O_{牲}$

句型 43 是带人事宾语和祭牲宾语的双宾语句，其中“V”“$O_{事}$”“$O_{牲}$”都不能省，“AV_2”则可隐可现。句型 43 因成分隐现的不同，而形成不同的句型。

43.1　V+$O_{事}$+$O_{牲}$

（1）贞：御子商小牢，用。2941（子商：人名。）

（2）乙卯卜，徣：侑子族豕，用。21287（子族：人名。）

句型 43.1 共 2 例，一期 1 例、一期附 1 例。动词有御、侑。

43.2　AV_2+V+$O_{事}$+$O_{牲}$

句型 43.2 共 5 例，都是四期的。句型 43.2 因状语构成的不同，可分为两类。

一类是语气副词、时间名词充当状语的，这类卜辞共 3 例，都是四期的。动词有宁、彭。

（3）乙未卜：其宁方羌一牛。32022（方：指方国。）

（4）弜戠，夕其彭人牛。33709

（5）甲戌贞：其宁风三羊三犬三豕。34137

一类是处所名词加介词组成的介宾结构充当的状语，该类卜辞共 2 例，都是四期的。动词为寻。

（6）于南户寻王羌。屯 2044（户：单扇的门。南户：南门。）

（7）于宗户寻王羌。屯 3182（宗户：宗庙之门。）

六　动词—祭牲—人事

44　V+$O_{牲}$+$O_{事}$

句型 44 是带有祭牲宾语和人事宾语的双宾语句。该类型的双宾语句在卜辞中用例极少，目前仅见到 1 例，是一期的。动词为卯。

（1）癸未卜，贞：燎于𠙴十小牢，卯十牛年，用。14770（年：收成。）

第四节 三宾句及其变式

三宾句由一个祭祀动词带人事、神祇、祭牲三个宾语构成，其句意为：为某人（或某事）用某祭牲向某神祇祭祀。由于三宾句及其变式的类型不多，本节就不再分类。存疑类置于文后统一讨论。

45 （AV_2）$+V+O_{事}+O_{神}+O_{牲}$

该句型为三宾语句中出现频次最高的基本句型，其中“V”“$O_{事}$”“$O_{神}$”和“$O_{牲}$”都不能省，“AV_2”则可隐可现。句型 45 因成分隐现的不同，而形成不同的句型。

45.1 $V+O_{事}+O_{神}+O_{牲}$

（1）甲申卜：御雀父乙一羌一牢。413（雀：人名。）

（2）丁亥卜：御弜大乙牢。4324（弜：人名。比较：令弜。4308 / 贞：呼弜。4311 / 己亥卜，于大乙大甲卯弜五牢。4325）

（3）…亥卜：御弜大甲牢。4324

（4）甲申卜：御妇鼠妣己二牝牡，十二月。19987

（5）癸巳卜：侑我父乙豖。22201

（6）壬子卜：奉禾示壬牢。34138

（7）辛酉卜：宁风巫九豖。34138

（8）戊子卜：宁风北巫犬。34140（巫：神祇名。北巫：北方之巫神。）

句型 45.1 共 8 例，其中一期 3 例、一期附 2 例、四期 3 例。动词有御、宁、侑、奉。

45.2 $AV_2+V+O_{事}+O_{神}+O_{牲}$

（9）乙丑卜，㱿贞：先酌子凡父乙三牢。3216 正

（10）贞：先酌子凡父乙三牢。3216 正

（11）其祝工父甲三牛。27462

（12）其告秋上甲二牛，大吉。28206

（13）癸酉卜：其奉田父甲一牛。28276

句型45.2共5例，一期2例、三期3例。动词有告、𡍬、酌、祝。

46　$S_{牲}+V+O_{事}+O_{神}$

（14）一牛一羊御妇鼠妣己。19987

（15）一牛御妇鼠妣己。19987

句型46是祭牲名词作主语的受事主语句，共2例，都是一期附的。动词为御。

47　（AV_2）$+V+O_{事}+P+O_{神}+O_{牲}$

此句型中的“V”“$O_{事}$”“P”“$O_{神}$”和“$O_{牲}$”都不能省，“AV_2”则可隐可现。句型47因成分隐现的不同，而形成不同的句型。

47.1　$V+O_{事}+P+O_{神}+O_{牲}$

句型47.1共16例，其中一期7例、一期附3例、二期1例、四期5例。该句型根据“$O_{神}+O_{牲}$”出现的次数，可分为两类。

一类是“$O_{神}+O_{牲}$”仅出现一次的，这类卜辞共14例，其中一期6例、一期附3例、二期1例、四期4例。动词有𡍬、告、御。

（16）𡍬雨于上甲牢。672正

（17）丙戌卜，穷贞：告日有鑿于上甲三牛。13329

（18）…酉卜，穷贞：告𠂤受令于丁二牢，箙一牛。19563

（19）乙酉卜：御新于妣辛白禺豕。22073（新：人名。）

（20）乙酉卜：御新于父戊白豕。22073

（21）乙酉卜：御家艰于下乙五牢，鼎用。22091

（22）御众于祖丁妣癸盧豕。31993

（23）壬申贞：𡍬禾于𡿺三玄牛。33276（禾：年成、收成。𡿺：先公名。幺牛：指黝黑色的牛。）

（24）己巳卜：告亚𠂤其往于丁一牛。屯2378（亚𠂤：人名；其往：将要前往。“亚𠂤其往”为“告”的直接宾语，“于丁”是“告”的对象补语，“一牛”是工具宾语。该卜辞的意思是用一头牛作牺牲把亚𠂤将要前往一事报告给“丁”。[①]）

① 该条卜辞的释义参张玉金《关于甲骨文中的“往”是否用作祭名的考察》,《古汉语研究》2019年第4期。

一类是“$O_{神}+O_{牲}$”在句中连续出现两次或两次以上的，此类卜辞共 2 例，一期 1 例、四期 1 例。动词为桒、御。

（25）贞：桒年于大甲十牢、祖乙十牢。672 正

（26）御牧于妣乙盧豕、妣癸彘、妣丁豕、妣乙豕豕。31993

47.2　$AV_2+V+O_{事}+P+O_{神}+O_{牲}$

（27）辛未贞：今日告其步于父丁一牛。32677

（28）丙子卜：其告方来于丁一牛。33055

（29）其告秋于上甲一牛。屯 867

（30）壬辰卜：其宁疾于四方三羌，侑九犬。屯 1059

（31）壬申贞：其桒雨于示壬一羊。屯 2584

（32）甲午贞：其御雍于父丁百小牢。屯 4404（雍：人名。）

（33）甲戌贞：己亥彭多宁于大乙鬯五，卯牛，祖乙鬯五小乙鬯三…英 2400（多宁：官名。）

句型 47.2 共 7 例，都是四期的。动词有御、宁、告、桒、彭。

48　$V+O_{事}+O_{牲}+P+O_{神}$

（34）桒王生牢于妣庚于妣丙。2400（生：生育之事。于妣庚于妣丙：介词词组的连用。）

（35）贞：御子央豕于蛾。3006

句型 48 仅 2 例，都是一期的。动词有御、桒。

49　$V+P+O_{神}+O_{事}+O_{牲}$

（36）贞：侑于母囚犬三羊三豕…卯…2585（囚：灾祸。）

（37）庚戌卜，争贞：燎于西囚一犬一豰，燎四豕四羊豰二，卯十牛豰一。英 1250（西：西方之神。）

句型 49 仅 2 例，都是一期的。动词有燎、侑。

50　$V+P+O_{神}+O_{牲}+O_{事}$

（38）贞：勿侑于父乙牢子妖，羸。10136（子妖：人名。比较：子妖骨凡有疾。13874 …卜，争，子妖于母㞢彘小牢又𠬝女一。728）

句型 50 仅 1 例，是一期的。动词为侑。

51　叀 $+O_{牲}+V+O_{事}+P+O_{神}$

（39）叀𤔲御量于天庚，允皿。22097（量：人名。天庚：即大庚。）

句型 51 是以“叀”为标志将“$O_{牲}$”前置的宾语前置句，仅 1 例，是一期附的。动词为御。

52　$P+O_{神}+V+O_{事}+O_{牲}$

（40）于祖戊御余羊豕𠬝。22047（𠬝：人牲。）

（41）于子庚御余母牢又𠬝。22047（子庚：先公。又：连词。）

（42）癸亥卜：于南宁风豕一。34139（南：南方之神。）

句型 52 共 3 例，一期附 2 例、四期 1 例。动词有御、宁。

53　$P+O_{事}+V+O_{神}+O_{牲}$

（43）戊子卜：至子御父丁白豕。22046（至：介词，相当于“于”。比较：至伊尹用一牛。21575）

（44）庚申卜：至妇御母庚牢，束小牢。22226

（45）戊子卜：至子御兄庚羌牢。22046

句型 53 共 3 例，都是一期附的。动词为御。

比较本章第三节存疑类句型 13 中出现的两例卜辞：

（46）戊午卜：至旗妻御于父戊，良侑𡦹。22049（旗：人名。比较：呼旗。7325）

（47）戊午卜，贞：今日至□御于丁。13740（□：人名。）

对于以上例（43）~例（46）中卜辞的标点断句，学者们有不同的看法，有学者把“至”看作介词，相当于“于”；也有学者把“至”看作祭祀动词，在“御”之前点断。似乎也可将其中的“至子”“至妇”“至旗”“至□”统一看作人事名词。

第五节　存疑类

以下单祭祀动词句因有疑问，暂未归入前四节所列句型，单列为存疑类。句型中某一成分有几种可能的，用“/”标出，例如“$S_{事}/S_{施}$”表示此成分可能为人事主语，也可能为施事主语。第一章至第三章的存疑类例句统一编号。

一　单宾句及其变式

1　$V+其+P+O_{神}$

（1）舌其至父甲，吉。27454

（2）甲午卜：舌其至妣己祖乙爽，有正，吉。27503

（3）舌其至上甲，王受…屯 4455

以上三例也可这样标点：

（4）舌，其至父甲，吉。27454

（5）甲午卜：舌，其至妣己祖乙爽，有正，吉。27503

（6）舌，其至上甲，王受…屯 4455

若采用前者的标点形式，则应把它们归入句型 7，若采用后者的标点形式，则应归入句型 1。其他祭祀动词未见有"$V+其+P+O_{神}$"的形式。共 3 例，都是三期的。动词为舌。

2　$S_{神}+S_{施}+AV_2+V$

（7）大乙史王其豲。27125

大乙史：大乙的史臣。沈培认为"史"作祭祀动词，应标点为：

（8）大乙史，王其豲。27125

若按前者标点，则此句为主谓谓语句。暂存疑。仅 1 例，是三期的。动词为豲。

3　$S_{神}+S_{施}+V+P+O_{地}$

（9）大乙史王豲于[illegible]。27124（[illegible]：疑作地名。参看同片：弜豲于之，若。27124）

大乙史：大乙的史臣。此句的问题同存疑 2，也可标点为：

（10）大乙史，王豲于[illegible]。27124

仅 1 例，是三期的。动词为豲。

4　$S_{神}+(AV_2)+V+O_{地}$

4.1　$S_{神}+V+O_{地}$

（11）贞：大甲升宗，用，八月。10611

有学者认为“骈宗”是祭祀动词连用。仅 1 例，是一期的。动词为骈。

4.2　$S_{神}+AV_2+V+O_{地}$

（12）上甲史其祝父丁必。32390

此句的问题同存疑 2 和存疑 3，“上甲史”可释作上甲的史臣。也可标点为：

（13）上甲史，其祝父丁必。32390

仅 1 例，是四期的。动词为祝。

5　叀 $+O_{事}/S_{事}/S_{施}+V$

（14）叀田暨戍舞。27891（田暨戍：田猎和戍守。）

（15）庚子贞：其告鼓于大乙六牛，叀龟祝。32418

（16）叀龟祝。33425（参看同片：乙未卜，其侑岁于祖乙。33425）

（17）叀商奏，有正，有大雨。30032

（18）叀万舞，大吉。31033（万：人名。比较：王其呼万舞…31032）

（19）叀美奏。33128

祭祀动词前的名词很难确定归入哪一类，以上前三例即卜辞 27891、32418、33425 似应看作人事宾语由“叀”作标志前置；后三例即卜辞 30032、31033、33128 中的人名可看作施事主语，也可看作人事主语或人事宾语前置。以上类型的卜辞共有 21 例，其中一期附 1 例、三期 11 例、四期 7 例、五期 1 例、无分期 1 例。动词有舞、祝、奏、舌、熹、称、彭。

6　$(AV_1)+S_{事}/S_{施}+(AV_2)+V$

6.1　$S_{事}/S_{施}+V$

（20）丙午卜，贞：𠂤尊，岁羌三十，卯三牢，箙一牛于宗，用，八月。320（𠂤：人名。比较：甲午卜，㱿贞，呼𠂤先御燎于河。177 贞，叀𠂤呼侑上甲。4047 反）

（21）贞：妇好侑。2608 正（妇好：妇名。比较：呼妇好侑勺于父…2609）

（22）登燎，叀豚。28180（登：人名。比较：令登。9575 呼登。738）

（23）庚戌卜，旅贞：西子岁，叀…王…25169（西子：人名。）

（24）卯十牛，皋御。32043

以上卜辞共37例，其中一期18例、一期附5例、二期2例、三期8例、四期4例。动词有舞、御、告、畴、燎、沈、祀、翌、宾、伐、斫、岁、尊、卯、侑、彭。

6.2 AV_1+$S_{事}$/$S_{施}$+V

（25）翌乙卯子[illegible]彭。672正（子[illegible]：人名。参看同片：贞，呼子[illegible]祝一牛，侑父甲。672正）

（26）弜宣方燎。28003（宣方：方国名。）

（27）贞：于翌丁巳至[illegible]御。13740

（至[illegible]：人名。参看同片：戊午卜，贞：今日至[illegible]御于丁。/丙辰卜，贞：福告[illegible]疾于丁…/…卜…御[illegible]于妇三牢，五月。13740）[1]

以上卜辞共7例，一期5例、三期1例、五期1例。动词有御、彭、燎、舌。

6.3 $S_{事}$/$S_{施}$+AV_2+V

（28）妇好不侑。2667正（参看同片：妇好唯壱。2667正）

（29）贞：二子克延。3269（比较：己卯卜，贞，今夕小子[2]有羽。3266乙巳贞，其于二小子牢。3268）

（30）贞：皋不其御。7239正

（31）万其奏，辛遘大雨。30131

（32）丁亥卜：隻其尊，岁三牢。32536（隻：人名。比较：贞，隻延有疾。13737）

以上卜辞共7例，一期4例、三期2例、四期1例。动词有御、陟、尊、侑、延。

6.4 AV_1+$S_{事}$/$S_{施}$+AV_2+V

（33）贞：翌庚申亚先告。5687（亚：职官名。比较：己未卜，贞，

① 或释“[illegible]”为人名，“至”为介词。也有释“至”为祭祀动词的，如此，则应在“[illegible]”后点断。

② 小子：小宗之长。

翌庚申告亚其人于…丁一牛。5685 正）

（34）贞：来乙亥𡆥其餗，王若，九月。10111

（35）…午卜，穷贞：翌丁未子安其宜，旸日，小告。13280 正（子安：人名。）

以上卜辞共 3 例，都是一期的。动词有餗、宜、告。

以上归入存疑句型 6 的卜辞，当人名出现在祭祀动词前面时，很难确定这些人名是施事主语还是人事宾语前置作受事主语。

7　$S_{施}$ + 叀 +$O_{牲}$+V

（36）庚申卜，狄贞：王叀旃麋用。27459（旃：地名。）

从此片卜辞内容看，难以确定它是否与祭祀有关。仅 1 例，是三期的。动词为用。

8　$S_{施}$+V+P+$O_{神}$/$O_{事}$

（37）庚寅卜，王：余燎于其配。英 1864

此例中，"其"似应看作代词，但"其"在甲骨文中还未发现其他作代词的用例。"其配"难以确定是神祇还是人事。仅 1 例，是一期附的。动词为燎。

二　双宾句及其变式

9　AV_2+V+$O_{神}$+$O_{事}$

（1）于丁丑祝夒事。怀 1461

此辞也可释作：

（2）于丁丑祝夒史。怀 1461（夒史：即夒的史臣。）

或释作：

（3）于丁丑祝夒，史。怀 1461（史：作祭祀动词。）

此类卜辞仅 1 例，是一期的。动词为祝。

10　$S_{事}$/$S_{施}$+V+$O_{神}$

（4）妇祀示十。13338 反（示十：即十示。）

（5）石御于庚。22048（石：人名。比较：壬寅卜，御石于…戊。22094）

（6）𠂤东祭兄癸，叀有𨘙，王受佑。27635（𠂤东：疑为人名。）

（7）贞：启畴大甲，日。27875（启：人名。比较：子启无疾。乙 8728 启入[1]。10514）

以上卜辞中位于句首的人名，是施祭者还是人事名词充当受事主语，根据辞意难以确定。此类卜辞共 4 例，一期 2 例、三期 2 例。动词有御、祭、畴、祀。

11　$S_{事}/S_{神}+AV_2+V+O_{神}$

（8）戊戌卜：祖丁史其延妣辛妣癸，王…27367

（9）鲁甲史其延般庚小辛，王受佑，吉。屯 738

上辞中的“史”若作“史臣”，则“祖丁史”“鲁甲史”为神祇作主语，但这样一来，句子前后都有神祇。也可把此字释作“事”，则“祖丁事”“鲁甲事”为人事作主语。还可把此字释作“史”，作祭祀动词，在其后点断。此类卜辞共 2 例，都是三期的。动词为延。

12　$(AV_1)+S_{事}/S_{施}+(AV_2)+V+P+O_{神}$

12.1　$S_{事}/S_{施}+V+P+O_{神}$

（10）甲子卜，宕贞：作侑于妣甲，正。13685 正（作：人名。比较：作其来。904）

（11）丁未卜，古贞：隹奏自夒。14379（隹：人名。）

（12）癸亥贞；三尹即于西。32895（尹：官职之称。比较：尹其有囚。5551 令尹作大田。9472）

例（10）中“作”也可看作动词，意义为“从事”，其后带动词宾语。此类卜辞共 3 例，一期 2 例、四期 1 例。动词有奏、侑、即。

12.2　$S_{事}/S_{施}+AV_2+V+P+O_{神}$

（13）乙亥卜，宕贞：作大御自上甲。14860

作：人名。另外，也可把“作”看作动词，意义为“从事”，其后带动词宾语。此类卜辞仅 1 例，是一期的。动词为御。

---

① 入：进纳。

12.3　$AV_1+S_{事}/S_{施}+AV_2+V+P+O_{神}$

（14）丙申卜，贞：翌丁亥𠂤其侑于丁。4049 正（𠂤：人名。）

（15）贞：叀子渔蒸于大示。14831

此类卜辞共 2 例，都是一期的。动词有侑、蒸。

13　（AV_1）$+P+O_{事}+V+P+O_{神}$

13.1　$P+O_{事}+V+P+O_{神}$

（16）戊午卜：至旗妻御于父戊，良侑𡚬。22049（旗：人名。比较：呼旗。7325）

“至”可看作介词，相当于“于”。也有学者把“至”看作祭祀动词，则应在“御”之前点断。此类卜辞仅 1 例，是一期附的。动词为御。

13.2　$AV_1+P+O_{事}+V+P+O_{神}$

（17）戊午卜，贞：今日至[illegible]御于丁。13740（[illegible]：人名。）

“至”或作介词，相当于“于”；或作祭祀动词；或可把“至[illegible]”都看作人名。此类卜辞仅 1 例，是一期的。动词为御。

14　$P+O_{神}+S_{事}/S_{施}+V$

（18）己巳卜：于大示亚𠂤[illegible]告。32273（亚：官职名。𠂤：人名。比较：壬戌贞，叀亚𠂤以人。32274）

此类卜辞仅 1 例，是四期的。动词为告。

15　$S_{事}/S_{施}+P+O_{神}+V$

（19）戊戌卜：亚于河祀。21113

此类卜辞仅 1 例，是一期附的。动词为祀。

16　$S_{牲}+S_{事}/S_{施}+V$

（20）己卯卜，㱿贞：勿皇妇好御。2630（勿：用作物，专用于祭祀之辞，为杂色牛之专称。皇：指生肉。）①

此类卜辞仅 1 例，是一期的。动词为御。

17　$S_{施}+V+O_{事}+P+O_{神}$

（21）贞：作告疾于祖辛，正。13852

① 例（20）中的“勿”，或用作“刎”，表示割杀。（比较：勿十牛。13555）若用作刎，则应在“皇”后点断。

“作”既可看作人名，也可看作动词，意义为“从事”，其后带动词宾语。此类卜辞仅 1 例，是一期的。动词为告。

三　三宾句及其变式

18 （AV_1）$+S_{事}/S_{施}+V+P+O_{神}+O_{牲}$

18.1　$S_{事}/S_{施}+V+P+O_{神}+O_{牲}$

（1）壬寅卜：㽙、石御于妣癸盧豖。22048（㽙：人名。石：人名。比较：㽙其有疾。乙 4130）

另外，“㽙”又可以释为祭祀动词，则应在“石”后点断。该条卜辞仅 1 例，是一期附的。

18.2　$AV_1+S_{事}/S_{施}+V+P+O_{神}+O_{牲}$

（2）丙申卜，贞：翌丁酉𠂤侑于丁一牛。4048（𠂤：人名。比较：贞，叀𠂤呼侑上甲。4047 反）

该条卜辞仅 1 例，是一期的，动词为侑。

19　$V+P+O_{牲}+O_{神}+O_{事}$

（3）丙辰卜：刚于珏大甲䄍。32487（珏：祭品。䄍：意义不明，有学者认为在此指安放牌位处。比较：戊辰贞，刚于大甲䄍珏三牛。/ …刚于大甲䄍珏一牛。32486）

该条卜辞仅 1 例，是四期的，动词为刚。

20　$S_{施}+V+O_{神}+O_{事}+O_{牲}$

（4）丁巳卜，行贞：王宾父丁祟十牛，无尤。23180（祟：灾害，祸祟。比较：贞，我无祟。892 王占曰，有祟。英 886）

祟，也可释作用牲动词，则应在“祟”前点断。该条卜辞仅 1 例，是二期的。

21　$S_{事}/S_{施}+P+O_{神}+V+O_{牲}$

（5）…卜，争：子妷于母㞢皃小牢又𠭰女一。728（子妷：人名。母：指母丙。又：连词。参看同片：贞，勿𣪘用，㞢皃，𠭰小牢又𠭰女一于母丙。728）

该条卜辞仅 1 例，是一期的，动词为㞢。

22　$S_{牲}+P+O_{神}+V+O_{事}$

（6）贞：一牢于上甲告我，祊衛。6664 正（衛：疑作执，捕获用作人牲者亦称执。参看同片：侑于上甲三牢，告我祊衛。6664 正）

此辞或标点为：

（7）贞：一牢于上甲告，我祊衛。6664 正

该条卜辞仅 1 例，是一期的，动词为告。

第二章　多祭祀动词句

多祭祀动词句是指由两个或两个以上的祭祀动词组成的联合词组充当谓语的句子。多祭祀动词联合词组大多数是由祭祀动词直接组合而成，少数是加连词“并”连接而成。根据联合词组中动词的数量，多祭祀动词句可分为双祭祀动词句和三祭祀动词句。

第一节　双祭祀动词句

甲骨文中双祭祀动词并列连用时，其所出现的句型种类不多。下面分无宾句及其变式、单宾句及其变式、双宾句及其变式三类进行讨论。

一　无宾句及其变式

54　$(AV_1)+(S_{施})+(AV_2)+V_1+V_2$

在这个句型中，“V_1”“V_2”不能省，“AV_1”“$S_{施}$”“AV_2”则可隐可现。句型54式因成分隐现的不同，形成了不同的句型。

54.1　V_1+V_2

（1）贞：肇燎。14329正（参看同片：燎于西牛。14329正）

（2）祀宾。15196（参看同片：辛卯卜，㱿贞，我勿祀宾，不若。15196）

（3）戊申卜，尹贞：王宾大戊，祭𠭰，无尤。22838

（4）戊戌卜，尹贞：王宾父丁，肜龠，无𡆥。23241正

（5）王其各于大乙，勺伐，不遘雨，吉，兹用，不雨。27000

（6）癸未卜：酌岁。32648

（7）燎即。33348（参看同片：辛巳卜，其燎，于七月。其各，大水不各。弜宁。33348）

（8）丁未贞：勺岁，叀彡遘。34613

句型 54.1 共 135 例，其中一期 24 例、一期附 11 例、二期 32 例、三期 27 例、四期 34 例、五期 7 例。动词联合词组有鬱酌、協酌、奏舞、岁蓺、寻称、肇燎、奠御、攺卯、弜祀、福告、宾畓、祀宾、酌彤、彤龠、勺伐、夕福、侑伐、酌燎、鬱用、彤酉、御束、鼎用、用延、酌𠦪、侑岁、宾岁、燎祀、勺岁、彤福、侑蓺、蓺福、祭叙、翌叙、宾酌、岁叙、日叙、勾祝、告岁、夕岁、岁攺、彤夕、宾祭、福薦、侑烄、蓺尊、曹祝、祭岁、夕升、升岁、侑勺、酌岁、酌舌、舌鬻、戠岁、岁曹、升岁、曹祝、即燎、燎卯、酌餿、餗祭、酌岁、酌宜、福岁、用卯、卯伐、奏酌、酌𣪘、用蓺、酌伐、酌翌日、翌酌。

54.2　$AV_2+V_1+V_2$

句型 54.2 因状语构成的不同，又可分为两类。

一类状语是由时间名词、副词、介词加时间名词组成的介宾结构充当。此类卜辞共 262 例，其一期 70 例、一期附 4 例、二期 11 例、三期 38 例、四期 136 例、五期 1 例、三期—四期 2 例。动词联合词组有肇用、酌用、酌正、酌鼓、酌岁、酌戠、延涉、延戠、伐戠、攺戠、曹弜、曹御、侑御、尊鬲、侑祊、侑将、酌褅、延攺、侑伐、酌彤、酌𠦪、酌伐、酌御、宜酌、酌燎、酌蒸、酌卯、奏舞、褅畴、用御、侑岁、酌餿、爵用、蓺凡、𠦪祝、酌奏、延酌、升岁、勺岁、侑勺、宾飨、祀告、祀祝、告祭、𠦪延、祀𠦪、鬱智、智蓺、岁用、用陟、蓺酌、祀御、福用、祀用、遘翌、酌侑、酌畴、酌餗、奏餗、宾祭、寻𠦪、福告、遘翌日、遘彤、鬱御、鬱伐、卯伐、勺伐、用伐、延伐、宾日、戠𠦪、戠夕、祭遘、弘御、祀侑、侑燎、酌勺、酌品、酌告、岁告、延蒸、蒸宜、岁祭、𠦪告、侑酉、宜熹、侑豊、烄凡、酌祝、酌舌、𠦪升、延用、延鼓、鼓彤、宾𠦪、酌幼。

（9）贞：翌丁未勿酌岁。4059 正

（10）勿奏舞，今夕。16037（比较：翌己酉奏三牛。16038）

（11）丁未卜，何贞：御于小乙奭妣庚，其宾飨。27456 正

（12）丁丑贞：其卯伐。32122（参看同片：弜卯伐，于祖乙用羌。32122）

（13）丙寅弜酌伐。32250

（14）丁未贞：叀今夕酌御，在父丁宗卜。32330

（15）弜寻桒。32439

（16）乙未贞：大御，其遘翌日。34083（参看同片：乙未贞，大御，弜遘翌日，其兴。34083）

（17）甲寅贞：酌，翌日其福告。34505（比较：癸亥贞，酌彡，翌日甲子。34506）

（18）弜桒告。英 2460

以上卜辞中的"AV_2"多数是一层状语，也有一些是两层状语，如例（9）、例（13）、例（17）。

另一类状语是由处所名词加介词组成的介宾结构，共 3 例，都是一期的。动词联合词组有酌祊、酌餗。

（19）…子卜：于南室酌祊。13557（比较：庚戌卜，㱿贞，于河侑祊。418 正）

（20）贞：于䧹酌祊。15690（䧹：地名。）

（21）…丑卜：于𣎵酌餗。15769（𣎵：地名。比较：王在师𣎵。24271 𣎵雨。屯 2149）

54.3　$S_{施}+V_1+V_2$

（22）戊寅卜，宄贞：王侑祊，若。14927 正

（23）辛卯卜，㱿贞：我宾祀，若。15194 正

（24）甲寅卜，行贞：王宾岁，无尤，在十月。22551

（25）戊申卜，中贞：王宾延，无尤。22587

（26）庚戌卜，旅贞：王宾蓺，无𡆥。23241 正

（27）壬寅卜，行贞：王宾伐，无𡆥。23734

（28）乙卯卜，出贞：王宾龠，不遘雨。24883

（29）贞：帝示若，我奏祀，四月。英 1286

句型 54.3 共 314 例，其中一期 13 例、一期附 1 例、二期 194 例、三期 14 例、四期 1 例、五期 91 例。动词联合词组有侑祊、宾祀、宾福、宾日、宾岁、宾𥁑、宾畣、宾龠、宾蒸、宾伐、宾戠、宾𦺇、宾鼓、宾延、宾丁、𠦪彡、奏祀、宾薦、宾㱿、宾升、宾品。

54.4　$AV_1+S_{施}+V_1+V_2$

（30）戊子卜，贞：翌己丑王宾福，无尤。15167

（31）甲辰卜：翌乙巳我奏舞，至于丙午…二告。英 1282

句型 54.4 仅 2 例，都是一期的，动词联合词组为宾福、奏舞。

54.5　$S_{施}+AV_2+V_1+V_2$

（32）…穷贞：王勿宾夕，不左。1540

（33）…卜，㱿贞：我其祀宾，作帝降若。6498

（34）…㱿贞：我勿祀宾，作帝降不若。6498

（35）贞：王咸彡蒸，勿㝕翌日。9520（咸：范围副词，全。）

（36）贞：王咸彡蒸，勿㝕翌日田。9522

（37）贞：王勿宾夕。15175 正

（38）…我勿祀宾，不若。15195

句型 54.5 共 13 例，都是一期的，动词联合词组为祀宾、彡蒸、宾夕。

对于两个或三个祭祀动词连用的情况，我们都看作动词联合词组。另有学者持不同观点。例如：

（39）于乙卯彡勺伐。

叀丁巳彡勺伐。

于来乙丑彡勺伐。3225

（40）丁巳卜：叀今月彡宜。

丁巳卜：于木月彡宜。32216

张玉金（1993）认为 3225 中的“勺伐”和 32216 中的“宜”都是“彡”的为动宾语，即这种宾语是表示动作行为的所为的。“彡勺伐”即“为了助成勺祭和伐祭而举行彡祭”，“彡宜”即“为了助成宜祭而举行酻祭”。此说可供参考。

（41）乙卯卜，行贞：王宾叙，亡尤。22550

（42）甲寅卜，行贞：王宾岁，亡尤。22551

张玉金把上例中的“王宾＋祭名”中的“祭名”看作“宾”的宾语，而“宾”是为动用法的动词。[①]

二　单宾句及其变式

甲骨文双祭祀动词联合词组可以带人事、神祇、祭牲、地点四种宾语，因此其单宾句有“动词＋地点”“动词＋神祇”“动词＋人事”“动词＋祭牲”四种基本句型。下面分类讨论。

（一）动词—地点

55　（AV_1）＋（$S_{施}$）＋（AV_2）$+V_1+V_2+O_{地}$

此句型中的“V_1”“V_2”“$O_{地}$”都不能省，“AV_1”“$S_{施}$”“AV_2”则可隐可现。句型55因成分隐现的不同，而形成不同的句型。

55.1　$V_1+V_2+O_{地}$

（1）己巳卜，祝贞：福告盟室，其卺。24942（盟室：地点。比较：贞，翌辛未其侑于盟室三大牢，九月。13562）

（2）…其酻日于祖丁，秦侑宗，兹用。27315

（3）桒即宗。34372（比较：桒即于丁…34372 即右宗夒，有雨。30318 其即于右宗，有大雨。30320）

句型55.1共3例，二期1例、三期1例、四期1例。动词联合词组有福告、秦侑、桒即。

55.2　$AV_1+S_{施}+AV_2+V_1+V_2+O_{地}$

（4）乙酉卜，祝…：丁亥史其酻告南室。24940（史：官名，掌管祭祀和记事等职务。南室：地点。残缺处应为“贞”字。比较：乙酉卜，祝贞，叀今夕告于南室。24939）

句型55.2仅1例，是二期的。动词联合词组为酻告。

---

① 张玉金：《论宾字句的句法结构》，《古汉语研究》1993年第2期。

56　（AV_1）+（$S_{施}$）+（AV_2）$+V_1+V_2+P+O_{地}$

此句型中的“V_1”“V_2”“P”“$O_{地}$”都不能省，“AV_1”“$S_{施}$”“AV_2”则可隐可现。句型 56 因成分隐现的不同，而形成不同的句型。

56.1　$V_1+V_2+P+O_{地}$

（5）庚子卜，贞：侑祊于南室。557（南室：地点。比较：乙酉卜，祝贞，叀今夕告于南室。24939）

（6）贞：侑祊于盟室。24943

句型 56.1 仅 2 例，一期 1 例、二期 1 例，动词联合词组为侑祊。

56.2　$AV_2+V_1+V_2+P+O_{地}$

（7）丁未卜，争贞：勿复先岁攺在涂。15484（涂：地名。比较：…在涂。28167）

（8）丁卯卜：其彭桒于父丁宗。30335（父丁宗：指安放父丁牌位的宗庙。）

（9）辛亥卜，贞：其衣翌日，其延尊于室。30373

（10）戊辰侑伐于陟，卯牢…庚示妾。英 408（陟：地名。比较：御方于陟。4888 雀弗其戬陟。6981）[①]

（11）己丑卜，扶贞：其福告于大室。英 2082

例（7）中的“勿”“复”“先”为三层状语，其他卜辞中的状语多为一层状语。

句型 56.2 共 7 例，其中一期 3 例、二期 1 例、三期 2 例、四期 1 例。动词联合词组有燎褅、侑伐、岁攺、福告、延尊、彭桒。

56.3　$S_{施}+V_1+V_2+P+O_{地}$

（12）贞：王侑祊在宁，咎。7772 正（宁：地名。）

（13）贞：王侑祊在宁，勿咎，二告。7772 正

句型 56.3 仅 2 例，都是一期的，动词联合词组为侑祊。

56.4　$S_{施}+AV_2+V_1+V_2+P+O_{地}$

（14）贞：…史其彭告于盟室，十月。24944

---

① 方：指方国。戬：动词，打击。

（15）…卜，出贞：大史其酌告于盟室，十月。25950

句型 56.4 仅 2 例，都是二期的，动词联合词组为酌告。

56.5　$AV_1+S_{施}+AV_2+V_1+V_2+P+O_{地}$

（16）癸酉卜，贞：翌日己亥王其侑勺于武乙必，正，王受有祐。36123（必：藏祖先神主的处所。）

（17）甲辰卜，贞：翌日乙王其宾宜于敦，衣，不遘雨。38178（敦：地名。比较：贞，王勿往省于敦。9610）

句型 56.5 仅 2 例，都是五期的，动词联合词组有侑勺、宾宜。

（二）动词—神祇

57　（$S_{施}$）+（AV_2）$+V_1+V_2+O_{神}$

此句型中的“V_1”“V_2”“$O_{神}$”都不能省，“$S_{施}$”和“AV_2”则可隐可现。句型 57 因成分隐现的不同，而形成不同的句型。

57.1　$V_1+V_2+O_{神}$

句型 57.1 因宾语形式的不同，可分为两类。

一类是仅由神祇名词充当宾语的，该类卜辞共 29 例，其中一期 10 例、一期附 7 例、三期 5 例、四期 7 例。动词联合词组有燧御、即燎、即宾、侑酌、宾侑、侑祊、酌御、侑岁、侑伐、酌桒、用翌、夕侑、桒侑、御共、皀延、酌肜、勺伐、蒸酌、寻侑、燧遘、侑勺。

（18）即燎上甲于唐。1200（于：连词。“上甲于唐”是名词性联合词组。）

（19）辛巳卜：酌桒祖乙。19840

（20）丙子卜：桒侑大丁。19946 正

（21）侑岁仲己，王受祐。27384

（22）丙申卜：蒸并酌祖丁暨父丁。屯 68（并：连词。暨：连词。）

（23）乙亥贞：侑勺岁自上甲，燧遘上甲，肜。屯 488

一类是“$O_{神1}+P+O_{神2}$”形式的宾语，该类卜辞共 2 例，一期 1 例、一期附 1 例，动词联合词组有酌御、延福。

（24）癸未卜：延福父甲至父乙，酌一牛。20530

（25）癸亥卜，贞：酌御石甲至般庚，正。屯 2671（石甲：先祖名。）

57.2　$AV_2+V_1+V_2+O_{神}$

句型 57.2 因状语构成的不同，可分为两类。

一类状语是由时间名词、副词、介词加时间名词组成的介宾结构充当的，此类卜辞共 34 例，其中一期 6 例、一期附 1 例、二期 1 例、三期 14 例、四期 7 例、五期 5 例。动词联合词组有侑嗇、即宾、彰肇、彰伐、侑福、燎彰、侑岁、舌窾、若冎舌、延鬯、奉侑、祀告、勺岁、侑勺、夕告、侑祊、畓祭、畓肜日、苎祭、彰翌、肜夕。

（26）勿侑福祖。10613

（27）甲子卜，贞：今夕彰肇丁，用，十一月。15517

（28）丁卯卜：其奉侑大乙。27092

（29）其侑勺大乙，叀翌日乙酉彰。27100

（30）于来丁亥侑岁伊。32746（伊：即伊尹。）

（31）弜祀告祖辛。屯 656

（32）贞：其侑嗇南庚。英 38

另一类状语是由介词加处所名词组成的介宾结构的，此类卜辞仅 1 例，是三期的，动词联合词组为弘福。

（33）丙辰卜：于宗弘福木丁，兹用。30981（参看同片：丙午卜，其蒸穧于福。30981）

57.3　$S_{施}+V_1+V_2+O_{神}$

（34）甲辰卜，贞：王宾奉祖乙祖丁祖甲…庚…祖丁武乙，衣，无尤。35803

句型 57.3 仅 1 例，是五期的，动词联合词组为宾奉。

58　叀 / 勿唯 $+O_{神}+V_1+V_2$

（35）辛酉卜，贞：叀祖乙取𣪠。1591（参看同片：贞，勿取肜𣪠，九月。1591）

（36）叀父甲肜日畴，有正。27041

（37）…亥卜：叀祖丁肜日畴，有正，吉。27041

（38）叀上甲史遘彰。27051（比较：叀蓺彰。/ 其遘上甲史，彰。27052）

（39）叀祖丁祝用，吉。27296

（40）…其作豊，叀祖乙肜日畴，王受…屯 348

句型 58 是以“叀”为标志将神祇宾语前置的宾语前置句，共 6 例，一期 1 例、三期 5 例。动词联合词组有取㲋、肜日畴、祝用、遘彭。

彭明瀚认为，卜辞 1591 片中的“㲋”字形像用手持鸟献于神祇前之形。从卜辞辞例来看，“㲋”是用牲的方式，意即献羽牲于神祇前。“取”的本义为“断耳”，由此引申出“捕获”“征伐”“取祭”等义项。“取祭”是一种战神祭祀，用牲方式为羽牲。《周礼·肆疏》：“毛牲曰刏，羽牲曰衈。”“衈祭”就是指以羽牲为祭品的祭祀。“同样是牺牲，殷人分得很清楚，人牲称为‘伐’、兽牲称为‘兽’、羽牲称为‘取’，没有发现混用的现象[①]。”

59 （AV_1）+$S_{神}$+（AV_2）+V_1+V_2

此句型中的“$S_{神}$”“V_1”和“V_2”都不可省，“AV_1”“AV_2”则可隐可现。句型 59 因成分隐现的不同，而形成不同的句型。

59.1 $S_{神}$+V_1+V_2

（41）十示侑彭。14886

（42）己酉卜：母己岁蓺。27340

（43）祖丁升鬯，卯叀牛，王受祐。30348

（44）丙午卜：中丁岁并彭。32498（并：连词。）

（45）祖乙勺岁，其射，吉。屯 1088

句型 59.1 共 10 例，其中一期 2 例、二期 2 例、三期 4 例、四期 2 例。动词联合词组有侑彭、勺岁、肜舌、岁彭、舌升、岁蓺、升鬯、餗祭。

59.2 AV_1+$S_{神}$+V_1+V_2

（46）…贞：先祖辛岁敀。22992

（47）先高祖燎彭。32307

（48）先祖乙岁彭。32532（参看同片：先庚岁彭。32532）

（49）…午卜：翌日父甲舌競，祖丁哲，王受佑，大吉，兹用。屯

① 彭明瀚:《卜辞取祭考》,《殷都学刊》1995 年第 2 期。

594

句型59.2共6例，其中二期1例、三期1例、四期4例。动词联合词组有岁饮、舌競、岁彭、燎彭。

59.3　$S_{神}+AV_2+V_1+V_2$

（50）岳其賫御。屯324（参看同片：弜兹祝… 弜御。屯324）

句型59.3仅1例，是三期的，动词联合词组为賫御。

60　$(AV_1)+(S_{施})+(AV_2)+V_1+V_2+P+O_{神}$

此句型中“V_1”“V_2”“P”“$O_{神}$”都不能省，“AV_1”“$S_{施}$”“AV_2”则可隐可现。句型60因成分隐现的不同，而形成不同的句型。

60.1　$V_1+V_2+P+O_{神}$

句型60.1因补语形式的不同，可分为两类。

（51）甲辰卜，争贞：侑伐于上甲。954

（52）贞：侑祊于河。2381

（53）癸酉卜，鼓贞：其侑小乙，畴祭于祖乙。27223

（54）乙酉贞：侑燎于上甲大乙大丁大甲…32387

（55）壬戌卜：侑岁于伊二十示又三，兹用。34123（伊：即伊尹。）

（56）辛丑贞：寻燎于岳，雨。34200

（57）乙丑卜：彭奉于祖乙，遘雨。怀1604

此类“$P+O_{神}$”形式的补语共88例，一期26例、一期附8例、二期1例、三期5例、四期48例。动词联合词组有嘏侑、嘏奉、陟岁、侑酉、侑彭、侑祊、福告、奏叕、侑伐、肜彭、侑勺、夕侑、侑祊、翌用、侑岁、陟告、肜日彭、畴祭、寻燎、寻舌、禘伐、侑燎、彭卯、燎彭、延奉、戠奉、彭奉、彭岁、彭伐、伐告、彭沓、彭祊。

（58）贞：蓺奉至于丁、于兄庚。2920正（至于丁、于兄庚：为并列补语。）

（59）癸未王卜，贞：彭肜日自上甲至多毓，衣，无壱，自畎，在四月，唯王二祀。37836（自……至……：是两个介词的搭配连用，表示对象的范围。）

（60）…贞：彭翌日自上甲至多毓，…自畎，在八月，唯王五祀。

37843

（61）癸卯王卜，贞：酌翌日自上甲至多毓，衣，无巷，自畎，在九月，唯王五…37844（多毓：即多后，多位祖先。）

此类“$P_1+O_{神1}+P_2+O_{神2}$”形式的补语共4例，一期1例、五期3例。动词联合词组有蓺奉、酌翌日、酌肜日。

郑继娥把以上第五期出现的三例卜辞（即例（61）～例（63））称为“上甲及多后的合祭卜辞”，并把此类卜辞分为出组和黄组，仔细比较了其中句式的细微变化。“出组中的祭祀动词都是五种周祭动词前有‘翌甲子乞酌’的，是说酌祭后进行对祖先从上甲开始到多后的‘翌、祭、劦、彡’的祭祀。”如“黄组中的动词，结构上有所变化，如只在癸日占卜、祭祀，动词只有‘酌翌日’和‘酌彡日’，比出组少了‘祭、劦’。‘衣’字由‘自上甲衣至于多后’变成了‘自上甲至于多后衣’。在卜辞末，一般带有‘惟王几祀’的纪年。有时还带有验辞”[①]。例如：

（62）癸亥王卜，贞：酌肜日自上甲至于多毓，衣，无巷，自畎，王占曰：吉。在三月，惟王二十祀。37864

（63）癸亥…甲子乞酌，翌自上甲衣至于多后，无祸，三月。22655

（64）癸未卜，洋贞：翌甲戌乞酌，劦自上甲衣至于多后，亡祸。22

（65）庚戌卜，王贞：翌辛亥乞酌，彡乇自上甲衣至于多后，无巷，在十一月。22646

（66）癸丑卜，王曰贞：翌甲寅乞酌，劦自上甲衣至于后，余一人无祸，兹一品祀在九月。41027

一般认为“衣”是合祭，即殷祭。郑继娥认为，从大量王宾卜辞和卜旬卜辞来看，“衣”作为副词讲更符合辞意。“衣”是表示行为和状态持续不变的副词，译为“始终、一直”。[②]

① 郑继娥:《殷墟甲骨卜辞祭祀动词的语法结构及其语义结构》，博士学位论文，四川大学，2004，第108-109页。

② 郑继娥:《殷墟甲骨卜辞祭祀动词的语法结构及其语义结构》，博士学位论文，四川大学，2004，第92页。

60.2　$AV_2+V_1+V_2+P+O_{\text{神}}$

句型 60.2 因补语形式的不同，可分为两类。

一类是“$P+O_{\text{神}}$”形式的补语，此类卜辞共 105 例，其中一期 23 例、二期 14 例、三期 25 例、四期 41 例、三期—四期 2 例。动词联合词组有酡𣪕、酡御、陟用、侑告、㞢叡用、酡餗、延侑、侑祊、侑伐、酡伐、侑勺、延岁、酡劦、延伐、弜宾、酡祭、酡翌、侑岁、秦宗、酡日、酡勺、侑𡴆、尊𩰪、酡燎、酡舌、酡肜、取即、禘伐。

（67）勿侑祊于河。892 反

（68）贞：翌甲辰酡御自上甲。1195

（69）贞：其侑告于母丙，御。2525 反

（70）癸未卜，…贞：翌甲申乞酡劦自上甲，衣至于毓，无…22651（乞：副词。）

（71）甲子王卜，曰：翌乙丑其酡翌于唐，不雨。22751

（72）癸酉卜，尹贞：旬无𡆥，甲戌酡祭于上甲，在…24280

（73）丙辰卜：丁巳侑岁于大丁，不雨。33308

（74）癸丑卜，王曰贞：翌甲寅乞酡劦自上甲，衣至于毓。英 1923（乞：副词。）

例（72）、例（73）、例（74）中的状语是两层的，其他卜辞中的状语都仅一层。

另一类是“$P_1+O_{\text{神}1}+P_2+O_{\text{神}2}$”形式的补语，仅 1 例，是一期的，动词联合词组为酡肜。

（75）癸巳卜，争贞：翌甲午酡肜自上甲至于多毓，衣。怀 32（自…至于…：是两个介词的搭配连用，表示对象的范围。）

60.3　$S_{\text{施}}+V_1+V_2+P+O_{\text{神}}$

句型 60.3 因补语形式的不同，可分为两类。

（76）贞：王侑祊于蔑，唯之有心。6653 正（蔑：商旧臣名。[①] 比较：其侑蔑暨伊尹。甲 883）

① 陈梦家：《殷虚卜辞综述》，科学出版社，1956，第 366 页。

（77）庚辰卜，王：余酌御于上甲，八月。19809

（78）乙未卜，行贞：王宾奏自上甲入乙多毓，无尤，在十二月。22625

（79）丁卯卜，大贞：王宾率自上甲，无…月。23538

（80）癸丑贞：王侑岁于祖乙。32113（参看同片：于父丁侑岁。32113）

（81）甲午贞：王侑伐于父丁，兹用。32225

（82）壬申贞：王侑御于祖丁，叀先。32597

一类是“P+O神”形式的补语，此类卜辞共10例，其中一期1例、一期附1例、二期3例、四期5例。动词联合词组有侑祊、酌御、敹侑、宾奏、宾率、侑岁、侑御、侑伐。

（83）乙酉卜，行贞：王宾岁自祖乙至于父丁，无尤。22899

（84）癸丑卜，贞：王宾幼自上甲至于多毓，衣，无尤。35437

（85）…亥卜，贞：王宾幼自上甲至于多毓，衣，无尤。35437

另一类是“P_1+O神1+P_2+O神2”形式的补语，共3例，二期1例、五期2例。动词联合词组有宾岁、宾幼。

张玉金认为，“O神”前面所加的“自”“至/至于”与其前所加的“于”的性质和语义都不同：“O神”前出现的“于”为主元标记，表示与事；“O神”前面加的“自”“至/至于”却不能算是主元标记，因“O神”前加上这两个介词之后，它们已不再表示与事，而是表示起点或终点。[①]

60.4　AV_1+S施+AV_2+V_1+V_2+P+O神

（86）丙戌卜，贞：翌日丁亥王其侑勺于文武帝，正，王受有祐。36168

句型60.4仅1例，是五期的，动词联合词组为侑勺。

61　（AV_3）+P+O神+V_1+V_2

此句型中的“P”“O神”“V_1”和“V_2”都不可省，“AV_3”则可隐

① 张玉金：《论甲骨文“御”字句中的单动句》，《古汉语研究》2003年第3期。

可现。句型 61 因成分隐现的不同，而形成不同的句型。

61.1　$P+O_{神}+V_1+V_2$

（87）庚戌卜，殻贞：于河侑祊。418 正

（88）贞：自上甲侑伐。947 正

（89）贞：于西母酌禘。14345（西母：神祇名。比较：燎于东母三牛。14339）

（90）于父丁侑岁。32113

（91）于十示又二侑伐，兹用。屯 1015（十示又二：即十二示。）

（92）<u>于大乙侑勺</u>，王受有祐。屯 1439

句型 61.1 共 17 例，其中一期 5 例、三期 2 例、四期 9 例、无分期 1 例。动词联合词组有侑祊、酌禘、侑伐、寻桒、侑勺、侑岁。

61.2　$AV_3+P+O_{神}+V_1+V_2$

（93）庚戌卜，殻贞：勿于河侑祊，三月。418

（94）勿自上甲侑伐。947 正

（95）贞：其自帝甲侑延。27437

（96）丁丑贞：来甲于大甲勺岁。32478

句型 61.2 共 4 例，一期 2 例、三期 1 例、四期 1 例。动词联合词组有侑祊、侑伐、侑延、勺岁。

（三）动词—人事

62　（AV_2）$+V_1+V_2+O_{事}$

该句型中的“V_1”“V_2”和“$O_{事}$”都不可省，“AV_2”则可隐可现。句型 62 因成分隐现的不同，而形成不同的句型。

62.1　$V_1+V_2+O_{事}$

（1）贞：侑伐妾媚。655 甲正（媚：妇名。参看同片：三十妾媚。655 甲正）

（2）乙亥卜：肜酌有事。21796

（3）…卜：肜酌有事。21797

（4）癸巳卜：福告师般。32979（师般：人名。比较：呼见师般。4221 令师般。2537）

句型 62.1 共 4 例，一期 1 例、一期附 2 例、四期 1 例，动词联合词组有侑伐、酌肜、福告。

62.2　$AV_2+V_1+V_2+O_{事}$

（5）其宾觑王，一月。30530

（6）壬…其寻告秋。33230（参看同片：弜告秋于上甲。33230）

句型 62.2 仅 2 例，三期 1 例、四期 1 例，动词联合词组为宾觑、寻告。

（四）动词—祭牲

63　（$S_{施}$）+（AV_2）$+V_1+V_2+$（叀/其）$+O_{牲}$

这个句型中“V_1”“V_2”和“$O_{牲}$”都不可省，“$S_{施}$”“AV_2”“叀/其”可隐可现，且“$S_{施}$”与“叀/其”不同现。句型 63 因成分隐现的不同，而形成不同的句型。

63.1　$V_1+V_2+O_{牲}$

（1）丁未卜，㱿贞：酌勺伐十十牢。903 正（伐十：人牲十个。伐十、十牢：为并列的两种祭品。）

（2）丁卯卜，旅贞：王宾小丁，岁暨父丁，勺伐羌五。22560（参看同片：庚午卜，旅贞，王宾妣庚，岁暨兄庚，无尤。22560）

（3）丙戌卜，大贞：告执于河，燎沉三牛。22594

（4）辛巳卜，行贞：王宾小辛，勺伐羌二，卯二牢，无尤。23106

（5）卯智牛。30381

（6）癸酉贞：酌宜羌，己亥。32124

（7）乙卯贞：侑勺伊，伐卯一牛。32229（伊：即伊尹。）

（8）…卜，争贞：燎晋百羊百牛百豕觳五十。英 1256

句型 63.1 共 47 例，其中一期 10 例、一期附 5 例、二期 8 例、三期 6 例、四期 18 例。动词联合词组有𩰫用、肇丁、肜夕、侑卯、燎晋、酌勺、酌燎、燎侑、岁用、伐卯、侑伐、侑岁、侑用、勺伐、燎沉、勺岁、伐舌、智用、卯智、延燎、侑𣪊、福岁、餗岁、𢀛卯、宜卯、酌宜。

63.2　$AV_2+V_1+V_2+O_{牲}$

（9）贞：勿𩰫用㞢兔，晋小牢又艮女一于母丙。728

（10）丁酉卜：来庚用御𠬝牢。22137（𠬝：人牲。）

（11）丙辰福岁物牛。30935

（12）…贞：先福岁三牛。屯 1106

（13）其卯侑羌。怀 1380

句型 63.2 共 15 例，其中一期 3 例、一期附 1 例、三期 4 例、四期 7 例。动词联合词组有用㞢、延酌、酌伐、用御、酌品、卯侑、卯侑、福岁、夕岁、侑岁、尊岁、岁卯、延用。

63.3　V_1+V_2+ 叀 / 其 +O $_{牲}$

（14）夕岁叀牛。30494

（15）𢀛卯叀牛。31113

（16）壬寅贞：伐卯叀羊。32066

（17）癸丑贞：勹岁其五牢。34626

句型 63.3 是在“O $_{牲}$”前添加了焦点标记“叀 / 其”，共 4 例，三期 2 例、四期 2 例，动词联合词组有𢀛卯、夕岁、伐卯、勹岁。

63.4　S $_{施}$+V_1+V_2+O $_{牲}$

（18）王侑祊𩰫，不告。14929 正（参看同片：不其𩰫，二告。14929 正。）

（19）丙申卜，行贞：王宾伐十人，无尤，在师逭卜。22606（比较：己巳卜，行贞，翌庚午其侑勹伐于妣庚羌三十，其卯三牢。22605 己酉卜，旅贞，伐，其延伐于兄己，六月。22609）

（20）己未卜，行贞：王宾岁二牛，无尤，在十二月，在亦卜。24247

（21）甲寅卜，尹贞：王宾岁牛，无尤，在三月。25267

（22）己亥卜，行贞：王宾岁牢，无尤。25303

（23）庚寅卜，贞：王宾蒸禾，无尤。38686

句型 63.4 共 13 例，其中一期 1 例、二期 8 例、五期 4 例，动词联合词组有侑祊、宾伐、宾岁、宾蒸。

64　S $_{牲}$+（AV_2）+V_1+V_2

句型 64 是由祭牲名词充当主语的受事主语句，该句型中的“S $_{牲}$”“V_1”

和“V_2”都不可省，“AV_2”则可隐可现。句型 64 因成分隐现的不同，而形成不同的句型。

64.1　$S_{牲}+V_1+V_2$

（24）乙丑卜，宾贞：小来羌鼜用。241（小来羌：指小送来的羌人，作人牲用。比较：己亥卜，宾贞，鼜用来羌。246）

（25）乙卯卜：由御用。22294（由：敌人首级，祭品。）

（26）其蒸新，二牛用卯。34594

（27）五大牢勺岁。屯 2215（参看同片：于来乙未彡勺岁。屯 2215）

句型 64.1 共 4 例，一期 1 例，一附 1 例，四期 2 例，动词联合词组有鼜用、御用、用卯、勺岁。

64.2　$S_{牲}+AV_2+V_1+V_2$

（28）丙寅卜，宾贞：小来羌甲戌鼜用。241（小来羌：指小送来的羌人，作人牲用。）

（29）由先御用。22294（由：敌人首级，祭品。）

（30）乙巳卜，何贞：亚旁以羌其御用。26953（亚：职官名。旁：人名。亚旁以羌：亚旁致送的羌人。）

句型 64.2 共 3 例，一期 1 例、一期附 1 例、三期 1 例，动词联合词组有鼜用、御用。

三　双宾句及其变式

甲骨文中双祭祀动词双宾句及其变式的种类不多，下文分动词—人事—神祇、动词—神祇—祭牲、动词—祭牲—神祇三类进行讨论。

（一）动词—人事—神祇

65　（$S_{施}$）+（AV_2）$+V_1+V_2+O_{事}+P+O_{神}$

此句型中的“V_1”“V_2”“$O_{事}$”“P”和“$O_{神}$”都不可省，“$S_{施}$”“AV_2”则可隐可现。句型 65 因成分隐现的不同，而形成不同的句型。

65.1　$V_1+V_2+O_{事}+P+O_{神}$

（1）贞：燎告众步于丁。39（步：出行。比较：…今五月呼众人步。

37 己卯卜，贞：令沚或步，七月。25）

（2）癸丑贞：寻奉禾于河。33286（参看同片：庚戌贞，奉禾于示壬。33286）

（3）庚午贞：寻奉禾于河。33287

（4）贞：福告微于母辛。英 1969（微：人名。比较：王令微。4562）

句型 65.1 共 4 例，一期 1 例、二期 1 例、四期 2 例，动词联合词组为燎告、福告、寻奉。

65.2　$AV_2+V_1+V_2+O_{事}+P+O_{神}$

（5）贞：庚申寻奉禾于兇。屯 705（兇：神祇名，）

句型 65.2，仅 1 例，是四期的，动词联合词组为寻奉。

65.3　$S_{施}+V_1+V_2+O_{事}+P+O_{神}$

（6）己丑贞：…王寻告土方于五示，在衣，十月卜。屯 2564（土方：方国名。）

句型 65.3 仅 1 例，是四期的，动词联合词组为寻告。

（二）动词—神祇—祭牲

66　$(S_{施})+(AV_2)+V_1+V_2+O_{神}+O_{牲}$

在这个句型中，“V_1”“V_2”“$O_{神}$”“$O_{牲}$”都不能省，“$S_{施}$”“AV_2”则可隐可现。句型 66 因成分隐现的不同，而形成不同的句型。

66.1　$V_1+V_2+O_{神}+O_{牲}$

（7）祛侑母豕。22259

（8）乙亥卜：蒸鬯三祖丁牢，王受祐，吉。27180

（9）勺御父十羊。32729

（10）侑御父庚羊。32729

（11）勺御父甲羊，又御父庚羊。屯附五

（12）甲子贞：侑伐上甲羌一。屯 4460

句型 66.1 共 8 例，其中一期附 2 例、三期 1 例、四期 4 例、三期—四期 1 例。动词联合词组有祛侑、延勺、蒸鬯、侑御、侑伐、勺伐、勺御。

66.2　$AV_2+V_1+V_2+O_{神}+O_{牲}$

句型 66.2 因宾语形式的不同，可分为两类。

（13）…其御用小母彘。22242

（14）癸未卜：其侑勺上甲三牢，吉。27043

（15）其侑勺祖乙牢又一牛，王受佑。27184

（16）乙卯卜，贞：其侑舌祖丁五牢，大吉。27269

（17）甲辰贞：来甲寅侑伐上甲羌五，卯牛一。32083（比较：贞，伐侑羌三牛…牢。32082）

（18）其侑勺上甲三牢。32325

（19）丁酉卜：戊戌侑岁大戊二十牢，晹日…晹日，兹…32494

（20）乙丑卜：其侑岁妣庚牢，兹用。屯 2668

一类是“$O_{神}+O_{牲}$”仅出现一次的，这类卜辞共 9 例，其中一期附 1 例、三期 4 例、四期 3 例、三期—四期 1 例。动词联合词组有御用、侑舌、侑勺、侑伐、侑岁。

（21）甲寅侑岁戔甲三牢、羌甲二十牢又七，晹日，兹用。32501

另一类是“$O_{神}+O_{牲}$”在句中连续出现两次的，仅 1 例，是四期的，动词联合词组为侑岁。

66.3　$S_{施}+V_1+V_2+O_{神}+O_{牲}$

（22）辛亥卜：王侑彡妣己羊。2406

句型 66.3 仅 1 例，是一期的。动词联合词组为侑彡。

66.4　$S_{施}+AV_2+V_1+V_2+O_{神}+O_{牲}$

（23）王其侑勺父己牢，王受祐。屯 2483

句型 66.4 仅 1 例，是三期的，动词联合词组为侑勺。

67　$S_{神}+V_1+V_2+O_{牲}$

（24）己亥卜，行贞：父丁升岁牢牡。23214

（25）己丑卜：兄庚福岁牢。屯 1011（参看同片：己丑卜，妣庚岁二牢。三牢。/ 壬戌卜：母壬岁叀小牢。三牢。屯 1011）

（26）庚申卜：妣辛舌岁牢。屯 2315（参看同片：己未卜，父己岁牢。牢又一牛。二牢。三牢。/ 父己…弜。妣辛舌。牢又一牛。二牢，兹用。三牢。屯 2315）

（27）出入日岁卯四牛，不用。屯 2615（参看同片：癸…其卯入日，

岁…上甲二牛。屯 2615）

句型 67 为神祇名词作主语的受事主语句，共 4 例，二期 1 例、三期 2 例、四期 1 例。动词联合词组有升岁、𠯑岁、福岁、岁卯。

68 （$S_{施}$）+（AV_2）$+V_1+V_2+P+O_{神}+O_{牲}$

这个句型中的“V_1”“V_2”“P”“$O_{神}$”和“$O_{牲}$”都不可省，“$S_{施}$”“AV_2”则可隐可现。句型 68 因成分隐现的不同，而形成不同的句型。

68.1　$V_1+V_2+P+O_{神}+O_{牲}$

句型 68.1 根据“$O_{神}+O_{牲}$”出现次数的多少，可分为两类。

（28）丙午卜，贞：告祊于丁三牛。1947

（29）丙寅卜，贞：彭祊于丁三十小牢，若。1971

（30）庚戌卜：朕耳鸣，侑御于祖庚羊百，有用。22099

（31）丁巳卜：侑燎于父丁百犬百豕，卯百牛。32674

（32）丙午贞：彭燎于父丁十牢，卯十牛，兹用。32691

（33）勺御于父乙羊。32729

（34）癸酉卜：侑燎于六云五豕，卯五羊。33273（六云：神祇名。参看同片：癸酉卜，侑燎于六云六豕，卯羊六。33273）

（35）甲申卜，贞：彭奉自上甲十示㐅二牛，小示𥎦羊，兹用。34115

“$O_{神}+O_{牲}$”仅出现一次的卜辞共 37 例，其中一期 11 例、一期附 8 例、二期 1 例、四期 16 例、三期—四期 1 例。动词联合词组有夕侑、告祊、彭祊、侑岁、侑祊、侑勺、侑御、侑燎、彭奉、侑伐、彭燎、勺御。

《甲骨文合集》33273 中的“六云”，也可单称为“云”（如屯 770），卜辞中另有“三云”（如 13401）、“四云”（如 40866）、“五云”（如屯 651）等，这些均可作神祇名。

（36）甲子贞：侑伐于上甲羌一、大乙羌一、大甲羌一，兹用。32114

（37）庚子贞：伐卯于大示五牢、下示三牢。屯 1115

“$O_{神}+O_{牲}$”在句中连续出现两次或三次的卜辞共 2 例，都是四期的，动词联合词组为侑伐、伐卯。

68.2　$AV_2+V_1+V_2+P+O_{神}+O_{牲}$

（38）翌丁未蓺𢼄于丁一牛。1965

（39）乙丑𫑡御于庚妣伐二十鬯三十。22227

（40）丁未侑岁于祖乙牡三十牢，惟旧岁。22884

（41）辛未卜：其侑岁于妣壬一羊。27164

（42）戊子卜：其侑岁于亳土三小牢。28109

（43）乙巳贞：丁未侑伐于父丁羌三十，卯三…32053（比较：丙子贞，丁丑侑父丁，伐三十羌，岁三牢，兹用。32054）

（44）庚申卜：辛卯侑伐于父丁羌三十，卯五牢。32055

（45）癸亥贞：𫑡彡于小乙，其告舌于父丁一牛。32335

（46）庚午侑卯于兇伐一。屯 759（兇：神祇名。）

（47）庚申侑勺于上甲牛。屯 2603

句型 68.2 共 36 例，其中一期 6 例、一期附 1 例、二期 2 例、三期 5 例、四期 21 例、三期—四期 1 例。动词联合词组有蓺侑、蓺𢼄、夕侑、侑岁、𫑡燎、𫑡御、侑祊、侑伐、侑勺、侑卯、告舌、告鼓、侑卯。

68.3　$S_{施}+V_1+V_2+P+O_{神}+O_{牲}$

（48）丙子卜，亘贞：王侑祊于庚百羌，二告。1115 正

（49）贞：王侑祊于庚百羌，勿用。1115 正

（50）余侑岁于祖戊三牛。22078

（51）王侑岁于帝五臣，正，唯无雨。30391（臣：人牲。）

句型 68.3 共 3 例，一期 2 例、一期附 1 例，动词联合词组为侑祊、侑岁。

（三）动词—祭牲—神祇

69　（AV_2）$+V_1+V_2+O_{牲}+P+O_{神}$

这个句型中的“V_1”“V_2”“$O_{牲}$”“P”和“$O_{神}$”都不可省，“AV_2”则可隐可现。句型 69 因成分隐现的不同，而形成不同的句型。

69.1　$V_1+V_2+O_{牲}+P+O_{神}$

（52）贞：𫑡用彘于妣己。454 反

（53）贞：侑勺𣪊于父乙。974 正

（54）癸未卜：侑岁牛于下乙。22088

（55）己巳卜：侑伐羌于祖乙。32072（比较：辛未贞，侑伐十羌十牢。32072 庚子有伐父丁，其十羌。32071）

句型 69.1 共 4 例，一期 2 例、一期附 1 例、四期 1 例。动词联合词组有侑勺、酌用、侑岁、侑伐。

69.2　$AV_2+V_1+V_2+O_{牲}+P+O_{神}$

（56）戊寅卜：今庚辰酌血三羊于妣…22228

（57）…来庚寅酌盟三羊于妣庚…酉伐二十，其三十牢三十艮三卯。22229（卯：人牲。）

（58）癸未卜：其延蒸禘于羌甲。32592（参看同片：弜延。弜延蒸。/ 蒸…牢。32592）

（59）…卜：其延蒸禘于羌甲。32593

（60）叀御斫牛于天。屯 2241

句型 69.2 共 5 例，一期 1 例、一期附 2 例、四期 2 例。动词联合词组有御斫、酌血、酌盟、延蒸。

70　$S_{牲}+V_1+V_2+P+O_{神}$

（61）…戌卜，贞：皁献百牛鬯用自上示。102（皁献："白牛"的定语。）

（62）丙申贞：射臿以羌鬯用自上甲。32024（射臿：人名。射臿以羌：射臿送来的羌人。）

（63）丙辰卜：二牢延岁于仲丁。屯 631（参看同片：弜延。/ 祖丁岁三物牛。/ 弜物牛。屯 631）

（64）癸酉卜，贞：羌鬯用自上甲。屯 2253

句型 70 为祭牲名词作主语的受事主语句，共 4 例，一期 1 例，四期 3 例。动词联合词组有鬯用、延岁。

四　存疑类

卜辞中出现的一些双祭祀动词句存在不同的解读，以下分为单宾句及其变式、双宾句及其变式两类进行讨论。句型的编号承接第一章第五节存疑类中的句型编号。

（一）单宾句及其变式

23　$V_1+V_2+O_{\text{神}}$

（1）丁卯卜，旅贞：王宾小丁，岁暨父丁，勺伐羌五。22560

（2）庚午卜，旅贞：王宾妣庚，岁暨兄庚，无尤。22560

以上 2 例的标点若正确，则“暨”应为祭祀动词。另外，“暨”在甲骨文中多作连词，如此，以上 2 例似应标点为：

（3）丁卯卜，旅贞：王宾小丁岁暨父丁勺伐羌五。22560

（4）庚午卜，旅贞：王宾妣庚岁暨兄庚，无尤。22560

以上 2 例卜辞都是一期附的。

24　V_1+V_2+ 其 $+P+O_{\text{神}}$

（5）卜：勺岁其至于大乙，吉。27101

（6）丁巳卜：勺岁其至于伊尹，吉。27654

这两条卜辞也可标点为：

（7）卜：勺岁，其至于大乙，吉。27101

（8）丁巳卜：勺岁，其至于伊尹，吉。27654

以上 2 例卜辞都是三期的。

25　$S_{\text{施}}+(AV_2)+V_1+V_2+P+O_{\text{神}}$

25.1　$S_{\text{施}}+V_1+V_2+P_1+O_{\text{神}1}+P_2+O_{\text{神}2}$

（9）癸卯卜，…贞：王宾袥自上甲至于多毓，衣，无尤。22622

（10）…亥卜，贞：王宾袥自上甲至于多毓，衣，无尤。35437

（11）辛亥卜，贞：王宾袥自上甲至于多毓，衣，无尤。35438

从卜辞出现的语境看，“袥”也应为祭祀动词。以上卜辞二期 1 例、五期 2 例。

25.2　$S_{\text{施}}+AV_2+V_1+V_2+P+O_{\text{神}}$

（12）庚午贞：王其𢦏告自祖乙毓祖乙父丁。屯 2366

例（12）中的“𢦏”似乎为祭祀动词。此条卜辞仅 1 例，是四期的。

26　$V_1+V_2+N_{\text{时}}+P+O_{\text{神}}$

（13）乙丑卜：酚伐辛未于巫。32234

例（13）中的“辛未”似应看作时间宾语，也有学者把它看作时间状语，如此则应在“辛未”前点断。此条卜辞仅1例，是四期的。

27 （AV_2）$+V_1+V_2+O_{事}$

27.1 $V_1+V_2+O_{事}$

（14）贞：来告秋，其用自上甲。32033

“来告”为一般动词和祭祀动词连用。此条卜辞仅1例，是四期的。

27.2 $AV_2+V_1+V_2+O_{事}$

（15）庚子卜，宾：翌辛丑有告麦。9620

（16）…亥卜，宾：翌庚子有告麦。9620

（17）允有告麦。9620

（18）己酉卜，宾：翌庚有告麦。9621（告麦：将麦子收成情况报告殷王。比较：翌己酉无其告麦。9621 翌乙未无其告麦。9622 翌丁无其告麦，允无…9623）

“告麦”应看作动词“有”的宾语。也可把“有”释作“侑”，则为祭祀动词的连用。以上4例卜辞都是一期的。

28 $AV_2+V_1+V_2+P+O_{事}$

（19）贞：其品司于王出。23712（介词“于”后带谓词性结构。）

（20）贞：其品司于王出。23713（参看同片：丁酉卜，祝贞，其品司在兹。23713）

（21）贞：其品司于王出。23714

（22）己卯卜：其延岁于壱庚。34435（壱庚：意义不明。）

从卜辞出现的语境看，例（19）~例（21）中的“司”似应为祭祀动词。

29 $S_{事}/S_{施}$+（AV_2）$+V_1+V_2$

29.1 $S_{事}/S_{施}+V_1+V_2$

（23）贞：妇好侑祊，于叩妣酢。2607

（24）贞：仲妇尊餗，其用于丁…14125

（25）…酉…贞：子渔侑晋，于蛾酢。14780

（26）贞：龟侑祊，弗其正，二告。17397 正（龟：人名。或疑即

“

“龟甲”，武丁父辈。如此则应看作神祇主语。）

（27）贞：<u>龟侑袝</u>，正，二告。17397 正

（28）己未卜：酉子凡彭。22294

以上 6 例卜辞中，一期 5 例、一期附 1 例，动词联合词组有侑袝、尊餗、侑曹、凡彭。

29.2　$S_{事}/S_{施}+AV_2+V_1+V_2$

（29）伯[illegible]其侑祝。3414（伯：伯长。[illegible]：人名。）

（30）<u>雍其攺鼎</u>，乃各日，有正。31116（雍：人名。比较：呼雍。330 子雍有出。323 雍目有羽[①]。13422）

以上 2 例卜辞，一期 1 例、三期 1 例，动词联合词组为侑祝、攺鼎。

在例（23）~例（30）的卜辞中，当人名出现在句首时，难以判定其为施祭者还是人事名词充当受事主语。

30　$叀+O_{牲}+V_1+V_2$

（31）叀七牛汣用，王受祐。30715

也可能标点为：

（32）叀七牛汣，用，王受祐。30715

此条卜辞仅 1 例，是三期的。

31　$S_{牲}+S_{施}+AV_2+V_1+V_2$

（33）甲辰卜：新鬯王其㕣蒸，王受祐，吉。屯 1088（蒸：祭祀动词。）

从卜辞出现的语境看，“㕣”似应为祭祀动词。此条卜辞仅 1 例，是三期的。

32　$AV_2+V_1+V_2+P+O_{地}+O_{牲}$

（34）己亥贞：庚子彭宜于享京羌三十十牢。32051（享京：地名。）

此条卜辞仅 1 例，是四期的。

（二）双宾句及其变式

33　$V_1+V_2+O_{牲}+O_{神}$

（1）甲辰贞：其大御王自上甲，<u>盟用白豭九二示</u>，畿十…34103

---

① 羽：用作翳，翳障。

（参看同片：癸丑贞，其大御，叀甲子酢。/ 于甲申酢御。34103）

由于此片是残辞，故也可标点为：

（2）甲辰贞：其大御王自上甲，盟用白豭九，二示鬯十…34103

该条卜辞仅 1 例，是四期的，动词联合词组为盟用。

34　$V_1+V_2+O_{\text{牲}}+P_1+O_{\text{神}1}+P_2+O_{\text{神}2}$

（3）乙卯卜：酢品豸自祖乙至毓。30286（豸：字迹不清楚）

例（3）中的“豸”似乎应是祭牲。该条卜辞仅 1 例，是三期的，动词联合词组为酢品。

35　$S_{\text{事}}/S_{\text{施}}+V_1+V_2+P+O_{\text{神}}$

（4）贞：人岁攺于丁，九月。1073（比较：贞，攺人于亹旦。1074 正）

（5）己丑卜：妇石燎爵于南庚。屯 2118（妇石：妇名。）

例（4）中的“人”似应是人事主语。以上 2 例卜辞都是一期的，动词联合词组为燎爵、岁攺。

36　$S_{\text{神}}+V_1+V_2+\text{叀}+O_{\text{牲}}$

（6）己卯卜：兄庚福岁叀羊。27620

（7）己丑卜：兄庚福岁叀羊。27620

（8）癸酉卜：父甲夕岁叀牡，兹用。屯 1031

此 3 例或应标点为：

（9）己卯卜：兄庚福岁，叀羊。27620

（10）己丑卜：兄庚福岁，叀羊。27620

（11）癸酉卜：父甲夕岁，叀牡，兹用。屯 1031

似乎也可标点为：

（12）己卯卜：兄庚福，岁叀羊。27620

（13）己丑卜：兄庚福，岁叀羊。27620

（14）癸酉卜：父甲夕，岁叀牡，兹用。屯 1031

以上 3 例卜辞都是三期的。

37　$S_{\text{神}}+AV_2+S_{\text{施}}+V_1+V_2+O_{\text{牲}}$

（15）贞：上甲叀王祊用五伐十小牢，用，小告。924 正

若此句的标点正确，应是一个主谓谓语句。该条卜辞仅 1 例，是一

期的，动词联合词组为祊用。

38　$V_1+V_2+O_{神}+N_{时}+O_{牲}$

（16）丁亥卜：酌御妣庚寅牢。22258（妣庚寅：应该为妣庚庚寅。[①]）

（17）丁亥卜：酌御妣庚寅牢。22258

以上 2 例都是一期附的，动词联合词组为酌御。

39　$V_1+V_2+P+O_{神}+N_{时}+O_{牲}$

（18）己亥卜：侑岁于天庚子盧豕。22077（天庚子：应该为天庚庚子。）

此条卜辞仅 1 例，是一期附的，动词联合词组为侑岁。

40　$V_1+V_2+N_{时}+P+O_{神1}+O_{牲1}+O_{神2}+O_{牲2}$

（19）癸卯卜，贞：酌𠦪乙巳自上甲廿示一牛二示羊，土燎牢，四戈彘，四巫豕。34120（四戈、四巫：神祇名。）

此条卜辞仅 1 例，是四期的，动词联合词组为酌𠦪。

我们认为，对于时间名词出现在末尾的句子来说，句末的时间名词表示限定，不是问语的中心，应是状语后置，在时间名词前点断比较合理。造成这种句子的原因是卜辞的口语性质。例如：

（20）乙亥卜：侑十牢十伐大甲，甲申。32201

（21）辛未卜：酌来登大乙，乙亥。32534

而如例（16）~例（21）出现在句子中的时间名词，似应看作宾语。另有一些学者如张玉金、沈培等主张把出现在句子中和句子末的时间名词都看作宾语。也有一些学者主张把这些时间名词都看作状语，如此，以上 4 例则都应在时间名词前点断。

另，未见双祭祀动词三宾句及其变式，有一类句型归入存疑类。

41　$S_{事}/S_{施}+V_1+V_2+O_{神}+O_{牲}$

（22）辛巳卜：啓侑勺妣庚彘。21552（啓：人名。比较：子啓无疾。乙 8728 啓入。10514）

① 裘锡圭：《甲骨文字考释・重文和合文重复部分的省略》，载《古文字研究》第四辑，中华书局，1980。

（23）啓侑勺妣庚羖。22248

（24）辛巳卜：啓侑勺妣庚彘。22249

（25）啓侑勺妣庚羖。22249

上辞的“啓”也可释作“天晴”，在其后点断。如此则应列入双宾句。以上4例都是一期附的，动词联合词组为侑勺。

第二节　三祭祀动词句

甲骨文三祭祀动词并列连用时，其所在的句型种类不多。下面分无宾句及其变式、单宾句及其变式、双宾句及其变式三类进行讨论。

一　无宾句及其变式

71　（$S_{施}$）+（AV_2）+V_1+V_2+V_3

在这个句型中，“V_1”“V_2”“V_3”都不能省，“$S_{施}$”“AV_2”则可隐可现。句型71因成分隐现的不同，而形成不同的句型。

71.1　V_1+V_2+V_3

（1）辛酉卜，争贞：取肜叡。1591

（2）贞：錢侑伐，二告。9946乙正

（3）戊辰卜，旅贞：王宾大丁，肜龠叡，无尤，在十一月。22762

（4）癸未卜：福岁蓺。30933

（5）甲午卜：侑勺伐，乙未。屯751

（6）甲辰贞：祭于祖乙，侑勺岁，兹用二牢。屯1131（参看同片：…贞，侑勺岁于祖乙，兹用，乙酉。/ 弜侑。二牢，兹用。三牢。屯1131）

句型71.1共30例，其中一期4例、一期附1例、二期5例、三期6例、四期13例、无分期1例。动词联合词组有㞢伐燎、錢侑伐、勺酌伐、取肜叡、酌勺岁、肜龠叙、夕岁叙、夕福酌、鬻尊升、遘侑肜日、福岁蓺、翌日啓日肜日、酌翌舌、福岁弘、侑勺岁、酌勺岁、酌肜翌日、侑勺伐。

71.2　$AV_2+V_1+V_2+V_3$

（7）贞：于生七月勿侑彭伐。811反（参看同片：翌甲子侑彭伐。811反）

（8）贞：勿取肜㲋，九月。1590

（9）丁酉卜，何贞：今来辛侑伐燎，其彭。30775

（10）叀乙未侑勺伐。32239

（11）丁亥贞：弜𤕛彭勺伐。32251

（12）乙未卜：今日彭勺伐，兹用。32253

（13）丁巳卜：叀乙丑彭勺伐。屯313（参看同片：丁巳卜，𩱧侑勺自成。/ 丁巳卜：三羌三牢于大乙。/ 丁巳卜，五羌五牢于大乙。/ 丁巳卜，于来乙亥彭。/ 庚申卜，叀乙丑彭三羌三牢。/ 庚申卜，于来乙亥彭三羌三牢。屯313）

（14）弜宾侑祭。屯959

以上例（7）、例（10）、例（13）中的"AV_2"是两层状语，其他几例中的"AV_2"都是一层状语。

句型71.2共43例，其中一期13例、二期1例、三期14例、四期15例。动词联合词组有取肜㲋、侑勺岁、侑彭伐、侑岁福、𩱧侑伐、肜畴彭、夕宾福、即宾丁、彭肜用、肇丁用、彭勺伐、遘侑勺、侑肜日遘、熹鼓尊、侑夕岁、𩱧侑勺、勺岁祝、鼎用祝、㲋祝用、宾侑祭、侑伐燎、将祀鼓、彭品豊、彭勺岁、彭奉用、酉勺伐、侑勺伐、遘翌日彭。

张玉金认为，"在殷代，'彭'经常作为某一种或某几种祭祀的辅助祭祀而举行。因之,它经常与别的祭名组成具有特殊动宾关系的结构"[①]。例如：叀升伐先彭。兹用。/ 升伐，叀今日甲彭。/ 于乙卯彭升伐。32252

甲骨卜辞中，"叀"是宾语前置的标记，由此可知，"'酒升伐'应是个动宾语结构，'彭'是动词，'升伐'是宾语。'彭'和'升伐'之间并不是一般的动宾关系，而是一种特殊的动宾关系，'彭'应是为助成'升伐'而举行的。'叀升伐先彭'是先为助成'升伐'祭而举行'彭'祭的

① 张玉金：《论宾字句的句法结构》，《古汉语研究》1993年第2期。

意思”[①]。

71.3　$S_{施}+V_1+V_2+V_3$

（15）甲戌卜，尹贞：王宾𫓯福，无囚。22721

（16）庚申卜，尹贞：王宾岁𠬝，无尤。22735

（17）甲子卜，尹贞：王宾𩐁𠬝，无尤。25236

（18）庚申卜，大贞：王宾夕福，无囚，九月。25458

（19）…卜，行贞：王宾戠祭，无囚。25712

（20）壬申卜，大贞：王宾龠𠬝，无尤。25749

（21）癸巳卜，何贞：王宾𫓯福，不遘雨。30529

（22）王宾侑𢽸。30552

句型71.3共158例，其中一期1例、二期148例、三期8例、五期1例。动词联合词组有即宾丁、宾岁𠬝、宾𩐁𠬝、宾龠𠬝、宾戠祭、宾𫓯福、宾夕福、宾侑𢽸、宾夕戠、宾血岁。

张玉金认为，很多王宾卜辞属于一般所谓周祭卜辞，这些卜辞中提到的五种祭祀“肜”“翌”“祭”“𠫑”“𩐁”是“依祀谱按固定的次序举行的，卜问者所要知道的显然不是要不要举行这些祭祀，而是在举行这些祭祀时要不要进行‘宾’这种活动。因此，宾字句中的‘宾’应是主要动词”[②]。

71.4　$S_{施}+AV_2+V_1+V_2+V_3$

（23）…卜：肜日彭于上甲，王其遘侑勺。27044（比较：叀上甲使遘彭。叀𫓯…27051 弜…叀𫓯彭。/ 其遘上甲使彭。27052）

句型71.4仅1例，是三期的，动词联合词组为遘侑勺。

张玉金提出，殷墟祭祀卜辞里的“遘”表示迎遇鬼神之意，是一种祭仪。“遘”字句的主语是“王”，但是主语经常不出现；其主要动词即“遘”，用法是为动，同“王宾”卜辞中的“宾”是一样的；“遘”的为动宾语一般是动词语：或者是祭祀动词，或者是祭祀动词词组；“遘”的状语和补语都是表示时间的：或者由时间名词充当，或者由祭祀动词

① 张玉金：《论宾字句的句法结构》，《古汉语研究》1993年第2期。

② 张玉金：《论宾字句的句法结构》，《古汉语研究》1993年第2期。

语充当；作“遘”的为动宾语的祭名，常常是“又”“升”“岁”等用牲法；而作其时间修饰语的祭名“彤”“翌”“祭”“𧶜”“协”“日”等，这几种祭祀举行的时间多是固定的，不是用牲法。①

二　单宾句及其变式

甲骨文中三祭祀动词单宾句只出现了“动词＋神祇”“动词＋祭牲”两种基本句型，下面分别讨论。

（一）动词—神祇

72　（$S_{施}$）+（AV_2）$+V_1+V_2+V_3++O_{神}$

这个句型中的“V_1”“V_2”“V_3”和“$O_{神}$”都不可省，“$S_{施}$”“AV_2”则可隐可现。句型72因成分隐现的不同，而形成不同的句型。

72.1　$V_1+V_2+V_3+O_{神}$

（1）甲寅贞：侑勺岁大乙，不遘雨。32410

（2）辛卯贞：酌勺岁妣壬妣癸。32751

（3）辛卯贞：酌勺岁妣壬。屯4101

句型72.1共3例，四期2例、无分期1例，动词联合词组为侑勺岁、酌勺岁。

72.2　$AV_2+V_1+V_2+V_3+O_{神}$

（4）乙未侑勺岁祖乙。1574反

（5）庚寅侑勺岁南庚。2009

（6）癸丑卜：其侑勺岁大乙，伐卯二牢。26999（原片“牢”字不清楚。）

（7）甲申侑勺岁上甲，有雨。32323

（8）癸未卜，王贞：旬无眈，在十月又一，甲申苎酌祭上甲。35411

（9）辛卯卜：叀今日其夕侑岁兄辛，王受祐，大吉。屯2996

（10）丙戌侑勺岁卜丙。英1196

① 张玉金:《祭祀卜辞“遘”字句的句法分析》,《辽宁师范大学学报》1995年第4期。

以上例（9）中的“AV_2”是由“叀”“今日”“其”构成的三层状语，其他卜辞中的状语都仅一层，或由时间名词充当，或由语气副词充当。

句型 72.2 共 13 例，其中一期 7 例、二期 1 例、三期 3 例、四期 1 例、五期 1 例。动词联合词组有侑勺岁、夕侑岁、侑勺伐、㞢彡祭。

郑继娥把像例（8）卜辞 35411 中“$V_1+V_2+V_3+O_{神}$”这样出现在“癸某卜（王）贞：旬无祸，在某月（又某）”之后的句式称为“卜旬卜辞中附祭甲名先王的句式”。类似的辞例如：

（11）癸巳卜贞：王旬无祸？十月又二甲午彡㞢祭上甲。35407

（12）癸丑王卜贞：旬无祸？王占曰：吉。在十月甲寅彡幼翌上甲。35401

对于“彡㞢祭”“彡幼翌”“㞢彡祭”三个动词之间的关系，郑文推测，由于“幼”“㞢”“彡幼”“彡㞢”常常在“工典”祭中出现，如例（13）~例（16），如果说这是工典祭与周祭中“祭”“翌”在同一天举行，那么它们应是并列关系。[①]

（13）癸巳卜泳贞：旬无祸？在六月甲午，工典其幼。37867

（14）癸丑卜王卜贞：[旬无祸？在…月] 甲子，工典其㞢。35741

（15）癸卯王卜贞：旬无祸？王占曰：吉。在九月甲辰工典其幼其翌。35399

（16）癸酉卜贞：王旬无祸？在十月又二，甲戌工典其酒其㞢。35407

72.3　$S_{施}+V_1+V_2+V_3+O_{神}$

（17）壬戌卜：王侑勺岁祖丁。1849（比较：贞：王侑祖丁。1848）

句型 72.3 仅 1 例，是一期的，动词联合词组为侑勺岁。

72.4　$S_{施}+AV_2+V_1+V_2+V_3+O_{神}$

（18）…肜上甲，王其遘侑勺上甲，王受…27046

句型 72.4 仅 1 例，是三期的，动词联合词组为遘侑勺。

① 郑继娥:《殷墟甲骨卜辞祭祀动词的语法结构及其语义结构》，博士学位论文，四川大学，2004，第 108 页。

73　叀 $+O_{神}+V_1+V_2+V_3$

（19）己未贞：叀元示侑勺岁。34088

（20）叀父丁汝福岁。34606（参看同片：丙戌卜，福岁。34606）

句型 73 是以“叀”为标志“$O_{神}$”前置的神祇宾语前置句，共 2 例，都是四期的。动词联合词组为汝福岁、侑勺岁。

74　$(S_{施})+(AV_2)+V_1+V_2+V_3+P+O_{神}$

在这个句型中，“V_1”“V_2”“V_3”“P”“$O_{神}$”都不能省，“$S_{施}$”“AV_2”则可隐可现。句型 74 因成分隐现的不同，而形成不同的句型。

74.1　$V_1+V_2+V_3+P+O_{神}$

（21）戊子卜：侑勺岁于父戊，用，今戊。22046（参看同片：戊子卜，叀今戊用。22046）

（22）乙卯卜，何贞：侑勺岁于唐，无壱，十二月。27150

（23）甲寅贞：侑勺伐自上甲，𬇇。32213

（24）辛卯贞：侑勺伐于大甲祖乙。32219

（25）乙卯贞：有勺伐于伊。32896（伊：即伊尹。）

（26）甲申贞：侑勺伐自上甲。屯 750

（27）丙寅贞：侑勺岁于仲丁，兹用。屯 856（参看同片：辛丑贞，侑岁于大甲，兹用…酢五牢。/ 弜侑。弜侑。…牢。屯 856）

句型 74.1 共 27 例，其中一期 5 例、一期附 1 例、二期 1 例、三期 2 例、四期 18 例。动词联合词组有福夕告、翌酢肜、侑勺伐、侑勺岁、翌酢祊、𬇇侑勺、酢勺岁。

74.2　$AV_2+V_1+V_2+V_3+P+O_{神}$

句型 74.2 因状语构成和补语形式的不同，可分为三类。

一类状语是时间名词、副词、介词加时间名词组成的介宾结构。此类卜辞共 16 例，其中一期 4 例、二期 1 例、三期 3 例、四期 8 例。动词联合词组有酢伐勺、夕酢祊、侑勺岁、侑夕岁、𬇇侑岁、酢勺岁、侑勺伐。

（28）贞：勿酢伐勺于祖。960

（29）庚子卜，行曰贞：翌辛丑其侑勺岁于祖辛。23002（参看同片：贞，翌辛丑其侑祖辛牢。/ 贞，翌辛丑祖辛岁物牛。/ 贞，毋侑，在正月。/ 贞，二牢。/ 贞，弜侑。23002）

（30）于八月彰勺岁于丁。32014

（31）癸巳贞：其侑勺岁于伊，其即。32228（伊：即伊尹。）

（32）辛未贞：乙亥彰勺岁于大乙。32421（参看同片：弜彰。…牢。32421）

（33）甲午卜，贞：其饎侑岁自上甲。屯 1116

（34）庚申甲子彰勺岁于上甲。屯 2603（参看同片：庚申侑勺于上甲牛。屯 2603）

一类状语是介词加处所名词组成的介宾结构。此类卜辞共 3 例，都是四期的，动词联合词组为侑勺岁。

（35）丁亥卜：在小宗侑勺岁自大乙。34045

（36）己丑卜：在小宗侑勺岁自大乙。34047

一类补语是"$P_1+O_{神1}+P_2+O_{神2}$"形式。该类卜辞仅 1 例，是四期的，动词联合词组为侑勺岁。

（37）…亥贞：翌乙丑其侑勺岁于大乙至于大甲。屯 2420（参看同片：甲子贞，勺岁一牢，兹用。/ 侑勺大乙一牢大丁一牢大甲一牢…一牢。屯 2420）

74.3　$S_{施}+V_1+V_2+V_3+P+O_{神}$

（38）己巳贞：王侑勺伐于祖乙，其十羌又五…32064

（39）庚午贞：王侑勺伐于祖乙，其五羌。32089

（40）己巳贞：王侑勺伐于祖乙，其十羌又五。屯 611

句型 74.3 共 3 例，都是四期的，动词联合词组为侑勺伐。

74.4　$S_{施}+AV_2+V_1+V_2+V_3+P+O_{神}$

（41）辛未卜，㱿：王叀侑祊彰于王亥。14732（参看同片：辛未卜，㱿，今来甲戌彰王亥。/ 侑于王亥。14732）

（42）己巳贞：王来乙亥侑勺伐于祖乙，其十羌又五。屯 611

句型 74.4 共 2 例，一期 1 例、四期 1 例，动词联合词组为侑祊彰、侑勺伐。

75　$P+O_{神}+V_1+V_2+V_3$

（43）癸丑卜：自上甲鱶侑伐。32214

（44）于大示鱶侑伐。32215

（45）于高祖乙侑勺岁。32454（参看同片：甲辰卜，其侑勺岁于毓祖乙。32454）

（46）于高祖乙侑勺岁。32455（参看同片：丁巳卜，其侑岁于大戊二牢。32455）

句型 75 共 4 例，都是四期的，动词联合词组为鱶侑伐、侑勺岁。

（二）动词—祭牲

76　（AV_2）$+V_1+V_2+V_3+$（叀）$+O_{牲}$

此句型中的“V_1”“V_2”“V_3”和“$O_{牲}$”都不可省，“AV_2”和“叀”则可隐可现。句型 76 因成分隐现的不同，而形成不同的句型。

76.1　$V_1+V_2+V_3+O_{牲}$

（47）甲子卜：翌入乙，侑勺岁三牢。22065（参看同片：甲子卜，用翌入乙，允。/ 甲子卜，三牢于入乙。/ 甲子卜，二牝入乙。/ 甲子卜，三牝入乙。/ 甲子卜，夕侑岁父戊。22065）

（48）庚辰卜，大贞：来丁亥寇寖，侑藝岁羌三十，卯十牛，十二月。22548

（49）庚子贞：夕福罾羌，卯牛一，羸。32182

（50）丙寅卜：福夕岁一牢。屯 2391（参看同片：二牢。/ 三牢。/ 丙寅卜，翌日福二牢。屯 2391）

（51）丁未卜：酢宜伐百羌，…官…　英 2466

句型 76.1 共 6 例，其中一期附 1 例、二期 1 例、四期 4 例。动词联合词组有侑勺岁、侑藝岁、福夕岁、酢宜伐、夕福罾。

76.2　$AV_2+V_1+V_2+V_3+O_{牲}$

（52）翌甲辰酢御㞢十羊。6035

（53）…卜：旅…翌乙酉祖乙，其遘勺岁一牢羌十人。22556

（54）其侑夕岁二牢，王受祐，吉。30490

（55）其侑夕岁…牢，王受…30491

（56）丁酉卜：…来乙巳彭勺岁伐十五十牢。屯 2308

句型 76.2 共 5 例，其中一期 1 例、二期 1 例、三期 2 例、四期 1 例。动词联合词组有彭御𡆥、遘勺岁、侑夕岁、彭勺岁。

据刘海琴的调查分析，“伐”与祭祀动词的结合形式中，“𠚤伐”“册伐”“卯伐”“宜伐”“岁伐”“酒宜伐”“酒久岁伐”“酒伐”“有伐”都是动宾结构，其中的“伐”都是名词。[①]

76.3　$V_1+V_2+V_3+$ 叀 $+O_{牲}$

（57）岁延彭叀物牛，王受祐。30727

句型 76.3 是在“$O_{牲}$”前添加了焦点标记“叀”。该句型仅 1 例，是三期的，动词联合词组为岁延彭。

76.4　$AV_2+V_1+V_2+V_3+$ 叀 $+O_{牲}$

（58）其侑夕岁叀牛。30492（比较：弜侑夕岁。30493 夕岁叀牛。30494）

（59）其侑夕岁叀牛。屯 704（参看同片：弜侑。牢。屯 704）

句型 76.4 共 2 例，都是三期的，动词联合词组为侑夕岁。

三　双宾句及其变式

甲骨文中三祭祀动词双宾句仅出现了“动词 + 神祇 + 祭牲”“动词 + 祭牲 + 神祇”两种基本句型，下面分别讨论。

（一）动词—神祇—祭牲

77　$V_1+V_2+V_3+O_{神}+O_{牲}$

（1）燎于东西，侑伐卯南黄牛，小告。14315 正（参看同片：贞，燎东西南，卯黄牛。14315 正）

（2）丙申贞：彭勺伐大丁羌五，岁五…屯 739

句型 77 共 2 例，一期 1 例、四期 1 例，动词联合词组为侑伐卯、彭勺伐。

---

① 刘海琴：《殷墟甲骨祭祀卜辞中“伐”之词性考》，博士学位论文，华东师范大学，2006，第 81-216 页。

78 （$S_{\text{施}}$）+（AV_2）$+V_1+V_2+V_3+P+O_{\text{神}}+O_{\text{牲}}$

此句型中的“V_1”“V_2”“V_3”“P”“$O_{\text{神}}$”和“$O_{\text{牲}}$”都不可省，“$S_{\text{施}}$”“AV_2”则可隐可现。句型 78 因成分隐现的不同，而形成不同的句型。

78.1　$V_1+V_2+V_3+P+O_{\text{神}}+O_{\text{牲}}$

句型 78.1 根据“$O_{\text{神}}+O_{\text{牲}}$”出现次数的多少，可分为两类。

一类是“$O_{\text{神}}+O_{\text{牲}}$”仅出现一次的，这类卜辞共 15 例，都是四期的。动词联合词组有侑勺伐、侑勺岁。

（3）丁丑贞：侑勺伐自上甲大示五羌三牢。32092（参看同片：其三羌二牢。/ 其二羌一牢。32092）

（4）庚辰卜：侑勺伐于上甲三羌九小牢。32097

（5）乙亥贞：侑勺岁于祖乙大牢一牛。32509

（6）丙寅贞：侑勺岁于伊尹二牢。33273

（7）丁丑贞：侑勺岁于大戊三牢，兹用。34165

（8）甲午贞：侑勺伐自祖乙羌五，岁三牢。屯 1091（参看同片：甲午贞，侑勺伐自祖乙三羌…牢…牛，兹用。屯 1091）

（9）癸丑贞：多宁其延，侑勺岁于父丁牢又一牛。屯 3673（参看同片：其三牛。/ 癸丑贞：王侑岁于祖乙。/ 于父丁侑岁。屯 3676）

一类是“$O_{\text{神}}+O_{\text{牲}}$”在句中连续出现两次或三次的，共 2 例，都是四期的，动词联合词组为酌勺伐、侑勺岁。

（10）庚寅贞：酌勺伐自大甲六示三羌三牛、六示二羌二牛、小示一羌一牛。32099

（11）…未贞：侑勺岁自上甲…示三牢、小示二牢又…34104

78.2　$AV_2+V_1+V_2+V_3+P+O_{\text{神}}+O_{\text{牲}}$

句型 78.2 根据“$O_{\text{神}}+O_{\text{牲}}$”出现次数的多少，可分为两类。

一类是“$O_{\text{神}}+O_{\text{牲}}$”仅出现一次的，这类卜辞共 16 例，其中一期 2 例、二期 4 例、四期 9 例、三期—四期 1 例。动词联合词组有尊鼓告、侑勺岁、鼓肜告、侑勺伐、酌勺岁。

（12）贞：翌乙亥侑勺岁于唐三十羌，卯三十牛，六月。313

（13）己巳卜，行贞：翌庚午其侑勺伐于妣庚羌三十，其卯三牢。

22605

（14）辛亥卜，出贞：其鼓彡告于唐一牛。22749

（15）辛亥贞：甲子酌勺岁于上甲五牛。32360

（16）癸未贞：叀今乙酉侑勺岁于祖乙五豕，兹用。32512

（17）甲子贞：今日侑勺岁于大甲牛一，兹用，在鄰。屯 1111

例（13）中的"AV_2"是由时间名词"翌庚午"与语气副词"其"组成的两层状语，例（16）的"AV_2"则是由焦点标记"叀"与时间名词"今乙酉"组成的两层状语。

一类是"$O_{神}+O_{牲}$"在句中连续出现两次，仅 1 例，是一期的，动词联合词组为侑勺伐。

（18）贞：其侑勺伐自上甲…羌、大示十牢…五牢…怀 31

78.3　$S_{施}+V_1+V_2+V_3+P+O_{神}+O_{牲}$

（19）乙巳贞：王侑勺岁于父丁三牢伐十又五，若兹卜，雨。32057（参看同片：癸卯贞，王侑勺岁三牢羌十又五。/ 癸卯贞，其三十羌。其十牢。32057）

（20）丙寅贞：王侑勺岁于父丁牢。32113

（21）丙寅贞：王侑勺岁于祖乙牢一牛。32113（参看同片：甲子贞，侑伐于上甲羌一大乙羌一大甲羌一，兹用。/ 癸丑贞，王侑岁于祖乙。/ 于祖丁侑岁。32113）

（22）丙寅贞：王侑勺岁于祖乙牢…牛。32114

（23）丙寅贞：王侑勺岁于祖乙牢…牛。32511

（24）癸卯贞：王侑勺岁于父丁三牢。32669（参看同片：其五牢。32669）

句型 78.3 共 7 例，都是四期的，动词联合词组为侑勺岁。

（二）动词—祭牲—神祇

79　$V_1+V_2+V_3+O_{牲}+O_{神}$

（25）丙子卜：酌勺岁伐十五十牢物大丁。屯 4318（参看同片：丁亥卜，酌勺岁，于庚寅。屯 4318）

带祭牲宾语和神祇宾语的三祭祀动词双宾语句仅见此 1 例，是三期的，动词联合词组为酌勺岁。

80　$AV_2+V_1+V_2+V_3+O_{牲}+P+O_{神}$

（26）…亥卜：在大宗侑勺伐三羌十小牢自上甲。34047

句型 80 仅 1 例，是四期的，动词联合词组为侑勺伐。

四　存疑类

（一）单宾句及其变式

42　$S_{神}+V_1+V_2+V_3$

（1）…砻日，父甲侑夕岁，王受祐。27448

（2）父甲夕岁弘。屯 173（参看同片：弜即父丁岁栅。叀尊用。屯 173）

卜辞 27448 或应这样标点：

（3）…砻日父甲，侑夕岁，王受祐。27448（比较：砻日于祖丁。27277 …日于父甲，有…　27450）

以上 2 例都是三期的，动词联合词组有侑夕岁、夕岁弘。

43　（$S_{施}$）+（AV_2）$+V_1+V_2+V_3+P+O_{神}$

43.1　$V_1+V_2+V_3+P+O_{神}$

（4）贞：告既侑于夒于上甲。1205（于夒于上甲：介词词组的连用）

例（4）中的“既”或应看作副词，“既侑于夒于上甲”作“告”的宾语。该条卜辞仅 1 例，是一期的。

43.2　$AV_2+V_1+V_2+V_3+P+O_{神}$

（5）庚戌卜，王贞：翌辛亥乞酌肜祏自上甲，衣至于多毓，无壱，在十一月。22646（乞：副词。）

（6）庚戌卜，瀗贞：翌辛亥乞酌肜祏自上甲，衣至于…毓…22657

从卜辞出现的语境看，“祏”应看作祭祀动词。以上 2 例卜辞都是二期的，动词联合词组为酌肜祏。

43.3　$S_{施}+V_1+V_2+V_3+P+O_{神}$

（7）辛亥卜，𡧊贞：王宾翌祏自上甲，衣至于毓，无尤。22621

该条卜辞仅 1 例，是二期的，动词联合词组为宾翌祏。

以上例（5）~例（7）的卜辞，张玉金有不同的标点与分析。张文标点与释读如下：

（8）辛亥卜，囗贞：王宾翌秅自上甲卒至于毓，亡尤。22621

（9）癸卯卜，贞：王宾秅自上甲至于多毓，卒，亡尤。22622

（10）辛巳卜，贞：王宾上甲秅至于多毓卒，亡尤。（前 2.25.5）

张文将以上例（8）~例（10）的卜辞分别归为第九种“宾字句 I”：王宾 + 祭名 + 自字结构 + 卒 + 至于结构；王宾 + 祭名 + 自字结构 + 至于结构；王宾 + 神名 + 祭名 + 至于结构。他认为“翌秅自上甲卒至于毓”为“宾”的宾语。“翌秅”为动词，“自上甲卒至于毓”为补语。[①]

44 $AV_2+V_1+V_2+V_3+P+O_{地}+P+O_{神}$

（11）乙亥侑勺岁在小宗自上甲，一月。34046

该条卜辞仅 1 例，是四期的，动词联合词组为侑勺岁。

（二）双宾句及其变式

45 $AV_2+V_1+V_2+V_3+O_{神}+O_{牲}$

（1）己未卜：其侑岁暨兄庚牢。27615（参看同片：己未卜，其侑岁于兄己一牛。27615）

不能确定例（1）中的“暨”是祭祀动词还是连词。该条卜辞仅 1 例，是三期的。

46 $AV_2+V_1+V_2+V_3+[O_{神}+O_{牲}]n$

（2）乙未酌翌品上甲十匚乙三匚丙三匚丁三示壬三示癸三大乙十大丁十大甲十大庚七小甲三…三祖乙…32384

不能确定例（2）中的“翌”是否是祭祀动词。该条卜辞仅 1 例，是四期的。

47 $S_{神}+V_1+V_2+V_3+O_{牲}$

（3）丙午卜：父丁福夕岁一牢。32448（参看同片：“兹用牢。”32448）

此辞或应标点为：

（4）丙午卜：父丁福，夕岁一牢。32448

---

① 张玉金：《论宾字句的句法结构》，《古汉语研究》1993 年第 2 期。

该条卜辞仅 1 例，是四期的。

48　$V_1+V_2+V_3+O_{神}+N_{时}+O_{牲}$

（5）…寅卜：侑勺岁祖乙乙卯五牢，用。32507

不能确定例（5）是否应在“乙卯”前点断。该条卜辞仅 1 例，是四期的，动词联合词组为侑勺岁。

49　$V_1+V_2+V_3+P+O_{神}+N_{时}+O_{牲}$

（6）癸卯贞：彭勺岁于大甲甲辰五牢，兹用。屯 2953（参看同片：甲午贞，…于大乙五…　屯 2953）

不能确定例（6）是否应在“甲辰”前点断。该条卜辞仅 1 例，是四期的，动词联合词组为彭勺岁。

50　$V_1+V_2+V_3+N_{时}+P+O_{神}+O_{牲}$

（7）甲午贞：彭勺伐乙未于大乙羌五，岁五牢。屯 739（参看同片：丙申贞，彭勺伐大丁羌五，岁五…　屯 739）

不能确定例（7）是否应在“乙未”前点断。该条卜辞仅 1 例，是四期的，动词联合词组为彭勺伐。

以上例（5）~例（7）三条卜辞中的时间名词应看作宾语；若在时间名词前点断，则应看作状语。

（三）四祭祀动词句

下面存疑 51~54 中的卜辞似应为四祭祀动词句。

51　$V_1+V_2+V_3+V_4$

（8）丙寅贞：丁卯彭皋，尊𩚨侑伐。32235

（9）丙戌贞：延桒福岁，弘二牢。34381

以上卜辞共 2 例，都是四期的，动词联合词组为尊𩚨侑伐、延桒福岁。

52　（AV_2）$+V_1+V_2+V_3+V_4+O_{神}$

52.1　$V_1+V_2+V_3+V_4+O_{神}$

（10）庚子卜，争贞：죄，其彭于祖辛，畴侑勺岁上甲。1654

（11）壬申卜，如：侑勺伐享妣己，兹用。32227（“享”似也是祭祀动词。）

以上卜辞共 2 例，一期 1 例、四期 1 例，动词联合词组为畴侑勺岁、侑勺伐享。

52.2　$AV_2+V_1+V_2+V_3+V_4+O_{神}$

（12）壬子卜，宂贞：其彭勺岁弜丁，九月。15695 正

（13）丙午卜，何贞:翌丁未其侑勺岁御毓祖乙。27321（原片“御”字不清楚。）

以上卜辞共 2 例，一期 1 例、三期 1 例，动词联合词组为彭勺岁弜、侑勺岁御。

53　$S_{神}+V_1+V_2+V_3+V_4$

（14）…巳卜：祖丁舌侑夕岁，王受祐，大吉。27280

（15）辛酉卜：祖丁舌侑夕岁，王受…吉。27452

以上卜辞共 2 例，都是三期的，动词联合词组为舌侑夕岁。

54　$(AV_2)+V_1+V_2+V_3+V_4+P+O_{神}$

54.1　$V_1+V_2+V_3+V_4+P+O_{神}$

（16）…寅卜，…贞：韲侑肜岁自母辛，衣…23429

（17）癸亥卜：遘彭宜伐于大乙。32216（参看同片：丁巳卜，于木月彭宜。32216）

以上卜辞共 2 例，二期 1 例、四期 1 例，动词联合词组为韲侑肜岁、遘彭宜伐。

54.2　$AV_2+V_1+V_2+V_3+V_4+P+O_{神}$

（18）乙亥卜，大贞卜曰：其侑韲勺岁自上甲，王乞…英 1924

该条卜辞仅 1 例，是二期的，动词联合词组为侑韲勺岁。

以上例（8）~ 例（18）的卜辞，不能确定如上的标点与分析是否正确。

第三章 祭祀动词兼语句

兼语句，是指包含“兼语”成分的句子。兼语成分对于它前面的动词来说是宾语，而对于它后面的动词来说是主语。兼语句有不同的类型，后世汉语依据第一个动词的不同，把兼语句分为“使令”式、“爱恨”式和“有无”式。殷墟甲骨文祭祀动词句中只有“使令”式兼语句，而无其他式兼语句。后世文言文中可以构成“使令”式兼语句的动词很多，如“使、令、教、遣、命、俾、发、麾、责、呼、诏、召、诈、请、目、止、留、朱、助、待、唤、送、社、赦、驱、护、扬、纵、恣”等，但在甲骨文祭祀动词兼语句中，能作“使令”式兼语句第一个动词的只有“呼”“令”“使”三个，“呼”和“令”常用，“使”偶有几例。[①]

本章所谓祭祀动词兼语句是指使令动词后的动词为祭祀动词的兼语句。例如“呼子渔侑于祖乙”（2972），其中“子渔”是兼语成分，“侑”为祭祀动词。在祭祀动词兼语句中，使令动词与祭祀动词是必有成分，施事主语、状语、兼语、焦点标记“叀”、介词、祭牲名词、人事名词、神祇名词、处所名词等成分则可隐可现。本章先按照祭祀动词的数量、祭祀动词是否带宾语或补语、所带宾语或补语的类型、兼语是否前置等标准来确定祭祀动词兼语句的基本句型，再根据施事主语、状语、兼语、介词的隐现来确定各基本句型的变式句。现将甲骨文祭祀动词兼语句的句型描述如下。

① 张玉金：《甲骨文语法学》，学林出版社，2001，第230页。

81　（S）+（AV_1）+V_1+（OS）+V_2

在这个句型中，“V_1”和“V_2”不能省，“S”“AV_1”和“OS”则可隐可现。句型81因成分隐现的不同，而形成不同的句型。

81.1　V_1+OS+V_2

（1）贞：呼妇[illegible]侑。2606正（妇[illegible]：人名。）

（2）贞：呼皋彭。15767（皋：人名。）

（3）…呼皋彭。15768正

该句型共3例，都是一期的，祭祀动词有彭、侑。

81.2　AV_1+V_1+OS+V_2

（4）贞：勿呼多老舞。16013（多老：职官名，指诸多有某种官职之人。）

该句型仅1例，是一期的，祭祀动词为舞。

句型81.1、句型81.2中兼语出现而省略了施事主语。

81.3　S+V_1+V_2

（5）癸酉贞：[illegible]候令桒。32805（[illegible]候：人名。比较：己未贞，王其告，其比①[illegible]候。32807）

该句型仅出现1例，是四期的，祭祀动词为桒。

81.4　S+AV_1+V_1+V_2

（6）戊子卜，争贞：王勿令彭，二告。5046正

该句型仅1例，是一期的，祭祀动词为彭。

句型81.3、句型81.4中施事主语出现而省略了兼语。

81.5　V_1+V_2

（7）贞：子商侑瞢于父乙，呼彭。2944

（8）辛巳卜，穷贞：呼舞，有从雨。12831正

（9）贞：呼舞，有从雨。12831正（比较：贞，舞，有雨。12836反）

（10）贞：呼祭，雨。12869乙正

（11）庚申卜，古贞：呼舞。16004反

① 比：偕同、联合。

（12）呼肜，之若。31232

（13）呼舞，有雨。英 996

（14）呼舞，无雨。英 996

该句型共 8 例，一期 7 例、三期 1 例，祭祀动词有彡、祭、舞、肜。

81.6　$AV_1+V_1+V_2$

（15）弜呼祝。27796

（16）弜呼舞，无大雨。30029

（17）翌丁亥勿令宜。英 1275 正

该句型共 3 例，一期 1 例、三期 2 例，祭祀动词有舞、祝、宜。

句型 81.5、句型 81.6 中施事主语与兼语都省略了。

82　叀 $+OS+V_1+V_2$

（18）叀戍呼舞，有大雨。30028（戍：人名。比较：王其呼戍舞盂，有雨，吉。28180）

（19）叀万呼舞，有大雨。30028（万：人名。比较：叀万舞盂田，有雨，吉。28180）

这个句型是兼语前置句，是以“叀”为标志将兼语“OS”置于使令动词前，共 2 例，都是三期的。祭祀动词为舞。

83　$(S)+(AV_1)+V_1+(OS)+V_2+(P)+O_{地}$

此句型中“V_1”“V_2”和“$O_{地}$”都不能省，“S”“AV_1”“OS”“P”则可隐可现。句型 83 因成分隐现的不同，而形成不同的句型。

83.1　$V_1+OS+V_2+P+O_{地}$

（20）呼妇奏于仳宅。13517（仳：地点。奏：演奏乐器之祭祀活动。参看同片：勿作宀于仳，四月。/ 丁卯卜，作宀于仳。13517）

该句型仅 1 例，是一期的。祭祀动词为奏。

83.2　$AV_1+V_1+OS+V_2+P+O_{地}$

（21）贞：翌辛亥呼妇姘宜于磬京。8035（妇姘：妇名。磬京：地名。）

（22）勿呼妇奏于仳宅。13517

句型 83.2 共 2 例，都是一期的。祭祀动词有奏、宜。

83.3　$S+AV_1+V_1+OS+V_2+N_{地}$

（23）王其呼戍舞盂，有雨，吉。28180（戍：人名。盂：地名。比较：叀万舞盂田，有雨，吉。28180）

在句型 83.2 的“AV_1”前添加“S”，并把介词“P”省去，就成了句型 83.3。仅 1 例，是三期的。祭祀动词为舞。

83.4　$V_1+V_2+P+O_{地}$

（24）呼舞于敦。13624 正（敦：地名。比较：王田敦，无灾。屯 660）

该句型仅 1 例，是一期的，祭祀动词为舞。

83.5　$AV_1+V_1+V_2+P+O_{地}$

（25）勿呼舞于敦。13624 正（参看同片：于车舞。13624 正）

在句型 83.4 的“V_1”前添加“AV_1”，就成了句型 83.5。仅 1 例，是一期的。祭祀动词为舞。

84　（AV_1）$+V_1+$（OS）$+V_2+$（P）$+O_{神}$

句型 84 是由句型 81 变来的。在句型 81 的“V_2”后添加介词和神祇宾语，就成了句型 84。在这个句型中，“V_1”“V_2”和“$O_{神}$”都不能省，“AV_1”“OS”“P”则可隐可现。

句型 84 因成分隐现的不同，而形成不同的句型。

84.1　$V_1+OS+V_2+O_{神}$

（26）呼子商爵有祖。914 反（有：名词词头。参看同片：子商有疾。914 反）

（27）壬辰卜，㱿贞：呼子室御有母于父乙，㞢牢，酉𠬝三𡿨五牢。924 正（子室：人名。于：连词。）

（28）贞：呼子室御有母于父乙，㞢小牢，酉…三𡿨五牢。924 正

（29）贞：呼𠂤彡岳。14469 反（𠂤：人名。）

（30）呼𠂤彡河。英 794

该句型共 5 例，都是一期的。祭祀动词为彡、爵、御。

84.2　$AV_1+V_1+OS+V_2+O_{神}$

（31）翌乙未呼子宧祝父，㞢小牢，酉𠬝三𡿨五牢，羸，正，二告。

924 正（子宦：人名。）

在句型 84.1 的“V_1”前添加“AV_1”，就成了句型 84.2。仅 1 例，是一期的。祭祀动词为祝。

84.3　$AV_1+V_1+V_2+O_{神}$

（32）癸卯卜，㱿贞：翌甲辰勿呼彭大甲。1443

（33）戊午卜，争贞：今…辛酉呼彭于河。14590

把句型 84.2 的“OS”省去，就成了句型 84.3。共 2 例，都是一期的。祭祀动词为彭。

84.4　$V_1+OS+V_2+P+O_{神}$

（34）贞：呼子渔侑于祖乙。2972（子渔：人名。）

（35）呼子渔侑于有祖。2973

（36）贞：呼子宾福于有妣，鼎有羸。3171 甲正（子宾：人名。比较：贞，子宾不其获。3159 贞：御子宾于兄丁，㞢羊，沓小牢，今日彭。3169 正）

（37）呼雀燎于岳。14453

（38）丁丑卜，争贞：呼雀祀于河。14551（雀：人名）

在句型 84.1 的“$O_{神}$”前添加介词“P”，就成了句型 84.4。共 5 例，都是一期的。祭祀动词有福、祀、侑。

84.5　$AV_1+V_1+OS+V_2+P+O_{神}$

（39）贞：翌乙卯呼子渔侑于父乙。2977 正

（40）贞：来乙丑勿呼子畓侑于父乙。3111（子畓：人名。比较：贞：御子畓于寻。3108）

（41）…今乙丑勿呼子畓侑于父乙。3112 正

（42）勿呼雀禘于西。10976 正

在句型 84.4 的“V_1”前添加“AV_1”，就成了句型 84.5。“AV_2”可以是一层状语，也可以是两层状语，不再加以区别。共 4 例，都是一期的。祭祀动词有禘、侑。

85　叀 $+OS+V_1+V_2+O_{神}$

（43）贞：叀𦍒呼侑上甲。4047 反（比较：呼𦍒彭岳。14469 反）

这个句型是兼语前置句，是由句型 84 变来的。以“叀”为标志将句型 84 的兼语“OS”移至使令动词前，就成了此句型。仅 1 例，是一期的。祭祀动词为侑。

86 （AV_1）$+V_1+OS+V_2+O_{事}$

句型 86 是“V_2”后出现了人事宾语的兼语句。在这个句型中，“V_1”“OS”“V_2”和“$O_{事}$”都不能省，“AV_1”则可隐可现。句型 86 因成分隐现的不同，而形成不同的句型。

86.1　$V_1+OS+V_2+O_{事}$

（44）贞：…梦，呼余御囚。376 正

句型 86.1 仅 1 例，是一期的，祭祀动词为御。

86.2　$AV_1+V_1+OS+V_2+O_{事}$

（45）贞：王有梦，不唯呼余御囚。376 正

句型 86.2 仅 1 例，是一期的，祭祀动词为御。

87　$V_1+OS+V_2+O_{牲}$

（46）贞：呼子𡗜祝一牛，侑父甲。672 正（子𡗜：人名。参看同片：翌乙卯子𡗜彭。672 正）

（47）呼雀用三牛。1051 正（雀：人名。）

（48）戊戌卜，内：呼雀酘一牛。6572

句型 87 是在“V_2”后出现祭牲宾语的兼语句，共 3 例，都是一期的，祭祀动词有祝、用、酘。

88　（AV_1）$+V_1+OS+V_2+P+O_{神}+O_{牲}$

句型 88 是在“V_2”之后先出现神祇补语、后出现祭牲宾语的兼语句。此句型中的“V_1”“OS”“V_2”“P”“$O_{神}$”和“$O_{牲}$”都不能省，“AV_1”则可隐可现。句型 88 因成分隐现的不同，而形成不同的句型。

88.1　$V_1+OS+V_2+P+O_{神}+O_{牲}$

（49）贞：呼雀彭于河五十…672 正（由同片可知残缺处应为“牛”字。参看同片：彭河五十牛。/ 勿五十牛于河。672 正）

（50）贞：呼妇㞢于父乙牢，𠑹三牢有𠬝。924 正

（51）贞：呼子宩侑于有祖牢。924 正（有：名词词头。）

（52）乙巳卜，㱿贞：呼子宩侑于有祖牢。924 正（子宩：人名。）

（53）壬戌卜，贞：呼子㚇侑于𠦪犬。3190（子㚇：人名。𠦪：神祇名。比较：于妣己福子㚇。3187）

（54）戊戌卜，内：呼雀𢦏于出日于入日牢。6572（于出日于入日：介词词组连用。）

句型 88.1 共 6 例，都是一期的，祭祀动词有彡、侑、㞢、𢦏。

88.2 $AV_1+V_1+OS+V_2+P+O_{神}+O_{牲}$

（55）贞：翌乙未呼子渔侑于父乙牢。130 正

（56）贞：勿呼子宩侑于有祖牢。924 正

（57）贞：勿呼雀燎于云犬，二告。1051 正

（58）己丑卜，争贞：亦呼雀燎于云犬。1051 正

（59）…午卜，㱿贞：翌乙未呼子渔侑于父乙牢。2975 正

（60）贞：翌丁卯呼子侑于丁三牢。14375

句型 88.2 共 6 例，都是一期的，祭祀动词有燎、侑。

89 $V_1+OS+V_2+O_{牲}+P+O_{神}$

（61）乙卯卜，贞：呼妇好侑𠬝于妣癸。94 正

句型 89 是在"V_2"之后先出现祭牲宾语、后出现神祇补语的兼语句，仅 1 例，是一期的，祭祀动词为侑。

90 $V_1+OS+P+O_{神}+V_2+O_{牲}+V_3+O_{牲}$

（62）乙酉卜，宾贞：使人于河沈三羊𠭯三牛，三月。5522 正

此种句型的特点是，兼语之后为联合的动宾结构。句型 90 仅 1 例，是一期的，祭祀动词为沈𠭯。

91 $(AV_1)+V_1+(OS)+(AV_2)+V_2+V_3$

此种句型的特点是，兼语后的祭祀动词为联合结构，也就是说，"V_2"和"V_3"之间是联合关系。在这个句型中，"V_1""V_2"和"V_3"不能省，"AV_1""OS"和"AV_2"则可隐可现。句型 91 因成分隐现的不同，而形成不同的句型。

91.1 $AV_1+V_1+OS+AV_2+V_2+V_3$

（63）贞：勿呼𠂤先御燎。177

句型 91.1 中的兼语“OS”出现，仅 1 例，是一期的，动词联合词组为御燎。

91.2　$AV_1+V_1+V_2+V_3$

（64）勿令御燎，二告。14527 正

句型 91.2 省去了兼语“OS”，仅 1 例，是一期的，动词联合词组为御燎。

92　（AV_1）$+V_1+$（OS）+（AV_2）$+V_2+V_3+$（P）+O 神

此种句型中兼语后的“V_2”和“V_3”之间是联合关系，在“V_3”后又出现了由介词介引的神祇宾语。其中的“V_1”“V_2”“V_3”和“O 神”都不能省，“AV_1”“OS”“AV_2”“P”则可隐可现。句型 92 因成分隐现的不同，而形成不同的句型。

92.1　$AV_1+V_1+OS+V_2+V_3+P+O$ 神

（65）翌乙酉呼子商彭伐于父乙。969（子商：人名。）

（66）…卜，争贞：翌辛巳呼𠂤彭燎于方…4058（方：指四方之神。）

句型 92.1 共 2 例，都是一期的，动词联合词组有彭伐、彭燎。

92.2　$V_1+OS+AV_2+V_2+V_3+P+O$ 神

（67）甲午卜，㱿贞：呼𠂤先御燎于河。177（比较：贞，叀𠂤呼侑上甲。4047 反。）

（68）甲午卜，㱿贞：呼𠂤先御燎于河。4055 正

句型 92.2 共 2 例，都是一期的，动词联合词组为御燎。

92.3　$V_1+V_2+V_3+O$ 神

（69）令祊御大夒。376 反（夒：即高祖夒，殷的始祖。参看同片：勿令。376 反）

句型 92.3 中的“AV_1”“OS”和“P”都省去了，仅 1 例，是一期的，动词联合词组为祊御。

以下两种句型暂时存疑。

55　（AV_1）$+V_1+OS+V_2+O$ 牲 /O 神 +P+O 事

（1）甲寅卜，㱿：呼子𡆥彭缶于娩，二告。3061 正贞：子𡆥唯囚。3064 / 3081 壬申卜，㱿：翌乙亥子𡆥其来。3061 正（缶：器物名。娩：

指分娩之事。子□：人名。比较：缶唯用。）

（2）甲寅卜，㱿：勿呼子□酌缶于娩。3061 正

例（1）、例（2）中的“缶”又可借作“保”，泛指神祇。以上卜辞共 2 例，是一期的，祭祀动词为酌。

56　$S+V_1+OS_1+V_2+OS_2+(AV_2)+V_3+(P)+O_{地}$

（3）辛亥贞：王令□以子方奠并，在父丁宗。屯 4366（□：人名。并：地名。比较：王其田并，无灾。33570）

（4）辛丑贞：王令□以子方奠于并。32107

（5）辛酉贞：王令□以子方奠于并。32832

（6）…亥贞：王令□以子方乃奠于并。32833（比较：呼往奠于进。/ 勿呼往奠于进。10976）

以上 4 例都是四期的，动词为奠。

以上例（3）～例（6）卜辞的辞意基本相同，意为：王命令□带领子方在并地举行奠祭。“□以子方奠于并”是一般所说的兼语、连动融合句，□既带领子方，同时又和子方在并地举行奠祭，“奠”是否为祭祀动词难以确定。

第四章 甲骨文祭祀动词句型综论

前三章我们对甲骨文复杂纷繁的祭祀动词句型做了比较全面详细的描述，本章拟从综合的角度进行考察。

第一节 甲骨文祭祀动词句型定量研究

我们把单祭祀动词句和多祭祀动词句先分开来讨论，再综合论述。本节暂不讨论祭祀动词兼语句。

一 单祭祀动词句

（一）单祭祀动词句型结构的使用频率差异

单祭祀动词句包括无宾句及其变式（简称为无宾组）、单宾句及其变式（简称为单宾组）、双宾句及其变式（简称为双宾组）和三宾句及其变式（简称为三宾组）。

无宾组仅“（AV_1）+（$S_{施}$）+（AV_2）+V”（1 型[①]）一种句型，共 1897 例。下面把单宾组、双宾组和三宾组按照名词的意义及名词间的组合形式分别列表统计如下（见表 4-1、表 4-2、表 4-3），以比较甲骨文单祭祀动词句的使用情况。其中 N（N_1、N_2、N_3）代表所对应的地点、神祇、人事、祭牲名词，不管它们所处位置及所作的句子成分是什么，其他符号所代表的意义都和前三章的相同。表中的数字为某类型的

① “1 型”指句型 1，下同。

名词在各个句型中出现的次数。

表 4-1 单祭祀动词单宾组

句型	地点	神祇	人事	祭牲
1.（AV_1）+（$S_{施}$）+（AV_2）+V+N	14	623	201	863
2. 叀 / 勿唯 +N+（AV_2）+V	—	43	—	51
3.（AV_1）+N+（AV_2）+V	—	257	—	38
4.（AV_1）+（$S_{施}$）+（AV_2）+V+（AV_3）+P+N	87	767	7	4
5.（$S_{施}$）+（AV_3）+P+N+（AV_2）+V	—	201	—	—
6.（$S_{施}$）+（AV_2）+V+N+P+$O_{地}$	—	5	—	11
7.（AV_2）+V+P+$O_{地}$+N	—	—	—	9
合计	101	1896	208	976

表 4-2 单祭祀动词双宾组

句型	事 - 神	神 - 事	神 - 牲	牲 - 神	事 - 牲	牲 - 事
1.（$S_{施}$）+（AV_2）+V+N_1+N_2	17	—	148	32	7	1
2. 叀 +N_1+V+N_2	—	—	—	3	—	—
3.（AV_1）+N_1+（AV_2）+V+N_2	1	15	103	8	—	—
4. N_1++N_2+V	—	—	1	—	—	—
5.（AV_1）+N_1+N_2+V	—	—	—	4	—	—
6.（$S_{施}$）+（AV_2）+V+N_1+P+N_2	129	—	—	70	—	—
7. 叀 +N_1+V+P+N_2	1	—	—	2	—	—
8.（AV_1）+N_1+（AV_2）+V+P+N_2	7	—	—	15	—	—
9.（AV_1）+N_1+P+N_2+V	3	—	—	—	—	—
10.（AV_2）+V+P+N_1+N_2	—	3	211	—	—	—
11.（$S_{施}$）+（AV_2）+P+N_1+V+N_2	—	57	15	—	—	—
12. N_1+N_2+V+P+$O_{地}$	—	—	1	—	—	—
13.（AV_2）+V+N_1+N_2+P+$O_{地}$	—	—	—	1	—	—
合计	158	75	479	135	7	1

表 4–3　单祭祀动词三宾组

句型	神 - 事 - 牲	事 - 神 - 牲	事 - 牲 - 神	神 - 牲 - 事	牲 - 事 - 神
1.（AV_2）$+V+N_1+N_2+N_3$	—	13	—	—	—
2. $N_1+V+N_2+N_3$	—	—	—	—	2
3.（AV_2）$+V+N_1+P+N_2+N_3$	—	23	—	—	—
4. $V+N_1+N_2+P+N_3$	—	—	2	—	—
5. $V+P+N_1+N_2+N_3$	2	—	—	1	—
6. 叀 $+N_1+V+N_2+P+N_3$	—	—	—	—	1
7. $P+N_1+V+N_2+N_3$	3	3	—	—	—
合计	5	39	2	1	3

双宾组中的句型“（AV_2）$+V+O_{牲}+O_{神}+$ 数词 / 数量词”（40 型，共 6 例[①]）和句型“$V+O_{牲}+P+O_{神}+$ 数词”（41 型，共 2 例），因为比较特殊未收入表格 4-2 中。

从表 4–1、表 4–2、表 4–3 可以看出，单祭祀动词句各种句型发展很不平衡。从句型数量和使用频率看，无宾组仅 1 种，共 1897 例；单宾组 16 种，共 3181 例；双宾组 25 种，共 855 例；三宾组 9 种，共 50 例。句型变化最复杂的是双宾组，其次是单宾组，无宾组最简单。句型数量最多的是单宾组，其次是无宾组，三宾组数量最少。各具体句型之间差异更大：只有一个用例的双宾组中有 6 种句型（19 型、21 型、29 型、30 型、43 型、44 型），三宾组中有 2 种句型（50 型、51 型）。只有 2 个用例的双宾组中有 2 种句型（38 型、41 型），三宾组中有 3 种句型（46 型、48 型、49 型）。有 3~5 个用例的单宾组中有 2 种句型（9 型 5 例、15 型 4 例），双宾组中有 4 种句型（23 型 3 例、25 型 3 例、34 型 3 例、36 型 4 例），三宾组中有 2 种句型（52 型 3 例、53 型 3 例）。以上共 21 种句型。而无宾组的 1 种句型就有 1897 例（1 型），单宾组中用例在 500 例以上的有 3 种句型（12 型 863 例、4 型 623 例、7 型

① 句型的格式和数量参附录二附表 1。

767例）。另外，用例在100例以上500例以下的句型共有7种：单宾组3种（6型257例、10型201例、8型201例），双宾组4种（31型211例、27型148例、20型129例、28型103例）。

此外，以上三表也可反映出诸多其他信息，如在表4-1“叀/勿唯+N+（AV_2）+V”一行的数据显示，由“叀/勿唯”标记将宾语前置的名词中，祭牲名词共51例，神祇名词出现43例，而人事名词和处所都未出现用例。表4-2、表4-3中由“叀/勿唯”标记的宾语前置句中，前置的宾语也以祭牲宾语最为常见。这一统计结果与其他学者的观察一致。齐航福还运用焦点的出现规律，对祭祀卜辞中的这一句法现象进行了解释。“殷人占卜，其占卜的原因大多是事先已经知道的，所以原因宾语很少成为占卜焦点。在某些场合下应该祭祀哪位神灵也是确定的，所以这时殷人往往只需关注要用哪类牺牲、用哪种毛色的牺牲，以及所用牺牲的数量，故牲名宾语较神名宾语更容易成为占卜焦点。这就是为什么在祭祀卜辞宾语前置句中，牲名宾语前置的数量要多于神名宾语前置的数量，而神名宾语前置的数量又多于原因宾语前置的数量。”[①]

（二）单祭祀动词句句法成分的使用频率差异

1. 主语

单祭祀动词句中的主语有施事主语、神祇主语、祭牲主语三种。施事主语出现的句子为主动句，神祇主语与祭牲主语出现的句子都是受事主语句。

其中施事主语在13种句型中出现，共191次：无宾组1种112次（1型），单宾组8种69次（2型1次、4型32次、7型13次、10型9次、12型6次、3型6次、9型1次、8型1次），双宾组4种10次（20型3次、37型3次、26型2次、27型2次）。

神祇主语在6种句型中出现，共381次：单宾组1种257次（6型），双宾组5种124次（24型15次、28型103次、29型1次、30型1次，36型中有4次作主谓谓语句的小主语）。

① 齐航福：《殷墟甲骨文中焦点问题的初步研究》，《语文研究》2014年第4期。

祭牲主语在 6 种句型中出现，共 68 次：单宾组 1 种 38 次（14 型），双宾组 4 种 28 次（35 型 8 次、36 型 4 次、39 型 15 次，30 型中有 1 次作主谓谓语句的小主语），三宾组 1 种 2 次（46 型）。

从以上数据可知，甲骨卜辞的单祭祀动词句型中，带施事主语的主动句比受事主语句的句型略多一些（13∶12），但受事主语句的出现频率远高于施事主语句（449∶191）。

2. 宾语

单祭祀动词句中的宾语包括单宾语、双宾语和三宾语三种。

其中单宾语又分为地点宾语、神祇宾语、人事宾语和祭牲宾语。地点宾语只在单宾组 1 种句型中出现 14 次（2 型）。神祇宾语在 6 种句型中出现 683 次：单宾组 3 种 671 次（4 型 623 次、5 型 43 次、9 型 5 次），双宾组 3 种 12 次（34 型 3 次、19 型 1 次、35 型 8 次）。祭牲宾语在 10 种句型中出现 1337 次：单宾组 4 种 934 次（12 型 863 次、13 型 51 次、16 型 11 次、17 型 9 次），双宾组 6 种 403 次（28 型 103 次、38 型 2 次、37 型 70 次、31 型 211 次、32 型 15 次、41 型 2 次）。人事宾语在 6 种句型中出现 406 次：单宾组 1 种 201 次（10 型），双宾组 5 种 205 次（21 型 1 次、24 型 15 次、20 型 129 次、25 型 3 次、26 型 57 次）。

以上数据显示，在甲骨卜辞的单祭祀动词单宾语句型中，祭牲宾语所在的句型种类最多（10 种），出现频次也最高（1337 次），神祇宾语比人事宾语出现频次更高（683∶406），但句型种类数量相同（6∶6），地点宾语仅偶见。

双宾语句中的两个宾语有五种不同的形式。为“神祇 + 祭牲”的 2 种 151 次：双宾组 1 种 148 次（27 型），三宾组 1 种 3 次（53 型）。为“人事 + 祭牲”的 5 种 37 次：双宾组 1 种 7 次（43 次），三宾组 4 种 30 次（47 型 23 次、48 型 2 次、49 型 2 次、52 型 3 次）。为“祭牲 + 神祇”的 2 种 33 次：都是双宾组（33 型 32 次、42 型 1 次）。为“人事 + 神祇”的 2 种 19 次：双宾组 17 次（18 型），三宾组 1 种 2 次（46 型）。为“祭牲 + 人事”的 3 种 3 次：双宾组 1 种 1 次（44 型），三宾组 2 种

2 次（50 型、51 型）。没有发现两个宾语为“神衹 + 人事”的双宾语句。另外，有一种“祭牲 + 神衹 + 祭牲数”的形式，共 6 次（40 型）。单祭祀动词双宾语句的句型按照常见性等级可排列为：

“神衹 + 祭牲”（2 种 151 次）>“祭牲 + 神衹”（3 种 39 次[①]）>“人事 + 祭牲”（5 种 37 次）>“人事 + 神衹”（2 种 19 次）>“祭牲 + 人事”（2 种 2 次）>“神衹 + 人事”（0 种 0 次）

综上可知，甲骨文单祭祀动词双宾语句中，“神衹 + 祭牲”式双宾语最为常见，“祭牲 + 人事”“神衹 + 人事”仅偶见。

三宾语句只出现了三个宾语为“人事 + 神衹 + 祭牲”这一种形式，共 13 例（45 型）。

用“叀”作标志将神衹宾语前置的 1 种 43 次，是单宾组的（5 型）。用“叀”作标志将祭牲宾语前置的 4 种 57 次：单宾组 1 种 51 次（13 型），双宾组 2 种 5 次（34 型 3 次、38 型 2 次），三宾组 1 种 1 次（51 型）。用“叀”作标志将人事宾语前置的 1 种 1 次，是双宾组的（21 型）。单祭祀动词句中用“叀”作标志的宾语前置按照常见性等级可排列为：

“叀 + 祭牲前置宾语”（4 种 57 次）>“叀 + 神衹前置宾语”1 种 43 次 >“叀 + 人事前置宾语”1 种 1 次

由此可知，在祭祀卜辞中，祭牲最容易成为占卜的焦点，而人事最不易成为占卜的焦点。因为“殷人在举行占卜时，一般情况下其占卜的原因是清楚的，所以原因宾语自然极少用为句子焦点，即压根不需要贞问为什么要举行这次占卜。而在殷人心目中，某位或某些神灵（自然神或祖先神）拥有什么样的权能，虽说也是比较固定的，但并不是唯一的，所以相对于原因，神名容易成为句子焦点，即需要弄清楚对谁举行祭祀。如果祭祀原因一定，而祭祀对象也比较清楚，殷人最关心的自然是选用何种祭牲（包括祭牲种类、大小、毛色等）来进行祭祀了。所以在所有的关系项中，牲名最容易成为句子的焦点”[②]。

---

① “祭牲 + 神衹 + 祭牲数”式的 1 种 6 次也归入其中。

② 齐航福：《三论殷墟甲骨文中句式使用的组类差异考察——以“祷”字句为例》，《古汉语研究》2020 年第 1 期。

3. 补语

从补语的构成看，单祭祀动词句中的补语可分为四类："介词 + 地点""介词 + 神祇""介词 + 人事""介词 + 祭牲"。其中"介词 + 地点"共出现 6 种 114 次：单宾组 4 种 112 次（3 型 87 次、9 型 5 次、16 型 11 次、17 型 9 次），双宾组 2 种 2 次（30 型 1 次、42 型 1 次）。"介词 + 神祇"共出现 14 种 1232 次：单宾组 1 种 767 次（7 型），双宾组 8 种 438 次（20 型 129 次、37 型 70 次、21 型 1 次、38 型 2 次、22 型 7 次、39 型 15 次、25 型 3 次、31 型 211 次），三宾组 5 种 29 次（47 型 23 次、48 型 2 次、49 型 2 次、50 型 1 次、51 型 1 次）。"介词 + 人事"共出现 1 种 7 次，是单宾组的（11 型）。"介词 + 祭牲"共出现 1 种 4 次，是单宾组的（15 型）。故单祭祀动词句中介宾结构充当补语的类型按照常见性等级可排列为：

"介词 + 神祇"（14 种 1232 次）>"介词 + 地点"（6 种 114 次）>"介词 + 人事"（1 种 7 次）>"介词 + 祭牲"（1 种 4 次）

从补语的位置看，单祭祀动词句中的补语可分为六类：

A. 动词 + 补语

B. 动词 + 宾语 + 补语

C. 动词 + 补语 + 宾语

D. 动词 + 宾语 1+ 宾语 2+ 补语

E. 动词 + 宾语 1+ 补语 + 宾语 2

F. 动词 + 补语 + 宾语 1+ 宾语 2

"介词 + 人事"构成的补语和"介词 + 祭牲"构成的补语只能出现在 A 类，"介词 + 地点"构成的补语可出现在 A 类、B 类、C 类和 D 类，"介词 + 神祇"构成的补语在六类中都可出现。

综上可知，在介宾结构充当单祭祀动词句的补语时，由介词引进神祇宾语最为常见，句法位置也极为灵活；由介词引进处所宾语也会使用，句法位置也较为多样；但由介词引进人事宾语与祭牲宾语则很少使用。

4. 状语

这里只讨论由"介词 + 神祇""介词 + 人事"作状语的情况，"介词 +

祭牲”作状语的情况没有出现，由其他形式作状语的情况详见第一章。

“介词＋神祇”作状语的共5种279次：单宾组1种201次（8型），双宾组3种75次（23型3次、26型57次、32型15次），三宾组1种3次（52型）。“介词＋人事”作状语的1种3次，是三宾组的（53型）。

（三）神祇、祭牲、人事名词在单祭祀动词句中的语法功能及使用频率差异

表4-4　神祇、祭牲、人事名词在单祭祀动词句中充当受事主语、宾语、补语及状语时使用频率的差异

	受事主语	宾语	补语（加介词）	状语（加介词）	合计
神祇	381	905	1232	279	2797
祭牲	68	1583	4	0	1655
人事	0	477	7	3	487

如表4-4所示，在单祭祀动词句中，神祇名词共出现2797次，在句中可以作受事主语、宾语，加介词构成的介宾结构可以作补语和状语。神祇名词作受事主语381次，占神祇名词总数的13.6%，共出现在6种句型中，其中有4次是作主谓谓语句的小主语。神祇名词作宾语905次，占神祇名词总数的32.4%。其中作单宾语640次，出现在5种句型中；作前置宾语43次；作双宾语句中的宾语209次，出现在7种句型中；作三宾语句的宾语13次。神祇名词加介词构成的介宾结构作补语1232次，占神祇名词总数的44%，共出现在14种句型中。神祇名词加介词构成的介宾结构作状语279次，占神祇名词总数的10%，共出现在5种句型中。

祭牲名词共出现1655次，在句中可以作受事主语、宾语，加介词构成的介宾结构可以作补语。祭牲名词作受事主语68次，占祭牲名词总数的4.1%，共出现在6种句型中，其中有1次是作主谓谓语句的小主语。祭牲名词作宾语1583次，占祭牲名词总数的95.6%。其中作单宾语1284次，出现在8种句型中；作前置宾语57次，出现在4种句型中；作双宾语句中的宾语229次，出现在12种句型中；作三宾语句的宾语13次。祭牲名词加介词构成的介宾结构作补语4次，占祭牲名词

总数的 0.3%，只出现在 1 种句型中。

人事名词共出现 487 次，在句中可以作宾语，加介词构成的介宾结构可以作补语和状语。人事名词作宾语 477 次，占人事名词总数的 98%，其中作单宾语 405 次，出现在 6 种句型中；作前置宾语 1 次；作双宾语句中的宾语 58 次，出现在 9 种句型中；作三宾语句的宾语 13 次。人事名词加介词构成的介宾结构作补语 7 次，占人事名词总数的 1.4%，只出现在 1 种句型中。人事名词加介词构成的介宾结构作状语 3 次，占人事名词总数的 0.6%，只出现在 1 种句型中。

由表 4-4 和以上的分析可得出神祇、祭牲、人事名词在单祭祀动词句中出现及充当不同句法成分时的常见性排列等级：

神祇名词（2797 次）> 祭牲名词（1655 次）> 人事名词（487 次）

神祇受事主语（381 次）> 祭牲受事主语（68 次）> 人事受事主语（0 次）

祭牲宾语（1583 次）> 神祇宾语（905 次）> 人事宾语（477 次）

介词 + 神祇名词（1511 次）> 神祇宾语（1286 次）

综上可知，在单祭祀动词卜辞中，一般需要说明向哪位神祇进行祭祀，故神祇名词出现频次最高。其次需要说明的是用什么祭牲进行祭祀。因何事进行祭祀对于施祭者而言相对较为清楚，故在卜辞中一般会省略。当采用受事主语句时，神祇名词作主语的用例远多于祭牲名词作主语的用例，而人事名词则不能充当受事主语。原因在于人事名词作受事主语与施事主语容易混淆。祭牲名词和人事名词的主要句法功能是充当宾语，而神祇名词的主要句法功能却是充当介词的宾语，其次才用于充当动词的宾语。[①] 卜辞中习惯于使用介词来引介神祇宾语，但使用介

① 郑继娥（《殷墟甲骨卜辞祭祀动词的语法结构及其语义结构》，博士学位论文，四川大学，2004，第 48 页）也曾注意到卜辞中大量神祇名词由介词介引的现象，并做了分析："需要注意的是，祭祀动词的对象宾语，与动宾间加上介词'于'的动补结构，语义相同。在目前现有的材料中，由于这两种结构在第一期就已同时出现，且相应的动补结构大大多于动宾结构，我们无法判定谁先谁后。不过从三宾语逐渐从甲骨文中消亡来看，说明动补结构可能应比动宾结构晚出，也说明商代人已经不满足于把表对象和事物的名词直接放在动词后面的表达形式，而大量地采用介词'于'来明确指出，其思维和语言正日趋精密化。"

词来引介人事宾语和祭牲宾语的极少见到。

二、多祭祀动词句

（一）多祭祀动词句型结构的使用频率差异

多祭祀动词句包括双祭祀动词句和三祭祀动词句，它们又都可分为无宾组、单宾组和双宾组，现把它们的单宾组和双宾组按照名词的意义及名词间的组合形式分别列表统计如下，表中所用符号的意义与表 4–1、表 4–2、表 4–3 同。

表 4–5　双祭祀动词单宾组

句型	地点	神祇	人事	祭牲
1.（AV_1）+（$S_{施}$）+（AV_2）+V_1+V_2+（AV_3）+N	4	67	6	79
2. 叀 / 勿唯 +N+V_1+V_2	—	6	—	—
3.（AV_1）+N+（AV_2）+V_1+V_2	—	17	—	7
4.（AV_1）+（$S_{施}$）+（AV_2）+V_1+V_2+（AV_3）+P+N	15	212	—	—
5.（AV_3）+P+N+（AV_2）+V_1+V_2	—	21	—	—
合计	19	323	6	86

表 4–6　双祭祀动词双宾组

句型	事 - 神	神 - 牲	牲 - 神
1.（S）+（AV_2）+V_1+V_2+N_1+N_2	—	20	—
2. N_1+V_1+V_2+N_2	—	4	—
3.（S）+（AV_2）+V_1+V_2+P+N_1+N_2	—	78	—
4.（S）+（AV_2）+V_1+V_2+N_1+P+N_2	6	—	9
N_1+V_1+V_2+P+N_2	—	—	4
合计	6	102	13

表 4–7　三祭祀动词单宾组

句型	神祇	祭牲
1.（$S_{施}$）+（AV_2）+V_1+V_2+V_3+（AV_3）+N	18	14

续表

句型	神祇	祭牲
2. 叀+N+V_1+V_2+V_3	2	—
3.（$S_{施}$）+（AV_2）+V_1+V_2+V_3+（AV_3）+P+N	52	—
4. P+N+V_1+V_2+V_3	4	—
合计	76	14

表 4–8　三祭祀动词双宾组

句型	神 - 牲	牲 - 神
1. V_1+V_2+V_3+N_1+N_2	2	1
2.（$S_{施}$）+（AV_2）+V_1+V_2+V_3+P+N_1+N_2	41	—
3.（AV_2）+V_1+V_2+V_3+N_1+P+N_2	—	1
合计	43	2

从表 4–5 至表 4–8 可以看出，多祭祀动词句各种句型发展很不平衡。从句型数量和使用频率看，双祭祀动词句中无宾组 1 种 729 例，单宾组 10 种 434 例，双宾组 6 种 121 例。三祭祀动词句中无宾组 1 种 232 例，单宾组 5 种 90 例，双宾组 4 种 45 例。句型变化最复杂的是单宾组，其次是双宾组，无宾组最简单。句型数量最多的是无宾组，其次是单宾组，双宾组数量最少。各句型之间差异更大。双祭祀动词句中用例在 10 个以下的有 8 种句型：单宾组有 4 种（55 型 4 例、58 型 6 例、62 型 6 例、64 型 7 例），双宾组有 4 种（67 型 4 例、70 型 4 例、65 型 6 例、69 型 9 例）。三祭祀动词句中用例在 10 个以下的有 5 种句型：单宾组有 2 种（73 型 2 例、75 型 4 例），双宾组 3 种（79 型 1 例、80 型 1 例、77 型 2 例）。而双祭祀动词无宾组 1 种句型就有 729 例（54 型），双祭祀动词单宾组中 1 种句型有 212 例（60 型），三祭祀动词无宾组 1 种句型有 232 例（71 型）。

（二）多祭祀动词句句法成分的使用频率差异

1. 主语

双祭祀动词句中的主语有施事主语、神祇主语、祭牲主语三种。施事主语出现的句子为主动句，神祇主语与祭牲主语出现的句子都是受事主语句。

其中施事主语在 9 种句型中出现，共 369 次：无宾组 1 种 329 次，单宾组 5 种 34 次（55 型 1 次、57 型 1 次、56 型 6 次、60 型 13 次、63 型 13 次），双宾组 3 种 6 次（65 型 1 次、66 型 2 次、68 型 3 次）。

神祇主语在 2 种句型中出现，共 21 次：单宾组 1 种 17 次（59 型），双宾组 1 种 4 次（67 型）。

祭牲主语在 2 种句型中出现，共 11 次：单宾组 1 种 7 次（64 型），双宾组 1 种 4 次（70 型）。

三祭祀动词句中的主语只有施事主语一种，在 4 种句型中出现，共 191 次：无宾组 1 种 177 次（71 型），单宾组 2 种 7 次（72 型 2 次、74 型 5 次），双宾组 1 种 7 次（78 型）。

从以上数据可知，甲骨卜辞的双祭祀动词句型中，带施事主语的主动句比受事主语句的句型更为丰富（9∶4），其出现频次也远高于受事主语句（369∶32）。而在三祭祀动词句型中，不曾发现受事主语句出现。

2. 宾语

双祭祀动词句中的宾语包括单宾语和双宾语两种。单宾语又分为地点宾语、神祇宾语、人事宾语和祭牲宾语。其中地点宾语只在单宾组 1 种句型中出现 4 次（55 型）。神祇宾语在单宾组 1 种句型中出现 67 次（57 型）。祭牲宾语在 4 种句型中出现 170 次：单宾组 1 种 79 次（63 型），双宾组 3 种 91 次（67 型 4 次、68 型 78 次、69 型 9 次）。人事宾语在 2 种句型中出现 12 次：单宾组 1 种 6 次（62 型），双宾组 1 种 6 次（65 型）。用“叀”做标志将神祇宾语前置的 1 种 6 次，是单宾组的（58 型）。双宾语句中只出现了两个宾语为“神祇 + 祭牲”这一种形式，共 20 例（66 例）。

三祭祀动词句中的宾语也包括单宾语和双宾语两种。单宾语又可分为神祇宾语和祭牲宾语。其中，神祇宾语只在单宾组 1 种句型中出现 18 次（72 型）。祭牲宾语在 3 种句型中出现 56 次：单宾组 1 种 14 次（76 型），双宾组 2 种 42 次（80 型 1 次，78 型 41 次）。双宾语句两个宾语为“神祇 + 祭牲”的 1 种 2 次（77 型），为“祭牲 + 神祇”的 1 种 1 次（79 型）。

以上数据显示，在甲骨卜辞的双祭祀动词单宾语句型中，祭牲宾语所在的句型种类最多（4 种），出现频次也最高（170 次），神祇宾语比人事宾语出现频次更高（73∶12），但其出现的句型种类数相同（2∶2），地点宾语仅偶见。在三祭祀动词单宾语句型中，也是祭牲宾语所在的句型种类最多（3 种），出现频次也最高（56 次），神祇宾语只在单宾组 1 种句型中出现 18 次，人事宾语则未见。多祭祀动词的双宾语句主要采用“神祇 + 祭牲”式。

3. 补语

从补语的构成看，双祭祀动词句中的补语可分为两类：“介词 + 地点”“介词 + 神祇”。其中，“介词 + 地点”只出现 1 种 15 次（56 型）。“介词 + 神祇”共出现 5 种 309 次：单宾组 1 种 212 次（60 型），双宾组 4 种 97 次（68 型 78 次、65 型 6 次、69 型 9 次、70 型 4 次）。三祭祀动词句中的补语只有“介词 + 神祇”一类，共出现 3 种 94 次：单宾组 1 种 52 次（74 型），双宾组 2 种 42 次（80 型 1 次、78 型 41 次）。

从补语的位置看，多祭祀动词句中补语可分为三类：

A. 动词 + 补语

B. 动词 + 补语 + 宾语

C. 动词 + 宾语 + 补语

“介词 + 地点”构成的补语只能出现在 A 类，“介词 + 神祇”构成的补语在三类都可出现。

综上可知，在介宾结构充当多祭祀动词句的补语时，由介词引进神祇宾语最为常见，其句法位置也较为灵活；由介词引进处所宾语也会使用，但句法位置较为固定；由介词引进人事宾语与祭牲宾语的用例则未见。

4. 状语

这里只讨论由“介词 + 神祇”作状语的情况，“介词 + 人事”“介词 + 祭牲”作状语的情况都没有出现。由其他形式作状语的情况详见第一章。

双祭祀动词句中，“介词 + 神祇”作状语的只有 1 种句型，共 21 次，是单宾组的（61 型）。三祭祀动词句中，“介词 + 神祇”作状语的也只有 1 种句型，共 4 次，是单宾组的（75 型）。

（三）神祇、祭牲、人事名词在多祭祀动词句中的语法功能及使用频率差异

表 4-9　神祇、祭牲、人事名词在双祭祀动词句中充当受事主语、宾语、补语及状语时使用频率的差异

	受事主语	宾语	补语（加介词）	状语（加介词）	合计
神祇	21	93	309	21	444
祭牲	11	190	0	0	201
人事	0	12	0	0	12

如表 4-9 所示，在双祭祀动词句中，神祇名词共出现 444 次，在句中可以作受事主语、宾语，加介词构成的介宾结构可以作补语和状语。神祇名词作受事主语 21 次，占神祇名词总数的 4.7%，共出现在 2 种句型中。神祇名词作宾语 93 次，占神祇名词总数的 21%，其中作单宾语 67 次，作前置宾语 6 次，作双宾语句中的宾语 20 例。神祇名词加介词构成的介宾结构作补语 309 次，占神祇名词总数的 69.6%，共出现在 5 种句型中。神祇名词加介词构成的介宾结构作状语 21 次，占神祇名词总数的 4.7%，只出现在 1 种句型中。

祭牲名词共出现 201 次，在句中可以作受事主语、宾语。祭牲名词作受事主语 11 次，占祭牲名词总数的 5.5%，共出现在 2 种句型中。祭牲名词作宾语 190 次，占祭牲名词总数的 94.5%，其中作单宾语 170 次，出现在 4 种句型中，作双宾语句中的宾语 20 例。

人事名词共出现 12 次，在句中都作宾语。

由表 4-9 和以上的分析可得出神祇、祭牲、人事名词在双祭祀动词句中出现及充当不同句法成分时的常见性排列等级：

神祇名词（444 次）> 祭牲名词（201 次）> 人事名词（12 次）

神祇受事主语（21 次）> 祭牲受事主语（11 次）> 人事受事主语（0 次）

祭牲宾语（190 次）> 神祇宾语（93 次）> 人事宾语（12 次）

介词 + 神祇名词（330 次）> 神祇宾语（114 次）

综上可知，在双祭祀动词卜辞中，一般需要说明向哪位神祇进行祭祀，故神祇名词出现频次最高。其次需要说明的是用什么祭牲进行祭祀。因何事进行祭祀对于施祭者而言相对较为清楚，故在卜辞中一般会省略。当采用受事主语句时，神祇名词作主语的用例多于祭牲名词作主语的用例，而人事名词则不能充当受事主语。祭牲名词和人事名词的主要句法功能是充当宾语，而神祇名词的主要句法功能却是充当介词的宾语，其次才用于充当动词的宾语。卜辞中习惯于使用介词来引介神祇宾语，但未见使用介词来引介人事宾语和祭牲宾语的。

再看神祇、祭牲、人事名词在三祭祀动词句中的使用情况：

表 4-10　神祇、祭牲、人事名词在三祭祀动词句中充当受事主语、宾语、补语及状语时使用频率的差异

	受事主语	宾语	补语（加介词）	状语（加介词）	合计
神祇	0	21	94	4	119
祭牲	0	59	0	0	59
人事	0	0	0	0	0

在三祭祀动词句中，神祇名词共出现 119 次，在句中可以作宾语，加介词构成的介宾结构可以作补语和状语。神祇名词作宾语 21 次，占神祇名词总数的 17.6%，只出现在 3 种句型中，其中作单宾语 18 次，作双宾语句中的宾语 3 次。神祇名词加介词构成的介宾结构作补语 94 次，占神祇名词总数的 79%，共出现在 3 种句型中。神祇名词加介词构

成的介宾结构作状语 4 次，占神祇名词总数的 3.4%，只出现在 1 种句型中。

祭牲名词共出现 59 次，在句中都作宾语。其中作单宾语 56 次，作双宾语中的宾语 3 次。

由表 4–10 和以上的分析可得出神祇、祭牲、人事名词在三祭祀动词句中出现及充当不同句法成分时的常见性排列等级：

神祇名词（119 次）> 祭牲名词（59 次）> 人事名词（0 次）

祭牲宾语（59 次）> 神祇宾语（21 次）> 人事宾语（0 次）

“介词 + 神祇名词”（98 次）> 神祇宾语（21 次）

综上可知，在三祭祀动词出现的卜辞中，一般需要说明向哪位神祇进行祭祀，故神祇名词出现频次最高。其次需要说明的是用什么祭牲进行祭祀。因何事进行祭祀对于施祭者而言相对较为清楚，故在卜辞中一般会省略。祭牲名词和人事名词的主要句法功能是充当宾语，而神祇名词的主要句法功能却是充当介词的宾语，其次才用于充当动词的宾语。卜辞中习惯于使用介词来引介神祇宾语，但未见使用介词来引介人事宾语和祭牲宾语的。

三、祭祀动词句型变换手段的使用频率差异

我们视单宾组的单宾句，双宾组的双宾句和三宾组中的三宾句为基本句型，其他句型是在基本句型的基础上通过移位（变序）、添加以及二者兼用的方式转换出来的变式句型。这里，我们来分析一下句型变换手段的使用频率差异。

在祭祀动词句中，变序分三种：A. 宾语加“叀 / 勿唯”前置，B. 宾语前移作受事主语，C. 介宾结构前移。添加分二种：D. 添加介词，E. 添加地点补语。两者兼用的分五种：F. 宾语前移作受事主语和宾语加“叀 / 勿唯”前置兼用，G. 宾语加“叀 / 勿唯”前置和添加介词兼用，H. 宾语前移作受事主语和添加介词兼用，I. 添加介词和介宾结构前移兼用，J. 宾语前移作受事主语和添加地点补语兼用。三者兼用的一种：K. 宾语前移作受事主语、添加介词和介宾结构前移兼用。

单祭祀动词单宾组：A 类宾语加“叀 / 勿唯”前置 2 种 94 次（5 型 43 次、13 型 51 次），B 类宾语前移作受事主语 2 种 295 次（6 型 257 次、14 型 38 次），D 类添加介词 4 种 865 次（3 型 87 次、7 型 767 次、11 型 7 次、15 型 4 次），E 类添加地点补语 3 种 25 次（9 型 5 次、16 型 11 次、17 型 9 次），I 类添加介词和介宾结构前移两者兼用 1 种 201 次（8 型）。

单祭祀动词双宾组：A 类宾语加“叀 / 勿唯”前置 1 种 3 次（34 型），B 类宾语前移作受事主语 5 种 131 次（19 型 1 次、24 型 15 次、28 型 103 次、35 型 8 次、36 型 4 次），D 类添加介词 4 种 413 次（20 型 129 次、37 型 70 次、25 型 3 次、31 型 211 次），E 类添加地点补语 1 种 1 次（42 型），F 类宾语前移作受事主语和宾语加“叀 / 勿唯”前置两者兼用 1 种 1 次（29 型），G 类宾语加“叀 / 勿唯”前置和添加介词两者兼用 2 种 3 次（21 型 1 次、38 型 2 次），H 类宾语前移作受事主语和添加介词两者兼用 2 种 22 次（22 型 7 次、39 型 15 次），I 类添加介词和介宾结构前移两者兼用者 2 种 72 次（26 型 57 次、32 型 15 次），J 类宾语前移作受事主语和添加地点补语两者兼用 1 种 1 次（30 型），K 类宾语前移作受事主语、添加介词和介宾结构前移三者兼用 1 种 3 次（23 型）。

单祭祀动词三宾组：B 类宾语前移作受事主语 1 种 2 次（46 型），D 类添加介词 4 种 28 次（47 型 23 次、48 型 2 次、49 型 2 次、50 型 1 次），G 类宾语加“叀 / 勿唯”前置和添加介词两者兼用 1 种 1 次（51 型），I 类添加介词和介宾结构前移 2 种 6 次（52 型 3 次、53 型 3 次）。

双祭祀动词单宾组：A 类宾语加“叀 / 勿唯”前置 1 种 6 次（58 型），B 类宾语前移作受事主语 2 种 24 次（59 型 17 次、64 型 7 次），D 类添加介词 2 种 227 次（56 型 15 次、60 型 212 次），I 类添加介词和介宾结构前移两者兼用 1 种 21 次（61 型）。

双祭祀动词双宾组：B 类宾语前移作受事主语 1 种 4 次（67 型），D 类添加介词 3 种 93 次（68 型 78 次、65 型 6 次、69 型 9 次），H 类宾语前移作受事主语和添加介词两者兼用 1 种 4 次（70 型）。

三祭祀动词单宾组：A 类宾语加“叀 / 勿唯”前置 1 种 2 次（73 型），D 类添加介词 1 种 52 次（74 型），I 类添加介词和介宾结构前移两者兼用 1 种 4 次（75 型）。

三祭祀动词双宾组：D 类添加介词 2 种 42 次（80 型 1 次、78 型 41 次）。

下面我们将句型变换的各种手段的使用频率列表比较（见表 4–11）：

表 4–11　句型变换手段的使用频率

	变序			添加		兼用	
	加“叀 / 勿唯”前移	宾变主	介宾结构前移	介词	地点补语	二者	三者
单动词句	7/102	13/455	6/282	23/1614	5/27	12/307	1/3
双动词句	1/6	4/32	1/21	7/345	0/0	2/25	0/0
三动词句	1/2	0/0	1/4	4/98	0/0	1/4	0/0
小类合计	9/110	17/487	8/307	34/2057	5/27	15/336	1/3
总计	34/904			39/2084		16/339	

表格中“/”前的数字表示句型种类数，“/”后的数目表示出现的次数，如“7/102”表示在 7 种句型中出现 102 次。

我们发现，在单祭祀动词句和多祭祀动词句中，变序和添加一共使用 2988 次，出现在 73 种句型中，其中，变序占 30.3%：使用 A 类宾语加“叀 / 勿唯”前置的占 3.7%，使用 B 类宾语前移作受事主语的占 16.3%，使用 C 类介宾结构前移的占 10.3%。添加占 69.7%，使用 D 类添加介词的占 68.8%，使用 E 类添加地点补语的占 0.9 %。

四、施事主语出现与否的频率差异

甲骨文是王室及其主要成员的占卜记录，内容以卜问祸福和祭祀为主，性质比较特殊。就祭祀而言，祭祀动作的发出者即施事者是王室及其主要成员，或许由于已知的缘故，在作记录时常把施祭者省略，因此，甲骨文祭祀动词句的施事主语在句中多不出现。

表 4-12　祭祀动词句中施事主语的出现频率

施事主语 无宾组		单祭祀动词句				双祭祀动词句			三祭祀动词句		
		单宾组	双宾组	三宾组	无宾组	单宾组	双宾组	无宾组	单宾组	双宾组	
出现	数量（次）	112	69	10	0	329	34	6	159	7	7
	比例（%）	5.9	2.2	1.2	0	45.1	7.8	5.0	68.5	7.8	15.6
不出现	数量（次）	1785	3112	845	50	400	400	115	73	83	38
	比例（%）	94.1	97.8	98.8	100	54.9	92.2	95.0	31.5	92.2	84.4
合计		1897	3181	855	50	729	434	121	232	90	45

从表 4-12 中我们可以看出，除了三祭祀动词无宾组中施事主语出现的比例比不出现的比例高，双祭祀动词无宾组中施事主语出现的比例比不出现的比例略低一点，其他各组施事主语出现的比例都远远低于不出现的比例。

第二节　甲骨文祭祀动词句型断代研究

——祭祀动词句结构分布与甲骨文分期的关系

张玉金在回顾与展望 21 世纪以来的甲骨文语法研究时曾指出，“甲骨文不是一朝一代之物，而是二百多年间的占卜记录。斗转星移，人世沧桑，人类语言的语法必然有发展变化。要用历史的眼光观察汉语，看它的发展”。“甲骨文语法学者要特别关注甲骨断代学的研究成果，把甲骨文看作是不同时代的产物，考其流变。”“要把甲骨文分为早期、中期和晚期，考察其演变，这既是汉语史的重要内容，也将为甲骨断代作出贡献。”[①] 本节尝试对甲骨文祭祀动词句型进行断代研究，主要讨论祭祀动词句结构分布与甲骨文分期的关系。我们把祭祀动词句分为单祭祀动词无宾组、单祭祀动词单宾组、单祭祀动词双宾组、单祭祀动词三宾组、双祭祀动词无宾组、双祭祀动词单宾组、双祭祀动词双宾组、三祭祀动

① 张玉金：《21 世纪以来甲骨文语法研究的回顾与展望》，《出土文献》2021 年第 2 期。

词无宾组、三祭祀动词单宾组、三祭祀动词双宾组、祭祀动词兼语组，分别列表比较分析。列表时，把第三期至第四期和无分期卜辞都暂时放入第四期，在表后注明。表中句型序号与前三章相同。

应该指出的是，出土甲骨文材料在各期的分布是不均匀的，据沈林的硕士学位论文《甲骨文动词断代研究》统计[①]，《甲骨文合集》中一期有21090片，占总片数的54.5%；一期附有2877片，占总片数的7.4%；二期有1516片，占总片数的3.9%；三期有5240片，占总片数的13.5%；四期有3614片，占总片数的9.3%；五期有4391片，占总片数的11.4%。[②]各期材料的多少，对祭祀动词句型出现的比例可能有一定的影响，但也并不是绝对的。

表 4-13　单祭祀动词无宾组

句型	第一期	一期附	第二期	第三期	第四期	第五期	合计
1.（AV_1）+（$S_{施}$）+（AV_2）+V	509	88	239	482	390	189	1897
比例（%）	26.8	4.6	25.4	12.6	20.6	10	100
卜辞各期片数分布比例（%）	54.5	6.9	17.9	12.5	8.6	10.5	100

注：在其中第三期至第四期卜辞2例，无分期卜辞4例。

从表4-13可以看出，单祭祀动词无宾组在五期都存在，但各期的分布比例与甲骨文卜辞片数在各期的比例略有差异：无宾组第一期、第一期附的比例比卜辞片数的比例小，而第二期、第四期的比例比卜辞片数的比例大。

表 4-14　单祭祀动词单宾组

句型	第一期	一期附	第二期	第三期	第四期	第五期	合计
2.（AV_1）+（$S_{施}$）+（AV_2）+V+$O_{地}$	1	—	2	5	6	—	14

① 沈林:《甲骨文动词断代研究》，硕士学位论文，西南师范大学，1998。

② 《甲骨文合集》中各期卜辞的片数引自沈文，各期的占比数未采用沈文的数据，因沈文的计算方法有误。此处的占比数为各期片数除以各期总数之和38728片。《甲骨文合集》共收录41956片，统计时删除了其中的习刻、伪刻。

续表

句型	第一期	一期附	第二期	第三期	第四期	第五期	合计
3.（AV_1）+（$S_{施}$）+（AV_2）+V+P+$O_{地}$	40	1	7	21	17	1	87
4.（AV_1）+（$S_{施}$）+（AV_2）+V+$O_{神}$	203	78	24	105	90	123	623
5. 叀 / 勿唯 +$O_{神}$+（AV_2）+V	4	1	2	23	13	—	43
6.（AV_1）+$S_{神}$+（AV_2）+V	17	18	49	78	46	49	257
7.（AV_1）+（$S_{施}$）+（AV_2）+V+P+$O_{神}$	478	17	85	58	129	—	767
8.（$S_{施}$）+（AV_3）+P+$O_{神}$+（AV_2）+V	111	7	8	33	42	—	201
9.（$S_{施}$）+（AV_2）+V+$O_{神}$+P+$O_{地}$	—	—	1	2	2	—	5
10.（AV_1）+（$S_{施}$）+（AV_2）+V+$O_{事}$	89	34	10	27	41	—	201
11.（AV_2）+V+P+$O_{事}$	4	1	2	—	—	—	7
12.（$S_{施}$）+（AV_2）+V+（叀 / 其）+$O_{牲}$	380	32	71	106	262	12	863
13. 叀 / 勿唯 +$O_{牲}$+V	13	6	1	25	2	4	51
14.（AV_1）+$S_{牲}$+（AV_2）+V	15	7	1	8	7	—	38
15.（AV_2）+V+P+$O_{牲}$	4	—	—	—	—	—	4
16.（AV_2）+V+$O_{牲}$+P+$O_{地}$	5	—	—	4	2	—	11
17. AV_2+V+P+$O_{地}$+$O_{牲}$	9	—	—	—	—	—	9
合计	1373	202	263	495	659	189	3181
比例（%）	43.2	6.3	8.3	15.6	20.7	5.9	100
卜辞各期片数分布比例（%）	54.5	6.9	17.9	12.5	8.6	10.5	100

注：在其中第三期至第四期卜辞 15 例，无分期卜辞 1 例。

从表 4-14 可以看出，单祭祀动词单宾组共 16 种句型。第一期种类最多，出现 15 种，只有 1 种未出现（9 型）；一期附出现 11 种，有 5 种未出现（2 型、9 型、15 型、16 型、17 型）；第二期出现了 13 种，有 3 种未出现（15 型、16 型、17 型）；第三期和第四期都出现了 13 种，有 3 种未出现（11 型、15 型、17 型）；第五期种类最少，出现 5 种（3

型、4 型、6 型、12 型、13 型），其他 11 型都未出现。

从句型角度看，六个时期（严格讲，甲骨文只有五个时期，第一期附应归于其中的某一期，为便于称说，姑合称为六个时期）都出现的句型有 5 种（3 型、4 型、6 型、12 型、13 型），只在五个时期中出现（第五期未出现）的句型有 5 种（5 型、7 型、8 型、10 型、14 型），而只在一个时期出现（第一期）的句型有 2 种（15 型、17 型）。

单祭祀动词单宾组各期的分布比例与甲骨卜辞片数在各期的比例略有差异：单宾组第一期、第二期、第五期的比例比卜辞片数的比例小，而第三期、第四期的比例比卜辞片数的比例大。

表 4–15　单祭祀动词双宾组

句型	第一期	一期附	第二期	第三期	第四期	第五期	合计
18.（AV_2）+V+O$_{事}$+O$_{神}$	7	7	—	2	1	—	17
19. S$_{事}$+AV_2+V+O$_{神}$	1	—	—	—	—	—	1
20.（S$_{施}$）+（AV_2）+V+O$_{事}$+P+O$_{神}$	89	6	3	6	25	—	129
21. 叀 +O$_{事}$+V+P+O$_{神}$	—	—	—	—	1	—	1
22. S$_{事}$+（AV_2）+V+P+O$_{神}$	6	—	—	—	—	1	7
23.（AV_1）+S$_{事}$+P+O$_{神}$+V	3	—	—	—	—	—	3
24.（AV_1）+S$_{神}$+（AV_2）+V+O$_{事}$	12	1	—	1	1	—	15
25. V+P+O$_{神}$+O$_{事}$	1	—	—	1	1	—	3
26.（S$_{施}$）+（AV_3）+P+O$_{神}$+V+O$_{事}$	37	7	—	2	11	—	57
27.（S$_{施}$）+（AV_2）+V+O$_{神}$+O$_{牲}$	58	49	3	12	26	—	148
28.（AV_1）+S$_{神}$+（AV_2）+V+O$_{牲}$	2	7	32	22	40	—	103
29. S$_{神}$+ 叀 +O$_{牲}$+V	1	—	—	—	—	—	1
30. S$_{神}$+S$_{牲}$+V+P+O$_{地}$	—	—	—	1	—	—	1
31.（AV_2）+V+P+O$_{神}$+O$_{牲}$	148	8	11	15	29	—	211
32.（AV_3）+ P+O$_{神}$+V+O$_{牲}$	4	4	—	—	7	—	15
33.（AV_2）+V+O$_{牲}$+O$_{神}$	9	16	—	2	5	—	32
34. 叀 +O$_{牲}$+V+O$_{神}$	2	1	—	—	—	—	3

续表

句型	第一期	一期附	第二期	第三期	第四期	第五期	合计
35. $S_{牲}$+（AV_2）+V+$O_{神}$	1	2	—	2	3	—	8
36.（其）+$S_{牲}$+$S_{神}$+V	1	2	—	—	1	—	4
37.（$S_{施}$）+（AV_2）+V+$O_{牲}$+P+$O_{神}$	33	8	4	5	20	—	70
38. 叀+$O_{牲}$+V+P+$O_{神}$	1	—	—	1	—	—	2
39. $S_{牲}$+（AV_2）+V+P+$O_{神}$	3	1	—	1	10	—	15
40.（AV_2）+V+$O_{牲}$+$O_{神}$+数词 / 数量词	3	1	—	2	—	—	6
41. V+$O_{牲}$+P+$O_{神}$+数词	2	—	—	—	—	—	2
42. AV_2+V+$O_{牲}$+$O_{神}$+P+$O_{地}$	—	—	—	1	—	—	1
43.（AV_2）+V+$O_{事}$+$O_{牲}$	1	1	—	—	5	—	7
44. V+$O_{牲}$+$O_{事}$	1	—	—	—	—	—	1
合计	426	121	53	76	186	1	863
比例（%）	49.4	14	6.2	8.8	21.5	0.1	100
卜辞各期片数分布比例（%）	54.5	6.9	17.9	12.5	8.6	10.5	100

注：在其中第三期至第四期卜辞 4 例，无分期卜辞 3 例。

从表 4–15 可以看出，单祭祀动词双宾组共 27 种句型。第一期种类最多，出现 24 种，只有 3 种未出现（21 型、30 型、42 型）；一期附出现 16 种，有 11 种未出现（19 型、21 型、22 型、23 型、25 型、29 型、30 型、38 型、41 型、42 型、44 型）；第二期只出现 5 种（20 型、27 型、28 型、31 型、37 型），其他 22 种都未出现；第三期出现 16 种，有 11 种未出现（19 型、21 型、22 型、23 型、29 型、32 型、34 型、36 型、41 型、43 型、44 型）；第四期出现 16 种，有 11 种未出现（19 型、22 型、23 型、29 型、30 型、34 型、38 型、40 型、41 型、42 型、44 型）；第五期种类最少，只出现 1 种句型（22 型）。

从句型角度看，六个时期都出现的句型没有，只在五个时期中出现（第五期未出现）的句型有 5 种（20 型、27 型、28 型、31 型、37 型），只在其中一个时期出现的句型有 8 种（19 型、21 型、23 型、29 型、30 型、41 型、42 型、44 型）。

单祭祀动词双宾组各期的分布比例与甲骨卜辞片数在各期的比例略有差异：单祭祀动词双宾组第一期、第二期、第三期、第五期的比例比卜辞片数比例小一些，而一期附、第四期的比例比卜辞片数的比例大一些。

表 4–16　单祭祀动词三宾组

句型	第一期	一期附	第二期	第三期	第四期	第五期	合计
45.（AV_2）+V+O$_{事}$+O$_{神}$+O$_{牲}$	5	2	—	3	3	—	13
46. S$_{牲}$+V+O$_{事}$+O$_{神}$	—	2	—	—	—	—	2
47.（AV_2）+V+O$_{事}$+P+O$_{神}$+O$_{牲}$	7	3	1	—	12	—	23
48. V+O$_{事}$+O$_{牲}$+P+O$_{神}$	2	—	—	—	—	—	2
49. V+P+O$_{神}$+O$_{事}$+O$_{牲}$	2	—	—	—	—	—	2
50. V+P+O$_{神}$+O$_{牲}$+O$_{事}$	1	—	—	—	—	—	1
51. 叀 +O$_{牲}$+V+O$_{事}$+P+O$_{神}$	—	1	—	—	—	—	1
52. P+O$_{神}$+V+O$_{事}$+O$_{牲}$	—	2	—	—	1	—	3
53. P+O$_{事}$+V+O$_{神}$+O$_{牲}$	—	3	—	—	—	—	3
合计	17	13	1	3	16	0	50
比例（%）	34	26	2	6	32	0	100
卜辞各期片数分布比例（%）	54.5	6.9	17.9	12.5	8.6	10.5	100

从表 4–16 可以看出，单祭祀动词三宾组共 9 种句型。第一期出现 5 种，有 4 种未出现（46 型、51 型、52 型、53 型）；一期附种类最多，出现 6 种，有 3 种未出现（48 型、49 型、50 型）；第二期仅出现 1 种（47 型）；第三期也仅出现 1 种（45 型）；第四期出现 3 种（45 型、47 型、52 型）；第五期未见。

从句型角度看，单祭祀动词三宾组分布最广的句型同时在四个时期出现，有 2 种（45 型、47 型），只在一个时期出现的句型有 6 种（46

型、48 型、49 型、50 型、51 型、53 型）。

单祭祀动词三宾组各期的分布比例与甲骨卜辞片数在各期的比例差异较大：单祭祀动词三宾组一期附和第四期的比例比卜辞片数的比例大，而第一期、第二期、第三期、第五期的比例比卜辞片数的比例小。

表 4–17　双祭祀动词无宾组

句型	第一期	一期附	第二期	第三期	第四期	第五期	合计
54.（AV_1）+（$S_{施}$）+（AV_2）+V_1+V_2	125	16	237	79	173	99	729
比例（%）	17.2	2.2	32.5	10.8	23.7	13.6	100
卜辞各期片数分布比例（%）	54.5	6.9	17.9	12.5	8.6	10.5	100

注：在其中第三期至第四期卜辞 2 例。

从表 4–17 可以看出，双祭祀动词无宾组在六个时期都存在，其各期的分布比例与甲骨卜辞片数在各期的比例差异较大：双祭祀动词无宾组第一期、一期附、第三期的比例比卜辞片数的比例小，而第二期、第四期、第五期的比例比卜辞片数的比例大。

表 4–18　双祭祀动词单宾组

句型	第一期	一期附	第二期	第三期	第四期	第五期	合计
55.（AV_1）+（$S_{施}$）+（AV_2）+V_1+V_2+$O_{地}$	—	—	2	1	1	—	4
56.（AV_1）+（$S_{施}$）+（AV_2）+V_1+V_2+P+$O_{地}$	6	—	4	2	1	2	15
57.（$S_{施}$）+（AV_2）+V_1+V_2++$O_{神}$	17	9	1	20	14	6	67
58. 叀/勿唯 +$O_{神}$+V_1+V_2	1	—	—	5	—	—	6
59.（AV_1）+$S_{神}$+（AV_2）+V_1+V_2	2	—	3	6	6	—	17
60.（AV_1）+（$S_{施}$）+（AV_2）+V_1+V_2+P+$O_{神}$	51	9	19	31	96	6	212
61.（AV_3）+P+$O_{神}$+V_1+V_2	7	—	—	3	11	—	21
62.（AV_2）+V_1+V_2+$O_{事}$	1	2	—	1	2	—	6
63.（$S_{施}$）+（AV_2）+V_1+V_2+（叀/其）+$O_{牲}$	14	6	16	12	27	4	79

续表

句型	第一期	一期附	第二期	第三期	第四期	第五期	合计
64. $S_{牲}$+（AV_2）+V_1+V_2	2	2	—	1	2	—	7
合计	101	28	45	82	160	18	434
比例（%）	23.3	6.4	10.3	18.9	36.9	4.1	100
卜辞各期片数分布比例（%）	54.5	6.9	17.9	12.5	8.6	10.5	100

注：在其中第三期至第四期卜辞 2 例，无分期卜辞 1 例。

从表 4–18 可以看出，双祭祀动词单宾组共 10 种句型。第一期出现 9 种，只有 1 种未出现（55 型）；一期附出现 5 种，5 种未出现（55 型、56 型、58 型、59 型、61 型）；第二期出现 6 种，有 4 种未出现（58 型、61 型、62 型、64 型）；第三期 10 种全部出现；第四期出现 9 种，只有 1 种未出现（58 型）；第五期出现 4 种（56 型、57 型、60 型、63 型），其他 6 型未出现。

从句型角度看，双祭祀动词单宾组在六个时期都出现的句型有 3 种（57 型、60 型、63 型），只在五个时期中出现的句型有 1 种（56 型），分布范围最小的句型只在两个时期中出现，1 种（58 型）。

双祭祀动词单宾组的各期分布比例与甲骨卜辞片数在各期的比例差异较大：双祭祀动词单宾组第一期、第二期、第五期比卜辞片数的比例小，而第三期、第四期比卜辞片数的比例大。

表 4–19　双祭祀动词双宾组

句型	第一期	一期附	第二期	第三期	第四期	第五期	合计
65.（$S_{施}$）+（AV_2）+V_1+V_2+$O_{事}$+P+$O_{神}$	1	—	1	—	4	—	6
66.（$S_{施}$）+（AV_2）+V+V_2+$O_{神}$+$O_{牲}$	1	3	—	6	10	—	20
67. $S_{神}$+V_1+V_2+$O_{牲}$	—	—	1	2	1	—	4
68.（$S_{施}$）+（AV_2）+V_1+V_2+P+$O_{神}$+$O_{牲}$	19	10	3	5	41	—	78
69.（AV_2）+V_1+V_2+$O_{牲}$+P+$O_{神}$	3	3	—	—	3	—	9

续表

句型	第一期	一期附	第二期	第三期	第四期	第五期	合计
70. $S_{牲}+V_1+V_2+P+O_{神}$	1	—	—	—	3	—	4
合计	25	16	5	13	62	0	121
比例（%）	20.7	13.2	4.1	10.8	51.2	0	100
卜辞各期片数分布比例（%）	54.5	6.9	17.9	12.5	8.6	10.5	100

注：在其中第三期至第四期卜辞 4 例。

从表 4–19 可以看出，双祭祀动词双宾组共 6 种句型。第一期出现 5 种，只有 1 种未出现（67 型）；一期附出现 3 种（66 型、68 型、69 型）；第二期出现 3 种（65 型、67 型、68 型）；第三期出现 3 种（66 型、67 型、68 型）；第四期 6 种全部出现；第五期未见。

从句型角度看，双祭祀动词双宾组分布最广的句型是 68 型，在五个时期中出现，其次是 66 型，在四个时期中出现，分布范围最小的句型只在两个时期中出现，只有 1 种（70 型）。

双祭祀动词双宾组各期分布比例与甲骨卜辞片数在各期的比例差别较大：其第四期的数量占总数的一半，而第五期未出现，第二期仅占总数的 4.1%。

表 4–20　三祭祀动词无宾组

句型	第一期	一期附	第二期	第三期	第四期	第五期	合计
71. （$S_{施}$）+（AV_2）$+V_1+V_2+V_3$	18	1	154	29	29	1	232
比例（%）	7.8	0.4	66.4	12.5	12.5	0.4	100
卜辞各期片数分布比例	54.5	6.9	17.9	12.5	8.6	10.5	100

注：在其中无分期卜辞 1 例。

从表 4–20 可以看出，三祭祀动词无宾组在六个时期都存在，但其各期的分布比例与卜辞片数在各期的比例差异极大：无宾组第二期数量最多，占 66.4%，而第一期，一期附和第五期数量之和占比还不到 10%。

表 4-21　三祭祀动词单宾组

句型	第一期	一期附	第二期	第三期	第四期	第五期	合计
72. $S_{施}$+（AV_2）+V_1+V_2+V_3++$O_{神}$	8	—	1	4	4	1	18
73. 叀 +$O_{神}$+V_1+V_2+V_3	—	—	—	—	2	—	2
74.（$S_{施}$）+(AV_2)+V_1+V_2+V_3 +P+$O_{神}$	10	1	2	5	34	—	52
75. P+$O_{神}$+V_1+V_2+V_3	—	—	—	—	4	—	4
76.（AV_2）+V_1+V_2+V_3+（叀）+$O_{牲}$	1	1	2	5	5	—	14
合计	19	2	5	14	49	1	90
比例（%）	21.1	2.2	5.6	15.6	54.4	1.1	100
卜辞各期片数分布比例（%）	54.5	6.9	17.9	12.5	8.6	10.5	100

注：在其中第三期至第四期卜辞 1 例，无分期卜辞 1 例。

从表 4-21 可以看出，三祭祀动词单宾组共 5 种句型。第一期、第二期、第三期都出现 3 种句型（72 型、74 型、76 型）；一期附出现 2 种句型（74 型、76 型）；第四期 5 种句型都出现；第五期只出现 1 种句型（72 型）。

从句型角度看，三祭祀动词单宾组分布最广的句型在五个时期中出现，3 种（72 型、74 型、76 型），只在一个时期中出现的句型 2 种（73 型、75 型）。

三祭祀动词单宾组各期的分布比例与甲骨卜辞片数在各期的比例差别较大：单宾组中占比重最大的是第四期，一期附、第二期和第五期占的比重都很小。

表 4-22　三祭祀动词双宾组

句型	第一期	一期附	第二期	第三期	第四期	第五期	合计
77. V_1+V_2+V_3+$O_{神}$+$O_{牲}$	1	—	—	—	1	—	2
78.（$S_{施}$）+（AV_2）+V_1+V_2+V_3+P+$O_{神}$+$O_{牲}$	3	—	4	—	34	—	41
79. V_1+V_2+V_3+$O_{牲}$+$O_{神}$	—	—	—	1	—	—	1

续表

句型	第一期	一期附	第二期	第三期	第四期	第五期	合计
80.（AV_2）+V_1+V_2+V_3+O_牲+P+O_神	—	—	—	—	1	—	1
合计	4	0	4	1	36	0	45
比例（%）	8.9	0	8.9	2.2	80	0	100
卜辞各期片数分布比例（%）	54.5	6.9	17.9	12.5	8.6	10.5	100

从表 4-22 可以看出，三祭祀动词双宾组共 4 种句型。第一期出现 2 种（77 型、78 型）；第二期出现 1 种（78 型）；第三期出现 1 种（79 种）；第四期出现 3 种（77 型、78 型、80 型）；一期附和第五期未见。

从句型的角度看，三祭祀动词双宾组分布最广的句型在三个时期中出现，有 1 种（78 型），只在一个时期出现的句型有 2 种（79 型、80 型）。

三祭祀动词双宾组各期的分布比例与甲骨卜辞片数在各期的比例差异极大：双宾组中第四期占总数的 80%，一期附和第五期未见。

表 4-23　祭祀动词兼语组

句型	第一期	一期附	第二期	第三期	第四期	第五期	合计
81.（S）+（AV_1）+V_1+（OS）+V_2	13	—	—	3	1	—	17
82. 叀 +OS+V_1+V_2	—	—	—	2	—	—	2
83.（S）+（AV_1）+V_1+（OS）+V_2+（P）+O_地	5	—	—	1	—	—	6
84.（AV_1）+V_1+OS+V_2+（P）+O_神	17	—	—	—	—	—	17
85. 叀 +OS+V_1+V_2+O_神	1	—	—	—	—	—	1
86.（AV_1）+V_1+OS+V_2+O_事	2	—	—	—	—	—	2
87. V_1+OS+V_2+O_牲	3	—	—	—	—	—	3
88.（AV_1）+V_1+OS+V_2+P+O_神+O_牲	12	—	—	—	—	—	12
89. V_1+OS+V_2+O_牲+P+O_神	1	—	—	—	—	—	1
90. V_1+OS+P+O_神+V_2+O_牲+V_3+O_牲	1	—	—	—	—	—	1

续表

句型	第一期	一期附	第二期	第三期	第四期	第五期	合计
91.（AV_1）+V_1+（OS）+（AV_2）+V_2+V_3	2	—	—	—	—	—	2
92.（AV_1）+V_1+OS+（AV_2）+V_2+V_3+（P）+$O_{神}$	5	—	—	—	—	—	5
合计	62	0	0	6	1	0	69
比例（%）	89.9	0	0	8.7	1.4	0	100
卜辞各期片数分布比例（%）	54.5	6.9	17.9	12.5	8.6	10.5	100

从表 4-23 可以看出，祭祀动词兼语句共 12 种句型。第一期出现 11 种，只有 1 种未出现（82 型）；第三期出现 3 种（81 型、82 型、83 型）；第四期出现 1 种（81 型）；一期附、第二期、第五期未见。

从句型的角度看，分布最广的句型在三个时期中出现，有 1 种（81 型）；只在一个时期出现的句型有 10 种（82 型、84 型、85 型、86 型、87 型、88 型、89 型、90 型、91 型、92 型）。

祭祀动词兼语句各期的分布比例与甲骨卜辞片数在各期的比例差异较大：祭祀动词兼语句中第一期数量最多，占 89.6 %；其次是第三期，占 8.7%；一期附、第二期和第五期未见。

根据上面的表格，我们可得出一个总表（见表 4-24）。

表 4-24　祭祀动词句型五期分布总表

		第一期	一期附	第二期	第三期	第四期	第五期	合计
单祭祀动词句	数量	2325	424	556	1056	1251	379	5991
	比例（%）	38.8	7.1	9.3	17.7	20.8	6.3	100
双祭祀动词句	数量	251	60	287	174	395	117	1284
	比例（%）	19.5	4.7	22.4	13.5	30.8	9.1	100
三祭祀动词句	数量	41	3	163	44	114	2	367
	比例（%）	11.2	0.8	44.4	12	31.1	0.5	100

续表

		第一期	一期附	第二期	第三期	第四期	第五期	合计
祭祀动词兼语句	数量	62	0	0	6	1	0	69
	比例（%）	89.9	0	0	8.7	1.4	0	100
合计		2679	487	1006	1280	1761	498	7711
比例（%）		34.7	6.3	13	16.7	22.8	6.5	100
卜辞各期片数分布比例(%)		54.5	6.9	17.9	12.5	8.6	10.5	100

注：在其中第四期中有第三期至第四期卜辞 30 例，无分期卜辞 11 例，共 41 例，占总数的 0.5%。

甲骨文单祭祀动词句占祭祀动词句总数的 77.7%，双祭祀动词句占祭祀动词句总数的 16.6%，三祭祀动词句占祭祀动词句总数的 4.8%，祭祀动词兼语句占祭祀动词句总数的 0.9%。从表 4-24 可以看出，虽然它们各自的分布比例与甲骨卜辞片数在各期的比例有一些差异，但它们的总和在各期的分布比例基本上与卜辞片数在各期的比例一致。

第三节 甲骨文祭祀动词句句法语义研究

配价理论对汉语的句法结构组合具有一定的解释力。随着配价理论在汉语语法研究中的逐渐深入，我们发现“价”这一范畴具有两种不同的属性：属于语义平面的“语义价”和属于句法平面的“句法价”，为了使两者有明显的区别，我们采用邵敬敏的提法，把后者称作“句法向”。在这里，我们尝试运用此理论对甲骨文祭祀动词句的句法及语义关系进行分析。

“所谓‘语义价’是指：一个动词在句法结构中，有可能与它发生语义联系的成分的语义类别的总和。这种成分主要是体词性的，但是也可以是非体词性的。关键是该成分已与谓词建立起一定的语义上的匹配关系。一个动词可以联系几种语义类别，即几种‘语义格’，就有几个

‘价’。”“语义价”和“语义格”既有联系又有区别：“‘语义格’是对整个语言系统来讲的；而‘语义价’是就某个具体的词来说的，它指不同语义格类型能够与该动词组合的一种可能性，有几种可能性，就有几个‘价’。”①

那么，如何来确定语义格呢？邵敬敏先生认为：“假设有某个句法结构体XY，它们之间的语义关系是由X和Y共同决定，即它以人们对事物之间的种种联系的认知作为基础。无论改变X，还是改变Y，只要超出了X或Y的语义范畴，那么，X或Y的语义关系就可能发生变化，这是由句法结构中两个相匹配的句法成分的‘语义双向选择性原则’所决定的。”②

据此，我们对甲骨文祭祀动词及其句型做了全面考察，发现甲骨文祭祀动词具有以下7种语义格。

1. 施事格，例如：

（1）王福，勿侑伐。418正

（2）己亥卜：我燎，无其雨。12843反

（3）癸未卜，王贞：畏梦，余勿御。17442

（4）戊戌卜：其示于妣己，王宾。27518

（5）甲辰卜：侯宾雀。33071

2. 对象格③，例如：

（6）庚申卜，㱿贞：取河，有从雨。14575

（7）辛酉卜：王祝于妣己，廼取祖丁。19890

（8）祭大乙，其舌祖乙二牢。27129

（9）辛酉贞：癸亥侑父丁，岁五牢，不用。32665

（10）丙子卜：将兄丁于父乙，用。32731（于：连词。）

① 邵敬敏：《汉语语法的立体研究》，商务印书馆，2000，第145-149页。

② 邵敬敏：《汉语语法的立体研究》，商务印书馆，2000，第146页。

③ 我们把神祇名词看作对象格。

3. 受事格[①]，例如：

（11）贞：三小牢，卯三牛。14436

（12）丙申卜，贞：燎于河三牢，沈三牢，宜一牢。14556

（13）莫舌十人又五，王受祐，大吉。27020

（14）丁未卜：其侑木丁于父丁，福一牢。32673

（15）乙亥岁三牢。英2426

4. 工具格，例如：

（16）贞：御自唐大甲大丁祖乙百羌百牢，二告。300

（17）乙巳卜，穷贞：今日侑于父乙牢。1901正

（18）癸丑卜，旅贞：翌甲寅其侑于丁一牛。22618

（19）己巳卜，彭贞：御于河羌三十人，在十月又二卜。26907

（20）辛亥卜：祝于二父二人，王受祐。27037

5. 与事格[②]，例如：

（21）己卯卜，㱿贞：御妇好于父乙，𠭰羊又豕，𣪘十牢。271正

（22）贞：御子央于母庚。3010

（23）贞：酌子央，御于父乙。3013

（24）乙亥卜，贞：弜告秋。屯2227

① 祭牲宾语可分为受事宾语和工具宾语两类。周国正（《卜辞两种祭祀动词的语法特征及有关句子的语法分析》，载《古文字学论集初编》，香港中文大学，1983）把甲类祭祀动词（即除了能带神祇宾语和祭牲宾语外，还能带原因宾语的祭祀动词）后面的祭牲叫做"工具宾语"。乙类祭祀动词（即只能带神祇宾语和祭牲宾语，从来不带原因宾语的祭祀动词）后面的祭牲叫做"受事宾语"。但沈培（《殷墟甲骨卜辞语序研究》，台北文津出版社，1992）研究发现，"乙类词的双宾语里，牲名表示动作的受事有不少，但也有很多牲名表示动作的工具"。多数学者认为，在一般祭名后的祭牲往往是工具宾语，而在用牲动词后的祭牲往往是受事宾语。例：甲午卜，贞：翌乙未侑于祖乙羌十又五，卯牢又一牛，五月。324"侑于祖乙羌十又五"指用十五个羌人对祖乙进行侑祭，"羌"是工具宾语；"卯牢又一牛"指卯杀一牢一牛，"牢又一牛"作"卯"的受事宾语。本书把"卯、沉、燎、岁"等用牲动词后的祭牲名词看作受事格，把用牲动词之外的"御、侑、祝、宁"等祭祀动词后的祭牲名词看作工具格。但是，应该承认，这两类动词的划分是有分歧的，不是绝对的，仍待进一步研究。因为一些祭祀动词的语义目前还不是十分明晰，"即不知道该祭祀动词究竟表示什么样的一个施牲行为，我们便无从判断它所带的牲名宾语是用作受事，还是用作工具"（参齐航福《殷墟甲骨文宾语语序研究》，中西书局，2015，第13页）。

② 我们把人事名词分为与事格和事件格两种。

（25）乙卯卜：桒雨于上甲不。屯 2282

6. 事件格，例如：

（26）汏王入。9375

（27）贞：勿于父乙告疾身，小告。13670（比较：御疾身于父乙。13668 正）

（28）甲子卜，争贞：来乙亥告𠂤其西于六元示。14829（𠂤：人名。西：作动词，向西。）

（29）戊寅卜，争贞：攺王循，于之若，二告。16153 正（循：巡视。）

（30）丁丑卜：其祝王入于多亚。30296

（31）甲申于河告方来。33052

（32）甲午贞：于父丁告妻其步。屯 866（妻：人名。）

7. 处所格，例如：

（33）癸丑卜，王贞：翌甲寅王其宾父丁必。23248

（34）己丑卜：告于父丁，其飨宗。32681（宗：祖庙，神主之所在。）

（35）…卜：其侑父丁必，叀今日戊彭，吉。32716

（36）庚戌卜：将母辛宗。怀 1566

通过分析，我们发现“语义价”在句法结构中所占据的位置，主要是宾语和主语位置，对甲骨文祭祀动词来说，有的语义格只在主语位置上出现，如施事格；有的语义格只在宾语位置上出现，如处所格[①]；也有的语义格则主要在宾语位置出现，有时也出现在主语的位置，如对象格、受事格、工具格、与事格、事件格。

“所谓‘句法向’，是指在一个句法结构中，不借助于其他语法手段（如‘介词’），最多可以同时出现在主宾语位置上的，并与谓词发生直接语义联系的语义格的数目。这个句法结构不是指最简单的主谓句，而是指尽可能复杂的句子。”“‘句法向’是以‘语义价’为基础的，但是它必须符合‘同现’原则，即在一个句法结构中最多可以同时出现几个‘语义格’。‘句法向’不等于‘语义价’，它不是一个单纯的语义

① 当处所格出现在动词之前时，我们把它看作状语。例如：甲戌卜，贞：武祖乙宗丁，其牢，兹用。36080（丁：祭祀动词。武祖乙宗：处所状态。）

问题，不只是一种可能性，而是必须受到句法结构的制约，即表现为一种现实性。”①

下面，我们来讨论甲骨文祭祀动词的语义格成分同现的情况以及语义格同现的句法位置制约的情况。

一　甲骨文祭祀动词的语义格成分同现的情况

（一）甲骨文祭祀动词施事格的同现能力最强，可以和对象格、受事格、工具格、与事格、处所格同现。

1. 施事格—对象格，例如：

（1）甲午卜，争贞：我舞岳。14472

（2）王侑示癸。19812 正。

（3）甲戌卜，扶贞：王宾上甲，无𡆥。22630

（4）乙巳卜，行贞：王宾雍己，无尤。22819

（5）己未卜：祖丁大勺，王其延大甲。屯 2276

2. 施事格—受事格，例如：

（6）王其宜敝麋，吉。29405（敝：地名。）

（7）己巳贞：王其蒸南冏米，叀巳亥。32024（南冏：地名。米：粟米，祭品。）

（8）丁卯贞：王其称珏，燎三牢，卯…牢。32420（称：举献物品之祭。珏：祭品名。）

（9）庚午贞：王称珏于祖乙，燎三牢，…乙亥。32535

3. 施事格—工具格，例如：

（10）贞：王侑敪，不若。7426 反（敪：用作奚，人牲。）

（11）王侑祊龜，不吿。14929 正

（12）…亥贞：王侑百鬯百牛。32044

4. 施事格—与事格，例如：

（13）贞：王告沚或，若。3957（沚或：人名，商朝将领。）

① 邵敬敏：《汉语语法的立体研究》，商务印书馆，2000，第 149-154 页。

（14）甲申卜：王于妣己御占娘，十月。19886

（15）戊午卜：王于母庚佐子辟。19964

（16）甲辰卜：侯宾雀。33071

（17）…辰…㱿贞：我宁风。怀 249

5. 施事格—处所格，例如：

（18）癸丑卜，王贞：翌甲寅王其宾父丁必。23248

（19）乙酉卜：祝…丁亥史其告南室。24940（史：官名，掌管祭祀和记事等职务。）

（二）可以和对象格同现的有施事格、处所格、受事格、工具格、与事格、事件格。

1. 施事格—对象格，例见上。

2. 对象格—处所格，例如：

（20）贞：大甲䜭宗，用，八月。10611

（21）上甲史其祝父丁必。32390（上甲史：上甲的史臣。）

3. 对象格—受事格，例如：

（22）庚寅㞢一牛妣庚，𠩺十𠬝十牢十㲉。893 正

（23）乙卯卜，内：𠩺大庚七十牢伐二十。895

（24）甲午卜：登黍高祖乙。32459（登：荐新之祭，即将新收获的谷物奉祭于神灵。①）

（25）燎黄尹豭，卯六牛。怀 899

4. 对象格—工具格，例如：

（26）㯃大甲三十牛。1436

（27）丁巳卜：御三牢妣庚。22294

（28）乙未卜：其宁方羌一牛。32022（方：指四方之神。）

（29）辛巳卜：今日告父丁一牛，乃令。屯 965

5. 对象格—与事格，例如：

（30）御囗南庚。721 正

① 李立新：《甲骨文中所见祭名研究》，博士学位论文，中国社会科学院研究生院，2003，第 68-69 页。

（31）戊子卜：御雀父乙。4115

（32）己未卜：御妇妣庚。22226

（33）其告秋上甲。28207

（34）辛未贞：𡭊年高祖河，于辛巳。32028

6. 对象格—事件格，例如：

（35）疾身不御妣己，羸。6475 反

（36）壬戌卜，古贞：御疾身妣癸。13675 正

（37）甲午贞：告妻其步祖乙。屯 866（妻：人名。）

（三）可以与受事格同现的有施事格、对象格、与事格。

1. 施事格—受事格，例见上。

2. 受事格—对象格，例见上。

3. 受事格—与事格，例如：

（38）癸未卜，贞：燎于㞢十小牢，卯十牛年，用。14470

（39）庚戌卜，争贞：燎于西囚一犬一㲋，燎四豕四羊㲋二，卯十牛㲋一。英 1250 正（囚：灾祸。西：指西方之神。）

（四）可以与事件格同现的有工具格。

事件格—工具格，例如：

（40）丙戌卜，穷贞：告日有鑿于上甲三牛。13329

（41）…酉卜，穷贞：告𠂤受令于丁二牢，𦎫一牛。19563

（42）丙子卜：其告方来于丁一牛。33055

（43）己巳卜：告亚𠂤其往于丁一牛。屯 2378（亚：职官名。𠂤：人名。）

（五）可以与工具格同现的有对象格、事件格、与事格。

1. 工具格—对象格，例见上。

2. 工具格—事件格，例见上。

3. 工具格—与事格，例如：

（44）𡭊雨于上甲牢。672

（45）贞：御子商小牢，用。2941

（46）贞：御子央豕于蛾。3006

（47）乙卯卜，徣：侑子族豕，用。21287

（48）甲戌贞：其宁风三羊三犬三豕。34137

（六）可以与处所格同现的有施事格、对象格。

1. 施事格—处所格，例见上。

2. 对象格—处所格，例见上。

二　甲骨文祭祀动词的语义格同现的句法制约情况

同现成分只能出现在主语和宾语位置。现分开来讨论。

（一）宾语位置

甲骨文祭祀动词有带单宾语、双宾语和三宾语三种情况。对于单宾语来说，可以充当宾语的有对象格、受事格、工具格、与事格、事件格、处所格六种，其中前四种语义格占大多数，后三种语义格充当宾语的情况较少。例见前，不具列。双宾语结构，有以下几种情况。

1. 对象格+受事格，例如：

（1）乙卯卜，内：酉大庚七十牢伐二十。895 甲

（2）癸未卜，㱿：燎黄尹一豕一羊，卯三牛，酉五十牛，6945（黄尹：即伊尹。）

（3）燎于东西有伐，卯南黄牛，小告。14315（南：指南方之神。）

（4）翌日大乙，王其舌祖乙羌。26935

（5）燎黄尹四豭，卯六牛。怀 899

2. 受事格+对象格，例如：

（6）庚寅㞢一牛妣庚，酉十㞢十牢十豰。893 正

（7）辛酉卜：卯犬子庚。22295

（8）侑伐十五，岁小牢上甲。32198

（9）甲午卜：登黍高祖乙。32459

（10）癸卯卜：蒸禾乙祖。32572 正

3. 对象格+工具格，例如：

（11）桒大甲三十牛。1436

（12）癸巳卜：御妣辛豕五。22074

（13）贞：翌辛丑其侑祖辛牢。23002

（14）己亥卜：先侑大乙二十牢。屯 751

（15）辛巳卜：今日告父丁一牛，乃令。屯 965

4. 工具格 + 对象格，例如：

（16）丁亥卜：于翌戊子酚三豭祖乙，庚寅用，四月。1526

（17）丁酉卜，㱿贞：今日用五牢祖丁。1878 正。

（18）己卯卜：用豕二母二戊。19954

（19）庚子卜：弜祭豝祖庚。22045

（20）丁巳卜：御三牢妣庚。22294

5. 与事格 + 对象格，例如：

（21）御𡆥南庚。721 正

（22）戊子卜：御雀父乙。4115

（23）己未卜：御妇妣庚。22226

（24）其告秋上甲，其立中。28207

（25）其宁风伊。30259（伊：即伊尹。）

6. 事件格 + 对象格，例如：

（26）壬戌卜，古贞：御疾身妣癸。13675 正

（27）甲午贞：告妻其步祖乙。屯 866

7. 与事格 + 工具格，例如：

（28）贞：御子商小牢，用。2941

（29）乙卯卜，𠂤：侑子族豕，用。21287

（30）弜戠，夕其酚人牛。33709

（31）甲戌贞：其宁风三羊三犬三豕。34137

（32）于南户寻王羌。屯 2044

8. 受事格 + 与事格，例如：

（33）癸未卜，贞：燎于𠙵小牢，卯十牛年，用。14770

甲骨文祭祀动词能带三个宾语的有“桒、御、告、宁、酚、侑、祝”七个，它们构成的三宾语结构只有一种形式：与事格 – 对象格 – 工具格。例如：

（34）…丑卜，殻贞：先酌子凡父乙三宰。3216 正

（35）其告秋上甲二牛。28206

（36）辛卯卜：甲午奉年上甲三牛，用。33309

（37）壬子卜：奉禾示壬宰。33333

（38）辛酉卜：宁风巫九豕。34138

（二）主语位置

甲骨文祭祀动词前面的语义格最多有两个，多数情况是一个，下面分别来讨论。

其一，祭祀动词前面只有一个语义格出现的情况。

1. 施事格：因甲骨卜辞是商王及其统治者的占卜记录，故施事者多为商王及王室成员。此种语义格只能出现在祭祀动词的前面，而祭祀动词前出现的语义格也以施事格为最多。例见前，不具列。

2. 对象格，例如：

（39）癸丑卜，行贞：翌甲寅毓祖乙岁，朝酌，兹用。23148

（40）甲申卜，即贞：妣岁，王其叙，十一月。25162

（41）乙酉卜，何贞：祖丁舌，其遘于日。27282

（42）庚午贞：上甲燎一小宰。屯 4530

（43）大乙伐十羌。怀 1558

3. 与事格，例如：

（44）贞：小疾勿告于祖乙。6120 正

（45）庚寅卜：勿雀于母庚御。13892（雀：人名。参看同片：勿御雀于母庚。13892）

（46）戊申贞：叀雨奉于兇。34271

4. 工具格，例如：

（47）一牛一羊御妇鼠妣己。19987

（48）…午，三宰用妣庚。22247

（49）己酉卜，何贞；其宰又一牛馀。27138

（50）辛丑卜：奚御祖乙。32524

（51）宰又二牛用，王受佑。屯 4122

5. 受事格，例如：

（52）辛丑卜：于一月辛酉彭，禘蒸，十二月。21221

（53）丙辰贞：盧羊岁。22439

（54）…申卜：馨禘其蒸兄辛。27632（馨禘：馨香之禘。）

（55）二牛燎，卯二小牛。34456

（56）壬申贞：多宁以鬯蒸，于丁卯叀…屯 2567

6. 事件格，例如：

（57）贞：疾齿御于父乙。13652

（58）贞：疾趾于妣庚御。13689

（59）疾[illegible]御于妣己暨妣庚，小告。英 97 正

（60）贞：疾齿告于丁。英 1122 正

（61）贞：疾趾御于妣己。英 1124

其二，祭祀动词前两个语义格同现的情况。

1. 对象格 + 工具格，例如：

（62）庚午卜：兄辛鬯延于宗，兹用。屯 657

2. 工具格 + 对象格，例如：

（63）癸丑卜：奚祖乙卯。19765

（64）彘妣辛用。22246

（65）甲寅卜：黍母庚用。怀 78

3. 受事格 + 对象格，例如：

（66）丁丑卜：其十牢大甲岁。32476

从以上例子可以看出，两个语义格在祭祀动词前面同现构成的句子，从句法结构来看都是主谓谓语句。主谓谓语句的大主语和小主语不处于同一个句法结构层次上，但它们之间存在一定的语义关系，而且有些大主语和小谓语也可以组成一个最小的句法结构，因而大主语也应算作动词的一个语义价。由此也说明，有时语义关系是超越句法结构层次的。

（三）主语位置—宾语位置

通过对甲骨文祭祀动词句型的全面考察，我们发现，受句法结构的

制约，跟祭祀动词有关的语义格成分，能够在主语和宾语位置同现的最多三个。

动词前面出现一个语义格，动词后面出现两个语义格。例如：

（1）施事格—对象格＋工具格，例如：

（67）辛巳卜，𣪊贞：酌，我祊大甲祖乙十伐十牢。904 正

（2）施事格—对象格＋受事格，例如：

（68）翌日大乙，王其舌祖乙有羌。26935（有：名词词头。）

（3）工具格—与事格＋对象格，例如：

（69）一牛一羊御妇鼠妣己。19987

（70）一牛御妇鼠妣己。19987

对于两个语义格同现的情况见前面的分析，不再繁述。这里只须强调一点，当甲骨文祭祀动词前面出现两个语义成分时，该动词后面只能是零形式，例见前。

第四节　几种祭祀动词句型散论

一　三宾语句

三宾语句是甲骨文中特有的一种语法现象，其语义为：为某人（某事）用某祭牲向某神祇祭祀[①]。三宾语句中的祭祀动词是一种“四位动词”（our-placed verb），可以带施事主语（如“我”“王”之类，一般不出现）和人事、神祇、祭牲三个宾语。[②]周国正、陈初生、沈培、时兵、贾燕子、齐航福、喻遂生、邓统湘、黄劲伟等学者都曾从不同角度论及

① 黄劲伟（《甲骨文三宾语句的句法推导》，《外文研究》2013 年第 3 期）认为，按照参与者在事件构成中的显著度，祭祀事件当解释为“为某人 / 某事向某神祇用某祭品祭祀”。

② 学界对祭祀动词后三个宾语的指称不一，人事宾语或称为原因宾语、事由宾语、为动宾语等；神祇宾语也叫作对象宾语、关切宾语、受益宾语等；祭牲宾语或称为祭品宾语，又可分为工具宾语和受事宾语。

甲骨文中的三宾语句。[①]

甲骨文中三宾语句出现的数量不多，现共发现24例。能带三宾语的祭祀动词仅有“𠦪、酌、侑、御、宁、告、祝、御、面、祼”。根据祭祀动词后三个宾语的排列次序，可以分为两类：“$V+O_{事}+O_{神}+O_{牲}$”和“$V+O_{事}+O_{牲}+O_{神}$”。

“$V+O_{事}+O_{神}+O_{牲}$”式最为常见，共21例，出现了七个祭祀动词，分别为“御”11例、“𠦪”3例、“宁”2例、“酌”2例、“告”1例、“侑”1例、“祝”1例。[②]

（1）甲申卜：御雀父乙一羌一牢。413（雀：人名。）

（2）丁亥卜：御弜大乙牢。4324（弜：人名。比较：令弜。4308贞：呼弜。4311己亥卜，于大乙大甲卯弜五牢。4325）

（3）…亥卜：御弜大甲牢。4324

（4）甲申卜：御妇鼠妣己二牝牡，十二月。19987

（5）丙卜：其御子而妣丁牛。花东40905（子而：人名。）

（6）丙卜：其御子馘妣丁牛。花东40905（子馘：人名。）

（7）丙卜：其御子馘妣丁牛。花东40906

（8）甲申卜：御雀父乙一牛？用。村中南341-2

---

① 周国正:《卜辞两种祭祀动词的语法特征及有关句子的语法分析》，载《古文字学论集初编》，香港中文大学，1983；陈初生:《论上古汉语动词多对象语的表示法》，《中国语文》1991年第2期；沈培:《殷墟甲骨卜辞语序研究》，台北文津出版社，1992；时兵:《古汉语双宾结构研究——殷商到西汉年代相关地下语料的描写》，博士学位论文，安徽大学，2002；喻遂生:《甲骨文双宾语句研究》，载《甲金语言文字研究论集》，巴蜀书社，2002；贾燕子:《甲骨文祭祀动词的三宾语句和双宾语句》，《乐山师范学院学报》2009年第10期；齐航福:《花东卜辞中的祭祀动词双宾语句试析》，《古汉语研究》2010年第1期；喻遂生:《甲骨文三宾语句研究》，载《语言文字与文学诠释的经典对话》，台湾东海大学中国文学系，2011；邓统湘:《〈殷墟花园庄东地甲骨〉祭祀动词双宾语和三宾语句型研究》，《南昌航空大学学报》（社会科学版）2011年第1期；黄劲伟:《甲骨文三宾语句的句法推导》，《外文研究》2013年第3期。

② 还有几条卜辞是否为三宾语句，学界存在争议，我们暂不列入。例如：乙未卜：往西子奇妣庚三牢。（22294）齐航福（《殷墟甲骨文宾语语序研究》，中西书局，2015，第209页）将其中的“往”看作祭祀动词，训为“禳”，即后世的禳除之祭；并把“西子奇”看作原因宾语，由此认为该条卜辞也是“$V+O_{事}+O$ 神 $+O_{牲}$”式三宾语句。但据张玉金（《关于甲骨文中的“往”是否用作祭名的考察》，《古汉语研究》2019年第4期）考证，甲骨卜辞中的“往”没有祭祀动词的用法。我们赞成张文的说法。

（9）甲申卜：御雀父乙一牛？用。村中南 355-2

（10）禦臣父乙豚，子豚，母壬豚。/禦廌丙鼎犬，丁豚。屯附 1（臣、廌为原因宾语。丙：神名。）[①]

（11）壬子卜：桒禾示壬牢。34138

（12）癸酉卜：其桒田父甲一牛。28276

（13）乙卯卜，㱿贞：桒雨上甲宰。遗珠 923[②]

（14）辛酉卜：宁风巫九豕。34138

（15）戊子卜：宁风北巫犬。34140（巫：神祇名。北巫：北方之巫神。）

（16）乙丑卜，㱿贞：先酌子凡父乙三牢。3216 正

（17）贞：先酌子凡父乙三宰。3216 正

（18）其告秋上甲二牛，大吉。28206

（19）癸巳卜：侑我父乙豕。22201

（20）其祝工父甲三牛。27462

"$V + O_{事} + O_{牲} + O_{神}$"式仅见 3 例，祭祀动词"御""面""祼"各出现 1 例：

（21）己卜：至御子而䍩妣庚。花东 40922（子而：人名。）

（22）面多尹四十牛妣庚。花东 11315（面：面祭。多尹：人名。）

（23）甲子卜：祼咸鬯祖甲。花东 31804（咸：人名。）

黄劲伟提出"两个事件的叠置融合假设"来解释祭祀事件。即"一个完整的典型祭祀事件是由两个事件叠置融合而成，以'告秋上甲二牛?'（28206）为例，即：施祭者（商王）进献祭品（二牛）给神祇（上甲），上甲降福佑（这里是丰收）给人事（这里是事，秋：庄稼收成）。从施祭者的角度看，前一事件简称'予'（神祇以祭品），后一事件简称'取'（神祇之福佑）。因此，其结构属于叠置结构，即一个成分承担了两种不同的句法功能"。"神祇（上甲）既是'予'事件的感事，

① 该条卜辞和释文都转引自齐航福《殷墟甲骨文宾语语序研究》，中西书局，2015，第 208 页。

② 此例转引自齐航福《殷墟甲骨文宾语语序研究》，中西书局，2015，第 207 页。

又是‘取’的施事；施祭者（商王）既是‘予’事件的致事，又是‘取’的蒙事。”因此，一个完整的祭祀事件可诠释为：“商王（施祭者）促使（CAUSE）一个事件发生，该事件即祭品献给了神祇，神祇受到献牲的影响，降福佑给商王所关心的人事，这一事件使得人事受到神祇的保佑。”在最简方案框架下对三宾语句进行句法推导，可以看到，甲骨文三宾语句“VP + NP_1+ NP_2+ NP_3”结构下嵌套着3个介宾结构PP“为某人（或某事）”“用某祭品”“向某神祇”，“告秋上甲二牛”实际上是“告秋上甲”与“用上甲二牛”两个双宾结构融合而成。即乙类祭祀动词在轻动词驱动下发生位移，与甲类祭祀动词融合所得。[①]

张玉金在对甲骨文“御”字句中的单动句进行研究时，认为“御”为三价动词而非四价动词，“S”（施事主语）、“$O_{因}$”（受事宾语）、“$O_{神}$”（与事宾语）是三个主元，“$O_{神}$”前可以出现主元标记“P”。“‘$N_{牲}$’不是‘御’的主元成分，只能算是随意同现成分。”理由如下：“其一，‘御’字句中的‘$N_{牲}$’若译成现代汉语，要在它的前面加上‘用’，说明它是表示工具的次元。其二，‘御’字句中的‘$N_{牲}$’之前有时可直接出现一个祭祀动词，表示对牺牲的处理方式，可见‘$N_{牲}$’是表示用牲法动词的主元成分，而不是‘御’的主元成分。其三，‘御’字句中的‘$N_{牲}$’前，即使不出现一个表示用牲法的动词，也隐含着一个这样的动词。所以在‘御’字句中的‘$N_{牲}$’之前可以添加语气副词‘其’，也可以在‘$N_{牲}$’之前加标点。”[②]

对于三宾语中“人事—神祇—祭牲”排列次序最为常见的原因，时兵从信息传递及理解策略上做了分析。他认为“三宾结构‘原因—对象—材料’的次序排列非常稳定，它反映了信息传递和理解策略对语序生成的影响。首先就信息传递而言，它倾向于由已知到未知的序列。上述三个题元（宾语）中，原因总是事先存在的，确定性最高，因此原因在内围结构中首现。对象、材料角色的确定性则依次变低。其中材料的选择性（不确定性）最大，所以它最后出现，位于焦点位置。其次，就

① 黄劲伟：《甲骨文三宾语句的句法推导》，《外文研究》2013年第3期。

② 张玉金：《论甲骨文“御”字句中的单动句》，《古汉语研究》2003年第3期。

理解策略而言，它倾向于把难以理解加工的成分置于核心周围，这样有助于强化核心与该成分之间的关联。原因相对对象、材料而言，它的语义角色是较难识别的，因此它被安排在核心动词的周围。如果把原因角色置于离核心较远的位置，那么由于其他间隔成分的干扰而该角色处于游离状态，从而更增加了对该成分语义角色识别的难度。”[①] 黄劲伟提出，“祭祀中最显著的除了实施祭祀的时人（施祭者）外，就是祭祀所用牺牲（祭品），神祇是无形的，祭祀原因（目的）在祭祀过程中也是隐性成分，而且一般情况下处于祭祀之外”。故各参与者在祭祀事件构成中的显著度等级当为：施祭者 > 祭品 > 神祇 > 人事（“>”表示显著度优先于）。[②] 齐航福也运用焦点的出现规律，对祭祀卜辞中的这一句法现象进行了解释。“在汉语中，句末通常是焦点所在，所以在双宾语句、三宾语句及其相关句式中，牲名宾语大多最靠后，其次是神名宾语，而原因宾语几乎都是最靠前的。”[③]

陈初生就三宾语消失的原因谈了他的看法。他认为除了层次重叠过多、语义关系欠明这个内在原因外，还有三个外部原因。

第一，“语义介词‘于’的运用，化三宾语为双宾语，使对象语之间层次明朗化。即：在祭祀对象前添加介词‘于’，变宾语为补语，或在祭祀对象前添加介词并同时把介宾结构移位至动词之前，变宾语为状语”[④]，前者如：

（24）己卯贞：桒禾于示壬三牢。28270（比较：辛卯卜，甲午桒禾上甲三牛。33309）

（25）其告秋于上甲一牛。屯 867（比较：其告秋上甲二牛，大吉。28206 ）

后者如：

（26）己亥卜：于大乙大甲御勿五牢。4325（勿：人名。比较：御

① 时兵:《古汉语双宾结构研究——殷商到西汉年代相关地下语料的描写》，博士学位论文，安徽大学，2002，第 42 页。

② 黄劲伟:《甲骨文三宾语句的句法推导》,《外文研究》2013 年第 3 期。

③ 齐航福:《殷墟甲骨文中焦点问题的初步研究》,《语文研究》2014 年第 4 期。

④ 陈初生:《论上古汉语动词多对象语的表示法》,《中国语文》1991 年第 2 期。

勿大甲牢。/ 御勿大乙牢。4324）

加“于”与否，语义不变，但使动词与其涉及的对象的关系更加明确。

第二，“运用省略法或隐含法，化三宾语句为双宾语句，甚至是单宾语句，使多对象语句的表面形式简单化。甲骨文中可以根据上下文例补出句子成分的现象叫省略；有的成分在字面上没有，只能判断其大致所属内容，却不能判断具体是什么的现象叫隐含。”[①] 例如：

（27）御众于祖丁牛、妣癸盧豕。御〔众〕[②] 祖癸豕、祖乙彘、祖乙豕豕。屯附 3

（28）丁亥卜：于翌戊子彭〔　〕三豭祖乙。1526

例（27）据文例知第二条卜辞省略了“众”，如不省略则为三宾语句。例（28）“彭”后应该隐含了某事，但又无法补出，如人事宾语出现，则为三宾语句。

如果省略、隐含与语义介词配合使用，可变三宾语为单宾语。例如：

（29）庚寅卜，争贞：丁酉桒〔　〕于妣丁三牛。10520

（30）…贞：今日彭〔　〕小牢于父乙。2215

第三，“将最后面的宾语独立开，使之归属另一个动词。即把三宾语中出现在最后面的祭牲宾语换成另外一种表示方法。”[③] 例如：

（31）丁卯卜：桒年岳，燎三牢，卯三牛。甲 909

此例也可用三宾语表达为：桒年岳三牢三牛。但卜辞用“燎、卯”注明用牲法，使两个动词分别带宾语“三牢、三牛”，化单句为复句，使语义变得更为精密。

“语法的发展规律便是由粗转精、由含混变清晰，所以商以后再没有三宾语句出现。”[④]

二　双宾语句

双宾结构是指一个动词带了两个宾语，两个宾语分别表示动词所涉

① 陈初生:《论上古汉语动词多对象语的表示法》,《中国语文》1991 年第 2 期。
② 陈初生:《论上古汉语动词多对象语的表示法》,《中国语文》1991 年第 2 期。
③ 陈初生:《论上古汉语动词多对象语的表示法》,《中国语文》1991 年第 2 期。
④ “〔　〕”表示该处的宾语有省略或隐含。

及的人和物，它们各自同动词发生关系，彼此并无结构上的联系。双宾语句在古今汉语中都存在。甲骨文中的双宾语句，管燮初、沈培、杨逢彬、喻遂生、时兵、齐航福、邓统湘、逢方慧等已有研究，其中以管燮初《殷虚甲骨刻辞中的双宾语问题》、沈培《殷墟甲骨卜辞语序研究》、喻遂生《甲骨文双宾语句研究》较为全面深入。[①]本书拟在已有研究的基础上做全面的梳理。

甲骨文双宾语句可分为非祭祀动词双宾语句和祭祀动词双宾语句两大类，因为两类双宾语句内部语义关系不完全相同，而且祭祀动词双宾语句和后世汉语双宾语句没有明显的源流关系，所以应将它们分开来研究。此说由沈培首倡。

祭祀动词双宾语句从理论上讲应该有六种形式，实际只发现了五种形式，双宾语为"神祇 + 人事"的形式未见，详见第二章。其中双宾语为"神祇 + 祭牲"的形式（27 型），出现的用例最多，共 148 例，占双宾语句总数的 72%，其次是双宾语为"祭牲 + 神祇"的形式（33 型），共 32 例，占总数的 15.6%，其他三种形式用例都不多。造成这种情况的原因，应该与卜辞的性质有关。这类卜辞都是在祭祀时使用的，人们在祭祀时，为某人某事而祭，就占卜者来说，往往是已知的，占卜者关注的焦点是向谁祭祀、用何物祭祀，所以双宾语为"神祇""祭牲"的用例占绝大多数，而包含人事宾语的用例就较少。

（一）非祭祀动词双宾语句

非祭祀动词双宾语句比祭祀动词双宾语句要少得多，形式也比较单一。[②]

---

① 管燮初:《殷虚甲骨刻辞中的双宾语问题》,《中国语文》1986 年第 2 期；沈培:《殷墟甲骨卜辞语序研究》，台北文津出版社，1992，第 110 页；喻遂生:《甲骨文双宾语句研究》，载《甲金语言文字研究论集》，巴蜀书社，2002。

② 引导双宾语句的动词，沈培（《殷墟甲骨卜辞语序研究》，台北文津出版社，1992，第 70 页）举出"受（授）""锡"和"畀"3 个；喻遂生（《甲骨文双宾语句研究》，载《甲金语言文字研究论集》，巴蜀书社，2002）举出"受（授）""降""作""肇""易（赐）""畀""来""氏（致）""稟""㐭（颁）"10 个；郑继娥（《甲骨文祭祀卜辞语言研究》，巴蜀书社，2007，第 70 页）举出"受（授）""易（赐）""畀（给）""降""以"和"来"6 个；齐航福（《殷墟甲骨文宾语语序研究》，中西书局，2015，第 95 页）整理出"受（授）""畀""易（赐）""入""见（献）""御""宜""降""肇""再（称）""以""来"和"䵼"共 13 个。

1.（主语）+ 动词 + 间宾 + 直宾

此种形式在非祭祀动词双宾语句中占绝大多数，能出现在该结构中的动词，最常见的是给予类动词：受（授：授予）、降（带来）、作（制造）、易（赐：赏赐、赐予）、肇（制造、带给）、畀（赏赐、给予）、来[①]（来贡、纳贡）、氏（致送）、稟（供给）、见（进献）、入（贡入）。例如：

（1）贞：大甲受王佑。1463 正甲

（2）贞，上子受我又。40446

（3）戊申卜，争贞：帝其降我年。乙 7793

（4）戊申卜，争贞，帝其降我莫？ 10171 正

（5）帝其作王祸。14182

（6）其作兹邑祸。7859 正

（7）贞：勿易黄兵。9468（黄：方国名。兵：兵器。）

（8）贞，翌乙亥易多射燕？ 5745（多射：人名。）

（9）贞：唯帝肇王疾。14222 正丙

（10）贞，隹多妣肇王疾。2521 正甲

（11）癸未卜，亘贞：畫来我马。9172 正

（12）贞：吴弗其氏王臣。5567（吴：人名。）

（13）己未卜，㱿贞：缶其稟我旅。1027 正（缶：方国名。稟我旅：供给我旅众之意。[②]）

（14）贞：丁畀我束。15940 正（丁：神祇名。束：似指一种灾害。）

（15）壬卜，在麓：丁畀子圉臣？花东 41001（丁：指武丁。子：花东卜辞的主人。圉臣：关押着的俘虏或奴隶。）

（16）庚卜：子其见丁卤，以？花东 20208（丁：指武丁。）

（17）己亥卜：子梦人见子琡，[亡]至艰？花东 14903（琡：玉戚。

① “来”作为给予类动词时，“常常刻在甲桥、甲尾、背甲上，表示甲骨来源，大多数是由方国、诸侯、王后、臣僚贡纳而来”。参逄方慧《甲骨文非祭祀动词句型研究》，硕士学位论文，西南师范大学，2013，第 23 页。

② 喻遂生：《甲骨文双宾语句研究》，载《甲金语言文字研究论集》，巴蜀书社，2002，第 139 页。

子：花东卜辞的主人。“人见子琡”为“梦”的宾语。）

其次常见的是取得类动词：丐（祈求）、乞（征求、征取）、求（祈求、征求）、取（征取、取来）。

（18）庚戌卜：其丐禾马贾？花东 14604（丐禾马贾：意为向贾乞求禾马。）

（19）甲午卜，宁贞，令周乞牛多[子]。4884+3240（周：人名。多子：指商族的很多族长。）

（20）辛酉卜，亘贞，呼求矢朿。/ 贞，勿求矢朿。4787+ 甲编 4.0.01694（矢：箭。朿：人名。）

（21）壬辰卜，王贞，令𥎦取马子涉。20630（𥎦：人名。子涉：人名。）

（22）戊戌：取戈王弟，若。补编 6925+ 合集 22491+ 北图 5251+ 北图 52324[①]

2.（主语）+ 动词 + 直宾 + 间宾

出现在“（主语）+ 动词 + 直宾 + 间宾”式双宾语句的动词主要是给予类动词：受（授：授予）、𤰈（颁赐）、氏（致送）、入（进献、贡纳）、见（进献、贡纳）、肇（进献、赏賜）、称（进献、贡纳）、作（制造、带来）。每个动词的用例都不多。例如：

（23）辛卯卜，扶，受年商。20651

（24）戊申卜，亘贞，受年王。40088

（25）贞：弗其𤰈𢀛邛方。18811

（26）甲午卜：叀周乞牛多子。324

（27）…大贞：作丧小竘。/…大贞：作孽小竘，无㭌。23711

（28）辛丑卜，贞：𠂤氏羌王，于门寻。261

（29）入肉丁？用。花东 23715（比较：弜告丁，肉弜入[丁]。花东 23714　肉入于丁。花东 40117）

（30）壬卜：子其入[黄]丁，侃？花东 22902

① 该条卜辞转引自齐航福《花东卜辞中的祭祀动词双宾语句试析》，《古汉语研究》2010 年第 1 期。片号用“+”连接的卜辞为缀合的。

（31）己卯卜：子见𠃬以琡丁？花东 03703（见：进献、贡纳。𠃬，人名。𠃬以琡：意为𠃬带来的琡。）

（32）己卯：子见𠃬圭、罙、肙、璧丁？花东 49002（圭、罙、肙、璧都指𠃬带来的物品。）

（33）辛亥卜：发肇妇好紤三，徵肇妇好紤二？花东 06303（发：人名。）

（34）甲子卜：乙，子肇丁璧罙琡？花东 18002

（35）子肇丁璧？花东 19811

（36）己亥卜：于庭称琡屮？花东 02904（屮：人名，）

（37）己亥卜：叀今夕称琡屮，若，侃？花东 14902

（38）戊卜：子作丁臣旃，其作子艰？　戊卜：子作丁臣旃，弗作子艰？花东 07501/02（艰：指灾祸类不好的东西。）

此外，取得类动词“丐”（祈求）、“得”（取得）等也有少数用例：

（39）丙午卜：其敕火丐贾禾马？用。花东 17903（敕：敕令。丐：乞求。）

（40）丁未卜：叀加乎丐贾禾马？叀𧇛乎丐贾禾马？花东 17905/06（加、𧇛：分别为人名。乎：呼令。）

（41）甲子卜，㱿贞，得寇𡿺。601（寇：罪隶。𡿺：人名或方国名。）

甲骨卜辞中“侵”还可以带两个受事宾语：

（42）土方侵我田十人。6057 反

非祭祀动词双宾语的否定式，一般在动词前加否定副词即可。例如：

（43）洹弗作兹邑祸。7859 正

（44）贞：勿易黄兵。9468

但若间接宾语为代词，则该代词要提到动词之前。否定副词之后；若否定副词和动词之间还有语气副词，则该代词要提到语气副词之前。例如：

（45）帝不我降年。乙 7793

（46）𢦔不我其来白马。9176 正（𢦔：人名）

（47）帝不我其授佑。6473 正

需要指出的是，正如甲骨文否定句中代词宾语已有后置的句式一样，双宾语句否定式中，代词宾语也已有后置的例子。例如：

（48）…伐邛方，不授我…6208

此片虽为残辞，但间接宾语“我”后置非常明确，不残则应为“不授我佑”，试比较：

（49）乙酉卜，贞：王征邛方，下上若，授我佑，一月。/ 贞：勿征邛方，下上弗若，不我其授佑。6322

（二）甲骨文双宾语句对后世的影响及其流变

1. 祭祀动词双宾语句消失，非祭祀动词句成为双宾语句的主体

甲骨文祭祀动词双宾语句在后代绝大多数都已改用非双宾语句型，特别是加介词的句型，双宾语句反而十分罕见了。例如：

（50）戊辰，王在新邑蒸，祭岁，文王骍牛一，武王骍牛一。（《尚书·洛诰》）

（51）敢用玄牡，敢昭告于上天神后。（《尚书·汤诰》）

（52）尔万方百姓，罹其凶害，弗忍荼毒，并告无辜于上下神祇。（《尚书·汤诰》）

（53）用牛于天于稷五百有四，用小牲羊、豕于百神水土社二千七百有一。（《逸周书·世俘解》）

（54）祭以清酒，从以骍牡，享于祖考。（《诗经·小雅·信南山》）

祭祀动词双宾语句商代以后突然衰亡的原因、过程和细节都不清楚，需要进一步研究。

2. 双宾语句否定式中的代词宾语由前置改为后置

甲骨文双宾语句否定式中的代词宾语以前置比较常见。但在后世典籍中双宾语句否定式中的代词宾语前置的用例十分罕见，基本上都是后置的。前置的用例仅发现以下两例：

（55）我龟既厌，不我告犹。（《诗经·小雅·小旻》）

（56）若受吾幣而不吾假道，将奈何？……若彼不吾假道，必不吾受也。（《吕氏春秋·权勋》）

后置的用例如：

（57）如受吾幣而不借吾道，则如之何？……彼不借吾道，必不敢受吾幣。(《谷梁传·僖公二年》)

（58）取吾璧，不予我城，奈河？（《史记·廉颇蔺相如列传》)

（59）苟与吾地，绝齐未晚也；不与吾地，阴合谋计也。(《史记·张仪列传》)

（60）然天与我才明，不与我年寿。(《三国志·魏书·方技传》)

3.“动词+直接宾语+间接宾语”式在后世古汉语中仍时有可见，“动词+直接宾语+间接宾语”在后世汉语中的用例如：[①]

（61）则报璧琱生。(《琱生簋二》)

（62）厥受图诛王于豆新官东廷。(《散盘》)

（63）微子作诰父师少师。(《尚书·微子序》)

（64）既成洛邑，将致政成王。(《尚书·洛诰》篇题注)

（65）至此已积七年，将归政成王。(《尚书·召诰》篇题孔疏)

（66）反子父母妻子闾里知识。(《庄子·至乐》)(知识：朋友)

（67）请奉盆缶秦王。(《史记·廉颇蔺相如列传》)

（68）又献玉斗范增。(《汉书·高帝纪》)

其中给予类双宾结构，“经西周金文、春秋战国文字，从传世文献一直传承到我们当代的现代汉语中，其种类已多样化”[②]。时兵详细考察了汉语双宾语句的历史演变过程，可参看。[③]

三　祭祀动词兼语句

甲骨文中的兼语句，前人已有研究，其中较为全面深入的有郑继娥《甲骨文中的连动句和兼语句》和张玉金《甲骨文语法学》。[④]本节拟在

① 以下用例多转引自喻遂生《甲骨文双宾语句研究》，载《甲金语言文字研究论集》，巴蜀书社，2002。

② 郑继娥：《殷墟甲骨卜辞祭祀动词的语法结构及其语义结构》，博士学位论文，四川大学，2004，第39页。

③ 时兵：《古汉语双宾结构研究——殷商到西汉年代相关地下语料的描写》，博士学位论文，安徽大学，2002。

④ 郑继娥：《甲骨文中的连动句和兼语句》，《古汉语研究》1996年第2期；张玉金：《甲骨文语法学》，学林出版社，2001，第229-253页。

两文的基础上，把祭祀动词兼语句和甲骨文中全部的兼语句加以比较。

甲骨文中兼语句已大量使用，按语义可分为使令式和“有”字式。使令式占兼语句中的绝大多数，“有”字式用例很少。

“有”字式兼语句中的“有”表示某种事物的存在，兼语后的动词表示这一对象做出的动作或有某种情况。例如：

（1）有新大星并火。11503

（2）贞：我马有虎唯祸。11018 正[①]

甲骨文中能作使令式兼语句第一个动词的有“呼”“令”“使”“曰”四个，[②]前两个常用，后两个很少用。祭祀动词兼语句中未见第一个动词是“曰”的用例。

张玉金根据“兼语”成分之后的成分的不同和“兼语”成分位置的不同（前置或后置），把甲骨文兼语句的句型分为以下八种。

第一式：（AV_1）+（S）+（AV_2）+V_1+（OS）+（AV_3）+V_2+（O）+（CO）

句式中使用的符号“CO”代表补语，其他符号所代表的意义都与本书第四章祭祀动词兼语句中所使用的符号相同。

第二式：（S）+ 叀 / 勿唯 +OS+V_1+（AV_3）+V_2+（O）+（CO）

这个句式是由第一式变来的兼语前置句。

第三式：（AV_1）+（S）+V_1+（OS）+V_2+$O_{直}$+$O_{间}$

这个句式的特点是：语句兼语之后为双宾语结构。

第四式：（S）+（AV_2）+V_1+（OS_1）+V_2+（OS_2）+V_3+（O）

① 齐航福（《殷墟甲骨文宾语语序研究》，中西书局，2015，第 61 页）认为参照同版对贞之辞“贞：我马虎，不唯忧”，该卜辞“唯”前应该点断，当标点为“贞：我马有虎，唯忧”。可备一说。

② 齐航福（《殷墟甲骨文宾语语序研究》，中西书局，2015，第 62、81 页）认为花东卜辞中的“速”也可以引导兼语句。花东卜辞中“速”仅在同一版中出现了两次：丁卜：今庚其作豊，速丁饮，若。/ 丁卜：今庚其作豊，速丁饮，若。（花东 501）齐文采用陈剑的说法，将“速”训为“召”，将“速丁饮”解释为（花东主人“子”）请商王武丁来参与“饮”这种祭祀仪式。（陈剑：《说花园庄东地甲骨卜辞的“丁”——附：释“速”》，《故宫博物院院刊》2004 年第 4 期。）花东原释文中认为该卜辞中的“速”为“给予”一类的意思。暂时存疑。

这个句式的特点是：语句兼语之后仍为兼语结构，即兼语叠用式。

第五式：（S）+ 叀 +OS_1+V_1+V_2+（OS_2）+V_3+O

这个句式是由第四式变来的兼语前置句。

第六式：（AV_1）+（S）+（AV_2）+V_1+（OS）+ 连谓结构

这个句式的特点是：语句兼语之后为连谓结构。

第七式：（S）+ 叀 / 勿唯 +OS+ 连谓结构

这个句式是由第六式变来的兼语前置句。

第八式：（S）+（AV_2）+V_1+（OS）+V_2+V_3

这个句式的特点是：语句兼语之后是并列结构，即 V_2 和 V_3 之间是并列关系。

在这八种句式中，第一种句式所包括的句型最多，其次是第六种句式，其他几种句式所包含的句型都不多。①

我们若把祭祀动词兼语句出现的 12 种句型纳入以上八种句式，它们应分属于：第一式（81 型、83 型、84 型、86 型、87 型、88 型、89 型）；第二式（82 型、85 型）；第六式（90 型）；第八式（91 型、92 型）。

92 型应该是属于第八式的。根据我们发现的 92 型的五个用例，张先生的第八式应修改为“（S）+（AV_2）+V_1+（OS）+V_2+V_3+（O）+（CO）”，即当语句兼语之后是并列结构时，并列结构的后面还可能会出现宾语或补语。

经过以上分析我们发现，与甲骨文的全部使令式兼语句相比，祭祀动词兼语句没有出现兼语之后为双宾结构式（即第三式）、兼语叠用及其前置式（即第四式、第五式）和兼语之后为连谓结构的兼语前置式（即第七式）这几种类型的兼语句。

四　省略（隐含）祭祀动词的句型

卜辞省略句很多，由于省略的成分不同、省略成分的多少不同，形成了许多和原句表义功能相同而句型不同的句子。

---

① 张玉金：《甲骨文语法学》，学林出版社，2001，第 229-253 页。

甲骨文由祭祀的人事、神祇、祭牲构成的名词句、介词句、名词谓语句以及由介宾结构作谓语的句子，因其为祭祀而发，所以不管同片有无不省动词的辞句，实际上都是隐含动词的，故可把这几类句型视为省略（隐含）祭祀动词的句型。

下面分类举例说明。

（一）名词句

1. 人事

（1）禾。20575

（2）乙酉贞：秋。弜告。34365（与同片另一辞“弜告”比较可知，“秋”当为“告秋”之省。）

2.（副词）+ 神祇

（3）侑于妣甲十艮。唯妣甲。唯妣乙。697 正（第一句有动词、有祭祀对象、有祭牲，后两句承前省略动词和祭牲。）

（4）上甲。1235

（5）贞：唯祖乙。/ 贞：不唯祖乙。1638

（6）贞：唯般庚。23105

（7）大甲。祖乙。32480（参看同片：丙申贞，丁酉彡勺岁于大…五牢。兹用。32480）

3.（副词）+ 祭牲

（8）勿一牛。勿二牛。272 反

（9）侑于妣甲十艮。六艮。五艮。697 反（第一句有动词，有祭祀对象，有祭牲，后两句承前省略动词和祭祀对象。）

（10）五伐五牢。925

（11）叀黑牛。侑于上甲七牡。1142 正。

（12）一牛。二牛。8932

（13）贞：其牢又一牛。23400

（二）介词句

4.（副词）+ 介词 + 神祇

（14）攺羌自高妣己。/ 王占曰：其自高妣己。438 正、反（第一句有动词、有祭牲、有祭祀对象，后一句承前省略动词和祭牲。）

（15）于妣庚。勿于南庚。721 正（参看同片：来乙未侑祖乙牢。721 正）

（16）于大乙。于祖乙。大吉。屯 2219

（17）于多兄舌。勿于兄。/ 于多妣舌。弜于妣。屯 2412

（18）自大丁至于父丁。屯 3890（介词“自”与“至于”组成固定结构，表示范围。）

5.（副词）+ 介词 + 神祇 +（副词）+ 祭牲

（19）翌甲辰于上甲一牛。4141

（20）戊辰卜：其于妣己唯小牢。27412

（21）自上甲羊。32348

（22）于祖乙十牢。32558

（三）名词谓语句

6. 神祇 +（副词）+ 祭牲

（23）父庚一豣。父辛一豣。父甲一豣。2131

（24）父庚一豕。庚祖唯牛。12980

（25）天戊五牢。22054

（26）祖丁木丁鬯二卣。27301

（27）祖庚豚。父乙豚。子豚。屯附 1

7.（副词）+ 祭牲 + 神祇

（28）贞：三十伐下乙。勿三十伐下乙。892 正

（29）乙卯卜，师：一羊父乙，不。/ 二羊父乙，不。19932

（30）弜用牛豣父戊。/ 唯牛豣父戊。牢父戊。22045（后两句承前省略动词。）

（31）贞：豕母庚。母庚御嬈。22240（后一句不省动词。）

（四）介宾结构作谓语的句子

8.（副词）+ 祭牲 + 介词 + 神祇

（32）贞：四艮于祖辛。勿四艮于祖辛。709 正

（33）唯小牢于父戊。22073

（34）丁巳卜：三羌三牢于大乙。32101

（35）己…侑庚一牛。己酉其牛二于妣庚。32349（上句有动词，下句承前省略。）

（36）五牢于岳。九牢于河。屯 2272

第五节　花东卜辞祭祀动词双宾句和三宾句

“1991 年，中国社会科学院考古队在花园庄村东，发掘出甲骨 1583 片，其中带字甲骨 689 片，此坑甲骨，大版的龟甲居多，有完整的带字龟甲三百多版，占有字甲骨的一半左右，其材料完整，内容丰富，来源清晰，是继 1936 年 YH127 坑甲骨和 1973 年小屯南地甲骨发现以来殷墟甲骨文的又一次重大发现。”[①]2003 年 12 月，中国社会科学院考古研究所编著的《殷墟花园庄东地甲骨》，对这批甲骨材料做了全面整理。花园庄东地甲骨属于非王卜辞，其主祭者为“子”。[②]

下面我们参考齐航福、邓统湘等的已有研究成果，[③]结合《殷墟花园庄东地甲骨》和《殷墟花园庄东地甲骨刻辞类纂》，[④]对花东卜辞中的祭祀动词双宾句和三宾句进行描写。[⑤]

一　单祭祀动词双宾句及其变式

（一）动词—人事—神祇

1　（$S_{施}$）+（AV_2）+V +$O_{事}$+$O_{神}$

句型 1 共 12 例，因成分隐现的不同，而形成不同的句型。

① 乔宇譞:《花东子卜辞所见祭名祭法材料的整理与研究》，硕士学位论文，郑州大学，2015，第 1 页。

② 曹定云:《三论殷墟花东 H3 卜辞中占卜主体“子”》，《殷都学刊》2009 年第 1 期。

③ 齐航福:《殷墟甲骨文中句式使用的组类差异考察——以“岁”字句为例》，《中国语文》2014 年第 2 期；齐航福:《花东卜辞中的祭祀动词双宾语句试析》，《古汉语研究》2010 年第 1 期；邓统湘:《〈殷墟花园庄东地甲骨〉句型研究》，硕士学位论文，西南师范大学，2006；邓统湘:《〈殷墟花园庄东地甲骨〉祭祀动词双宾语和三宾语句型研究》，《南昌航空大学学报》（社会科学版）2011 年第 1 期。

④ 中国社会科学院考古研究所编著《殷墟花园庄东地甲骨》（修订本），云南人民出版社，2016；齐航福、章秀霞:《殷墟花园庄东地甲骨刻辞类纂》，线装书局，2011。

⑤ 下文使用的符号与第一章和第二章相同。

1.1　$V+O_{事}+O_{神}$

（1）庚申：御徵目癸子，酉伐一人，卯宰？花东 22608（徵：人名。癸子即子癸。御徵目癸子：为徵目疾之事而像癸子进行御祭。）

（2）己卜：侑쩅又五㞢，御子而妣庚？花东 40925（子而：人名。）

句型 1.1 共 2 例，动词为御。

1.2　$AV_2+V+O_{事}+O_{神}$

（3）戊卜：今其彭子兴妣庚，告于丁？用。花东 02806

（4）戊卜：戠，弜彭子兴妣庚？花东 02807

（5）己卜：其彭子兴妣庚？花东 03918

（6）壬卜：其御子疾肩妣庚，酉三豕？花东 03803（御：除灾之祭。子疾肩：子肩部有疾。）

（7）乙卜：其御口口肩妣庚，酉三十口？花东 03801

（8）壬卜：其御子口肩妣庚，酉三豕？花东 03802

（9）其御子而妣己眔妣丁？花东 27303（子而：人名。眔：连词。）

（10）其御子馘妣己眔妣丁？花东 27303（子馘：人名。眔：连词。）

句型 1.2 共 8 例，其中动词彭 3 例、御 5 例。

1.3　$S_{施}+V+O_{事}+O_{神}$

（11）辛亥卜：子告有口疾妣庚，亡酉……花东 14908（子：花东卜辞的主祭者。有口疾：口有疾病。）

（12）辛卜：子御㞢妣庚，又飨。花东 19703（㞢：人名。）

句型 1.3 共 2 例，动词告、御各 1 例。

旧有卜辞中“彭”字未见“$V+O_{事}+O_{神}$”格式的双宾语句，此格式在花东卜辞中应是首次出现。[①]

2　$（S_{施}）+（AV_2）+V+O_{事}+P+O_{神}$

句型 2 共 8 例，因成分隐现的不同，而形成不同的句型。

2.1　$V+O_{事}+P+O_{神}$

（13）辛丑卜：御丁于祖庚，至口一，酉一人二宰；至丮一祖辛御

① 齐航福：《花东卜辞中的祭祀动词双宾语句试析》，《古汉语研究》2010 年第 1 期。

丁，𠟭羌一人二牢？花东 05600（丁：人名。至：致送。）

（14）庚午卜，在𠂤：御子齿于妣庚，[𠟭] 牢、勿牝、白豕？花东 16301（子：人名。子齿：子的齿疾。）

句型 2.1 共 2 例，动词为御。

2.2 AV_2+V+O$_{事}$+P+O$_{神}$

（15）乙卯卜：其御大于癸子，𠟭豼一又鬯？花东 07602（大：人名。）

（16）丁丑卜：其御子往田于小示？花东 02102

（17）辛卜：其御子𢧵于妣庚？花东 18120

（18）辛卜：其御子𢧵于妣己眔妣丁？花东 18122

（19）乙卯卜：其御大于癸子，𠟭豼一又鬯？花东 47801

句型 2.2 共 5 例，动词为御。

2.3 S$_{施}$+AV_2+V+O$_{事}$+P +O$_{神}$

（20）戊寅卜：子御有口疾于妣庚，牝？花东 22002

句型 2.3 仅 1 例，动词为御。

（二）动词—神祇—人事

3 （S$_{施}$）+（AV_2）+V +O$_{神}$+O$_{事}$

句型 3 共 4 例，因成分隐现的不同，而形成不同的句型。

3.1 V +O$_{神}$+O$_{事}$

（21）乙亥：岁祖乙雨，御㕯彡牢牝一？花东 44908

句型 3.1 仅 1 例，动词为岁。

3.2 AV_2+V+O$_{神}$ +O$_{事}$

（22）戊卜：在麓，其告妣亡甾于丁，若？花东 49401（甾：咎、不好。丁：人名。亡由于丁：向先祖妣进行告祭，没有对丁不好。）

（23）己卜：在麓，于商告妣亡甾于丁，若？花东 49404

句型 3.2 共 2 例，动词为告。

3.3 S$_{施}$+AV_2+V +O$_{神}$+O$_{事}$

（24）癸卜：子其告妣亡甾于丁，[亡] 目？花东 28631（子：施祭者。甾：咎、不好。丁：人名。）

句型 3.3 仅 1 例，动词为告。

（三）动词—神祇—祭牲

4 （AV_2）+V+O$_{神}$+O$_{牲}$

句型 4 在花东卜辞的双宾语格式中数量最多，共 249 例。[①] 动词舌、侑各出现 1 例，其余 247 例都是“岁”字句。[②]

4.1　V+O$_{神}$+O$_{牲}$

（25）岁妣庚牡？花东 00305（岁：刿牲而祭）

（26）叀子祝，岁祖乙豣？用。花东 01304

（27）乙巳：岁祖乙白彘一，又皀，祖乙永？花东 02905

（28）乙亥夕：岁祖乙黑牝一，子祝？花东 06701

（29）甲辰：岁祖甲萈一，友彘一？花东 33803（《说文·萈部》：“萈，山羊细角者。”“萈一”即一只萈。）

（30）戊子：岁妣庚一犬？花东 14206

（31）甲辰卜：岁萈，侑[③]祖甲彘，叀子祝？花东 17902（彘：野猪。）

4.2　AV_2+V+O$_{神}$+O$_{牲}$

（32）庚戌卜：辛亥岁妣庚廌牝一，妣庚永？用。花东 13201

（33）丁丑岁妣庚一牝，子往澫，御［兴］。花东 25507

（34）癸巳卜：翌甲岁祖甲牝一，侑鬯一，于日出用。花东 42601

（35）己巳卜：翌庚岁妣庚黑牛又羊，暮改？用。花东 45101

（36）甲戌：酚上甲，旬岁祖甲豼一，岁祖乙豼一，岁妣庚彘一？花东 48703

（37）己酉夕：翌日舌妣庚黑牡一？花东 15002（舌：裂牲而祭）

---

① 子叀妖田，言妣庚眔一宰，酚于妖？（花东 47406）齐航福（《花东卜辞中的祭祀动词双宾语句试析》，《古汉语研究》2010 年第 1 期）将该句也看作“V+O 神 +O$_{牲}$”式，并将其中的“言”释为言祭。“言”仅此一例，且该句的句意和标点都存在疑问。故暂存疑。郑继娥（《殷墟甲骨卜辞祭祀动词的语法结构及其语义结构》，博士学位论文，四川大学，2004，第 12 页）曾把“辞例数不能是孤例”作为判断祭祀动词的四条标准之一，郑说有一定的道理。

② 齐航福（《殷墟甲骨文中句式使用的组类差异考察——以“岁”字句为例》，《中国语文》2014 年第 2 期）整理出“岁 +O$_{神}$+O$_{牲}$”244 例，是花东卜辞双宾语句中最多的一类。

③ 卜辞 17902 中的“侑”齐航福（《花东卜辞中的祭祀动词双宾语句试析》，《古汉语研究》2010 年第 1 期）释为“友”，祭祀动词，音义同“醢”，意为做牺牲为肉醢而祭。

5 （AV_2）+V+P+O$_{神}$+O$_{牲}$

句型5共出现6例，其中动词岁5例、动词侑1例。

5.1 V+P+O$_{神}$+O$_{牲}$

（38）乙：岁于妣庚彘？花东30405（彘：野猪。）

（39）乙：岁于妣庚[彘]？花东30404

5.2 AV_2+V+P+O$_{神}$+O$_{牲}$

（40）甲辰卜：于来乙侑于祖乙宰？花东03405（于来乙：在下一个乙日。）

（四）动词—祭牲—神祇

6 （S$_{施}$）+（AV_2）+V+O$_{牲}$+O$_{神}$

句型6共55例，其中“岁”字句的数量最多，共19例；其次是动词施，共15例；其余为动词禼3例、宜3例、彭3例、卯3例、侑3例、改3例、燎2例、御1例。[①] 其中施祭者出现的仅1例。AV_2出现时，多数为时间状语，其次常见的是语气副词“其”。

6.1 V+O$_{牲}$+O$_{神}$

（41）己卜：岁牛妣己？用。花东22309

（42）己卜：岁牡妣己？花东22310

（43）乙夕卜：岁十牛妣庚，侑鬯五？花东27604

（44）戊卜：岁牛子癸？花东27610（子癸：卜辞中或称为“癸子”，为已故的先祖。）

（45）乙夕卜：岁十牛妣庚于吕？用。花东40105

（46）壬午夕：岁犬一妣庚？花东45107

（47）戊卜：子其益[illegible]舞，禼二牛妣庚？花东05307（禼：砍牲而祭）

（48）禼四十牛妣庚，乃桒其于狩，若？花东11317

① 据齐航福（《花东卜辞中的祭祀动词双宾语句试析》，《古汉语研究》2010年第1期）统计，花东卜辞中能带双宾语的祭祀动词共17个。齐文将“御”“告”“言”“酒”“祼”和“又”6个能带原因宾语的看作“甲类”祭祀动词；将“燎”“舌”“登”“岁”“醢”“施”“宜”“禼”“卯”“祭”和“衩”11个不能带原因宾语的看作“乙类”祭祀动词。从花东之外的其他卜辞用例来看，“燎”“卯”“登”“岁”4个动词可以带原因宾语，且“燎”和“卯”还可用于带人事宾语的双宾语句中。

（49）丙卜：用二卜，𦎫五宰妣庚？花东 18302

（50）辛：宜羌妣庚？花东 13910（宜：陈列牲肉而祭）

（51）戊子：宜羌一妣庚？花东 49302

（52）丁未卜：宜羌祖乙，丁饮？花东 49500

（53）戊：往祼，彭伐祖乙，卯牡一，侑鬯一，口又伐？花东 22606

（54）甲戌夕：彭伐一祖乙，卯…花东 31002

（55）辛卜：御子舞，施一牛妣庚，𦎫又鬯？花东 18124（施：割解牲体而祭）

（56）丁卜：施宰妣庚，若？花东 23610

（57）…御小宰妣庚…花东 09007

（58）贞：侑[①]艮司庚？花东 44107（艮：人牲。司庚：神祇）

（59）乙卯：岁豼，侑鬯祖乙？花东 19506[②]

（60）己卜：其在用，卯三牛妣庚？花东 28624（卯：对剖牺牲而祭）

（61）己卜：暮施，卯三牛妣庚？花东 28625

（62）己卜：暮施，卯三牛妣庚？花东 28626

6.2 AV_2+V+O 牲 +O 神

（63）癸卜：甲其燎十羊妣庚？花东 28615（燎：燎牲而祭）

（64）癸卜：其燎羊妣庚？花东 28617

（65）戊卜：其敀牛妣己？花东 27608

（66）戊卜：于翌日敀牛妣己？花东 27609

（67）甲卜：乙岁牡妣庚？花东 44601

（68）乙卜：其岁牡母、祖丙？花东 44609（母、祖丙：指祖母和祖丙。）

① 卜辞中的“又”“衩”“友”，我们把用作祭祀动词的统一都释为“侑”。乔宇譞（《花东子卜辞所见祭名祭法材料的整理与研究》，硕士学位论文，郑州大学，2015）把“又”“友”释为“侑”，“衩”另列。齐航福（《花东卜辞中的祭祀动词双宾语句试析》，《古汉语研究》2010 年第 1 期）则把“又”看作甲类祭祀动词；“友”音义同“醢”，将“醢”“衩”都看作乙类祭祀动词。

② 此条卜辞中“侑”或释为“衩”。

（69）乙卜：其侑十鬯妣庚？花东 27603

（70）壬卜：于日称施牝妣庚，入又函于丁？花东 10608（施：割解牲体而祭）

（71）乙巳卜：于既施舌，廼施一祖乙？花东 24106（廼：副词。）

（72）己亥卜：子于𡚸宿，夙施牢妣庚？花东 26701

（73）戊卜：于翌施牛妣己？花东 27609

（74）己卜：于日羞中施三牛妣庚？花东 28620（日羞中：乃时称，相当于“逼近正午时分”。）

（75）壬卜：其施牛妣庚？花东 38405

6.3　$S_{施}+AV_2+V+O_{牲}+O_{神}$

（76）丙：子夙兴侑羒妣庚？花东 23602（夙兴：早起。）

花东之外的其他卜辞中，“𠬪”字双宾语句只见用于“$V+O_{神}+O_{牲}$”式，“宜”字仅见“$V+O_{神}+O_{牲}$”1 例，“𠬪”“宜”用于“$V+O_{牲}+O_{神}$”式为花东首见。花东卜辞中“岁 $+O_{神}+O_{牲}$”式数量最多，共出现 247 例；“岁 $+O_{牲}+O_{神}$”式出现 19 例。[①] 花东之外的其他卜辞中，“岁 $+O_{神}+O_{牲}$”式仅 1 例，“岁 $+O_{牲}+O_{神}$”式仅 2 例：

（77）己丑卜：岁父丁、戊羌。22073

（78）侑伐十五，岁小宰上甲。32198

（79）侑勺伐十五，岁十宰上甲。32200

齐航福认为“卯”的“$V+O_{牲}+O_{神}$”式 3 例也为花东首见，[②] 不确。花东之外的其他卜辞中已见用例：

（80）辛酉卜：卯犬子庚。22295

7　叀 $+O_{牲}+V+O_{神}$

（81）癸酉卜：叀匁牡岁甲祖？用。花东 03701

（82）戊午卜：叀羊岁妣己？用。花东 31301

① 齐航福：《花东卜辞中的祭祀动词双宾语句试析》，《古汉语研究》2010 年第 1 期；齐航福：《殷墟甲骨文中句式使用的组类差异考察——以“岁”字句为例》，《中国语文》2014 年第 2 期。

② 齐航福：《花东卜辞中的祭祀动词双宾语句试析》，《古汉语研究》2010 年第 1 期。

（83）丙卜：[叀]三牛𢼄妣庚？花东 08806

（84）己卜：叀牝𢼄妣己？花东 22312

（85）叀三羊燎妣庚？花东 28612

句型 7 共 5 例，动词岁 2 例、𢼄2 例、燎 1 例。

8 （$S_{施}$）+（AV_2）+V +$O_{牲}$+P+$O_{神}$

句型 8 共出现 15 例，因成分隐现的不同，而形成不同的句型。

8.1　V+$O_{牲}$+P+$O_{神}$

（86）癸丑卜：岁食牝于祖甲？花东 037023（食牝：或解释为定中结构，或可看作并列结构。）

（87）癸丑卜：岁食牝于祖甲？花东 063005

（88）岁二羊于庚，告发来？　岁☐羊于庚，[告发来]？花东 08505（发：人名。庚：妣庚之省）

（89）传五牛，彭发以生于庚？花东 11326（发：人名。以：致送。生：祭牲。发以生：发送来的祭牲。参照同版可知，“庚”为“妣庚”之省。）

（90）乙亥卜：酒伐一[于]祖乙，卯羊五，羌五，侑一鬯，子肩御往？花东 24300（伐一：指一个人牲。）

（91）丁丑：岁祖乙黑牝一，卯胴二于祖丁？花东 04904（胴：即“囟”，人的脑壳。）

句型 8.1 共 9 例，其中动词岁 6 例、彭 2 例、卯 1 例。

8.2　AV_2+V+$O_{牲}$+P+$O_{神}$

（92）于来自伐，廼施牝于祖甲？花东 14905（廼：副词。）

（93）☐其夕施牝于妣庚？花东 41304

（94）…施牝于[妣]庚？花东 41305

（95）又岁牛于妣己？花东 20401

句型 8.2 共 4 例，动词施 3 例、岁 1 例。

8.3　$S_{施}$+V+$O_{牲}$+P+$O_{神}$

（96）癸丑卜：子祼新鬯于祖甲？花东 24803（新鬯：新酿制的鬯酒，或可释为新地之鬯酒。）

（97）癸丑卜：子祼新鬯于祖甲？花东 45903

句型 8.3 共 2 例，动词为祼。

9　V+O$_{牲}$+O$_{神}$+数词

（98）甲戌卜：侑鬯祖甲一？用。花东 15703（鬯：香酒。二：鬯的数量。）

（99）甲戌卜：侑鬯祖甲二？用。花东 15704

句型 9 共 2 例，动词为侑。

邓统湘（2011）认为，"神祇'祖甲'出现在祭品和数量词之间，这是花东新出现的句型。"[①] 不确。在花东之外的卜辞中，祭祀动词"侑"所带祭牲宾语的数量常置于神祇宾语之后。例如：

（100）来甲午侑伐上甲八。904 正

（101）来甲午侑伐上甲十。904 正

（102）…卜：其侑羌妣庚三人。26924（比较：其侑勺伐于祖辛羌三人。22567）

（103）壬午卜，𣪊贞：侑伐上甲十又五，卯十小牢。901

（104）庚午卜：侑奚大乙卅。19773

（105）贞：侑伐于上甲十又五，卯十小牢豭，二告。900 正

（106）侑伐于上甲十又五，卯十小牢又五。901

其他祭祀动词也有这种情况，但用例不多见。

（107）乙未，酒系品上甲十，报乙三，报丙三，报丁三，示壬三，示癸三，大乙十，大丁十，大甲十，大庚七，小甲三，…三，祖乙十…32384

（五）动词—人事—祭牲

10　V+O$_{事}$+O$_{牲}$

（108）甲辰：宜丁牝一，丁各仄于我，翌于大甲？用。花东 03404

（109）甲辰：宜丁牝一，丁各仄于我，翌日于大甲？花东 42002

句型 10 共 2 例，动词为宜。

① 邓统湘：《〈殷墟花园庄东地甲骨〉祭祀动词双宾语和三宾语句型研究》，《南昌航空大学学报》（社会科学版）2011 年第 1 期。

（六）动词—祭牲—人事

11　叀 $+O_{牲}+V+O_{事}$

（110）丙寅卜：其御隹宁见马于癸子，<u>叀一伐一牛一鬯𠕋梦</u>？用。花东 02901

（111）丙寅：其御□宁见马于癸子，<u>叀一伐一牛一鬯𠕋梦</u>？用。花东 28906

句型 11 共 2 例，动词为𠕋。

另有 6 例卜辞的标点与释读存在异议：

（112）登妣己友彘？ 03902

（113）登妣己友彘？花东 03903

（114）甲辰：早祭祖甲友羌一？ 26704

（115）甲辰：早祭祖甲友羌一？ 26705

（116）乙巳：早祭祖乙友羌一？ 26706

（117）庚戌：早祭妣庚友白羌一？花东 26710

齐航福认为以上 6 例中的“友”若视为人名，则“友彘”“友羌一”可解释为“友送来的彘”“友送来的一头公羊”，如此则以上 6 例当归入“$V+O_{神}+O_{牲}$”式双宾语句。[①] 我们认为，以上用例中的“友”释为祭祀动词更合适，当在其前点断。

二　单祭祀动词三宾句及其变式

12　$AV_2+V+O_{事}+O_{神}+O_{牲}$

（1）丙卜：其御子而妣丁牛？花东 40905（子而：人名。）

（2）丙卜：其御子馘妣丁牛？花东 40905（子馘：人名。）

（3）丙卜：其御子馘妣丁牛？花东 40906

句型 12 共 3 例，动词为御。

13　$V+O_{事}+O_{牲}+O_{神}$

（4）己卜：至御子而羌妣庚？花东 40922（至：人名，或为祭祀动词。）

① 齐航福：《花东卜辞中的祭祀动词双宾语句试析》，《古汉语研究》2010 年第 1 期。

（5）面多尹四十牛妣庚？花东 11315（面：面祭。多尹：人名。）

（6）甲子卜：祼咸鬯祖甲？花东 31804（咸：人名。）

句型 13 共 3 例，动词为御、面、祼。

花东 31804 片中的“咸”或可释为地名，“咸鬯”指咸地所产之鬯酒。如此这条当归入句型“V ＋ O$_{牲}$ ＋ O$_{神}$”。另，齐航福认为，此条“咸鬯”“与同版它辞‘二鬯’‘鬯三’相比照，它更有可能是表范围的一个副词，只是它没有放在所修饰动词的前面，所处的位置较为特殊而已”[①]。“面”作为祭祀动词，在花东之外的其他卜辞中未见，花东卜辞中也仅此一例。此种“V+O$_{事}$+O$_{牲}$+O$_{神}$”式三宾语句在此前的卜辞中未曾出现过，因此“这种格式是花东卜辞中首次见到的”[②]。

14　叀+O$_{牲}$+V+O$_{事}$+O$_{神}$

（7）叀艮御子而妣庚？花东 18121（艮：祭祀用的人牲。子而：人名。）

（8）丙卜：叀小宰又艮妾御子而妣丁？花东 40908（又：连词。小宰、艮、妾并列作祭品。）

（9）己卜：叀三牛御子而妣庚？花东 40923

（10）己卜：叀艮臣妾御子而妣庚？花东 40927（艮、臣、妾并列作祭品。）

句型 14 共 4 例，动词为御。

15　叀+O$_{牲}$+V+O$_{事}$+P+O$_{神}$

（11）丙卜：叀羊侑鬯御子而于子癸？花东 40903（子而：人名。）

（12）丙卜：叀牛侑鬯御子而于子癸？花东 40904

（13）丙卜：叀五羊侑鬯御子而于子癸？花东 40915

句型 15 共 3 例，动词为侑。

邓统湘认为“叀＋祭品＋动词＋人事＋介词＋神祇”式单祭祀动

① 齐航福：《花东卜辞中的祭祀动词双宾语句试析》，《古汉语研究》2010 年第 1 期。

② 齐航福：《花东卜辞中的祭祀动词双宾语句试析》，《古汉语研究》2010 年第 1 期。

词双宾句为花东卜辞中新增句式。[①]不确。王卜辞中已见该类句式：

（14）叀豭御量于天庚，允凷。22097（量：人名。天庚：即大庚。）

另有一条卜辞的标点与释读学者们有不同的看法：

（15）子从攺牂，侑鬯妣庚梦？用。花东 31406

以上标点采用的是《花东》释文及姚萱的标点方式。[②]按照这种读法，该条属于祭祀动词“侑”的“$V+O_{牲}+O_{神}+O_{事}$”式三宾语句。这种格式在花东之外的其他卜辞中未见。朱岐祥将“又”视为连词，将“牂又鬯”看作并列结构，并在“梦”前点断。如此则该句的祭祀动词为“攺”，句型为“$V+O_{牲}+O_{神}$”式双宾语句。[③]齐航福则认为，该卜辞中的“梦”应为“告梦”之省，“梦”前当点断，该句应归入祭祀动词“侑”的“$V+O_{牲}+O_{神}$”式双宾语句中。[④]我们也倾向于赞成把该卜辞归入“$V+O_{牲}+O_{神}$”式双宾语句。

三　双祭祀动词双宾句及其变式[⑤]

花东卜辞双祭祀动词双宾句数量极少，仅见“$V_1+V_2+O_{神}+O_{牲}$”“$V_1+V_2+O_{牲}+O_{神}$”两种格式，共 3 例。

1　$V_1+V_2+O_{神}+O_{牲}$

（1）己酉夕：翌日舌岁妣庚黑牡一？庚戌⿰酉彡牝一。花东 45701（黑牡一：一只黑色的公牛。）

（2）庚午：⿰酉彡革妣庚二小宰又鬯一？⿰女犬来自獸。花东 49101（革：祭祀动词。比较：率⿰酉彡革？不用。花东 47405）

句型 1 共 2 例，连用的动词为舌岁、⿰酉彡革。

花东 49101 有不同的标点方式。有学者把“又”释为祭祀动词

① 邓统湘：《〈殷墟花园庄东地甲骨〉祭祀动词双宾语和三宾语句型研究》，《南昌航空大学学报》（社会科学版）2011 年第 1 期。

② 中国社会科学院考古研究所编著《殷墟花园庄东地甲骨》（修订本），云南人民出版社，2016；姚萱：《殷墟花园庄东地甲骨卜辞的初步研究》，线装书局，2006。

③ 朱岐祥：《〈殷墟花园庄东地甲骨释文〉正补》，第五届国际汉语语法研讨会论文，“中央研究院”语言学研究所，2004。

④ 齐航福：《花东卜辞中的祭祀动词双宾语句试析》，《古汉语研究》2010 年第 1 期。

⑤ 花东卜辞中未见三祭祀动词双宾句。

“侑”，并在其前点断。“侑鬯一”为与“彭革妣庚二小宰”并列的单句。参照花东 00401、47801、07602 等卜辞，我们认为，当把“又”看作连词。

（3）甲寅：岁祖甲白豣一又鬯一，㞢[①]，自西祭？花东 00401

（4）乙卯卜：其御大于癸子，𠭯豣一又鬯？用。佑疾，子炅。花东 47801

（5）乙卯卜：其御疾于癸子，𠭯豣一又鬯？用。佑疾。花东 07602

2 $V_1+V_2+O_{牲}+O_{神}$

（6）酒伐兄丁，告施一牛妣庚。花东 23606

句型 2 仅 1 例，连用的动词为告施。

邓统湘认为，“花东与其他卜辞的双祭祀动词双宾语句相比，新增加了两种句型：动词$_1$+ 动词$_2$+ 人事 + 神祇、动词$_1$+ 动词$_2$+ 祭牲 + 神祇”，[②] 各 1 例。邓文所举辞例如下：

$V_1+V_2+O_{事}+O_{神}$

（7）丁卜：攺二牛，御伐乍宁妣庚？花东 23608

$V_1+V_2+O_{牲}+O_{神}$

（8）乙亥夕：彭伐一口祖乙，卯羊五、豕五，侑一鬯，子骨御往？花东 24301

花东 23608 卜辞的标点与解释都有异议。《花东》释文将“宁”释为祭名。[③] 邓统湘认为“宁”是名词，表示“房舍”之意。“乍”即“作”，表建造义。“宁”是“作”的宾语，“乍宁”即建造“宁”这个建筑物。[④]

花东 24301“彭伐一口祖乙”中残缺一字。邓文将该卜辞看作

---

① 沈培（《殷墟花园庄东地甲骨“㞢”字用为“登”证说》，《中国文字学报》第一辑，商务印书馆，2006，第 40-52 页）认为“㞢”字用为“登”。

② 邓统湘：《〈殷墟花园庄东地甲骨〉祭祀动词双宾语和三宾语句型研究》，《南昌航空大学学报》（社会科学版）2011 年第 1 期。

③ 中国社会科学院考古研究所编著《殷墟花园庄东地甲骨》（修订本），云南人民出版社，2016。

④ 邓统湘：《〈殷墟花园庄东地甲骨〉祭祀动词双宾语和三宾语句型研究》，《南昌航空大学学报》（社会科学版）2011 年第 1 期。

“$V_1+V_2+O_{\text{牲}}+O_{\text{神}}$”式，是把“伐”看作祭祀动词，将所残缺之字视为某一祭牲。[①]齐航福则认为其中残缺的字为“于”，“伐一”是指一个人牲，故把该句看作“$V+O_{\text{牲}}+$于$+O_{\text{神}}$”式。[②]参照花东 22606、31002 两条卜辞，我们认为，其中的“伐”看作人牲更合适。

（9）戊：往祼，彭伐祖乙，卯牡一，侑𠬝一，口又伐？花东 22606

（10）甲戌夕：彭伐一祖乙，卯…花东 31002

另，邓文所引该卜辞的文字有讹误，此卜辞中的“夕”当为“卜”，“骨”当释为“肩”。[③]故该卜辞正确的释文当为：

（11）乙亥卜：酒伐一口祖乙，卯羊五，豼五，侑一𠬝，子肩御往？花东 24301

综上可知，花东与其他卜辞的单祭祀动词双宾句相比，新增加了“叀$+O_{\text{牲}}+V+O_{\text{事}}$”一种句型；花东的单祭祀动词三宾句新增了“$V+O_{\text{事}}+O_{\text{牲}}+O_{\text{神}}$”“叀$+O_{\text{牲}}+V+O_{\text{事}}+O_{\text{神}}$”两种句型；花东的双祭祀动词双宾句新增了“$V_1+V_2+O_{\text{牲}}+O_{\text{神}}$”一种句型。“施”“面”“革”等可带双宾语的祭祀动词在花东卜辞中是首次出现的；有些可以带双宾语的祭祀动词尽管不是首次出现，但在花东卜辞中发现了它们新的双宾语格式，如“㞢”“𠕋”“宜”的“$V+O_{\text{牲}}+O_{\text{神}}$”式、“彭”的“$V+O_{\text{事}}+O_{\text{神}}$”式等；“岁$+O_{\text{神}}+O_{\text{牲}}$”式、“岁$+O_{\text{牲}}+O_{\text{神}}$”式在花东之外的其他卜辞中仅一两例，但在花东卜辞中数量极多。

“动词—神祇—人事”类型的双宾语句，花东之外的其他卜辞中仅“$AV_2+V+O_{\text{神}}+O_{\text{事}}$”式出现了一例，且该例的标点与释文还存在不同的解读。[④]而花东卜辞中句型“（$S_{\text{施}}$）+（AV_2）$+V+O_{\text{神}}+O_{\text{事}}$”共出现 4

① 邓统湘：《〈殷墟花园庄东地甲骨〉祭祀动词双宾语和三宾语句型研究》，《南昌航空大学学报》（社会科学版）2011 年第 1 期。

② 齐航福：《花东卜辞中的祭祀动词双宾语句试析》，《古汉语研究》2010 年第 1 期。

③ 邓统湘：《〈殷墟花园庄东地甲骨〉祭祀动词双宾语和三宾语句型研究》，《南昌航空大学学报》（社会科学版）2011 年第 1 期。

④ 该条卜辞为：于丁丑祝夒事。怀 1461 其中“夒”为神祇宾语，“事”为人事宾语。卜辞中的“事”或释作“史”，既可看作名词“史臣”，又可用为祭祀动词，如此则该句就不再是双宾语句。

例，且因成分隐现的不同，形成三种不同的变式：“$V+O_{神}+O_{事}$”“$AV_2+V+O_{神}+O_{事}$”“$S_{施}+AV_2+V+O_{神}+O_{事}$”。

因此，“可以说，花东卜辞中出现的某些祭祀动词双宾语句，在一定程度上改变了我们先前对古汉语中双宾语和三宾语语序的认识”[①]。

第六节　祭祀动词的分类

本节先介绍祭祀动词分类的已有研究成果，再分析甲骨文语法研究者通常采用的分类方法存在的不足，之后根据句法结构和宾语语义类型的不同对祭祀动词重新进行分类。

一　已有的祭祀动词分类研究

已有关于祭祀动词的分类研究，按照其分类标准的不同，大致可以分为以下三种。

第一种是按照意义标准进行的分类。代表性成果如陈梦家按照词义将37个祭祀动词分为七类：祭名而为记日之名者、以所荐祭之物为名者、以所祭之法为名者、祈告之祭、合祭、特殊之祭、无所属者。[②]王国维在《殷礼征文》中首先把“外祭”和“内祭”这对术语运用于卜辞研究中，他说：“卜辞所纪祭事大都内祭也，其可确知为外祭者，有祭社二事……”[③]岛邦男在《殷墟卜辞研究》中，也采用内祭和外祭对商代的祭祀进行分类：“殷王室的祭祀，大致可区分为对先王、先妣的内祭，和对自然神、高祖神及先臣神的外祭。”[④]文术发“参照文字形体、字词本义，根据古人生活的需求层次将祭法分为血祭、肉祭、食祭、酒祭、歌舞祭；然后再按祭法之特点将祭法分为合祭、祓灾祭、请神祭、求神祭；对内容不明、而仅知其为祭名者则归入其他一类”。由此对商周时

① 齐航福：《花东卜辞中的祭祀动词双宾语句试析》，《古汉语研究》2010年第1期。

② 陈梦家：《古文字中之商周祭祀》，《燕京学报》1936年第19期。

③ 王国维：《殷礼征文》，收入《海宁王忠悫公遗书》（初集），1927。

④〔日〕岛邦男：《殷墟卜辞研究》，温天河、李寿林中译本，台湾鼎文书局，1975，第52页。

期的祭祀动词进行了分类描写。[①]

第二种是按照新旧派别进行分类。例如董作宾基于他的新旧派学说将商代祭祀分为三类。

第一类，旧派特有的：御、匚、册、帝、烄、告、求、祝、侑、燎、沉、埋等。

第二类，新派特有的：彡、翌、祭、𩛥、劦、侑、叙、日、䝬、荐、濩、彡夕、彡龠、夕福。

第三类，旧派新派共有的：勺、福、岁。[②]

李立新基于董作宾分派学说，亦将211个甲骨文祭名按时代分为三类。

第一类是旧派祭名，主要指祖甲以前盛行的祭名，包括盘庚、小辛、小乙、武丁、祖庚和第四期武乙、文丁七位商王时期卜辞中的祭名，共148个。

第二类是新派祭名，主要指祖甲及其以后盛行的祭名，包括祖甲、廪辛、康丁、帝乙、帝辛五位商王时期卜辞中的祭名，共24个。

第三类是旧派新派共有祭名，指从旧派到新派贯穿整个商代甲骨文时代，一直行用不衰的祭名，共35个。[③]

第三种是采用语法形式和语义相结合的标准进行分类。该分类原则最早由周国正提出，周文以直接宾语是否是表事由的原因宾语、表牲名的是否是受事宾语为标准，把祭祀动词分为甲乙两类。[④]甲类词如告、御、求等，乙类词如燎、酒、祼等。他认为甲乙两类的划分标准“并不在于是否常带关切宾语（即神祇宾语），而在于是否直接带祭牲宾语”。由于甲乙类动词常在一个句子中同时出现，他从祭祀活动的主从活动角度出发，认为甲类词代表主要活动，而乙类所代表的是从属活动，乙

① 文术发：《商周祭祀铭文研究》，博士学位论文，中山大学，1999。

② 董作宾：《为书道全集详论卜辞之区分》，《大陆杂志》1957年第14卷第9期；又载《中国现代学术经典·董作宾卷》，河北教育出版社，1996，第535页。

③ 李立新：《甲骨文中所见祭名研究》，博士学位论文，中国社会科学院研究生院，2003，第56页。

④ 周国正：《卜辞两种祭祀动词的语法特征及有关句子的语法分析》，载《古文字学论集初编》，香港中文大学，1983。

类是为助成甲类而实施的。之后，沈培从周国正之说，列甲类祭祀动词共8个：祷、御、告、宁、酒、祝、祐、祼；乙类祭祀动词18个：燎、侑、𠯑、剢、餗、帝、岁、施、宜、𠂇、用、夕、升、登、蓺、𩞦、𣅊、肇。[①]齐航福在沈培的基础上，新增了甲类祭祀动词5个：奏、言、去、𩵋、求；乙类祭祀动词共整理出以下39个：鼎、𣅊、爯、登、㝯、禘、刚、工（貢）、燎、坎、卯、盟、沉、升、施、■、𣪠、苣、剢、岁、乇、夕、𡆧、畀、见（献）、宜、以、用、侑、又、衩、肇、至、置、饗、祭、友（醢）、俠、步。[②]

杨逢彬《殷墟甲骨刻辞词类研究》也根据能否带原因宾语将81个祭祀动词分为甲乙两类，其中甲类祭祀动词16个、乙类祭祀动词65个。甲类祭祀动词根据能否带三宾语分为A、B两类，A类为能带三宾语的祭祀动词，共有祷、御、宁、酌、告5个；B类指能带原因宾语但不能带三宾语的祭祀动词，共有𥙊、蒸、侑（又、㞢）、祝、祐、将、取、匄。另有𠫑、彡、翌3个词很可能是甲类祭祀动词。乙类祭祀动词又分为典型和不典型两类。能直接带神名宾语的乙类祭祀动词为典型的乙类祭祀动词，共52个。其中A类34个，指可同时带神名宾语和牲名宾语，或者可带“于”加神名宾语作补语，同时又可带牲名宾语的祭祀动词，如燎、𠯑、剢、餗、帝、风、施、宜、乇、用、夕、开、登、𣅊、肇、刚、埋、卯、日、盟、鼓、方、即、沈、𣪠、𩱧、延等；B类有䎽、凡、叙、奏、弘、狩6个，能带神名宾语（或补语）和牲名宾语，但不能同时带这两种宾语；C类有宾、遘、竞、𢀛、蓺、示、祀、熯、兴、陟、各、卫12个，能带神名宾语（或补语），但不可带牲名宾语。不典型的乙类祭祀动词指不能直接带神名宾语或不能带神名宾语的祭祀动词，共有異、𠂢、沺、祉、𦍌、冏、龠、史、焱、弹、兜、伐12个。[③]

---

① 沈培:《殷墟甲骨卜辞语序研究》，台北文津出版社，1992，第92页。

② 齐航福:《殷墟甲骨文宾语语序研究》，中西书局，2015，第125-205页。按：齐文所列甲类祭祀动词中的“奏”“言”“去”“𩵋”等、乙类祭祀动词中的“■”“置”“饗”“俠”“步”等疑似祭祀动词的用法大多仅1例，故本文都暂未收入。

③ 杨逢彬:《殷墟甲骨刻辞词类研究》，花城出版社，2003，第78-93页。不典型的乙类祭祀动词杨文指出共13个，但正文仅列出了12个。

郑继娥在周国正的鉴定原则与标准上，又增加了“同一词类出现的语境应相同”这一原则，并依此把 74 个祭祀动词分为甲乙丙丁四类。

甲类动词的直接宾语是原因宾语，牲名宾语是工具宾语，有祝、御、告、祷、宁、酒、祐、𠬝、祼 9 个。

能支配牺牲并使之作直接或受事宾语，却不能直接带原因宾语的是乙类动词，有乇、蒸、彝、俎、烄、燎、卯、岁、沉、埋、用、伐、册、𥬰、凡、豉、刚、畿、敦、盟、施 21 个。

只能以神名或者牲名为间接宾语，不能带原因宾语的为丙类动词，有祭、取、舞、御、侑、祀、米、彡、尊、鼎、弘、匄、鼓、陟、日、勺、餗、示、祊、延、肇、棘、将、奏、柰、酉、淮、帝、劦、翌、祔、𣪊、鼎、匚、置、衣 36 个。

既不能带原因宾语、对象宾语，也不能带受事宾语或工具宾语，只出现在“王宾”句型“王宾 + 祖某 + 动词”中的动词是丁类动词，有品、幼、苎、龠、薦、戠、执、祏 8 个。[①]

郑文对祭祀动词的分类标准如表 4–25 所示。

表 4–25　郑继娥对祭祀动词的分类标准

	V+NP			王宾 + 神 +V
	V+ 事由	V+ 神名	V+ 牲名	
	原因宾语	对象宾语	受事宾语或工具宾语	王宾
甲类	+	+	−/+	−（除“祷”）
乙类	−	+	+/−	+（部分）
丙类	−	+	−/+	+（部分）
丁类	−	−	−/−	+

注：郑继娥:《殷墟甲骨卜辞祭祀动词的语法结构及其语义结构》，博士学位论文，四川大学历史文化学院，2004，第 19 页。

① 郑继娥:《殷墟甲骨卜辞祭祀动词的语法结构及其语义结构》，博士学位论文，四川大学，2004，第 18-19 页。

二 已有分类存在的问题

从已有的研究成果来看，甲骨文语法研究的学者大都采用以上第三种标准，即语法形式和语义相结合的标准，以能否直接带原因宾语将祭祀动词划分为甲、乙两类。[①]但该分类方法存在明显的不足。其一，甲类祭祀动词的数量太少，导致甲、乙两类祭祀动词的占比极度不均衡。从现有研究成果来看，学者们所认定的甲类祭祀动词数量少的仅几个，如周国正3个、沈培8个、郑继娥9个；认定数量多的也不过十几个词，如齐航福认定了13个、杨逢彬认定了16个。也就是说甲类祭祀动词仅占祭祀动词总数的不到十分之一。其二，由于调查语料的限制，不同的学者对同一个祭祀动词的归类不同。也有因未能对卜辞的语料进行穷尽性分析而出现的对一些祭祀动词的分类错误。

以“侑”为例，沈培将其归入乙类动词，而郑继娥则将其归入丙类动词。[②]也就是说，两文都认为“侑”不能带原因宾语，但能带神祇和祭牲宾语。不同之处在于，沈文认为“侑”后所跟的祭牲宾语为受事，而郑文认为“侑”后的祭牲宾语为工具宾语。但语料调查显示，“侑”后其实是可以跟原因宾语的，且其可以出现在多种句型中。[③]

第一，“$(AV_2)+V+O_{事}+O_{神}+O_{牲}$”式，辞例如：

（1）癸巳卜：侑我父乙豕。22201

第二，“$V+P+O_{神}+O_{事}+O_{牲}$”式，辞例如：

（2）贞：侑于母囚犬三羊三豕…卯…2585（囚：灾祸。）

---

① 如齐航福（《花东卜辞中的祭祀动词双宾语句试析》，《古汉语研究》2010年第1期）在讨论花东卜辞中的祭祀动词双宾语句时曾指出，“‘言’字双宾语句为花东中新见。从183.5辞‘言子兴’来看，‘言’是可以带原因宾语的，故本文把它归入甲类祭祀动词”。

② 沈培：《殷墟甲骨卜辞语序研究》，台北文津出版社，1992；郑继娥：《殷墟甲骨卜辞祭祀动词的语法结构及其语义结构》，博士学位论文，四川大学，2004。

③ 对“侑”的分类产生分歧的另一个原因是研究者对祭祀动词“侑”的字形的界定范围不同。范围大的把卜辞中“又”“衩”“友”等字形作祭祀动词用的统一释为“侑”。有些学者如乔宇譞（《花东子卜辞所见祭名祭法材料的整理与研究》，硕士学位论文，郑州大学，2015）把“又”“友”释为“侑”，“衩”另列。有些学者如齐航福（《花东卜辞中的祭祀动词双宾语句试析》，《古汉语研究》2010年第1期）则把“又”看作甲类祭祀动词；“友”音义同“醢”，将“醢”“衩”都看作乙类祭祀动词。

第三，“V+P+O$_{神}$+O$_{牲}$+O$_{事}$”式，辞例如：

（3）贞：勿侑于父乙宰子妖，嬴。10136（子妖：人名。比较：子妖骨凡有疾。13874 …卜，争：子妖于母凷𠑹小牢又𠬝女一。728）

再比如“燎”，周国正、沈培、郑继娥、齐航福等都将其归入乙类动词[①]，但语料调查显示，动词“燎”后是可以带原因宾语的，尽管用例不多。例如：

（4）庚戌卜，争贞：<u>燎于西囚一犬一豰</u>，燎四豕四羊豰二，卯十牛豰一。英 1250（西：西方之神。囚：灾祸。）

以上卜辞可释读为：为灾祸之事用一犬一豰向西方之神举行燎祭。“燎于西囚一犬一豰”属于“V+P+O$_{神}$+O$_{事}$+O$_{牲}$”式。

还有“卯”，一般都将其看作典型的用牲动词，如郑继娥、齐航福等都将其归入乙类动词，[②] 但我们发现卜辞中“卯”也有带原因宾语的双宾语用例，其句式为“V+O$_{牲}$+O$_{事}$”：

（5）癸未卜，贞：燎于v十小牢，<u>卯十牛年</u>，用。14770[③]

其三，现已发掘、著录的甲骨卜辞毕竟数量有限，很难说某个 / 些祭祀动词在已发现的卜辞中未出现能直接带原因宾语的用例，在新出土或新发现的卜辞中就一定也不能直接带原因宾语。

因此，采用语法形式与语义并重、仅以能否直接带原因宾语为标准对祭祀动词进行分类明显存在较大缺陷。

---

① 周国正:《卜辞两种祭祀动词的语法特征及有关句子的语法分析》，载《古文字学论集初编》，香港中文大学，1983；沈培:《殷墟甲骨卜辞语序研究》，台北文津出版社，1992；郑继娥:《殷墟甲骨卜辞祭祀动词的语法结构及其语义结构》，博士学位论文，四川大学，2004；齐航福:《花东卜辞中的祭祀动词双宾语句试析》，《古汉语研究》2010 年第 1 期。

② 郑继娥:《殷墟甲骨卜辞祭祀动词的语法结构及其语义结构》，博士学位论文，四川大学，2004；齐航福:《花东卜辞中的祭祀动词双宾语句试析》，《古汉语研究》2010 年第 1 期。

③ “卯”带原因宾语的卜辞仅见这一例，“V+O$_{牲}$+O$_{事}$”式在卜辞中也极少见到。

三 根据句法结构和宾语语义类型的不同对祭祀动词所做的多重分类

不可否认，句法分析应当以语义分析为基础，因为“只有了解卜辞大意才能从事卜辞句法分析。对卜辞含义把握越精确，做出的句法分析才会越可靠”[①]。但目前甲骨文中已确定的祭祀动词尽管有一百多个，其中有相当大一部分却还不清楚确切的词义是什么；还有一些祭祀动词，虽已能识读，但学界对其词义还存在较大的争议。

在动词词义无法确定的情况下，学者们基本上是参照动词出现的句法结构来确定某个动词是否为祭祀动词的。如一般认为，在甲骨卜辞中，先祖、先妣、自然神等神祇名前，或“于＋神祇名”前的动词是祭祀动词。例如：

（6）贞：往于夒，有从雨？ 14375（夒：商族先祖名。）

（7）壬戌卜，[争]贞：帚好不往[于]妣庚。2643

（8）贞：往于河，有雨？ 8329

（9）丙卜：叀子兴往于妣丁？花东 409

（10）乙未卜：往西子奇妣庚三牢。22294

甲骨文中的“往”从止、王声，是一个形声字，本义是往来。于省吾认为以上例句中“于＋先祖”“先祖”之前的“往”并非表示往来义而当看作祭祀动词，即后世的“禳”（也即“禳”乃“往”的借字），意义是禳除，表示一种除凶去殃之祭。[②]后世学者多从于说。如夏大兆认为例（9）中的“往”用作祭名，即指禳祭。[③]齐航福将例（10）中的“往”看作祭祀动词，训为“禳”，即后世的禳除之祭；并把“西子奇”看作原因宾语，由此将该条卜辞看作“$V+O_{事}+O_{神}+O_{牲}$”式三宾语句。[④]

但张玉金指出，训“往”为“禳”的说法值得商榷，“往”和“禳”

---

① 齐航福：《殷墟甲骨文宾语语序研究》，中西书局，2015，第 7 页。

② 于省吾：《甲骨文字诂林》，中华书局，1979，第 154-156 页。

③ 夏大兆：《甲骨文字用研究》，博士学位论文，安徽大学，2014，第 507 页。

④ 齐航福：《殷墟甲骨文宾语语序研究》，中西书局，2015，第 209 页。

的上古音不相近，“往”不能读为“禳”；“往”的句法表现也说明它不能读为“禳”。上引例（6）~例（10）中“往于”或“往”后的先祖或先妣名应是表示处所的，指这个先祖的牌位或宗庙所在地。如例（7）“帚好不往［于］妣庚”中的“妣庚”指“妣庚”牌位或宗庙所在的处所。“帚好不往［于］妣庚”应该是说帚好不会前往妣庚的牌位前或宗庙里。例（9）“惠子兴往于妣丁”是卜问：该由子兴前往妣丁的牌位前（或宗庙里）吗？甲骨卜辞中的“往”没有祭祀动词的用法。[①] 我们赞成张文的观点。

以上情况反映出两个问题：一是在多数祭祀动词的词义还不能确定的情况下，语义标准无法与语法形式标准获得同等重要的地位；二是在对祭祀动词进行分类时，句法形式标准比语义标准更为重要。由此我们认为，应当以句法形式为主，参照语义标准对祭祀动词进行分类。即可根据祭祀动词所在句法形式的不同，参照宾语的语义类型进行多角度分类，而非仅以能否直接带原因宾语为标准进行单一分类。

以下是参照第一章至第三章的研究成果，根据句法结构和宾语语义类型对祭祀动词所做的多重分类。

（一）用于单宾句的祭祀动词

1. 能带祭牲宾语的祭祀动词及其句型

能带祭牲宾语的祭祀动词共 53 个：舞、告、舌、侑、蒸、福、烄、燎、桒、戠、祝、御、将、禘、沈、埋、祀、敀、伐、蛓、匄、箙、束、弘、岁、尊、𩱧、𣪊、𠭁、𪔫、𩚅、升、𦞅、卯、彭、用、勺、𡆥、𣳫、𠩐、敀、祭、日、奏、刚、宜、奠、品、称、祊、㞢、必、祐。

祭牲宾语在 10 种句型中出现 1337 例，其中单宾组 4 种 934 例，列举如下。

句型“（$S_{施}$）+（AV_2）+V+（AV_3）+$O_{牲}$”863 例，动词为舞、告、舌、侑、蒸、福、烄、燎、桒、戠、祝、御、将、禘、沈、埋、祀、敀、伐、蛓、匄、箙、束、弘、岁、尊、𩱧、𣪊、𠭁、𪔫、𩚅、升、宜、𦞅、

① 张玉金：《关于甲骨文中的“往”是否用作祭名的考察》，《古汉语研究》2019 年第 4 期。

卯、彭、用、勺、𠭯、次、㲋、攺、祭、日、奏、刚、奠、品、称。

句型“叀 / 勿唯 +O牲+V”51 例，动词为次、舞、蒸、禘、烄、燎、晢、用。

句型“（AV₂）+V+O牲+P+O地”11 例，动词为烄、攺、箙、勺、卯、用、蒸。

句型“AV₂+V+P+O地+O牲”9 例，动词为䶂、宜、侑、燎。

双宾组 6 种 403 例，列举如下。

句型“（AV₁）+S神+（AV₂）+V+O牲”103 例，动词为御、𠯑、燎、攺、祊、伐、戠、岁、𠱠、晢、刚、必、宜、𩚬、卯、用。

句型“（S施）+（AV₂）+V+O牲+P+O神”70 例，动词为御、蒸、沈、㲋、攺、刚、叀、卯、侑、彭、用、祭、宜、刚、称。

句型“叀 +O牲+V+P+O神”2 例，动词为侑、用。

句型“（AV₂）+V+P+O神+O牲”211 例，动词为祝、告、御、福、侑、禘、燎、埋、岁、刚、日、卯、𡏳、彭、𠯑、攺、宜。

句型“（AV₃）+ P+O神+V+O牲”15 例，动词为告、祐、勺、攺、岁、尊、卯、侑、𠭯、用。

句型“V+O牲+P+O神+ 数词”2 例，动词为侑。

2. 能带神祇宾语的祭祀动词及其句型

能带神祇宾语的祭祀动词共 65 个：舞、祝、即、𠭰、皙、御、蒸、取、告、将、𠭰日、𠯑、祭、祐、福、禘、畴、燎、𡏳、翌、奏、祀、攺、宾、肇、戠、弘、爵、兴、翌日、雩、晢、䎽、凡、卯、遘、方、宜、彤日、侑、用、宁、彭、正、延、𢦏、兢、示、祭、彤、𠬝、烄、㲋、翌、伐、刚、方、称、勺、品、岁、䵼、熹、豊、𠬝。

在 6 种句型中出现 683 例，其中单宾组 3 种 671 例，列举如下。

句型“（AV₁）+（S施）+（AV₂）+V+O神”623 例，动词为舞、祝、即、𠭰、皙、御、蒸、取、告、将、𠭰日、𠯑、祭、祐、福、禘、畴、燎、𡏳、翌、奏、祀、攺、宾、肇、戠、弘、爵、兴、翌日、雩、晢、䎽、凡、卯、遘、方、宜、彤日、侑、用、宁、彭、正、延、𢦏、兢、示、祭、彤、𠬝、烄、㲋、翌、伐、刚、方、称、勺。

句型“叀/勿唯 +O$_{神}$+（AV$_2$）+V”43 例，动词为兴、𠯑、品、示、岁、鬻、熹、豊、彭、正、祝、御、取、告、用、侑。

句型“（S$_{施}$）+（AV$_2$）+V+O$_{神}$+P+O$_{地}$”5 例，动词为取、将、叙、伐、彭。

双宾组 3 种 12 例，列举如下。

句型“S$_{事}$+AV$_2$+V+O$_{神}$”1 例，动词为御。

句型“叀 +O$_{牲}$+V+O$_{神}$”3 例，动词为彭、御。

句型“S$_{牲}$+（AV$_2$）+V+O$_{神}$”8 例，动词为御、侑、用、蒸、延。

3. 能带人事宾语的祭祀动词及其句型

能带人事宾语的祭祀动词共 48 个：次、御、告、寻、福、旦、燎、𠦪、奏、攺、宾、肇、匄、束、宁、尊、凡、侑、彭、延、将、用、若冎、祝、蓺、取、叙、𣪊、伐、弜、𢀛、㫚、称、遘、勺、舞、延、飨、奠、禘、戠、蒸、延、岁、卯、爵、祐、佐。

在 6 种句型中出现 406 例，其中单宾组 1 种 201 例、双宾组 5 种 205 例，列举如下。

句型“（AV$_1$）+（S$_{施}$）+（AV$_2$）+V+O$_{事}$”201 例，动词为次、御、告、寻、福、旦、燎、𠦪、奏、攺、宾、肇、匄、束、宁、尊、凡、侑、彭、延、将、用、若冎、祝、蓺、取、叙、𣪊、伐、弜、𢀛、㫚、称、遘、勺、舞、飨、奠。

句型“（S$_{施}$）+(AV$_2$）+V+O$_{事}$+P+O$_{神}$”129 例，动词为御、蓺、告、禘、𠦪、宁、侑、戠、匄、蒸、勺、彭、寻、延。

句型“叀 +O$_{事}$+V+P+O$_{神}$”1 例，动词为𠦪。

句型“（AV$_1$）+S$_{神}$+（AV$_2$）+V+O$_{事}$”15 例，动词为御、肇、宁、岁、卯、取、伐、爵。

句型“V+P+O$_{神}$+O$_{事}$”3 例，动词为𠦪、告，燎。

句型“（S$_{施}$）+（AV$_3$）+P+O$_{神}$+V+O$_{事}$”57 例，动词为𠦪、御、告、蒸、祐、福、匄、宁、彭、佐。

4. 能带神祇作受事主语的祭祀动词及其句型

能带神祇作受事主语的祭祀动词共 45 个：祝、御、燎、𠯑、祭、福、𣪘、宾、祊、伐、束、鼎、餕、岁、豊、𡆥、刚、遘、升、肜、卯、丁、奉、酌、用、𣳚、𦎫、蒸、示、飨、勺、侑、卩、肇、宁、取、爵、𢼄、祊、𢦏、沓、必、宜、𥁕、延。

在6种句型中共出现381例，其中单宾组1种257例，双宾组5种124例，列举如下。

句型“$(AV_1)+S_{神}+(AV_2)+V$”257例，动词为祝、御、燎、舌、祭、福、𣪘、宾、祊、伐、束、鼎、餕、岁、豊、𡆥、刚、遘、升、肜、卯、丁、奉、酌、用、𣳚、𦎫、蒸、示、飨、勺、侑、卩。

句型“$(AV_1)+S_{神}+(AV_2)+V+O_{事}$”15例，动词为御、肇、宁、岁、卯、取、伐、爵。

句型“$(AV_1)+S_{神}+(AV_2)+V+O_{牲}$”103例，动词为御、舌、燎、𢼄、祊、伐、𢦏、岁、𡆥、沓、刚、必、宜、𥁕、卯、用。

句型“$S_{神}+$叀$+O_{牲}+V$”1例，动词为用。

句型“$S_{神}+S_{牲}+V+P+O_{地}$”1例，动词为延。

句型“$(AV_1)+S_{牲}+S_{神}+V$”4例，动词为卯、用、岁。

5. 能带祭牲受事主语的祭祀动词及其句型

能带祭牲受事主语的祭祀动词共17个：用、祝、蒸、示、燎、束、岁、飨、束、福、卩、奠、御、侑、延、卯、禘。

在6种句型中共出现68例，其中单宾组1种38例、双宾组4种28例、三宾组1种2例，列举如下。

句型“$(AV_1)+S_{牲}+(AV_2)+V$”38例，动词为用、祝、蒸、示、燎、束、岁、飨、束、福、卩、奠。

句型“$S_{牲}+(AV_2)+V+O_{神}$”8例，动词为御、侑、用、蒸、延。

句型“$(AV_1)+S_{牲}+S_{神}+V$”4例，动词为卯、用、岁。

句型“$S_{牲}+(AV_2)+V+P+O_{神}$”15例，动词为禘、用。

句型“$S_{神}+S_{牲}+V+P+O_{地}$”1例，动词为延。

句型“$S_{牲}+V+O_{事}+O_{神}$”2例，动词为御。

6. 能带处所宾语的祭祀动词及其句型

能直接带处所宾语的祭祀动词共10个：𢎵、奏、将、𡨦、𣪘、飨、祝、即、侑、宾。它们只出现在句型“（AV_1）+（S施）+（AV_2）+ V+O地”中，共 14 例。

7. 能带“介词 + 地点”的祭祀动词及其句型

能带“介词 + 地点”式介宾结构的祭祀动词共 37 个：祝、告、烄、即、彝、禘、燎、宁、奠、䢅、遘、侑、用、尊、若冈、𢦏、𢦔、攺、舞、将、刚、宜、舌、桒、𡧊、飨、取、叙、伐、彡、攺、簋、勺、卯、蒸、𩰫、延。

“介词 + 地点”在 6 种句型中出现 114 例，其中单宾组 4 种 112 例、双宾组 2 种 2 例，列举如下。

句型“（AV_1）+（S施）+（AV_2）+V+P+O地”87 例，动词为祝、告、烄、即、彝、禘、燎、宁、奠、䢅、遘、侑、用、尊、若冈、𢦏、𢦔、攺、舞、将、刚、宜、舌、桒、𡧊、飨。

句型“（S施）+（AV_2）+V+O神+P+O地”5 例，动词为取、将、叙、伐、彡。

句型“（AV_2）+V+O牲+P+O地”11 例，动词为烄、攺、簋、勺、卯、用、蒸。

句型“AV_2+V+P+O地+O牲”9 例，动词为𩰫、宜、侑、燎。

句型“S神+S牲+V+P+O地”1 例，动词为延。

句型“AV_2+V+O牲+O神+P+O地”1 例，动词为勺。

8. 能带“介词 + 神祇”的祭祀动词及其句型

能带“介词 + 神祇”式介宾结构的祭祀动词共 65 个：祝、即、𥁕日、御、舌、祭、蒸、福、陟、燎、埋、𡧊、告、禘、日、桒、米、𢦏、𢦔、匄、弘、刚、𩛥、岁、彡日、侑、宁、用、彡、𥁕、示、禘、奏、祀、淮、翌、宾、伐、祊、𩰫、凡、遘、𩚬、𩛥、彡、勺、卯、延、沈、尊、鼓、若冈、飨、祀、祐、佐、陟、束、宜、寻、𦭝、攺、𠭯、𣍘、称。

出现于 19 种句型 1513 例，其中单宾组 2 种 968 例，列举如下。

句型“（AV_1）+（S施）+（AV_2）+V+P+O神”767 例，动词为祝、即、𥁕日、御、舌、祭、蒸、福、陟、燎、埋、𡧊、告、禘、日、桒、米、戠、𢦏、匄、弘、刚、𩛥、岁、肜日、侑、宁、用、酌、各、示、禘、奏、祀、淮、翌、宾、伐、祊、𩰫、凡岁、遘、𩞁、𩛥、肜、勺、卯、延、沈、尊、鼓、若冋、𩜁、祀、祊。

句型"($S_{施}$)+(AV_3)+P+$O_{神}$+(AV_2)+V"201例，动词为祝、即、𠦪、蒸、祭、告、舌、福、禘、陟、𣪊、御、燎、宾、奏、伐、匄、束、宁、岁、宜、𩛥、勺、卯、侑、酌、延、用、寻。

双宾组11种513例，列举如下。

句型"($S_{施}$)+(AV_2)+V+$O_{事}$+P+$O_{神}$"129例，动词为御、𦺇、告、禘、𠦪、宁、侑、戠、匄、蒸、勺、酌、寻、延。

句型"叀+$O_{事}$+V+P+$O_{神}$"1例，动词为𠦪。

句型"$S_{事}$+(AV_2)+V+P+$O_{神}$"7例，动词为御、告、𣪊。

句型"(AV_1)+$S_{事}$+P+$O_{神}$+V"3例，动词为御、匄。

句型"V+P+$O_{神}$+$O_{事}$"3例，动词为𠦪、告，燎。

句型"($S_{施}$)+(AV_3)+P+$O_{神}$+V+$O_{事}$"57例，动词为𠦪、御、告、蒸、祐、福、匄、宁、酌、佐。

句型"(AV_2)+V+P+$O_{神}$+$O_{牲}$"211例，动词为祝、告、御、福、侑、禘、燎、埋、岁、刚、日、卯、𠦪、酌、舌、𢼄、宜。

句型"(AV_3)+ P+$O_{神}$+V+$O_{牲}$"15例，动词为告、祐、勺、𢼄、岁、尊、卯、侑、𡆥、用。

句型"($S_{施}$)+(AV_2)+V+$O_{牲}$+P+$O_{神}$"70例，动词为御、蒸、沈、𣪊、𢼄、刚、𣍘、卯、侑、酌、用、祭、宜、称。

句型"叀+$O_{牲}$+V+P+$O_{神}$"2例，动词为侑、用。

句型"$S_{牲}$+(AV_2)+V+P+$O_{神}$"15例，动词为禘、用。

三宾组6种32例，列举如下。

句型"(AV_2)+V+$O_{事}$+P+$O_{神}$+$O_{牲}$"23例，动词为𠦪、告、御、宁、酌。

句型"V+$O_{事}$+$O_{牲}$+P+$O_{神}$"2例，动词为御、𠦪。

句型"V+P+$O_{神}$+$O_{事}$+$O_{牲}$"2例，动词为燎、侑。

句型"V+P+$O_{神}$+$O_{牲}$+$O_{事}$"1例，动词为侑。

句型“叀+$O_{牲}$+V+$O_{事}$+P+$O_{神}$”1例，动词为御。

句型“P+$O_{神}$+V+$O_{事}$+$O_{牲}$”3例，动词为御、宁。

（二）用于双宾句和三宾句的祭祀动词

9. 能同时带神祇宾语与祭牲宾语的祭祀动词及其句型

能带神祇宾语、祭牲宾语的祭祀动词共30个：舌、祝、㲋、御、祐、燎、肇、鼓、凡、餀、岁、𠬝、方、宜、卯、告、侑、酌、𢼄、餗、彭、祊、蒸、翌、酉、勺、用、祭、宾、𡆥。

用于“神祇+祭牲”式的2种151例，列举如下。

句型“（$S_{施}$）+（AV_2）+V+$O_{神}$+$O_{牲}$”148例，动词为舌、祝、㲋、御、祐、燎、肇、鼓、凡、餀、岁、𠬝、方、宜、卯、告、侑、酌、𢼄、餗、彭、祊。

句型“P+$O_{事}$+V+$O_{神}$+$O_{牲}$”3例，动词为御。

用于“祭牲+神祇”式的4种42例，列举如下。

句型“（AV_2）+V+$O_{牲}$+$O_{神}$”32例，动词为酌、御、蒸、燎、翌、岁、酉、勺、卯、用、祭、侑、宾、𡆥。

句型“叀+$O_{牲}$+V+$O_{神}$”3例，动词为酌、御。

句型“AV_2+V+$O_{牲}$+$O_{神}$+P+$O_{地}$”1例，动词为勺。

句型“（AV_2）+V+$O_{牲}$+$O_{神}$+数词”6例，动词为侑。

10. 能同时带人事宾语与神祇宾语的祭祀动词及其句型

能带人事宾语、神祇宾语的祭祀动词共5个：御、𠦪、福、告、宁。

用于“人事+神祇”式的2种句型共19例，列举如下。

句型“（AV_2）+V+$O_{事}$+$O_{神}$”17例，动词为御、𠦪、福、告、宁。

句型“$S_{牲}$+V+$O_{事}$+$O_{神}$”2例，动词为御。

11. 能同时带祭牲宾语与人事宾语的祭祀动词及其句型

能同时带人事宾语、祭牲宾语的祭祀动词10个：御、宁、告、𠦪、酌、祝、侑、燎、卯、寻。

其中用于“人事+祭牲”式的5种句型共37例，列举如下。

句型“（AV_2）+V+$O_{事}$+$O_{牲}$”7例，动词为御、侑、宁、酌、寻。

句型“（AV_2）+V+$O_{事}$+P+$O_{神}$+$O_{牲}$”23例，动词为𠦪、告、御、

宁、酌。

句型“V+O$_{事}$+O$_{牲}$+P+O$_{神}$”2 例，动词为御、𠦪。

句型“V+P+O$_{神}$+O$_{事}$+O$_{牲}$”2 例，动词为燎、侑。

句型“P+O$_{神}$+V+O$_{事}$+O$_{牲}$”3 例，动词为御、宁。

用于“祭牲＋人事”式的 3 种句型共 3 例，列举如下。

句型“V+O$_{牲}$+O$_{事}$”1 例，动词为卯。

句型“V+P+O$_{神}$+O$_{牲}$+O$_{事}$”1 例，动词为侑。

句型“叀+O$_{牲}$+V+O$_{事}$+P+O$_{神}$”1 例，动词为御。

12. 能同时带人事宾语、神祇宾语与祭牲宾语的祭祀动词及其句型

能带人事宾语、神祇宾语与祭牲宾语的祭祀动词共 7 个：御、宁、侑、𠦪、告、酌、祝。

句型“（AV_2）+V+O$_{事}$+O$_{神}$+O$_{牲}$”13 例，动词为御、宁、侑、𠦪、告、酌、祝。

表 4–26　带不同类型宾语的祭祀动词

宾语类型	祭祀动词	数量
神祇	舞、祝、即、㱿、㬜、御、蒸、取、告、将、㱿日、𠯑、祭、祐、福、禘、畴、燎、𠦪、翌、奏、祀、攺、宾、肇、戠、弘、爵、兴、翌日、雩、㬜、𣪘、凡、卯、遘、方、宜、肜日、侑、用、宁、酌、正、延、𢦏、竞、示、祭、肜、叙、烄、𣪊、翌、伐、刚、方、称、勺、品、岁、𩰫、亯、豊、叙	65
祭牲	舞、告、𠯑、侑、蒸、福、烄、燎、𠦪、戠、祝、御、将、禘、沈、埋、祀、攺、伐、𢦏、匄、𥬔、束、弘、岁、尊、𣪘、𢻮、㬜、𩰪、𩛥、升、𩱧、卯、酌、用、勺、㞢、次、𣪊、攺、祭、日、奏、刚、宜、奠、品、称、祊、𠧴、必、祐	53
人事	用、祝、蒸、示、燎、束、岁、𩚬、束、福、卩、奠、御、侑、延、卯、禘	17
神祇＋祭牲	𠯑、祝、𩚬、御、祐、燎、肇、𢦏、凡、𩜁、岁、㬜、方、宜、卯、告、侑、酌、攺、𩛥、酌、祊、蒸、翌、酉、勺、用、祭、宾、㞢	30
神祇＋人事	御、𠦪、福、告、宁	5
祭牲＋人事	御、宁、告、𠦪、酌、祝、侑、燎、卯、寻	10
神祇＋祭牲＋人事	御、宁、侑、𠦪、告、酌、祝	7

结　语

句型研究是语法研究的重要组成部分。甲骨文虽然是三千多年前的语言材料，其句型却复杂多样，特别是在甲骨文中占有很大比重的祭祀动词句，更是种类繁杂，在甲骨文句型中具有代表性。可以说，只要弄清祭祀动词句的句型，也就基本上弄清了整个甲骨文的句型。到目前为止，甲骨文句型的研究虽然取得了一定成果，但从总体来说，还不够深入和细致。如甲骨文虽然句型繁多，但发展很不平衡，有些句型用例很多，有些句型只有一两个用例，只有做定量研究，才能分清轻重主次。甲骨文五期句法也不是一成不变的，分析各个时期的句法特征及其演变，建立甲骨刻辞历史语法学并探索其与甲骨文分期断代的关系，也应是甲骨文句法研究的任务。

本书绪论部分综述了前人在甲骨文句法研究及祭祀动词句法研究方面的成果，介绍了商代祭祀的概况，并对本书研究的依据、范围、目的、方法等做了说明。第一章单祭祀动词句、第二章多祭祀动词句、第三章祭祀动词兼语句，这三章主要是对甲骨文祭祀动词的句型进行详尽描述和全面统计。各章以基本句式为纲，在每种基本句型的变式句下都列出若干条由不同祭祀动词做谓语的卜辞辞例，并说明该变式句在甲骨文中共出现多少例、在五期中各有多少例、分别有哪些祭祀动词可以出现其中。对于卜辞的标点、释读、分析等学界有争议的，则随文进行讨论。对于一些有疑问的卜辞，列入存疑类另论，以待进一步研究。

值得注意的是，这三章对基本句型及其变式句类别的详尽描述，不是散乱无序的，而是力求呈现甲骨文祭祀动词句型的层级体系。以单祭祀动词句为例，无宾组、单宾句、双宾句和三宾句四大类是第一层分类。其中单宾句又分“动词—地点”“动词—神祇”“动词—人事”“动词—祭牲”四大类，这是第二层分类。各类下所出现的句型为基本句型，也即第一层次的上位句型。如“动词—神祇”类的基本句型共有句型 4~句型 9 五个：

基本句型：句型 4（AV_1）+（S$_{施}$）+（AV_2）+V+O$_{神}$

句型 5 叀/勿唯 +O$_{神}$+（AV_2）+V

句型 6（AV_1）+S$_{神}$+（AV_2）+V

句型 7（AV_1）+（S$_{施}$）+（AV_2）+V+P+O$_{神}$

句型 8（S$_{施}$）+（AV_3）+P+O$_{神}$+（AV_2）+V

句型 9（S$_{施}$）+（AV_2）+V+O$_{神}$+P+O$_{地}$

各基本句型根据成分隐现的不同而形成不同的句型为变式句型，此即第二层次的中位句型。如句型 4 的变式句型共 5 类，句型 7 的变式句型共 6 类：

基本句型 4“（AV_1）+（S$_{施}$）+（AV_2）+V+O$_{神}$”的变式句型共分为 5 类：

4.1　V+O$_{神}$；

4.2　AV_2+V+O$_{神}$；

4.3　S$_{施}$+V+O$_{神}$；

4.4　S$_{施}$+AV_2+V+O$_{神}$；

4.5　AV_1+S$_{施}$+AV_2+V+O$_{神}$。

基本句型 7“（AV_1）+（S$_{施}$）+（AV_2）+V+P+O$_{神}$”的变式句型共分为 6 类：

7.1　“V+P+O$_{神}$”；

7.2　AV_2+V+P+O$_{神}$；

7.3　S$_{施}$+V+P+O$_{神}$；

7.4　AV_1+S$_{施}$+V+P+O$_{神}$；

7.5　S$_{施}$+AV_2+V+P+O$_{神}$；

7.6　AV_1+S$_{施}$+AV_2+V+P+O$_{神}$。

而有一些变式句型还可分出下位句型，此即第三层次的下位句型。如变式句型 4.2 “$AV_2+V+O_{神}$” 因宾语形式的不同，可分为两类下位句型：

4.2.1　$AV_2+V+O_{神}$；

4.2.2　$AV_2+V+O_{神}+P+O_{神}$。

第四章甲骨文祭祀动词句型综论，则是在前三章描写的基础上，对甲骨文的祭祀动词句型进行多角度分析。第一节甲骨文祭祀动词句型定量研究，详细分析了祭祀动词句的句型结构、句法成分、祭祀动词句型变换手段、施事主语出现与否以及神祇、人事、祭牲名词语法功能的频率差异。第二节甲骨文祭祀动词句型断代研究，对各种句型作了分期研究，从而归纳出甲骨文祭祀动词句各期的句法特征。第三节甲骨文祭祀动词句句法语义研究，运用配价理论，对祭祀动词的支配能力和组合能力进行了简要论述，从“语义价”和“句法向”两个层面对甲骨文祭祀动词的配价情况进行全面分析和描写，从而较全面地反映它们所能构成的语义结构和语法结构。第四节几种祭祀动词句型散论，分析了三宾语句的实质、三宾语中“人事—神祇—祭牲”排列次序最为常见的原因及三宾语句消亡的原因，介绍了甲骨文非祭祀动词双宾语句的概况，简单探讨了甲骨文双宾语句对后世的影响及其流变，把祭祀动词兼语句与甲骨文的整个兼语句作了比较，对省略（隐含）祭祀动词的祭祀动词句型分类作了说明。第五节对花东卜辞中的祭祀动词双宾句和三宾句进行了分类描写，讨论了已有研究存在的不足，总结了花东卜辞中新增的句型；第六节介绍了祭祀动词分类的已有研究成果，分析了甲骨文语法研究者通常所采用分类方法存在的不足，根据句法结构和宾语语义类型的不同对祭祀动词重新进行了多重分类。

从第四章所列数据及分析中，我们可以总结甲骨文祭祀动词句型呈现出的诸多特点。例如根据第四章第一节表 4–4、表 4–9、表 4–10 的统计数据和相关分析，可得出神祇、祭牲、人事名词在甲骨文祭祀动词句中出现及充当不同句法成分时的常见性排列等级：

一是总出现次数的排列等级：

a. 单宾句：神祇名词（2797 次）> 祭牲名词（1655 次）> 人事名词（487 次）

b. 双宾句：神祇名词（444 次）> 祭牲名词（201 次）> 人事名词（12 次）

c. 三宾句：神祇名词（119 次）> 祭牲名词（59 次）> 人事名词（0 次）

二是充当受事主语句次数的排列等级：

a. 单宾句：神祇受事主语（381 次）> 祭牲受事主语（68 次）> 人事受事主语（0 次）

b. 双宾句：神祇受事主语（21 次）> 祭牲受事主语（11 次）> 人事受事主语（0 次）

c. 三宾句：无受事主语句

三是充当宾语次数的排列等级：

a. 单宾句：祭牲宾语（1583 次）> 神祇宾语（905 次）> 人事宾语（477 次）

b. 双宾句：祭牲宾语（190 次）> 神祇宾语（93 次）> 人事宾语（12 次）

c. 三宾句：祭牲宾语（59 次）> 神祇宾语（21 次）> 人事宾语（0 次）

四是神祇名词充当介词宾语与动词宾语次数的排列等级：

a. 单宾句：介词 + 神祇名词（1511 次）> 神祇宾语（1286 次）

b. 双宾句：介词 + 神祇名词（330 次）> 神祇宾语（114 次）

c. 三宾句：介词 + 神祇名词（98 次）> 神祇宾语（21 次）

综上可知，在甲骨文祭祀动词带宾语的卜辞中，一般需要说明向哪位神祇进行祭祀，故神祇名词出现频次最高。其次需要说明的是用什么祭牲进行祭祀。因何事进行祭祀对于施祭者而言相对较为清楚，故在卜辞中一般会省略。当采用受事主语句时，神祇名词作主语的用例远多于祭牲名词作主语的用例，而人事名词则不能充当受事主语。原因在于人事名词作受事主语与施事主语容易混淆。祭牲名词和人事名词的主要句法功能是充当宾语，而神祇名词的主要句法功能确实充当补语，其次才用于充当宾语。卜辞中习惯于使用介词来引介神祇宾语，但使用介词来引介人事宾语和祭牲宾语的却极少见到。

附录包括三个方面的内容：附录一为甲骨文祭祀动词句型索引，分为单祭祀动词句型索引、双祭祀动词句型索引、三祭祀动词句型索引与祭祀动词兼语句索引四个部分，列出了第一章至第三章所有句型的详细信息，即每个句型下依次列出句型模式、出现的总数、各期出现的次数、句型中出现的所有动词、每个动词所出现的卜辞片号及所属时期等多项信息，以备读者查阅。附录二为甲骨文祭祀动词句型五期分布表格，将第一章至第三章讨论的 92 个句型（不包括存疑类句型）在五个不同时期的使用情况用表格的形式呈现了出来，以便读者直观地了解甲骨文祭祀动词句型的历史变化。附录三按照句型的不同，列出了《村中南》出现的所有单祭祀动词双宾句、三宾句及其变式，以备参考。

尽管在出版之前做了增补和修改，但毋庸讳言，本书仍存在诸多的不足之处。这些不足既让笔者感到遗憾，但同时也使笔者深刻认识到，甲骨文祭祀动词的句型研究仍存在较大的空间。随着甲骨文整理、甲骨文字词考释、甲骨文分期断代等研究成果的涌现和研究水平的不断提高，未来在对祭祀动词句型句式进行研究时，应该特别注意以下几个方面：

（一）在研究材料方面，要充分吸收甲骨文整理方面的成果

在研究材料上，要充分吸收学术界在甲骨文著录、摹写、缀合、校重、辨伪等方面的研究成果。除了使用早期著录的材料如《甲骨文合集》《小屯南地甲骨》《英国所藏甲骨集》《怀特氏等收藏甲骨文集》《甲骨文合集补编》《东京大学东洋文化研究所藏甲骨文字》《天理大学附属参考馆甲骨文字》等，还要利用近年新著录出版的材料如《殷墟花园庄东地甲骨》《村中南》《上海博物馆藏甲骨文字》等，同时注意吸收甲骨学界在甲骨文缀合研究方面的出版成果，如蔡哲茂编著的《甲骨缀合汇编（图版篇）》,[①] 黄天树编著的《甲骨拼合集》《甲骨拼合续集》《甲骨拼

① 蔡哲茂编著《甲骨缀合汇编（图版篇）》，花木兰文化出版社，2011。

合三集》《甲骨拼合四集》《甲骨拼合五集》等①。

（二）要充分吸收甲骨学文字考释、词语训释、标点断句、历史文化研究等方面的成果

“要想更好地从事甲骨文语法的研究，就必须有良好的甲骨学基础，否则必然会谬误时见。所以要充分吸收学术界在甲骨文的文字考释、词语训释、语句通释、标点断句、分类断代以及历史文化研究方面的成果。”②文字识读、标点断句是句法研究的基础，若对卜辞的字词识解有误或者断句不合理，那么所做的句法分析就没有任何意义。“研究甲骨文语法的学者，不但要跟上甲骨学研究的步伐、站在学术发展的前沿，而且还要善于择善而从。”③甲骨学界在文字考释、词语训释等方面，往往有各种不同的说法，研究者要善于在众说中选择科学的说法。这需要研究者在甲骨学、文字学、语法学等不同领域有一定的学识和积累，绝非一朝一夕之功。此外，祭祀动词与商周的祭祀制度密切相关，故需要研究者对商代的历史文化有一定程度的了解。

（三）要充分利用学术界在甲骨文分组分类和断代方面的成果，总结祭祀动词句式使用的组类差异

张玉金在《21 世纪以来甲骨文语法研究的回顾与展望》一文中曾指出，“以往开展了对不同组类卜辞（如师组卜辞、历组卜辞、典宾类卜辞）的语法研究，今后要更全面地开展这类研究。要充分吸收学术界在甲骨文分组分类和断代方面的成果，对不同组类的卜辞都加以探究，总结每个组类卜辞在语法上的特点，从而为甲骨文的分组分类和甲骨断代作出贡献”。④我们已经知道，“殷墟甲骨文有王卜辞和非王卜辞之分，二者又都可以再细分为若干不同的组类”。⑤“不同组类的卜辞之间在字

---

① 黄天树:《甲骨拼合集》，学苑出版社，2010；黄天树:《甲骨拼合续集》，学苑出版社，2011；黄天树:《甲骨拼合三集》，学苑出版社，2013；黄天树:《甲骨拼合四集》，学苑出版社，2016；黄天树:《甲骨拼合五集》，学苑出版社，2019。

② 张玉金:《21 世纪以来甲骨文语法研究的回顾与展望》,《出土文献》2021 年第 2 期。

③ 张玉金:《21 世纪以来甲骨文语法研究的回顾与展望》,《出土文献》2021 年第 2 期。

④ 张玉金:《21 世纪以来甲骨文语法研究的回顾与展望》,《出土文献》2021 年第 2 期。

⑤ 齐航福:《殷墟甲骨文中句式使用的组类差异考察——以“岁”字句为例》,《中国语文》2014 年第 2 期。

体、书体、用字习惯等方面都存在一定的差异。在句式使用方面亦然”。①

例如齐航福以“岁”字句为例分析了殷墟甲骨文中句式在花东非王卜辞、村北王卜辞、村中南王卜辞中使用的组类差异。齐文发现，当“岁”字与神名和牲名同现时，花东卜辞中共有“岁＋神名＋牲名”（共244例）、“岁＋牲名＋神名”（共17例）两类双宾语句式以及“岁＋于＋神名＋牲名”（仅2例）、“岁＋牲名＋于＋神名（共6例）”两类相关句式。四类句式共有269例，数量上非常可观。而以上四种句式在王卜辞中却很少出现。参表5–1。②

表5–1 “岁”字双宾语句及其相关句式统计表

	非王卜辞	村北系列	村中南系列
$V_{乙}+O_{神}+O_{牲}$	245	—	2
$V_{乙}+于+O_{于(神)}+O_{牲}$	4	—	1
$V_{乙}+O_{牲}+O_{神}$	17	—	2
$V_{乙}+O_{牲}+于+O_{于(神)}$	6	1	—

在花东子组之外的其他组类中常常使用的四类句式是受事主语句“神名＋岁＋牲名”“神名＋岁＋惠＋牲名”“神名＋岁＋其＋牲名”和宾语前置句“其＋牲名＋神名＋岁”。这些句式在不同的王卜辞的不同组类中分布也不同。参表5–2。

表5–2 “岁”字句中神名在前者统计表

	白肥笔类	出组	何一类	历类	历无名间类	无名类
神名＋岁＋牲名	2	49	—	11	18	13
神名＋岁＋其＋牲名	—	13	1	—	—	—
神名＋岁＋惠＋牲名	—	8	—	3	13	20
其＋牲名＋神名＋岁	—	—	—	1	—	—

① 齐航福:《三论殷墟甲骨文中句式使用的组类差异考察——以“祷”字句为例》,《古汉语研究》2020年第1期。

② 齐航福:《殷墟甲骨文中句式使用的组类差异考察——以“岁”字句为例》,《中国语文》2014年第2期。按:叙述语和表格中的数据全部按齐文原文引用,齐文两处的数据不一致。

随着殷墟甲骨文研究的深入，涉及甲骨文句型句式研究的成果越来越多，但由于种种原因，利用甲骨文分期断代成果进行句型句式研究的论著却为数不多。“在分期分组中祭祀语言的演变有无规律，有什么样的规律这都需要进一步探讨。”①

（四）在进行句法研究时，应尽量保留每条卜辞的完整性，注意利用同版的卜辞，尤其是其中的对贞句、选贞句进行分析或解读，而不宜将一条卜辞切分得过于零散。

卜辞中有数量较多的对贞句、选贞句，齐航福据此讨论了卜辞几种宾语相关句式中的焦点问题。这里重点来看其中对祭祀动词句式的相关讨论。②

如果在“$V+O_{神}+O_{牲}$”式和“$V+于+O_{神}+O_{牲}$”式双宾语中有一个是焦点的话，焦点一般为后置的祭牲宾语。例如：

（1）侑大甲三牢。侑大甲四牢。32471

（2）甲辰侑祖乙一牛。其侑祖乙大牢。屯南 539

（3）癸：岁妣庚牡。岁妣庚豕。花东 18300

（4）丁巳卜，内：侑于黄尹三牛。六月。/ 侑于黄尹四牛。3461

不过，在卜辞中，偶尔也有以神名宾语为焦点的例子。

（5）丙午卜：告于祖乙三牛，其往夒。不。/ 丙午卜：于大乙告三牛，往夒。不。屯 783③

如果“$V+O_{牲}+O_{神}$”式和“$V+O_{牲}+于+O_{神}$”式双宾语中有一个是焦点的话，焦点一般均为前置的牲名宾语。例如：

（6）庚寅卜：侑伐妣丙。/ 乙巳卜：侑㞢妣丙。32175（人牲“伐”与“㞢”为占卜焦点。）

① 郑继娥：《殷墟甲骨卜辞祭祀动词的语法结构及其语义结构》，博士学位论文，四川大学，2004。

② 以下内容和辞例都转引自齐航福《殷墟甲骨文中焦点问题的初步研究》，《语文研究》2014 年第 4 期。

③ 张玉金（《关于甲骨文中的“往”是否用作祭名的考察》，《古汉语研究》2019 年第 4 期）认为“其往夒”“往夒”为“告”的直接宾语，其前都不当点断。卜辞中的“夒”非神祇名，而是表示处所的，指“夒”这个先祖的牌位或宗庙所。“往”非祭祀动词而为一般动词，表示前往义。

（7）乙卜：其施五牛妣庚。/ 乙卜：其施三牛妣庚。/ 乙卜：其施七牛妣庚。花东 40100

（8）癸丑卜：惠一牢侑牝于祖甲。/ 癸丑卜：惠二牢于祖甲。花东 45900

如果神名宾语和原因宾语一起出现，无论是在“V+O$_{事}$+O$_{神}$”式中，还是在“V+O$_{事}$+ 于 +O$_{神}$”式中，焦点一般都是后置的神名宾语。例如：

（9）己未卜：御子辟小王。不。/ 御子辟中子。不。20023

（10）辛卜：其御子馘于妣庚。/ 辛卜：其御子馘于妣己眔妣丁。花东 18100

当牲名宾语、神名宾语和原因宾语一起出现时，焦点则大多都是牲名宾语。例如：

（11）甲申卜：御妇鼠妣己二牝牡。十二月。/ 一牛御妇鼠妣己。/ 一牛一羊御妇鼠妣己。19987

（12）其告秋上甲二牛。三牛。四牛。28206

（13）丁丑卜：大甲岁十牛。/ 丁丑卜：其十牛大甲岁。32475（“十牛”应该是占卜焦点。）

以上齐文的分析以及绪论部分本书不足的第四点中提到的张玉金[①]、齐航福[②]的相关研究，都给了我们同样的启示，在进行句法研究时，不宜将一条卜辞切分得过于零散，不然会丢失一些有用信息。

---

① 张玉金：《论宾字句的句法结构》，《古汉语研究》1993 年第 2 期。

② 齐航福：《殷墟甲骨文中句式使用的组类差异考察——以“岁”字句为例》，《中国语文》2014 年第 2 期；齐航福：《再论殷墟甲骨文中句式使用的组类差异——以“燎”字句为例》，《语言研究》2017 年第 2 期。

附录一　甲骨文祭祀动词句型索引

说明：

1. 本索引句型的序号与正文相同。

2. 每个句型下依次列出句型模式、出现的总数、各期出现的次数及句型中出现的所有动词。

3. 每个句型下的动词按照出现时期的先后排列。

4. 每个动词后分别用中文数字和阿拉伯数字表示期数和用例总数，再列卜辞片号。若一个动词出现在几个时期，各期之间用“；”号隔开。

5. 不同动词之间用“/”号隔开。

例如，句型 1.1 中的“勺一 1：2606 反 / 凡一 1：19720；一附 1：22124”，表示句型 1.1（单祭祀动词无宾句）出现的情况为：动词“勺”在第一期出现 1 次，卜辞片号为“2606 反”；动词“凡”在第一期出现 1 次，卜辞片号为“19720”，在第一期附出现 1 次，卜辞片号为“22124”。

第一部分　单祭祀动词句型索引

一　无宾句及其变式

1　（AV_1）+（$S_{施}$）+（AV_2）+V

1.1　V

共 639 例，一期 130 例、一期附 37 例、二期 151 例、三期 87 例、四期 76 例、五期 155 例、三期—四期 1 例、无分期 2 例。

䵼一1：1682/鼎一1：15267/遘一3：11，5930，17213/篚一1：英560/䩻一2：1825，1825/宾一4：974正，974正，974正，1248正/奏一1：15491反/将一1：英1198反/侑一4：2106正，2182，5533，13555正/取一2：14468正，14468正/斫一1：11237/甗一2：4831，4832/勺一1：2606反/凡一1：19720；一附1：22124/畴一3：13414，13414，13414；一附1：21181/㗊一1：6929；一附1：20806/岁一1：12420；一附2：22437，22440；二34：22583，22610，22709，22857，22972，23031，23033，23049，23069，23085，23089，23097，23119，23143，23186，23202，23203，23317，23352，23367，23826，24697，24898，25152，25153，25140，25150，25152，25153，25174，25918，英1940，英1951，怀1013；三5：27164，27589，27617，27627，30732；四8：32497，32642，33692，33693，屯723，屯1015，屯1022，屯1116/彭一7：2199正，2607，11497正，11498正，15641正，17705反，英126；一附2：21221，22301；二1：23065；三3：27501，27052，英2260；四7：32262，33696，34533，屯675，屯2347，屯2347，屯3092/戠一4：945正，13079，15401，16228；一附5：19771，20346正，21242，21242，21782；二17：22835，22837，22839，22840，22841，22843，22844，22845，22845，22846，22847，22878，23165，25744，25745，25746，25747；三3：27042反，30173，30173；三—四1：屯1094/告一5：772正，6527正，6583，7537，16440；一附1：22067；二5：22746，22747，22747，24773，26482；四4：32418，32482，屯1104，屯1104/飨一2：1403，16051；一附1：22331；三11：27174，27221，27321，27321，27321，27321，27321，27456正，27456正，27456正，27456正/鼓一3：4847，9811正，10275反；一附1：英1911；三1：屯236；四1：32913/桒一1：9658正；一附1：20576正；三8：27416，30598，30599，30612，30660，30832，屯244，屯244；四6：32440，34102，34122，屯422，屯2601，屯2860/燎一8：1251，6473正，13555正，14014，15531，15532，15541，15563正；一附1：21085；三2：28003，28180；四6：32212，32305，33915，34115，34428，34533；五1：35901/御一10：94正，2525反，795

反，3013，3013，3014，5611 正，5611 反，屯 4517，屯 4517；一附 6：19838，21875，22186，22186，22384，19838；三 2：29084，29084；无 1：屯 2713/ 舞一 11：屯 4513+4518，屯 4513+4518，5455，5456，7690，7690，12518，12836 反，12837，12838，12980；一附 5：20398，20973，20975，21473，21473；四 2：34229，屯 2906/ 祊一 1：4843；二 1：英 2166/ 禘：一 2：905 正，905 正；二 1：22721；三 6：27861，2862，27862，27864，27865，30449/ 酓一 3：1654，3297 正，8868；二 19：22682，22693，22694，22763，22763，22812，22836，23120，23120，23308，23314，23314，23314，23314，23316，23318，23325，23328，23478；三 8：27042 正，27042 正，27042 正，27042 正，27042 正，27042 反，27042 反，27042 反；五 6：35454，35654，35876，35957，36129，36274/ 叙一 13：296，974 正，1292，1293，1294，1295，1299，5739，5808，6556，10048，10048，11484 正；二 1：23721；三 5：27465，27465，屯 2358，屯 2598，屯 2608；四 2：32547，屯 647；五 3：35657，35802，35854/ 肜一 1：15456；二 28：22688，22688，22721，22723，22723，22723，22723，22723，22723，22723，22723，22723，22815，22816，22816，22816，22858，22895，22922，23075，23141，23141，23483，23486，25076，25077，25307，26486；三 2：27175 正，29004；四 5：32219，32103，34401，34417，屯 532；五 11：35536，35551，35552，35728，35729，35760，35762，36262，37852，英 1928，怀 1706/ 伐一 4：6649 甲 反，11497 正，11498 正，13147；二 1：22609；四 1：32242/ 敀一 3：16155，16166，17878 反；三 2：27625，29713/ 祝一 2：1869 正，2804；三 4：27239，30398，30615，30618；四 2：32327，屯 2122/ 烄一 3：12842 正，15674，15675；三 1：屯 87；四 9：32217，34482，34483，34487，34488，34489，34492，34495，34495/ 蓺一 3：9507 正，15351，12579；三 4：28809，28973，29250，29373；四 1：32453/ 刚一 1：10771；三 2：屯 2232，屯 4325；四 1：屯 599/ 宜一 3：2387 正，10098，英 1180；四 3：32120，屯 93，屯 1128/ 尊一 1：14879；四 1：怀 1578/ 祀一 8：672 正，2231，6037 正，9613 乙正，9613 甲 正，12898 正，15494 正，16463 甲；四 1：32757/ 禘一 4：

10939，10939，15960 反，17252；四 1：34153/ 㓛 一 1：18899 正；四 1：怀 1529/ 爵一 1：6226；无 1：屯 2233/ 卩 一附 2：20196，22425/ 兴一附 1：22044/ 叙一附 2：21832，21832；二 15：22624，22627，25247，25247，22697，23197，23198，23302，23327，23406，22722，25367，23188，23313，25362/ 翌 一 附 2：20413，21586；二 13：22744，22781，22829，22876，23242，23312，23330，23330，23330，23332，23333，23484，英 1937；三 1：27213/ 即一附 1：21942；四 1：32924/ 餀一附 1：21852；四 1：34576/ 卯二 1：22598；三 1：30693/ 祭二 8：22630，22692，22862，23034，22644，23076，23256，英 1932；三 2：27081，30788；四 1：34253；五 19：35441，35470，35491，35507，35531，35545，35546，35547，35560，35599，35612，35724，35784，35889，35889，35889，35889，38255，英 2509/ 𢀛 二 1：25978；三 5：27206，27349，30915，31114，怀 1400；四 1：屯 4479；五 2：35355，35355/ 𦏲 二 6：22698，22706，22779，22779，22779，22779；三 1：27152；五 31：35443，35452，35453，35509，35510，35511，35548，35600，35615，35616，35866，35867，35868，35955，36184，36184，36198，36198，36205，36209，36218，36225，36232，36238，36269，36269，36270，36277，36281，36289，36482/ 㢭三 4：26917，30358，屯 2552，英 2373/ 弘三 1：27360/ 奠三 1：27999/ 沈三 1：屯 673/ 餗三 1：屯 1055；四 2：32166，屯 974/ 米：四 2：屯 1126，屯 1126/ 陟四 2：34286，34287/ 鰠四 4：32213，32371，屯 1104，屯 1104/ 㿝日五 26：35444，35444，35472，35549，35550，35587，35713，35725，35726，35726，35726，35727，35775，35797，35894，36190，36226 甲，36226 甲，36226 乙，36226 乙，36239，36255，36264，36272，36275，英 2511/ 薦 五 10：35517，35554，35594，35624，35689，35734，35872，35880，35905，35906/ 淮五 4：35499，35500，35516，35581/ 翌 日 五 8：35773，35812，36194，36196 丙，36208，36217，36267，36237/ 肜日五 34：35425，35446，35447，35462，35463，35473，35485，35494，35495，35512，35537，35619，35620，35628，35629，35630，35638，35640，35798，35799，35800，35813，35870，35877，35991，36210，36211，36222，

36211，36234，36256，36261，36284，36311

1.2 AV_2+V

共 1146 例，一期 323 例，一期附 47 例，二期 73 例，三期 370 例，四期 300 例，五期 31 例，三期—四期 1 例，无分期 1 例。

1.2.1 AV_2+V

共 1042 例，一期 300 例，一期附 46 例，二期 70 例，三期 341 例，四期 272 例，五期 11 例，三期—四期 1 例，无分期 1 例。

𢦏一 1：1727 反 / 斫一 2：1182，10048/ 祐一 1：15401/ 企一 1：11651/ B一 1：屯 4513+4518；一附 3：20398，20470，22258/ 匄一 5：17055 正，17055 反，17056，怀 959，怀 959b；一附 1：21876/ 鼓一 5：8092，14932，15672，15710，17417 正；一附 1：21881；二 2：25243，25894；三 1：屯 4351/ 用 一 21：559 反，562 反，787，811 正，900 正，1115 正，1681，2012，4392，5626，5733，6391，6391，6567，6647 正，15396 反，15396 反，15397，16387，16119 正，16126；一附 12：19800，19816，20007，22045，22046，22046，22066，22091 甲，22195，22214，22276，22447；二 5：22539，22542，23690，25911，25913；三 6：28093，28093，28218，29504，30687，30702；四 2：32148，33126/ 告一 3：641 正，5732，6583；一附 1：21959；二 3：24356，25886，25890；三 1：屯 656；四 5：32165，32677，34359，屯 135，屯 1488/ 桒一 9：376 正，376 正，376 正，583 正，1927，2634 反，4909 正，7076 反，英 1160 反；一附 2：22043，22184；二 2：25892，25892；三 2：28057，30648；四 23：33304，33324，33325，34092，34373，34374，34375，34375，34377，34378，34387，屯 521，屯 521，屯 599，屯 599，屯 601，屯 601，屯 1111，屯 1111，屯 2601，怀 1575，怀 1575，怀 1587/ 蓺一 2：6928 正，7076 正；一附 1：21523；二 3：23650，23674，25899；三 11：26899，26899，28575，28924，28939，30752，30753，30735，30747，30754，屯 4351；四 4：32453，32485，34606，屯 68；三一四 1：屯 4056/ 彭一 51：264 正，313，369，557，557，721 正，892 反，894，894，903 反，903 反，952 正，974 反，896 正，903 正，1162，2363，2953 正，3073，3169 正，3290，3475，4070 正，4142，

4641，5056 正，5732，10302 甲正，11484 正，14859 正，15291，15292 正，15697 正，15699，15717，15718，15719，15722，15725，15730，15768 反，15773，18809，19564，19574，英 184，英 184，英 588 反，英 1266，英 1267，怀 899；一附 3：21221，21582，21956；二 18：22741，22742，23064，23148，23148，23153，23326，23326，23360，23360，23694，24983，25157，25204，25941，25948，25973，英 2177；三 139：24983，25038，25884，25892，25946，25962，25964，25968，25975，26091，26990，27100，27100，27106，27136，27154，27161，27167，27167，27209，27209，27239，27396，27347，27347，27358，27396，27397，27401，27416，27401，27406，27416，27416，27416，27433，27440，27454，27454，27454，27502，27504，27504，27548，27997，28004，28217，28261，28262，28263，28265，28272，28272，28275，28593 反，28628，28628，29704，29705，29988，29988，29995，29999，30038，30038，30039，30397，30042，30382，30412，30415，30429，30435，30618，30775，30827，30835，30867，30688，30728，30806，30811，30812，30812，30812，30812，30812，30812，30812，30813，30814，30815，30815，30816，30817，30818，30820，30820，30821，30821，30823，30841，30841，30845，30857，30858，30859，30868，30872，30980，31029，屯 22，屯 618，屯 261，屯 261，屯 656，屯 1443，屯 1443，屯 2137，屯 2261，屯 2261，屯 2324，屯 2324，屯 2349，屯 2652，屯 2666，屯 2666，屯 3137，屯 3137，屯 3779，屯 3828，屯 3828，屯 3828，屯 3828，屯 4534，屯 4582，英 2288，英 2349，英 2369；四 78：32176，32329 正，32498，32535，32698，32716，33302，33233 正，34095，34095，34103，34152，34237，34503，34533，34539，34542，34547，34549，34551，34553，34553，34554，34555，34556，34557，34558，34564，34681，35337，屯 52，屯 182，屯 304，屯 313，屯 235，屯 235，屯 639，屯 639，屯 639，屯 639，屯 665，屯 665，屯 735，屯 775，屯 813，屯 813，屯 824，屯 890，屯 933，屯 933，屯 933，屯 933，屯 1089，屯 1089，屯 1104，屯 1105，屯 1105，屯 1468，屯 2366，屯 2366，屯

2366，屯 2366，屯 2366，屯 2366，屯 2366，屯 2366，屯 2366，屯 2482，屯 2707，屯 3571，屯 4240，屯 4240，屯 4318，屯 4397，屯 4397，英 2434，英 2456，英 2467；五 3：35891，3522，36981/侑一 11：339，339，1330，4065，13433，13520，6478 反，7352 反，13585 正，英 781 正，英 608 正；一附 3：20370，20805，20812；二 6：22592，22925，22964，23002，23501，25065；三 1：30681/𠿱一 4：795 正，15315，15328，15328；一附 1：19885；三 6：30033，30667，30670，30677，怀 1393，怀 1393/奏一 8：9177 正，9177 正，9177 正，12824，12825，16019，16026，16034；一附 1：英 1911；三 2：30032。31033；四 1：34125/舞一 12：9177 正，12827，12833，12835，12841 甲正，16000，16000，16001，16002，16009 反，16011，屯 4513+4518；一附 3：20398，20398，20972；三 4：30031，30041，31035，31199；四 2：34229，屯 3770/御一 23：438 反，635 正，772 正，2559，4007，4128 正，4570，5651，6032 反，8333，9296 正，10407，10936 反，13652，14128 正，14339，15126，15151，15152，17149 反，19665 正，英 1218 正，怀 43；一附 5：21021，21846，21848，22043，22135；三 4：27313，31757，31758，屯 324；四 11：32330，32671，32916，34083，34083，34130，34342，34446，34533，怀 1581，怀 1581；五 1：38177/禘 一 10：10001 正，14326，15960 反，15974，15975，15976，15977，15978，15979，英 12 正；一附 1：21079；四 5：33309，34156，屯 804，怀 1565，怀 1565/畴一 2：339，13696 正；二 1：23805/福一 1：5334；二 3：25203，25632，25637；三 4：26899，30757，30931，屯 958/岁一 1：15477；二 2：23326，25173；三 11：25123，26899，27054，27162，27379，27583，27622，30730，30757，30778，英 2364/宾一 2：1248 正，英 199 正；二 2：23050，23052；三 3：30574，30575，屯 2710；四 4：33796，34349，34352，屯 2417/蒸一 2：4064，9869；二 4：22926，23401，25981，25982；三 2：30985，屯 606；四 8：34525，34547，34595，34597，34586，屯 639，屯 3852，英 2469/攺一 9：5775 正，16117 甲正，16152 正，16152 反，16152 反，16153，16154，16162 正，16171；二 1：26055；三 3：27412，31117，屯 4078/陟一 1：15378；二 1：24356；

三 1：30756；四 1：屯 4336/ 勺一 1：1251；二 1：23002；三 2：30443，屯 3019；四 3：34095，34629，34630/ 凡一 11：5349，8844，13897 正，18875，18877，18878，18878，18878，19716，19719，22030；二 1：24511；四 1：34224/ 伐一 11：469，973 正，1004 甲，1006 正，1497 正，1498 正，5843，6016 正，6461 反，11499 正，英 622；二 1：22537；四 2：32237，屯 1104/ 肇一 2：264 正，7762；三 2：29693，31181/ 飨一 2：5243，6394；三 6：27124，27648，30938，31040，31041，31672；四 3：34618，屯 2541，屯 2541/ 烄一 4：9741 正，12842 正，12851，英 1263；三 7：28235，29990，29993，30169，30174，30789，30790；四 17：32217，32289，32289，32289，32289，32300，33317，34479，34479，34479，34484，34485，34486，34487，34493，34493，屯 148/ 燎一 45：152 正，309 乙正，376 反，376 反，376 反，376 反，458 正，458 正，811 正，892 正，892 正，892 正，5477 正，5663，6477 反，8821，10239，12051 反，14457，15529，15531，15533，15563 正，15554，15555，15556，15557，15559，15560，15562，15564，15565，15566 正，15568，15569，15570，15571 正，15572，15574，15575，15576，15577 正，17258，英 1253，英 1262；三 3：30778，屯 658，英 2366；四 11：32083，33348，33744，34204，34208，34473，34474，屯 290，屯 639，屯 2149，怀 1605/ 祀一 2：226 反，15493；三 11：27558，28412，29084，30447，30757，30764，30765，30766，30767，屯 4325，怀 1390；四 3：32390，32654，38115/ 宿一 1：975 反；三 6：27805，27805，28188，29351，31233，31257；四 1：33567/ 遘一 3：19545，19546，19547；三 1：28337 正；四 2：33041，34533/ 戠一 1：13544；三 1：屯 1108；四 4：32968，33704，33705，33707/ 弘一 1：16077；三 3：27360，屯 295，英 2347；四 1：屯 2442/ 奠一 1：816 反；四 3：32183，屯 866，英 2413/ 宜一 18：1075 反，2890，5468 正，5468 正，6157，7320，12413，13181，13312，13358，15888，15889，15890，15892，英 1275 正，英 1276 正，英 1276 正，怀 916；四 2：32536，32547/ 酉一 1：15977；四 1：34417/ 熹一 3：15668，15669 正，15670；四 2：34468，34468/ 将一 5：19574，19576，19577，19578，怀 913；四 4：32237，屯 441，屯

441，怀 1566；无 1：屯 2434/ 汱一附 1：20385 反 / 埋一附 1：21257/ 舌一附 1：20115；二 2：23262，23474；三 16：27196，27575，28106，30595，31068，31068，31068，31069，31071，31073，31086， 屯 287， 屯 610，屯 3019，英 2371，怀 1368；四 7：32335，32441，34645，34647，34649，34650，34651；五 1：38728/ 㪅一附 1：21226；三 2：31008，屯 2358；四 10：32020，32360，32435，32545，33012，33012， 屯 593， 屯 1029， 屯 1029，屯 1078/ 刚一附 1：21955；三 8：27254，27254，29755，30431，31134，31135，31240， 屯 2232； 四 2： 屯 1050， 屯 2032/ 鬯 一 附 1：22017；三 2：27321，30916；四 1：34594/ 餕一附 2：21852，22294；四 3：32812 乙，34565， 屯 388/ 爵 二 1：24506/ 叙 二 8：23367，23422，25357，25358，25361，25362，25364，怀 1025/ 競二 1：25194；三 3：30479，31706，31763/ 沈二 1：26907 正；三 1：屯 2232；四 1：屯 673/ 延二 1：23231； 三 1：30772； 四 3：32912；34057；34442/ 尊三 1：屯 236/ 称三 1：28044/ 翌日三 1：27516/ 鐾三 2：27084，31128/ 鼎三 3：28022，30997，30996/ 寻三 10：26983，28086，28750，31062，31063，31064，31065，屯 60，屯 60，屯 2385/ 宁三 4：29840，30257，30260，30392；四 2：屯 547，屯 1001/ 鬻三 2：27529，屯 2562；四 2：34633，屯 1474/ 兴三 1：31066； 四 3：34083，34426，34428/ 卯 三 11：26977，28272，30598，31100，31101，31101，31101，屯 2416，屯 2416，英 2471，怀 1394；四 3：34667，屯 890，屯 2843/ 祝三 14：27456，27999，27999，28296，30294，30439，30439，30620，30632，30637，30757，31085，屯 2121，屯 3677；四 6：32563，32654，34391，34394，屯 187，屯 187/ 祭三 3：27083，31779， 屯 4203； 四 1：33440/ 豊 三 5：27459，27459，27931， 屯 173，屯 2294；四 1：34609/ 餗三 6：27095，30954，30956，屯 610，屯 635，英 2360；四 14：34415，34572，34572，34572，34572，34573，34573，34573，34573，34579，屯 1072，屯 1072，屯 1089，英 2477；五 1：36066/ 翌三 1：27264；五 1：怀 1805/ 鬲四 1：屯 1090/ 肜日四 1：34364/ 米四 2：屯 936，屯 1126/ 弜四 1：32463/ 即四 2：32228，32995/ 幼四 2：35399，35399；五 3：35756，37867，39453/ 芒五 1：37840/ 肜五 2：38276，英 2563/ 劦日五

1：怀 1915

1.2.2　AV_2+V

共 104 例，一期 23 例，一期附 1 例，二期 3 例，三期 29 例，四期 28 例，五期 20 例。

其中“N地+V”式共 18 例，都是五期的。

丁五 18：36078，36082，36090，36091，36094，36150，36154，36076，36080，36081，36090，36094，36101，36114，36115，36166，英 2514，英 2514

“N地+AV_2+V”式仅 1 例，是三期的。

彭三 1：英 2366

“AV_2+N地+V”式仅 1 例，是三期的。

彭三 1：27097

“P+O地+V”式共 79 例，一期 21 例，一期附 1 例，二期 3 例，三期 25 例，四期 27 例，五期 2 例。

舞一 1：13624 正 / 祭一 1：5684/ 彭一 2：1276，1277；二 2：23348，24945；三 4：30298，30298，30429，30851；彭四 1：34544/ 奠一 9：6，6，24，7361，7884，7885，7885，8218 正，8818；二 1：24259；三 1：屯 1092/ 燎一 7：526，14672，14691，14692，14694，英 1180，英 1251 正；三 1：28180，四 1：32692/ 品一 1：2400；四 1：屯 917/ 用一附 1：22078/ 寻三 4：28086，屯 60，屯 60，怀 1391/ 禘三 1：27972/ 奏三 3：31014，31022，31022/ 凡三 1：30445/ 桒三 2：30463，30463/ 烄三 5：30167，30167，30790，30792，30794；四 11：34480，34482，34482，34482，34483，34483，屯 100，屯 100，屯 100，屯 2616，屯 2616/ 舌三 3：27417，30374，31188；四 2：32619，32619/ 御四 1：32675/ 伐四 5：33136，33136，屯 675，屯 675，屯 675/ 刚四 1：34682/ 飨四 1：屯 341/ 彝四 3：34044 正，屯 3723，屯 4366；五 2：36487，36747

“AV_2+P+O地+V”式共 4 例，一期 2 例，三期 1 例，四期 1 例。

彭一 1：13547/ 奠一 1：2137/ 舌三 1：30363/ 寻四 1：32256

“P+O地+AV_2+V”式仅 1 例，是三期的。

祝三 1：27999

1.3　$S_{施}$+V

共 40 例，一期 22 例，一期附 2 例，二期 3 例，三期 9 例，四期 1 例，五期 3 例。

舞一 5：4141，14209 正，14210 正，15996，15997/ 㞢一 4：5242，12327，12797，10105/ 告一 1：13004/ 福一 1：418 正 / 禘一 2：940 正，15959 正 / 燎一 3：12843 反，12843 反，14422/ 凡一 1：5349/ 伐一 1：6834 正 / 称一 1：13569/ 宜一 1：英 782 正 / 延一 1：5371/ 用一 1：376 正；二 1：26100/ 汷一附 1：21724/ 戠一附 1：21243；二 1：25743/ 宾二 1：25779；三 7：27146，27382，27518，28092，30439，30561，屯 4065；五 1：38696/ 祭三 1：27083/ 勺三 1：27331 正 / 舌四 1：33700/ 彭五 2：36482，36483

1.4　AV_1+$S_{施}$+V

共 4 例，一期 2 例，一期附 1 例，三期 1 例。

告一 1：1051 正 / 伐一 1：6037 正 / 侑一附 1：21141// 㞢三 1：31042

1.5　叀+$S_{施}$+V

共 14 例，一期 4 例，二期 5 例，三期 2 例，四期 2 例，无分期 1 例。

㞢一 2：5236，5254；三 1：27644/ 祝一 2：15278，2444；二 5：22919，23367，24132，25917，25918；三 1：30726；四 2：32671，屯 744/ 豊无 1：屯 2346

1.6　$S_{施}$+AV_2+V

共 48 例，一期 24 例，一期附 1 例，二期 7 例，三期 11 例，四期 5 例。

1.6.1　$S_{施}$+AV_2+V

共 46 例，一期 23 例，一期附 1 例，二期 7 例，三期 11 例，四期 4 例。

舞一 3：11006 正，11006 正，15999/ 伐一 1：6834 正 / 凡一 1：5347/ 肜一 1：585 正 / 侑一 3：773 甲，3312 正，3312 正 / 彭一 2：2890，16113/ 御一 1：17442；一附 1：22099：四 1：33446/ 㞢一 8：5241，

5239，5239，5242，6234 反，6394，6394，英 543；三 1：31049/ 告一 1：1051 正；四 1：32807/ 福一 2：10613 正，10613 正；四 1：34604/ 叙二 5：23217，23357，23361，25162，25173/ 彝二 2：26008，26009；三 1：31010/ 寻三 2：27387 正，屯 2385/ 陟三 1：27890/ 宾三 3：27107，27146，屯 4558/ 鼎三 1：30013/ 蓺三 1：28348/ 饎三 1：31127/ 米四 1：屯 1126

1.6.2　$S_{施}+P+O_{地}+V$

共 2 例，一期 1 例，四期 1 例。

奠一 1：英 547 正 / 彝四 1：32360

1.7　$AV_1+S_{施}+AV_2+V$

共 2 例，都是三期的。

寻三 2：28749，31059

1.8　叀 / 勿唯 $+S_{施}+AV_2+V$

共 4 例，都是一期的。

飨一 4：5244，5245，5246，英 798

二　单宾句及其变式

（一）动词—地点

2 $(AV_1)+(S_{施})+(AV_2)+V+O_{地}$

2.1　$V+O_{地}$

共 3 例，一期 1 例，三期 1 例，四期 1 例。

汈一 1：672 正 / 宾三 1：30334/ 将四 1：怀 1566

2.2　$AV_2+V+O_{地}$

共 10 例，二期 1 例，三期 4 例，四期 4 例，三期—四期 1 例。

奏三 1：27884/ 寇二 1：22548/ 馭三 1：屯 3896/ 祝三 1：30358/ 即三 1：30356/ 飨四 1：32681/ 侑四 1：32716/ 将四 1：32730/ 奏四 1：34064；三—四 1：3210

2.3　$AV_1+S_{施}+AV_2+V+O_{地}$

仅 1 例，是二期的。

宾二 1：23248

3 （AV_1）+（$S_{施}$）+（AV_2）+V+P+$O_{地}$

3.1 V+P+$O_{地}$

共48例，一期28例，一期附1例，二期2例，三期10例，四期6例，五期1例。

𢦏一2：776正，9774正/攺一1：10936正/奠一2：780，4248/用一1：15521/燎一16：488反，1140正，6156正，7838，14347正，14364正，14364正，14395正，14673，14703，14704，14705，14749正，14749正，14771，14804；一附1：22077/禘一4：368，14320，英1239，英1239；三1：30362/侑一1：1631；四1：屯31/告一1：11031；五1：36482/戠二1：24415/祝二1：24402；三1：30364；四1：32654/即三1：26956/彝三1：30286/𠔏三1：27349/遘三1：屯2718/若冏三3：屯662，屯822，屯2393/桒三1：屯2784/烄四2：32291，屯100/宁四1：屯930/尊四1：34056

3.2 AV_2+V+P+$O_{地}$

共33例，一期8例，二期5例，三期10例，四期8例，三期—四期2例。

𢦏一2：776正，9774正/将一1：13530/禘一2：368，14363/燎一3：14364正，15588正，17679反；三2：30781，英2366；四1：屯665/𣪊二1：英2119/告二2：24938，24939/侑二1：25029/宜二1：26020；四2：32262，屯675/桒三2：30601，屯59；四1：32987/烄三1：30793；四1：32289/舞三3：29984，30031，31034；三—四2：屯108，屯108/舌三2：30341，屯3960；五1：屯3564/奠四2：32183，屯1111/刚四2：屯1050，屯1050

3.3 $S_{施}$+V+P+$O_{地}$

共3例，一期2例，三期1例。

将一2：13530，13531/飨三1：屯2470

3.4 $S_{施}$+AV_2+V+P+$O_{地}$

共2例，都是一期的。

将一2：13525，13526

3.5 $AV_1+S_{施}+AV_2+V+P+O_{地}$

仅 1 例，是四期的。

彝四 1：32360

（二）动词—神祇

4 （AV_1）+（$S_{施}$）+（AV_2）$+V+O_{神}$

4.1 $V+O_{神}$

一类共 304 例，一期 111 例，一期附 61 例，二期 5 例，三期 41 例，四期 44 例，五期 42 例。

卯一 1：892 正 / 雩一 3：11423 正，11423 正，17919/ 正一 2：11484 正，14315 正 / 方一 13：456 反，2334，14302，14303，14303，14307，14308，14310，34159，34991，11018 正，14300，14470 正 / 爵一 1：6589 正 / 肇一 2：8，15521/ 祀一 1：9658 正 / 舞一 3：9177 正，14207 正，14603/ 燎一 3：1189，14305，14325 正 / 奏一 4：1352，10975，14475，14606 正；一附 2：20398，20398/ 彡一 12：672 正，712，945 正，1192，1193，1194，1302，2281 正，14837，屯 4517，屯 4517，屯 4517；一附 3：19838，19907，22294；二 2：22858，27145；四 3：32124，屯 608，屯 2023/ 桒一 7：536 正，1483，1489，2211，14541，14827，怀 899；一附 1：22184；三 1：27595/ 告一 2：869，2209 正；一附 3：19923，21951，22246；四 3：32811，32811，32811/ 侑一 31：1428，1429 正，1565，1665，1781，1843，1844，1847，1848，1854，2107，2163，2181，2390，2391，2401 反，2407，2407，2412，2492，2499，2511，2553，2577，2881，2882 正，2906，3703，5658 正，5658 反，英 1204；一附 27：19771，19812 正，19812 正，19861，19866，19867，19882，19884，19890，19903，19904，19913，19920，19931，19946 正，19961，19967，19979，20022，20098，20100，20790，20980 正，21096，21541，22042，22188；四 1：33304/ 御一 4：903 正，1797，2417，4517；一附 10：19812 正，21549，21586，21586，21586，21805，21875，21875，22074，英 1893；四 1：32525/ 䀠一 2：914 正，1731；三 1：屯 3058/ 凡一 2：914 反，5030；四 2：32730，怀 1564/ 智一 1：14847；四 2：屯 2414，屯 4233/ 弘一 1：1752；四 1：32343/ 取一 15：

5522 正，13624 正，13887，14380，14457，14460，14460，14460 反，14462，14465，14468 正，14468 正，14575，14576 乙正，屯 4513+4518；四 9：32833，33291，34203，34216，34217，34235，屯 2282，屯 2282，屯 2830/ 用一附 1：19907/ 兴一附 5：22044，22044，22044，22044，22044/ 延一附 1：21075/ 翌一附 1：22065/ 祐一附 1：22285/ 福一附 1：22226；三 1：27115/ 祝一附 4：22130，22137，22138，22139；三 1：27295/ 禘一附 1：22088；四 11：34074，34145，34145，34150，34154，34154，34154，屯 2161，怀 1574，怀 1574，怀 1574/ 遘二 1：22644/ 畴二 1：23614/ 䄍二 1：22717；三 4：27042 反，27042 反，27042 反，27645；五 14：35529，35530，35581 正，35648，35653，35699，35700，35700，英 2503，英 2503，英 2503，英 2507，英 2510，英 2510/ 攺三 1：27333/ 宾三 1：27152/ 戠三 1：27145/ 若冎三 2：27110，27111/ 翌日三 4：27297，27336，27446，26935/ 蒸三 1：27219/ 彡三 4：27045，27046，27048，27196/ 即三 5：28180，29705，29707，30960，屯 2359，四 1：屯 2322/ 舌三 9：27109，27194，27200，27426，27454，27630，30398，屯 822，屯 4455；四 2：32441，32622/ 彡日三 1：27371；四 1：怀 1605；五 1：37866/ 劦日三 1：27338；五 1：35886/ 祭三 3：27128，27129，27226；五 2：35530，35530/ 将四 4：32730，32731，32732，怀 1564/ 宁四 1：34229/ 餿四 2：屯 2，屯 9/ 宜五 2：35501，35657/ 劦五 22：35527，35528，35529，35648，35652，35700，35748，35749，35751，35752，35881 反，35881 反，35884，35885，35887，35888，英 2503，英 2503，英 2503，英 2503，英 2510，英 2512 正

一类仅 1 例，是一期附的。

福一附 1：22421 反

4.2　$AV_2+V+O_{神}$

一类共 285 例，一期 86 例，一期附 15 例，二期 9 例，三期 52 例，四期 44 例，五期 78 例，三期—四期 1 例。

競一 1：1487/ 奏一 5：460，10198 反，14605，屯 4513+4518，英 1153 正 / 宾一 1：14206 正 / 兴一 1：19907/ 方一 10：264 正，418 正，

456 反，478 正，505 正，2334，14307，14308，14370 甲，14470 正 / 伐一 1：968/ 戟一 1：721 正 / 爵一 1：6589 正 / 舞一 5：12842 正，12842 正，14197 正，14473，14604/ 侑一 9：1427，1707 正，1707 正，1711 正，1773 正，1938，2192，2491，6475 正；一附 4：19837，19875，19963，20463 正；二 1：24644；三 3：29700，30451，屯 73；四 8：32665，32666，32667，32673，32982，33692，33693，屯 923/ 彭一 33：190 反，542，672 正，672 正，672 正，942，1303 正，1304，1384，1443，1668，1669，1671，1677 正，1677 正，2216，2258，2366，2366，2367，3478，6174，6173，8843，8843，8843，10302 甲正，10936 正，11497 正，11497 反，11498 正，15703，怀 899；一附 3：19838，21574，22184；二 2：22709，22922；三 4：27106，29992，30173，屯 227；四 9：32198，32278，32305，34115，34178，屯 52，屯 1118，屯 1118，屯 4397/ 御一 2：2915 反，10275 正；一附 3：21541，21805，21805；三 1：27559；四 1：屯 2361/ 取一 3：14459，14467，14576 甲正；一附 1：19890；四 5：34214，34215，34218，屯 2906，屯 3083/ 燎一 1：2538；一附 1：22214；四 2：33233 正，屯 1030/ 正一 1：11484 正；二 2：24639，26072/ 肜一 1：1262；二 2：22885，26486；五 20：35423，35424，35534，35534，35589，35589，35589，35655，35656，35656，35662，35663，35757，35897，36486，36486，37838，37847，英 2505，英 2513/ 蒸一 1：1598 正，三 1：27221/ 晢一 2：438 正，914 正；三 1：27560/ 用一 1：6647 正；三 1：27123/ 攸一 1：7332；三 1：27164/ 叙一 1：1593；三 1：27640/ 告一 2：428，15521；三 2：27557，27558；四 2：32313，32314/ 褅一 1：8330 正；四 1：34153/ 飙一 1：2644；五 13：35416，35416，35417，35530，35576，35581 正，35749，35751，35752，35885，英 2503，英 2503，英 2513/ 福一附 1：20530/ 勺一附 1：22374；三 1：30961/ 祀一附 1：21987；三 1：屯 2562/ 迺二 1：22556；五 6：35530，35530，35885，35893，36516，英 2513/ 翌二 1：23244；五 3：35406，35575，35641/ 示三 1：屯 3601/ 烄三 1：30791/ 桒三 4：27548，27550，30429，英 2271/ 卯三 1：28272/ 智三 1：27121/ 即三 4：27456 正，屯 173，屯 2294，屯 2359；四 4：32256，

32440，34102，怀 1576/ 刚三 3：27254，27254，27254；四 1：32725/ 宜三 1：27465；四 2：32547，32547/ 祝三 8：26899，27554，27554，27556，27598，屯 261，屯 2962，怀 1461；四 1：32347/ 舌三 6：27436，27503，27523，屯 287，屯 2140，屯 3058；四 2：34646，屯 595/ 将三 1：27592；四 3：32767，屯 505，怀 1564/ 延 三 4：27518，27520，27616，27617；三—四 1：屯 1094/ 宁四 1：34229/ 叡四 1：屯 1128/ 称四 1：32849；五 1：38232/ 彤日五 8：35422，35586，35493，35588，35590，35657，35657，35659/ 劦日 五 1：35892/ 祭 五 25：35528，35529，35576，35578，35581，35581 正，35650，35698，35700，35745，35750，35884，35885，35886，36509，英 2503，英 2503，英 2503，英 2503，英 2504，英 2507，英 2510，英 2510，英 2510，英 2512 正 / 翌日五 1：37867

一类仅 1 例，是三期的。

祝三 1：屯 2121

4.3　$S_{施}+V+O_{神}$

共 21 例，一期 2 例，一期附 1 例，二期 9 例，三期 6 例，四期 1 例，五期 2 例。

舞一 1：14472/ 晵一 1：242/ 侑一附 1：19812 正 / 宾二 9：1248 正，10049 正，22630，22716，22761，22819，23062，23087，23351；　三 6：27166，27520，27561，27588，27589，屯 3601；四 1：屯 3601；五 2：36027，38718

4.4　$S_{施}+AV_2+V+O_{神}$

共 10 例，一期 3 例，三期 6 例，四期 1 例。

祊 一 1：1286/ 宾 一 2：1248 正，1248 正；三 1：27176/ 侑 三 2：27149，30324/ 瞖三 1：30411/ 延三 2：27363，屯 2276/ 御四 1：屯 4583

4.5　$AV_1+S_{施}+AV_2+V+O_{神}$

仅 1 例，是二期的。

叙二 1：25371

5　叀 / 勿唯 +$O_{神}$+（AV_2）+V

5.1　叀 / 勿唯 +$O_{神}$+V

共 25 例，一期 2 例，一期附 1 例，二期 2 例，三期 15 例，四期 4 例，三期—四期 1 例。

取一 1：14463/ 告一 1：1051 正 / 御一附 1：22094/ 岁二 2：23230，25204/ 祝三 5：27296，30398，30439，30621，31700/ 鬻三 1：27288/ 品三 1：30497/ 示三 1：27412/ 豊三 1：屯 2294/ 示三 1：27412/ 酌三 1：27633/ 正三 2：屯 1055，屯 1061/ 用三 1：27151；四 1：33788/ 𠯑三 1：屯 287；四 1：32441/ 兴三—四 1：屯 2196/ 熹四 2：32083，32536

5.2　叀 / 勿唯 +O神+AV_2+V

共 18 例，一期 2 例，三期 8 例，四期 8 例。

酌一 2：1351 甲正，1351 乙正；三 8：27489，27489，27489，28272，28272，30642，屯 651，屯 2359；四 3：34221，34222，34223/ 侑四 5：33304，34291，屯 342，屯 342，屯 342

6　（AV_1）+S神+（AV_2）+V

6.1　S神+V

共 216 例，一期 12 例，一期附 10 例，二期 36 例，三期 66 例，四期 39 例，三期—四期 3 例，五期 49 例，无分期 1 例。

伐一 3：951，953，953/ 御一 2：5651，5652；一附 2：21877，22077/ 酌一 1：14863；三 6：27419，27666，27181，30412，屯 2265，屯 2265/ 祝一 1：2804；三 2：27579，英 2349/ 卯一 1：14835；三 4：27083，屯 227，屯 714，屯 763/ 宾一 3：14421，14422，英 1152；三 1：27663；四 2：34349，屯 2417/ 𣪊一 1：267 正；四 1：屯 3039/ 束一附 1：22226/ 鼎一附 1：21805/ 餕一附 2：21612，21695/ 遘一附 1：22466；三 1：27042 反 / 用一附 3：22092，22238，22241；三 1：26991/ 𠯑二 1：26822；三 10：27077，27279，27280，27282，27452，27517，27578，30325，屯 2315，屯 4351；四 1：屯 67/ 岁二 35：22573，22714，22775，22852，22853，22859，22919，22985，23050，23220，23226，23229，23231，23299，23300，23326，23355，23356，23357，23360，23361，23364，23367，23422，23426，23464，23487，23545，23520，25157，25162，25162，25164，25165，英 1961；三 29：26975，27013，27057，27165，27240，27384，27393，27393，27401，27401，27420，27440，27441，

27485，27487，27573，27583，27584，27596，27611，27625，30742，31118，屯 1011，屯 1443，屯 2354，屯 3563，屯 4078，怀 1371；四 12：32142，32353，32495，32611，32695，34152，屯 1110，屯 1110，屯 2683，屯 3109，英 2406，怀 1567；三—四 2：屯 2364，屯 3629；无 1：屯 129/福三 1：27148/ 桒三 1：屯 132/ 豊三 2：27460，屯 2294/ 鬯三 1：屯 609/刚三 1：屯 4065；四 1：34264/ 日三 1：27875；四 10：32429，32488，32696，33867，33990，3.3991，屯 1110，屯 1110，屯 2524，怀 1601/ 燎三 4：27499，28628，30411，屯 1042；四 4：32655，34246，34246，屯 4397/丁三 1：27438；五 43：35818，35824，35830，35832，35837，35837，35839，35858，35858，35858，35858，35932，35934，35935，35935，35943，35943，35965，35965，35965，35966，35975，35975，35976，35986，35995，35996，36002，36002，36003，36013，36013，36013，36032，36035，36059，36078，36082，36090，36091，36322，36329， 英 2514/祊四 1：34237/ 肜四 4：32464，32499，32690， 屯 128/ 祭四 3：32428，32544，32625；三—四 1：屯 174/ 升五 6：36002，36105，36109，36115，36115，36116

6.2 $AV_1+S_{神}+V$

共 27 例，一期 3 例，一期附 4 例，二 10 例，三期 9 例，四期 1 例。

祝一 1：8093/ 御一 2：500 正，1719 正；一附 1：19885/ 餿一附 1：21852/ 次一附 2：19945，19946 正 / 酌：二期 1/ 畓二 1：22782/ 舌二 1：22611；三 1：27297/ 岁二 8：22708，22775，23051，23148，23215，23363，23368，23359；三 1：27336/ 蒸三 1：27221/ 示三 1：27412/ 福三 1：27148/祝三 1：30621/ 燎三 2：屯 4543，屯 4543/ 升三 1：30330/ 日四 1：32501

6.3 $S_{神}+AV_2+V$

共 12 例，一期 2 例，一期附 4 例，二期 1 例，三期 3 例，四期 2 例。

侑一 1：15013/ 御一 1：5652/ 㝵一附 2：19851 正，19851 反 / 卩一附 2：22015，22204/ 岁二 1：怀 1016；四 1：屯 1126/ 勺三 1：屯 2276/ 日三 1：26995 正 / 宾三 1：27667；四 1：32799

6.4　AV_1+$S_{神}$+AV_2+V

共 2 例，都是二期的。

岁二 2：英 1953，英 1953

7　（AV_1）+（$S_{施}$）+（AV_2）+V+P+$O_{神}$

7.1　V+P+$O_{神}$

共 411 例，一期 304 例，一期附 14 例，二期 11 例，三期 18 例，四期 63 例，三期—四期 1 例。

叡一 2：1391 正，1729/ 埋一 1：14612 正 / 戠一 7：721 正，1051 正，14199 反，14395 正，14395 正，14395 正，16214/ 匄一 1：12863/ 用一 1：2556 正 / 智一 1：707 正 / 褅一 5：1140 正，14313 正，14328 正，14748，英 1227； 一附 1：21084/ 福一 9：718 正，719 正，1248 正，1901 正，2420，2501，2885，3187，10613 正；一附 1：22269/ 祝一 5：787，787，2421，2570，13926；一附 2：19852，19890；三 2：27555，30933；四 4：32527，32528，32723，屯 1060/ 桒一 25：399 正，801，1027 正，1171 正，1175 正，1243，1416，1416，1588，1780，1801，3516，4061，6209，6949 正，12859，13505 正，14425，14431 正，14528，14542 正，14876，14877，14877，英 14；一附 2：22062 正，22062 反；三 1：屯 1111；四 20：32031，32031，32314，32339，32340，32341，34090，34091，34092，34092，34111，34116，34194，34238，34239，屯 601，屯 601，屯 2129，屯 3268，屯 4047/ 御一 45：371 正，376 反，457 反，712，723 正，784，886，910，914 正，1576，1578，1716，1718，1821 正，1853 正，1858，2013，2015，2117 反，2197，2353 正，2361 反，2380，2384，2389 正，2415 正，2512，2559，2560 正，3013，4112，4421，5654，6016 正，8333，10275 反，10407 正，10594，12764 正，13713 正，14321，14525，英 1891，怀 43，怀 110；一附 5：22074，22074，22074，22074，22092；三 1：27456 正；四 3：32675，32675，屯 1104/ 燎一 11：1349 反，1385 正，1581 正，13401，14317，14318，14318，14319 正，14330，14334，英 339；一附 2：21085，22056；四 2：32535，屯 770/ 彭一 4：672 正，1371，1371，英 37；二 1：22645/ 告一 29：183，938 正，1248 正，1434，

1581 正，1585，1586，1722，1726，1800，1860，2206，2207，2330，2364 反，2464 正，2465，3010，5113 反，5995 正，6040 正，6120 正，6133，6134，6250，6583，6667，6667，6667；二 6：22912，23065，23259，23419，23420，英 1957；三 1：27473；四 6：32681，33015，33016，33699，33699，屯 2366/ 侑一 156：456 正，1140 正，1143，1149，1185，1243，1251，1254，1257，1273，1274，1275，1330，1330，1369，1369，1369，1372，1374，1382，1406，1424，1472，1475，1479，1480 正，1480 正，1481，1527，1535，1536 正，1537，1541，1544 反，1545，1546，1550，1557，1558，1561 正，1661 反，1661 正，1653，1686，1687 正，1688，1689，1690，1692，1693，1694 正，1695，1696，1700，1701，1702，1704，1705，1713，1773 正，1780，1787，1791，1792，1807，1821 正，1822 正，1823 正，1824 正，1824 正，1825，1832 正，1836，1836，1837，1838，1839，1841，1868 正，1868 正，1873，1933，1935，1937，2003 正，2004，2005，2006，2007，2106，2109，2112，2113，2132，2135，2135，2137，2138，2177，2178，2179 正，2220，2349，2351，2374，2375 正，2376，2377，2382，2408，2519，2545，2547，2725 正，2728，2872，2879，2905，2906，2926 正，3255 正，3460 正，3463，3465，3466，3467 正，3467 正，3470，3515，5119，5127，6097，6664 反，6952 反，7075 正，7075 反，7342，12642，12642，英 48，英 49，英 60，英 78 正，英 81，英 111 正，英 546 正，英 546 正，英 594 正，英 608 正，英 1156，英 1157，英 1159，英 1172，英 1185 正，英 1187，怀 54；二 3：22740，22741，22742；四 10：32802，33291，33291，34240，34240，34240，屯 978，屯 1119，屯 1062，屯 3391/ 岁一 2：3018，4059 正；四 3：32334，32617，屯 441；三—四 1：屯 3794/ 爵一附 1：22184/ 陟二 1：英 1969；三 1：27339/ 即三 1：屯 4412/ 肜日三 1：27198/ 日三 1：27575/ 刚三 4：27435，30431，30439，屯 626/ 咎日三 1：27277/ 舌三 2：27323，27661；四 1：屯 874/ 祭三 2：27223，怀 1373；四 1：屯 1131/ 蒸四 1：34105/ 米四 1：32540/ 戠四 1：屯 1090/ 弘四 1：32531/ 酉四 1：英 2443/ 鼜四 7：32028，32211，32212，屯 636，屯 636，屯 1089，屯 2124/

宁四 1：34144

7.2　AV_2+V+P+O 神

共 343 例，一期 166 例，一期附 3 例，二期 72 例，三期 40 例，四期 61 例，三期—四期 1 例。

福一 2：2218 正，10613 正 / 禘一 1：14328 正 / 燎一 4：710，1385 正，14320，14735 正 / 祊一 2：13581，14529/ 宾一 1：2203/ 輱一 9：575，575，1448，14199 反，14209 正，14209 正，14395 正，14395 正，14395 正 / 告一 19：938 正，947 正，947 正，947 正，1167 正，1168 反，1169，1248 正，1582 正，1727 正，1728，1860，2467，3459 正，6250，6349，13646 正，英 30 正，英 1229 正；一附 1：22680；二 1：24982；三 1：27320；四 13：32336，32337，32680，32897，33698，33698，33710，屯 499，屯 601，屯 1089，屯 2707，屯 2707，屯 2707/ 祝一 2：1666，怀 902；一附 1：19890；三 5：26899，27461，27553，27599，屯 261/ 酉一 1：2784；二 7：22554，22798，22864，22865，23004，23004，23039/ 蒸一 1：1597；二 1：23397；三 4：27455，27456 正，27456 正，屯 606；四 1：34165/ 侑一 91：175，672 正，672 正，1148，1150，1186，1253 正，1276，1277，1282，1336 正，1336 正，1508，1529，1531 正，1533，1534 正，1537，1538 正，1540，1549，1553，1560，1571，1661 正，1653，1709，1710 正，1712 正，1714，1715，1747 正，1773 正，1777，1777，1784，1786，1829，1833，1835，1850 正，1851，1923，1932 正，1834，1942，2011，2110 正，2111 反，2132，2132，2136，2180，2191 正，2192，2350，2352，2378，2409，2410，2411，2457，2458，2459，2497，2498 正，2548，2555，2880，3077，3466，3469，3472，3509，3659 反，4141，7311，7076 正，7076 正，7076 正，7427 正，11497 正，11497 正，13597，英 27，英 28 反，英 31 正，英 67，英 82，英 102，英 996；二 26：22580，22826，22887，22888，22962，22963，22969，22971，22971，22971，23029，23048，23059，23109，23132，23171，23173，23348，23403，23418，23481，23520，24412，24951，25056，25056；三 5：24969，30401，30433，30509，怀 1374；四 2：屯 804，屯 2305；

三一四 1：屯 448/ 酘一 2：1654，1864；三 1：屯 1055；四 5：31987，33273，33273，屯 1062，屯 1062/ 桒一 14：1171 正，1179，1180，1961 正，1964，6209，6229，6230，6946 正，9946 甲 正，14368，14545，14546，14547，三 6：27324，27370，27549，27613，27656，屯 2292；四 10：32473，32654，32797，33270，34093，34195，屯 275，屯 275，屯 601，屯 3940/ 御一 16：362，775 反，775 反，1076 甲 正，1372，2017，2381，2527，2559，10275 反，11424 反，13675 正，13688 正，15142，15142，英 32；三 1：30297；四 14：32329 正，32329 正，32329 正，32331，32331，32892，34340，屯 290，屯 735，屯 1104，屯 1138，屯 2707，屯 2707，屯 2707/ 祀一 1：14851；四 1：32661/ 叙一 1：952 正；四 2：32546，屯 593/ 岁一附 1：22094；三 1：27392；四 2：32064，屯 611/ 潍二 1：23070/ 尊二 1：23506/ 鼓二 1：22746/ 延二 6：22710，23097，23326，27174，27302，27424/ 彡 二 10：22796，22856，22896，23113，23114，23142，23239，23240，26183，英 2041/ 飤二 1：23054/ 翌二 8：22732，22764，22764，22822，22822，22987，23243，23243/ 奏 二 1：22680/ 祭 二 5：22767，22863，22931，22931，23128/ 舌二 2：22939，22940；三 3：27427，27524，27586/ 勺二 1：英 1925；四 2：屯 2，屯 672/ 示三 6：27306，27412，27518，27518，27520，英 2260/ 凡三 1：27281/ 遘三 1：27282/ 卯三 1：28272/ 用三 1：屯 4396/ 沈三 1：30436/ 刚三 2：30439，屯 199；四 2：32726，33273/ 餗四 2：32548，32549/ 鐈四 1：32543/ 陟四 3：32029，32420，32916/ 伐四 1：32279

7.3　$S_{施}+V+P+O_{神}$

共 4 例，都是一期的。

告一 3：1583，1584 乙，6347/ 福一 1：2472

7.4　$AV_1+S_{施}+V+P+O_{神}$

仅 1 例，是二期的。

飨二 1：23003

7.5　$S_{施}+AV_2+V+P+O_{神}$

共 7 例，一期 4 例，二期 1 例，四期 2 例。

祝一 1：2331/ 祀一 1：14549 正 / 祊一 1：1286/ 侑一 1：2281 正；二 1：24132/ 御四 1：屯 4583/ 告四 1：32807

7.6　AV_1+S$_{施}$+AV_2+V+P+O$_{神}$

仅 1 例，是四期的

桒四 1：32301

8　（S$_{施}$）+（AV_3）+P+O$_{神}$+（AV_2）+V

8.1　P+O$_{神}$+V

共 156 例，一期 74 例，一期附 7 例，二期 7 例，三期 27 例，四期 41 例。

燎一 1：418 正 / 宾一 2：831，722 正 / 伐一 1：972/ 侑一 15：557，776 正，816 正，917 正，1315，1479，1508，1699 正，1789，1790，2002 反，6953，英 62，英 89，英 608 正 / 勺一 4：1672，1672，12863，英 558/ 御一 33：272 正，272 正，641 正，709 正，1717，1793 正，1794，1821 正，1854，1854，1856，1857，1882，1900 反，2198，2355，2355，2356 乙，2357 正，2357 正，2393，2537，2537，2537，2617，2869 反，7352 反，8968 正，10968，11459，英 91，英 104，英 1105 反；一附 1：22061；二 4：23178，23178，23805，26001；三 1：27559；四 4：32675，32675，屯 963，屯 963/ 告一 14：1472，1723 正，1799，1800，2463，2466，2568 正，2592，6135，6148，6583，7471，英 546 正，英 546 正；一附 1：19824；二 1：22911；三 1：27432；四 10：32414，32415，32744，32875，屯 783，屯 2842，屯 2842，屯 2842，屯 2842，英 2403/ 桒一 4：1506 正，1506 正，4392，14543；三 3：27348，28274，28274；四 8：32440，34092，34102，34117，屯 601，屯 601，屯 4331，屯 4331/ 祭一附 2：22215，22215/ 奏一附 1：22050/ 用一附 1：22045；三 2：26991，27133/ 彡一附 1：英 1867；三 4：27396，27551，30870，屯 2557/ 陟二 1：22747/ 即二 1：24417/ 岁三 2：27585，屯 613/ 蒸三 1：30987/ 舌三 11：27322，27390，27417，27417，屯 754，屯 754，屯 2412，屯 2412，屯 2375，屯 2375，怀 1367/ 祝三 1：屯 610/ 叡三 1：屯 3390；四 5：屯 1054，屯 1054，屯 1054，屯 3039，屯 3039/ 宜四 1：32367/ 鼚

四 2：32374，屯 80/ 勺四 1：34099/ 卯四 2：33250，屯 900/ 延四 2：屯 1116，屯 1116/ 福四 2：32571，32571/ 禘四 2：34156，怀 1565/ 束四 1：屯 1116/ 宁四 1：34149

8.2　AV_3+P+O 神 +V

共 41 例，一期 37 例，三期 4 例。

告一 5：2562，6147，6583，13646 正，13646 正 / 攺一 1：5775 正 / 宁一 1：1475/ 燎一 1：96/ 御一 25：709 正，721 正，1721，1798，1821 正，1821 正，1854，1854，2143，2200，2355，2357 正，2358 正，2358 正，2394，2415 正，2418 正，2493，2494 正，2495 正，2528，2537，2557，2618 正，2384/ 侑一 1：2002 反 / 皋一 4：6257，10246，14432，14548；三 1：27658/ 祝三 2：27239，27283/ 舌三 1：27077

8.3　P+O 神 +AV_2+V

共 3 例，二期 1 例，三期 2 例。

皋二 1：英 2089/ 舌三 1：屯 3129/ 寻三 1：屯 60

8.4　S 施 +P+O 神 +V

仅 1 例，是四期的。

告四 1：32807

9　（S 施）+（AV_2）+V+O 神 +P+O 地

9.1　V+O 神 +P+O 地

共 2 例，都是四期的。

取四 1：34219/ 将四 1：32765

9.2　AV_2+V+O 神 +P+O 地

共 2 例，二期 1 例，三期 1 例。

叙二 1：23340/ 伐三 1：28068

9.3　S 施 +AV_2+V+O 神 +P+O 地

仅 1 例，是三期的。

酘三 1：30319

（三）动词—人事

10　（AV_1）+（S 施）+（AV_2）+V+O 事

10.1　V+O事

共103例，一期55例，一期附27例，二期1例，三期6例，四期14例。

汝一1：9375/福一1：15829/尊一1：6571正/取一1：536/凡一2：10132反，11171正/将一3：5618，19561，19563/用一1：15410/奏一2：12843正，16026正/攸一2：11498正，16152/宾一2：2639，3638/肇一3：7023正，19139甲，19139乙/御一14：586，802，946正，1773正，2621，2621，3199反，4530正，15100，15149，15149，15150，17225，17939；一附5：20039，22099，21367，22311，22312/匄一4：6155，6056正，6156正，6159正；一附11：22246，22246，22246，22246，22246，22246，22246，22247，22247，22247，22247/告一7：559正，4735正，4735正，6664正，10613正，10613正，英594正；一附1：20534；二1：25885；三1：30595；四1：怀1582/荼一2：2632，12855；一附1：21179；三1：30022；四4：屯932，屯932，屯4233，屯4233/侑一2：2130，13588；一附4：19921，20034，20056，21290；四6：32994，34163，34163，34163，屯1116，怀1569/宁一2：14370，13372；三1：30187；四1：33137/彭一5：672正，672正，904正，3013，3013；四1：32285/束一附2：22077，22284/日一附2：20575，20901/智一附1：21562/燎三1：30457/寻三1：28184/若冈三1：屯766/延四1：34441

10.2　AV_2+V+O事

共89例，一期30例，一期附7例，二期9例，三期20例，四期23例。

取一1：536/将一1：2799/肇一1：15940/用一1：15413/尊一1：15476/御一6：795正，1772正，2625正，2727反，2873，15117；一附3：20024，21891，英1767；二1：英1977；三2：28203，28203；四2：33299，34176/告一4：8683，9621，9622，9623；一附1：22099；三4：27168，27986，30595，30602；四3：屯231，屯866，屯2227/彭一12：672正，672正，721正，721正，721正，2943，2988，3013，3015，4059正，4061，13399正；二5：24929，25934，25935，25938，英2179；三1：

30828；四 1：屯 1104/ 宁一 1：5884 正；二 1：26176 正；三 3：30258，30260，屯 861；四 6：33233，33234，34152，屯 2772，屯 2772，屯 3787/ 暊一 1：10969 正；四 1：32162/ 称一 1：811 反；四 1：32030/ 攺一附 1：22157/ 侑一附 2：20037，21290；四 1：屯 1116/ 敹二 2：23540，23541/ 寻三 2：27804，27804/ 斫三 1：29729/ 鬯三 1：30158/ 舞三 2：31199，31199/ 遘三 1：屯 2442/ 祝三 3：30464，30614，31667/ 宾四 1：34349/ 叡四 1：屯 1054/ 燎四 3：34474，屯 665，屯 1105/ 伐四 1：屯 756/ 勺四 1：屯 4360/ 延四 1：34712

10.3　$S_{施}+V+O_{事}$

共 4 例，一期 3 例，三期 1 例。

告一 1：3957/ 奏一 1：18899 正 / 宁一 1 怀：249/ 宾三 1：33071

10.4　$AV_1+S_{施}+V+O_{事}$

仅 1 例，是一期的。

飨一 1：5237

10.5　$S_{施}+AV_2+V+O_{事}$

共 4 例，都是四期的。

奠四 4：32811，32811，32811，屯 862

11　（AV_2）$+V+P+O_{事}$

11.1　$V+P+O_{事}$

共 4 例，一期 2 例，一期附 1 例，二期 1 例。

侑一 1：1623 反 / 御一附 1：22094；二 1：22758/ 燎一 1 ：10151 正

11.2　$AV_2+V+P+O_{事}$

共 3 例，一期 2 例，二期 1 例。

御一 1：2832 正甲 / 侑一 1：3987；二 1：24983

（四）动词—祭牲

12　（$S_{施}$）+（AV_2）$+V+$（叀 / 其）$+O_{牲}$

12.1　$V+O_{牲}$

共 699 例，一期 342 例，一期附 24 例，二期 61 例，三期 49 例，四期 208 例，五期 11 例，三期—四期 4 例。

将一 2：809 正，8402；尊一 1：4059 正 / 鼎一 1：11350/ 鬳一 1：339/ 𢀛 一 18：271 正，271 正，366，431，702 正，713，716 正，784，886，908，924 正，924 正，924 正，3169 正，10116，10117，16221，16223 正 / 埋一 9：14313 正，14362，14559，14559，15601，15601，15602，16196，16197/ 𢦏一 2：1825，6572/ 祀一 1：5611 反 / 攺一 12：303+304，438 反，465，466，466，467，7822，14335，16173，16173，16174，16175 正；一附 2：21920，22276/ 束 一 1：7773； 一 附 5：22215，22226，22226，22226，22392/ 御一 1：2943； 一附 1：19844/ 禘一 4：8，14360，14360，英 149 反；一附 1：21387/ 彡一 2：717 正，15783；一附 2：20530，22294；三 2：26931，27115/ 侑一 3：1506 正，英 1194，英 1194；一附 1：21262；三 1：屯 882；四 3：34157，屯 220，屯 2104/ 哲一 46：271 正，271 正，702 正，709 正，710，713，716 正，718 正，719 正，723 正，773 甲，783，784，785，886，893 正，908，924 正，924 正，924 正，924 正，1027 正，1027 正，1513，1732，1968，2373 反，2501，3169 正，4116，5522 正，6945，6947 正，6947 正，7026，14660，14807 正，15336，15337，15339，15339，15340，15341，15344，英 149 正，英 1335；一附 2：21184，英 1335；三 4：27022，27039，屯 817，屯 817；四 1：32181/ 用 一 6：244，339，672 正，743，813，924 正； 一 附 2：19863，19863；三 3：27023，27324，26994； 四 2：34359， 怀 1489/ 燎 一 65：249 正，260，358，378 正，801，811 正，811 正，838 正，838 正，1039，1039，1506 正，1506 正，1527，1621 正，3007，3480 反，5978，6611，8818，8818，10109，11018 反，12051 反，12051 反，12051 反，12495 正，12948 正，13555 正，13555 正，13751 反，14207 正，14207 正，14314，14344，14392，14395 正，14585 正，14735 正，15595，15597，15601，15601，15602，15602，15610，15610，15610，15611，15612，15612，15612，15614 正，15638，15643，15654，15656 正，16197，英 1，英 149 正，英 1257，英 1258，英 1291，1250 正，怀 899；一附 6：20980 正，22293，22293，22434，英 1891，英 1912；三 4：19545，30675，30783，屯 817；四 38：32302，32302，32307，32329 正，32329 正，32329 正，32397，

32420，32721，33273，33385，33400，33686，33816，33816，33816，34206，34243，34459，34461，34463，34284，34449，34450，34456，34458，屯 1062，屯 1102，屯 1118，屯 1138，屯 2183，屯 2183，屯 2183，屯 2296，屯 2361，屯 2949，屯 4400，英 1450/ 㞢一 2：1973，15823；二 3：23719，英 1972，英 2180；三 1：27123/ 岁一 3：320，340，401；二 48：22690，22701，22729，22729，22793，22833，22900，22902，22973，22974，23020，23030，23116，23117，23118，23144，23181，23182，23183，23185，23188，23188，23190，23191，23193，23196，23197，23198，23198，23199，23200，23302，23309，23327，23331，23339，23354，23354，23406，23421，23468，24279，24305，24343，25105，25106，25295，怀 1217；三 1：30305；四 19：32052，32054，32119，32171，32198，32311，32505，32531，32665，32666，32667，32982，34423，屯 441，屯 441，屯 723，屯 890，屯 890，屯 2142/ 卯一 118：39，295，302，313，320，321，324，324，333，345，346，349，356，359，360，362，369，370，377，378 正，385，385，385，386，387 正，388，389，390 正，391，392，394，396，400，418 正，437，478 正，698 正，698 正，709 正，710，712，717 正，718 正，719 正，729，779 正，780，787，828 正，892 正，893 正，893 正，893 正，893 反，896 正，897，898，900 正，901，901，903 正，903 正，906 正，921，923 正，939 正，941，965 正，965 正，1027 正，1027 正，1051 正，1051 正，1051 正，1052 正，1052 正，1182，1330，1826，1970，2153 正，6482 正，6475 反，6483 正，6484 正，6485 正，6486 正，6527 正，6945，9560，10084，10109，10130 正，12948 正，14207 正，14207 正，14300，14313 正，14314，14314，14315 正，14344，14412，14436，14436，14536 正，14558 正，14561，14585 正，14770，16197，英 149 正，英 149 反，英 1194，英 1194，英 1250，英 1290，英 1293；二 7：22546，22551，22562，22565，22569，23106，26052；三 11：26907 正，26912，26914，26915，27455，30381，30675，30785，31108，31110，31112；四 67：32042，32043，32055，32057，32083，32085，32092，32092，32093，32093，

32102，32103，32108，32182，32329 正，32397，32674，32691，32692，32698，32698，32775，33273，33273，33277，33278，33296，34198，34206，34207，34207，34207，34209，34209，34449，34451，34454，34456，34458，34657，34658，34659，34661，34662，34668，34669，34670，34670，34670，屯 503，屯 586，屯 595，屯 867，屯 889，屯 914，屯 2124，屯 1062，屯 1062，屯 1062，屯 1138，屯 2322，屯 2361，屯 3552，屯 3633，英 2400，英 1443，怀 1564；五 4：35355，35355，35355，35355；三—四 1：屯 2340/ 烄一 4：1121 正，1136，1137，屯 148；三 1：30168；四 6：32289，32290，32290，32299，32301，32301/ 沈一 23：326，779 正，780，1546 正，1677 正，10084，12948 正，14207 正，14380，14474 正，14536 正，14553，14554，14555 正，14556，14558 正，16186，16187，16188，16189，16191，英 107 反，英 790；三 2：31005，31006；三—四 1：屯 2667；四 27：32028，32161，32915，32915，33276，33277，33278，33280，33282，33282，33283，33283，33284，33292，33385，34207，34248，34671，屯 93，屯 732，屯 890，屯 943，屯 1035，屯 1118，屯 1120，屯 2078，英 2475/ 宜一 13：307，308，326，655 甲正，1064，10094 正，10405 正，14396，14536 正，14537，14552，14556，14664；三 1：31005；四 29：32028，32118，32125，32230，32694，33276，33282，33285，33292，33292，33292，33323，33323，33697，34163，34165，34165，34225，34247，34247，34711，屯 945，屯 961，屯 961，屯 1118，屯 1119，屯 1153，屯 3090，英 2450；三—四 1：屯 76/ 伐一 1：889；三 1：屯 2343；四 5：32048，32049，32054，32068，32230；五 4：35355，35355，35355，35355/ 蒸一 1：235 正；三 4：27826，屯 210，屯 766，屯 766；五 1：38696/ 匄一附 1：21007 正 / 舞一附 1：20975/ 歙二 1：英 1923/ 升二 1：25056/ 戠二 1：22550；三 1：27210/ 鎹三 3：30393，屯 4023，屯 4023/ 告三 2：30596，英 2347/ 祝三 5：26951，27037，27445，29441，30758；四 1：32527/ 桒三 2：屯 3133，屯 3133；四 6：34371，34372，34372，34372，屯 2183，屯 2183/ 舌四 1：32047/ 弘四 1：34624/ 餗四 1：屯 1089/ 勺四 1：32029/ 福三—四 1：屯 3186；四 1：32673/ 毁五

2：35361，35361

12.2 AV_2+V+O牲

一类共120例，一期31例，一期附7例，二期8例，三期40例，四期32例，五期1例，三期—四期1例。

将一1：809正/𩰫一2：336，339/奏一1：16038/沈一1：14207正/用一13：235正，235正，236，259，299，451，456正，557，559正，560，560，561，728；一附2：21567，22045；三5：29783，30300，30612，30688，30914；四3：32146，32374，34401/蒸一1：235正；二2：22925，22925；三7：30975，30976，30977，30980，30986，屯618，屯2715；四4：32606，34586，34587，34594/攺一4：303+304，305，438反，466；二1：26056，四1：22857/烄一5：1121正，1130甲，1136，1139，9177正；三1：30172；四11：32288，32289，32292，32293，32296，32296，32296，32297，32298，32299， 屯148/彭一3：15784，15787，英1147；三3：30685，30888，32029；四5：32177，屯313，屯313，屯974，屯1122/汣一附1：20385反/禘一附1：21387/刚一附1：21955/御一附1：22426，二1：23602/侑一附1：21222；三3：30503，屯1003，怀1380；四2：2811，怀1586/弘二2：23368，怀1016/卯二1：22605；三1：26955/岁二1：23219；三3：30729，30739，31318；四3：34428，屯4475，英2462/祝三2：26954，屯2146/舌三4：26934，26939，27020，屯628/勺三1： 屯3853/晋三2：26936，30671/束三1：29031/祭三1：屯618/日三1：30022/桒三2：30609，30610/伐三1：26996/𣪘三1：27339； 四2：32621，32631/豉三1：30315； 五1： 屯2259/尊四1：32125/宜：三—四1：屯76

另一类共5例，一期2例，三期1例，四期2例。

彭一2：1653，13549/蒸三1：30304/烄四1：32299/奠四1：32010

12.3 V+叀/其+O牲

共30，一期3例，一期附1例，二期1例，三期13例，四期12例。

御一1：300/禘一1：15981/卯一1：16142； 三6：26955，26861，27040，30348，31107，屯2499；四4：32049，32050，32066，34660/戫

一附 1：21114/ 岁二 1：25190/ 刚三 2：31138，屯 2232/ 酉三 1：30661/ 祝三 3：30630，30630，30619/ 燎三 1：28111；四 1：34463/ 伐四 1：屯 2792/ 品四 3：34674，34675，34675/ 尊四 1：屯 1090/ 餗四 2：34575，屯 1089

12.4　AV_2+V+ 叀 / 其 +O 牲

共 2 例，二期 1 例，三期 1 例。

舌二 1：26027/ 宜三 1：30120

12.5　S 施 +V+O 牲

共 2 例，一期 1 例，四期 1 例。

侑一 1：7426 反；四 1：32044

12.6　S 施 +AV_2+V+O 牲

共 5 例，三期 2 例，四期 3 例。

宜三 1：29405/ 蒸三 1：屯 618；四 2：32024，34165/ 称四 1：32420

13　叀 / 勿唯 +O 牲 +V

共 51 例，一期 13 例，一期附 6 例，二期 1 例，三期 25 例，四期 2 例，五期 4 例。

舞一 1：16001/ 禘一 2：15982，15983/ 烄一 3：1125，1130 乙，1134/ 用一 6：6，232 正，460，462 反，4762，15426；一附 6：21387，21544，21545，21805，21885，22437；二 1：26866；三 21：27033，27090，29587，29587，30022，30300，30612，30683，30687，30713，30713，30713，30714，30719，屯 651，屯 2107，屯 2107，屯 2185，屯 2185，怀 1392，怀 1412；四 1：34594；五 4：36985，36986，36986，37515/ 燎一 1：15650；四 1：屯 231/ 蒸三 1：32014/ 汄三 1：30715/ 酉三 2：屯 817，屯 817

14　（AV_1）+S 牲 +（AV_2）+V

14.1　S 牲 +V

共 16 例，一期 4 例，一期附 6 例，三期 4 例，四期 2 例。

用一 4：558，558，559 正，559 正；三 2：30718，屯 4122/ 祝一附 1：22138/ 束一附 2：22226，22226/ 岁一附 1：22439/ 蒸一附 2：21221，21221；三 1：屯 618；四 1：屯 2567/ 示三 1：英 2260/ 燎四 1：34456

14.2 AV_1+S牲+V

共4例，一期2例，一期附1例，三期1例。

束一1：7773/用一1：6；一附1：21885/飨三1：27138

14.3 S牲+AV_2+V

一类共16例，一期9例，二期1例，三期3例，四期3例。

用一9：248正，248正，248正，248正，555正，555正，555反，559正，4498反；三3：26954，26983，28093；四1：屯9/福二1：25978/蒸四2：32896，33191

另一类仅2例，都是四期的。

卩四1：32700/奠四1：屯1111

15 （AV_2）+V+P+O牲

15.1 V+P+O牲

共2例，都是一期的。

燎一1：15605/侑一1：15086

15.2 AV_2+V+P+O牲

共2例，都是一期的。

侑一2：15048，15080

16 （AV_2）+V+O牲+P+O地

16.1 V+O牲+P+O地

共6例，一期4例，三期1例，四期1例。

敀一1：9774正/箙一1：320/卯一1：340/用一1：9774正/勺三1：26929/烄四1：32289

16.2 AV_2+V+O牲+P+O地

共5例，一期1例，三期3例，四期1例。

用一1：9774正/蒸三3：30306，30981，屯606；四1：34590

17 AV_2+V+P+O地+O牲

共9例，都是一期的。

燎一2：14703，14705/䵻一1：8032/宜一5：318，388，390正，394，396/侑一1：13562

三　双宾句及其变式

（一）动词—人事—神祇

18　（AV_2）+V+$O_事$+$O_神$

18.1　V+$O_事$+$O_神$

共 14 例，一期 6 例，一期附 7 例，四期 1 例。

福一 1：8425/ 御一 5：721 正，2911，4115，9478，13675 正；一附 6：20023，20023，20038，21659，22226，22226/ 桒一附：22100/ 告四 1：屯 866

18.2　AV_2+V+$O_事$+$O_神$

共 3 例，一期 1 例，三期 2 例。

福一 1：2201/ 告三 1：28207/ 宁三 1：30259

19　$S_事$+AV_2+V+$O_神$

仅 1 例，是一期的。

御一 1：6475 反

20　（$S_施$）+（AV_2）+V+$O_事$+P+$O_神$

20.1　V+$O_事$+P+$O_神$

共 89 例，一期 74 例，一期附 5 例，二期 2 例，四期 8 例。

侑一 1：1780 正 / 匄一 2：6153，英 558/ 禘一 1：14773/ 蓺一 1：557/ 御一 44：271 正，271 正，667 正，686，702 正，713，729，829 正，915 正，946 正，1580 甲，1795 正，2194，2612，2613，2616，2725 正，2726 正，2756，2773，3007，3008，3010，3108，3109，3186，3207，3227，3271 正，4114，4306，4649，6032 正，9560，13668 正，13675 正，13688 正，14338，14779，14847，14848，英 149，英 788，怀 113；一附 4：19986，21285 正，22092，22094；二 1：22620/ 告一 21：651，1956，6131 正，6134，6135，6145，6349，6384，6384，6385 正，6386，6387，6388，9627，10613 正，13626，13849，13853，英 546 正，英 547 正，怀 22；一附 1：22092；二 1：22594；四 1：屯 2678/ 桒一 4：2634 正，6610 正，英 594 正，怀 71；四 3：32344，屯 2282，屯 4362/ 戠四 1：32765/ 宁

四 3：34088，34151，屯 744

20.2　AV_2+V+$O_{事}$+P+$O_{神}$

共 37 例，一期 14 例，一期附 1 例，三期 5 例，四期 17 例。

告　一 3：805，9628，14829；　三 1：27317；　四 7：33230，33347，屯 580，屯 1095，屯 2906，屯 4049，屯 4049/ 御一 11：667 正，915 正，1580 乙，2626，2627，2774，2777，4116，4880，5908，13892；一附 1：22065；四 4：32330，34103，屯 2707，屯 2707/ 蒸三 1：27455/ 酌三 1：30428/ 桒三 1：30173；四 2：34214，34270/ 宁三 1：30260；四 3：32028，32992，屯 930/ 勺四 1：屯 4360

20.3　$S_{施}$+AV_2+V+$O_{事}$+P+$O_{神}$

共 3 例，一期 1 例，二期 1 例，三期 1 例。

御一 1：331/ 寻二 1：24609/ 延三 1：27475

21　叀+$O_{事}$+V+P+$O_{神}$

仅 1 例，是四期的。

桒四 1：34271

22　$S_{事}$+（AV_2）+V+P+$O_{神}$

22.1　$S_{事}$+V+P+$O_{神}$

共 6 例，一期 5 例，五期 1 例。

告一 1：英 1122 正 / 御一 3：13652，英 97 正，英 1124/ 㲋一 1：1977/ 告五 1：40369。

22.2　$S_{事}$+AV_2+V+P+$O_{神}$

仅 1 例，是一期的。

告一 1：6120 正

23　（AV_1）+$S_{事}$+P+$O_{神}$+V

23.1　$S_{事}$+P+$O_{神}$+V

共 2 例，都是一期的。

御一 1：13689/ 勺一 1：6152

23.2　AV_1+$S_{事}$+P+$O_{神}$+V

仅 1 例，是一期的。

御一 1：13892

（二）动词—神祇—人事

24 （AV_1）+S 神 +（AV_2）+V+O 事

24.1　S 神 +V+O 事

共 6 例，一期 3 例，一期附 1 例，三期 1 例，四期 1 例。

卯一 1：811 正 / 肇一 1：14487/ 御一 1：17380；一附 1：22093/ 岁三 1：27164/ 宁四 1：33077

24.2　AV_1 +S 神 +V+O 事

共 5 例，都是一期的。

取一 4：2636 正，2636 正，2636 正，2637/ 御一 1：17386

24.3　S 神 +AV_2+V+O 事

共 4 例，都是一期的。

伐一 2：903 正，903 正 / 爵一 1：2863/ 卯一 1：811 正

25　V+P+O 神 +O 事

共 3 例，一期 1 例，三期 1 例，四期 1 例。

告一 1：2500 正 / 桒三 1：28259/ 燎四 1：34275

26 （S 施）+（AV_3）+P+O 神 +V+O 事

26.1　P+O 神 +V+O 事

共 48 例，一期 32 例，一期附 5 例，三期 2 例，四期 9 例。

福一 1：3187/ 匄一 1：6203/ 桒一 1：12853；一附 1：英 1757；三 1：28278；四 1：34196/ 御一 19：721 正，795 正，905 正，946 正，1580 乙，2018，2115，2392，2392，2613，2617，2619，2834，2864，3202，3233，9560，12813 正，英 1768；一附 2：21161，22226；四 1：屯 250/ 告一 8：6132，6133，6141，6142，6146，6301，9629，9630；四 5：33053，屯 135，屯 135，屯 243，屯 1024/ 宁一 2：1314，14675；四 2：32301，屯 1053/ 祐一附 2：19964，20024/ 蒸三 1：27455

26.2　AV_3+P+O 神 +V+O 事

共 7 例，一期 5 例，四期 2 例。

彰一 1：1866/ 御一 3：905 正，10097，13663 甲正 / 告一 1：13670；

四 2：33052，屯 63

26.3　$S_{施}+P+O_{神}+V+O_{事}$

共 2 例，都是一期附的。

御一附：19886/ 佐一附：19964

（三）动词—神祇—祭牲

27　（$S_{施}$）+（AV_2）+V+$O_{神}$+$O_{牲}$

27.1　$V+O_{神}+O_{牲}$

一类共 102 例，一期 43 例，一期附 43 例，三期 2 例，四期 13 例，无分期 1 例。

燎一 4：1188，5658 反，6945，怀 899/ 卯一 1：14315 正 / 肇一 3：15519，15520，15522/ 戠一 1：14755 正 / 酉一 16：698 正，698 正，702 正，716 正，724 正，724 反，772 正，772 正，779 正，895 丙，898，914 正，915 反，2213 正，6664 正，英 83/ 方一 4：418 正，478 正，12855，14301/ 禘一 1：3506；一附 1：21080/ 御一 2：2196 反，屯 2673；一附 10：21538 乙，21538 乙，21555，21805，22049，22063，22066，22069，22074，22116；四 1：32729/ 侑一 9：1526，1684，2404，2877，3461，6475 反，6947 正，怀 19，怀 906；一附 27：19812 反，19817，19828，19831，19832，19848，19863，19863，19867，19883，19917，19928，19956，19957 反，19957 反，19957 反，19957 反，19958，19970 正，20007，20015，20098，20576 正，20576 正，20576 正，20576 正，21120；四 3：32471，32471，33327；无 1：屯 2173/ 彭一 2：672 正，672 正；四 1：32399/ 祐一附 2：22284，22284/ 岁一附 1：22073/ 宜一附 1：22235/ 祝一附 1：19921；三 1：27060；四 1：33347/ 舌三 1：27194；四 1：32553/ 飨四 1：怀 1483/ 凡四 1：3216 正 / 餕四 1：32582/ 饎四 3：屯 9，屯 9，屯 616

一类仅 2 例，都是四期的。

御四 2：31993，32729

27.2　$AV_2+V+O_{神}+O_{牲}$

一类共 38 例，一期 14 例，一期附 4 例，二期 3 例，三期 9 例，四期 8 例。

𦎫一 1：724 正 / 方一 1：14298/ 攺一 1：8656；一附 1：22288/ 彭一 6：808 正，892 正，896 正，897，903 正，1301；一附 2：20055，21547；四 1：屯 1116/ 侑一 5：1513，1698，1780 正，2554，6653 正；二 2：23002，23397；三 1：屯 2665；四 4：33694，34266，屯 751，怀 1486/ 燎一附 1：22421 正 / 告二 1：22676；四 1：屯 965/ 祝三 1：屯 2742/ 餗三 1：屯 610/ 舌三 6：26930，27113，27129，27195，屯 2374，屯 3009；四 1：32621/ 禘四 1：32112

一类共 4 例，一期附 2 例，四期 2 例。

御一附 1：22226/ 彭一附 1：22184；四 2：32087，屯 777

27.3　$S_{施}+V+O_{神}+O_{牲}$

仅 1 例，是一期的。

祊一 1：904 正

27.4　$S_{施}+AV_2+V+O_{神}+O_{牲}$

仅 1 例，是三期的。

舌三 1：26935

28　（AV_1）$+S_{神}+$（AV_2）$+V+O_{牲}$

28.1　$S_{神}+V+O_{牲}$

共 91 例，一期 2 例，一期附 7 例，二期 23 例，三期 19 例，四期 36 例，三期—四期 4 例。

𦎫一 1：720 正，三 2：27290，27291/ 卯一 1：14835；三 2：屯 657，屯 748；四 1：屯 181；三—四 1：屯 2667 / 用一附 2：21567，22130/ 攺一附 1：22183/ 御一附 2：22240，22258/ 岁一附 2：19813 反，19813 反；二 18：23055，23055，23216，23217，23225，23227，23227，22731，23055，23151，23151，23225，25158，25159，25159，25159，25160，25161；三 8：27188，27532，27655，30741，屯 1011，屯 1014，屯 1505，屯 2315；四 10：32453，32454，32461，32475，32491，32746，32982，屯 631，屯 4563，英 2463；三—四 3：屯 41，屯 2165，屯 2364/ 伐一附 1：21555；四 3：英 2406，怀 1558，怀 1558/ 祊二 1：24961/ 舌二 4：23163，23163，23473，23498；三 5：27190，27422，27525，27526，屯 694/ 刚三 1：30431/ 必三

1：30348/燎四9：32120，34246，屯914，屯961，屯1116，屯4528，屯4530，屯4530，怀1572/戠四2：32425，屯954/𨟭四8：33296，32330，33313，34103，34115，34116，屯2707，屯2707/毖四1：屯2417/宜四2：34208，34634

28.2　AV_1+S神+V+O牲

共5例，都是二期的。

岁二5：23002，23148，23155，23215，23218

28.3　S神+AV_2+V+O牲

共3例，都是三期的。

舌三1：屯1005/岁三2：27274，27275

28.4　AV_1+S神+AV_2+V+O牲

共4例，都是二期的。

岁二4：23206，23207，23208，24348

29　S神+叀+O牲+V

仅1例。是一期的。

用一1：924正

30　S神+S牲+V+P+O地

仅1例，是三期的。

延三1：屯657

31　（AV_2）+V+P+O神+O牲

31.1　V+P+O神+O牲

一类共133例，一期108例，一期附6例，二期2例，三期3例，四期13例，无分期1例。

𢦔一1：1825/埋一3：14609，14610，14611/禘一2：14323，14332/卯一2：12855，英1288；一附1：22101/侑一67：339，697正，893正，1141正，1184反，1191正，1272，1330，1421，1491，1506正，1509，1510，1512，1518正，1521，1524，1528正，1664，1678，1679，1680，1680，1681，1683，1685，1828，1829，1829，1830，1906，1907，1908，1910，1911，1912，1917，1918，1918，1921，1924，1925，

2098，2133，2133，2173，2542，2828，2829，2830，2875 正，3461，3462，3467 正，3467 正，5711，6475 反，6647 正，6664 正，6945，10125，10125，英 3，英 15，英 79，英 86 反，怀 29；一附 1：20737；二 2：25025，22965/ 御一 6：300，717 正，930，2527，2774 正，12053；一附 2：22073，22074；三 1：26907 正 / 𠦪一 7：15 正，1172，1174，1483，1959，4358，14811；四 2：32682，32683/ 告一 2：1166 甲，2543；四 5：31995，32031，32650，33526，屯 178/ 燎一 18：710，1970，1182，1186，14314，14315 正，14316，14329 正，14337 正，14338，14339，14340，14362，14395 正，14558 正，15646 ，14755 正，14770；　四 3：32313，32294，屯 1120；无 1：屯 3941/ 岁一附 1：22055/ 福一附 1：22268/ 祝三 1：27037/ 日三 1：27463/ 刚四 3：32486，屯 199、屯 280

一类仅 1 例，是一期附的。

彭一附 1：22159

31.2　AV_2+V+P+O$_{神}$+O$_{牲}$

一类共 76 例，一期 40 例，一期附 1 例，二期 9 例，三期 12 例，四期 13 例，三期—四期 1 例。

𢼄一 1：14 正 / 侑一 29：1140 正，1144，1144，1271，1375，1379，1402 正，1422，1517 正，1520，1523 正，1682，1773 反，1831，1901 正，1901 正，1909，1913，1915，1916，1927，2385，2451，2523，2953 正，4917，6002 正，6647 正，6943；二 7：22824，22825，22618，22760，23059，23719，23805；三 11：22886，22889，22961，22966，23018，23028，23085，23345，23347，23411，怀 1374/ 燎一 6：1348，1969，8783，14690，14697，14702；四 1：32358/ 𠦪一 2：1960，10520；四 2：屯 1099，屯 4331/ 彭一 2：441，712；四 1：32042/ 岁一附 1：22098/ 宜二 1：23399/ 告二 1：22755；三 1：30447；四 9：32648，32649，32724，32733，32896，32896，33017，屯 2032，屯 4056/ 舌三—四 1：屯 1123

一类仅 1 例，是四期的。

𠦪四 1：34117

32 （AV_3）+ P+O神+V+O牲

32.1 P+O神+V+O牲

共14例，一期3例，一期附4例，四期7例。

岁一1：屯2698/侑一2：英75正，英80/祐一附1：19941/㱿一附1：22276/㞢一附1：2226/用一附1：21575/告四3：33054，屯783，屯783/尊四2：32235，34397/勺四1：32014/卯四1：32076

32.2 AV_3+ P+O神+V+O牲

仅1例，是一期的。

侑一1：2524

（四）动词—祭牲—神祇

33 （AV_2）+V+O牲+O神

33.1 V+O牲+O神

共20例，一期2例，一期附14例，四期4例。

燎一1：屯2670/用一1：2887；一附7：19816，19954，20706反，21805，21805，22130，22133；翌一附1：22394/卯一附1：22295/酉一附1：21804/彭一附2：22130，22144/御一附2：22211，22294/蒸四1：32572正/岁四2：32198，32200/勺四1：32198

33.2 AV_2+V+O牲+O神

共12例，一期7例，一期附2例，三期2例，四期1例。

侑一1：1677正/彭一1：1526/㞢一1：893正/用一3：725正，1878正，1878正；一附1：22045/蒸一1：1599；三1：屯618；四1：32572/祭一附1：22045/宾三1：怀1377

34 叀+O牲+V+O神

共3例，一期2例，一期附1例。

彭一2：1445，1445/御一附1：21085

35 S牲+（AV_2）+V+O神

35.1 S牲+V+O神

共6例，一期1例，一期附2例，四期3例。

用一1：421；一附1：22247/侑一附1：19908；四2：屯2567，屯

2567/ 御四 1：32524

35.2　$S_{牲}+AV_2+V+O_{神}$

共 2 例，都是三期的。

蒸三 1：27632/ 延三 1：27259

36（其）$+S_{牲}+S_{神}+V$

36.1　$S_{牲}+S_{神}+V$

共 3 例，一期 1 例，一期附 2 例。

用一 1：怀 78；一附：22246/ 卯一附 1：19765

36.2　其 $+S_{牲}+S_{神}+V$

仅 1 例，是四期的。

岁四 1：32476

37（$S_{施}$）+（AV_2）$+V+O_{牲}+P+O_{神}$

37.1　$V+O_{牲}+P+O_{神}$

共 34 例，一期 15 例，一期附 7 例，三期 1 例，四期 11 例。

彭一 3：1403，1526，1862/ 酉一 1：728/ 御一 2：6616 正，14789/ 侑一 6：1928，2341，2496，2878，6482 正，6483 正；一附 1：19771/ 攺一 3：438 正，438 正，1975；一附 1：22276/ 用一附 3：19775，19776，22066；三 1：28092/ 卯一附 2：英 1891，英 1912；四 1：屯 4249/ 祭四 3：32113，32114，32115/ 蒸四 2：34107，屯 2567/ 沈四 1：英 2475/ 叡四 2：32435，屯 1078/ 刚四 1：屯 1074/ 燎四 1：35174

37.2　$AV_2+V+O_{牲}+P+O_{神}$

共 33 例，一期 18 例，一期附 1 例，二期 4 例，三期 4 例，四期 6 例。

御一 1：屯 2241/ 彭一 4：419 正，1863，2215，15782/ 用一 7：277，293，795 正，828 正，965 正，1371，1987；一附：22078；四 1：32148/ 攺一 2：6949 正，6949 正；二 2：23338，23465/ 侑一 4：1914，2114，2340，2341；二 1：23462/ 宜二 1：23502/ 蒸三 3：27220，27349，屯 657；四 3：32542，屯 51，屯 189/ 叡三 1：27339；四 1：屯 4178/ 刚四 1：52161

37.3　$S_{施}+V+O_{牲}+P+O_{神}$

仅 1 例，是四期的。

称四 1：32535

37.4　$S_{施}+AV_2+V+O_{牲}+P+O_{神}$

共 2 例，是四期的。

称四 1：32535，32537

38　叀 $+O_{牲}+V+P+O_{神}$

共 2 例，一期 1 例，三期 1 例。

侑一 1：2523/ 用三 1：怀 1461

39　$S_{牲}+(AV_2)+V+P+O_{神}$

39.1　$S_{牲}+V+P+O_{神}$

一类共 3 例，一期 2 例，一期附 1 例。

用一 3：231，270 正，379/ 禘一附 1：21089

一类仅 1 例，是一期的。

用一 1：270 正

39.2　$S_{牲}+AV_2+V+P+O_{神}$

共 11 例，三期 1 例，四期 10 例。

用三 1：26991；四 10：23403，屯 9，屯 9，屯 9，屯 9，屯 9，屯 9，屯 9，屯 9，屯 9

40　$(AV_2)+V+O_{牲}+O_{神}+$ 数词 / 数量词

40.1　$V+O_{牲}+O_{神}+$ 数词

共 2 例，一期 1 例，一期附 1 例。

侑一 1：901；一附 1：19773

40.2　$AV_2+V+O_{牲}+O_{神}+$ 数词 / 数量词

共 4 例，一期 2 例，三期 2 例。

侑一 2：904 正，904 正：三 2：26924，26924

41　$V+O_{牲}+P+O_{神}+$ 数词

共 2 例，都是一期的。

侑一 2：900 正，901

42　$AV_2+V+O_{牲}+O_{神}+P+O_{地}$

仅 1 例，是三期的。

勺三 1：26976

（五）动词—人事—祭牲

43 （AV_2）+V+O $_{事}$ +O $_{牲}$

43.1　V+O $_{事}$ +O $_{牲}$

共 2 例，一期 1 例，一期附 1 例。

御一 1：2941/ 侑一附 1：21287

43.2　AV_2+V+O $_{事}$ +O $_{牲}$

一类共 3 例，都是四期的。

宁四 2：32022，34137/ 彭四 1：33709

一类共 2 例，都是四期的。

寻四 2：屯 2044，屯 3185

（六）动词—祭牲—人事

44　V+O $_{牲}$ +O $_{事}$

仅 1 例，是一期的。

卯一 1：14770

四　三宾句及其变式

45 （AV_2）+V+O $_{事}$ +O $_{神}$ +O $_{牲}$

45.1　V+O $_{事}$ +O $_{神}$ +O $_{牲}$

共 8 例，一期 3 例，一期附 2 例，四期 3 例。

侑一附 1：22201/ 御一 3：413，4334，4334；一附 1：19887/ 宁四 2：34138，34140/ 桒四 1：34138

45.2　AV_2+V+O $_{事}$ +O $_{神}$ +O $_{牲}$

共 5 例，一期 2 例，三期 3 例。

告三 1：28206/ 桒三 1：28276/ 彭一 2：3216 正，3216 正 / 祝三 1：27462

46　S $_{牲}$ +V+O $_{事}$ +O $_{神}$

共 2 例，都是一期附的。

御一附 2：19987，19987

47 （AV_2）+V+O事+P+O神+O牲

47.1 V+O事+P+O神+O牲

一类共14例，一期6例，一期附3例，二期1例，四期4例。

桒一1：672正；四1：33276/告一3：806，13329，19563；二1：怀1262；四2：32679，屯2378/御一2：3009，3167；一附3：22073，22077，22091；四1：31993

一类共2例，一期1例，四期1例。

桒一1：672正/御四1：31993

47.2 AV_2+V+O事+P+O神+O牲

共7例，都是四期的。

宁四1：屯1059/御四1：屯4404/告四3：32677，33055，屯867/桒四1：屯2584/酌四1：英2400

48 V+O事+O牲+P+O神

共2例，都是一期的。

御一1：3006/桒一1：2400

49 V+P+O神+O事+O牲

共2例，都是一期的。

燎一1：英1250正/侑一1：2585

50 V+P+O神+O牲+O事

仅1例，是一期的。

侑一1：10136正

51 叀+O牲+V+O事+P+O神

仅1例，是一期附的。

御一附：22097

52 P+O神+V+O事+O牲

共3例，一期附2，四期1。

御一附2：22047，22047/宁四1：34139

53 P+O事+V+O神+O牲

共3例，都是一期附的。

御一附 3：22046，22046，22226

五　存疑类

（一）单宾句及其变式

1　V+ 其 +P+O $_{神}$

共 3 例，都是三期的。

𠯑三 3：27454，27503，屯 4455

2　S $_{神}$+S $_{施}$+AV$_2$+V

仅 1 例，是三期的

飨三 1：27125

3　S $_{神}$+S $_{施}$+V+P+O $_{地}$

仅 1 例，是一期的

飨三 1：27124

4　S $_{神}$+（AV$_2$）+V+O $_{地}$

4.1　S $_{神}$+V+O $_{地}$

仅 1 例，是一期的。

斫一 1：10611

4.2　S $_{神}$+AV$_2$+V+O $_{地}$

仅 1 例，是四期的

祝四 1：32390

5　叀 +O $_{事}$/S $_{事}$/S $_{施}$+V

共 21 例，一期附 1 例，三期 11 例，四期 7 例，五期 1 例，无分期 1 例。

称一附 1：21073/ 舞三 4：28180，27891，31033，31033/ 熹三 2：30693，30693/ 彭三 1：30599/ 奏三 2：30032，30032；四 3：33128，33128，33128/ 祝三 2：27653，屯 3240；四 4：32418，32671，33425，屯 1154；无 1：屯 16/ 𠯑五 1：38729

6　（AV$_1$）+S $_{事}$/S $_{施}$+（AV$_2$）+V

6.1　S $_{事}$/S $_{施}$+V

共 37 例，一期 18 例，一期附 5 例，二期 2 例，三期 8 例，四期 4 例。

畴一 1：13696 正 / 尊一 2：320，340/ 翌一 1：557/ 卯一 1：836/ 侑一 2：6011，2608 正 / 酌一 2：1276，1277； 一附 1：22294/ 告一 4：4488，5818，5818，13505 正； 一附 2：20079，22067； 二 1：22636/ 御一 3：2873，12439 正，12439 正；一附 1：22423；四 3：32042，32043，33029/ 舞一 1：14116； 三 2：28461， 屯 825/ 燎三 3：27160，28180，30171/ 伐一 1：456 正； 四 1：32260/ 宾一附 1：22301/ 岁二 1：25169； 三 2：27306，27306/ 祀三 1：26899

6.2 AV_1+$S_{事}$/$S_{施}$+V

共 7 例，一期 5 例，三期 1 例，五期 1 例。

御一 1：13740/ 攺一 3：1113，1114 正，1114 反 / 酌一 1：672 正 / 燎三 1：28003/ 舌五 1：38729

6.3 $S_{事}$/$S_{施}$+AV_2+V

共 7 例，一期 4 例，三期 2 例，四期 1 例。

御一 2：795 正，7239 正 / 侑一 1：2667 正 / 延一 1：3269/ 陟三 1：28011/ 奏三 1：30131/ 尊四 1：32536

6.4 AV_1+$S_{事}$/$S_{施}$+AV_2+V

共 3 例，都是一期的。

告一 1：5687/ 餗一 1：10111/ 宜一 1：13280 正

7 $S_{施}$+ 叀 +$O_{牲}$+V

仅 1 例，是三期的。

用三 1：27459

8 $S_{施}$+V+P+$O_{神}$/$O_{事}$

仅 1 例，是一期附的。

燎一附 1：英 1864

（二）双宾句及其变式

9 AV_2+V+$O_{神}$+$O_{事}$

仅 1 例，是一期的。

祝一 1：怀 1461

10　$S_{事}/S_{施}+V+O_{神}$

共 4 例，一期 2 例，三期 2 例。

祀一 1：13338 反 / 御一 1：17086/ 祭三 1：27635/ 畤三 1：27875

11　$S_{事}/S_{神}+AV_2+V+O_{神}$

共 2 例，都是三期的。

延三 2：27367，屯 738

12　$(AV_1)+S_{事}/S_{施}+(AV_2)+V+P+O_{神}$

12.1　$S_{事}/S_{施}+V+P+O_{神}$

共 3 例，一期 2 例，四期 1 例。

奏一 1：14379/ 侑一 1：13658 正 / 即四 1：32895

12.2　$S_{事}/S_{施}+AV_2+V+P+O_{神}$

仅 1 例，是一期的。

御一 1：14860

12.3　$AV_1+S_{事}/S_{施}+AV_2+V+P+O_{神}$

共 2 例，都是一期的。

侑一 1：4049 正 / 蒸一 1：14831

13　$(AV_1)+P+O_{事}+V+P+O_{神}$

13.1　$P+O_{事}+V+P+O_{神}$

仅 1 例，是一期附的。

御一附 1：22049

13.2　$AV_1+P+O_{事}+V+P+O_{神}$

仅 1 例，是一期的。

御一 1：13740

14　$P+O_{神}+S_{事}/S_{施}+V$

仅 1 例，是四期的。

告四 1：32273

15　$S_{事}/S_{施}+P+O_{神}+V$

仅 1 例，是一期附的。

祀一附：21113

16　$S_{牲}+S_{事}/S_{施}+V$

仅1例，是一期的。

御一1：2630

17　$S_{施}+V+O_{事}+P+O_{神}$

仅1例，是一期的。

告一1：13852

（三）三宾句及其变式

18　（AV_1）$+S_{事}/S_{施}+V+P+O_{神}+O_{牲}$

18.1　$S_{事}/S_{施}+V+P+O_{神}+O_{牲}$

仅1例，是一期附的。

御一附1：22048

18.2　$AV_1+S_{事}/S_{施}+V+P+O_{神}+O_{牲}$

仅1例，是一期的。

侑一期：4048

19　$V+P+O_{牲}+O_{神}+O_{事}$

仅1例，是四期的。

刚四1：32487

20　$S_{施}+V+O_{神}+O_{事}+O_{牲}$

仅1例，是二期的。

宾二1：23180

21　$S_{事}/S_{施}+P+O_{神}+V+O_{牲}$

仅1例，是一期的。

岀一期：728

22　$S_{牲}+P+O_{神}+V+O_{事}$

仅1例，是一期的。

告一1：6664正

第二部分　双祭祀动词句型索引

一　无宾句及其变式

54 （AV_1）+$S_{施}$+（AV_2）+V_1+V_2

54.1　V_1+V_2

共135例，一期24例，一期附11例，二期32例，三期27例，四期34例，五期7例。

鼜彭一1：14172/協彭一1：英353/奏舞一1：12822/岁蓺一1：15469/寻称一1：16079/肇燎一1：14329正/奠御一1：12439正/攺卯一1：11497正/斫祀一2：9185，9186/福告一2：15840，15841/宾畓一1：4283/祀宾一2：15192，15196/彭彡一1：15713；一附1：21797；三1：30394；四3：32226，34507，34508/彡龠一1：3241正；二2：22855，23241；三：27178/勺伐一1：685正；二1：23351；三2：27000，27005；四2：32252，屯2032/夕福一1：15834正；二1：怀1033；四1：32182/侑伐一2：626，976；四3：32223，屯751，屯2293/彭燎一2：15698，15698；四1：32028/鼜用一1：553；四1：32722/彡酉一附1：21796/御束一附1：22226/鼎用一附1：19962/用延一附1：22274/彭桒一附1：22301/侑岁一附1：22206/宾岁一附1：英1892/燎祀一附2：21110，21110/勺岁一附1：19908；二3：22626，22903，23342；四4：34613，34614，34614，34616/彡福二3：22883，22894，23111/侑蓺二1：22548/蓺福二3：22761，25452，25453/祭叙二1：22838/翌叙二1：22745/宾彭二1：23448/岁叙二5：23205，23336，23350，23354，25171/日叙二1：23351/匄祝二1：24132/告岁二1：24885/夕岁二1：22899/岁攺二1：23372；三1：27328/彡夕二5：22721，22727，22776，22817，23241；五7：35686，35678，35878，35899，35959，35871，37855/宾祭三2：30538，屯4539/福薦三1：30949/侑烄三1：30170/蓺尊三1：屯203/䀠祝三1：30649/祭岁三3：27387，27400，屯95/夕升三1：30922/升岁三

1：30960/ 侑勺三 1：27099/ 酌岁三 1：屯 774/ 酌舌三 1：34523/ 舌鬻三 1：27288/ 戠岁三 1：30744/ 岁酉三 3：屯 173，屯 2294，屯 2294/ 升岁三 1：30960/ 酉祝三 2：30648，30649；四 1：32285/ 即燎四 1：33348/ 燎卯四 1：34212/ 酌餕四 2：34567，34568/ 餗祭四 1：屯 1106/ 酌岁四 2：32648，屯 774/ 酌宜四 2：34520，34520/ 福岁四 1：34606/ 用卯四 1：34594/ 卯伐四 1：屯 887/ 奏酌四 1：34565/ 酌皾四 1：34567/ 用藝四 1：英 2461/ 酌伐四 1：32151/ 酌翌日四 1：34505/ 翌酌四 1：34681

54.2　$AV_2+V_1+V_2$

一类共 262 例，一期 70 例，一期附 4 例，二期 11 例，三期 38 例，四期 136 例，五期 1 例，三期—四期 2 例。

肇用一 1：264 正 / 酌用一 1：18809/ 酌正一 2：2273 正，2273 正 / 酌鼓一 1：15456/ 酌岁一 1：4059 正 / 酌戠一 1：8105 正 / 延涉一 1：19286/ 延戠一 2：15508，15509/ 伐戠一 1：15524/ 饮戠一 2：4025，16172/ 酉斫一 1：2472/ 酉御一 1：30033/ 侑御一 1：9934 反 / 尊鬲一 1：1975/ 侑祊一 3：150 正，556 正，14937/ 侑将一 1：19562/ 酌禘一 1：15703/ 延饮一 1：190 正；二 1：23377；三 1：31118/ 侑伐一 14：418 正，447，902 正，984，985，974 正，974 正，974 正，974 正，974 正，974 反，977，6653 正，6653 正；二 2：22610，22611；三 1：屯 3550；四 2：32236，32238/ 酌肜一 3：451，15710，15714；二 1：24387；三 1：27107；四 4：32023，32023，33692，34475/ 酌 桒 一 5：7455，7479，15267，15692，15693；四 13：33127，33316，33707，34500，34501，34501，34502，屯 1229，屯 2414，屯 2414，屯 2414，屯 4233，屯 4233/ 酌 勺 一 1：5909；四 2：34516，33063/ 酌伐一 6：975 正，997，13450，英 1101，英 1253，英 1253；四 13：32023，32242，32242，32245，32246，32247，32251，32249，32250，32268，33692，屯 2336，屯 2336/ 酌 御 一 2：6035，15696；三 1：27522；四 2：32330，34103/ 宜酌一 1：15291；四 5：32216，32216，32216，32216，32216/ 酌 燎 一 2：536，15700 正；四 6：34510，34511，34511，34512，34514，屯 314/ 酌蒸一 1：11484 正；四 1：34596/ 酌 卯 一 1：14157；四 2：34548，34548/ 奏 舞 一 11：16036，16037，12818，

12819，12819，12819，12820，12827，12828，14755 正，16029； 四 1：33954/ 禘畴一附 1：21174/ 用御一附 1：21885/ 侑岁一附 1：22047；三 1：屯 642；四 12：32134，32544，34082，34267，34268，33343，33370，33967，34248， 屯 441， 屯 697， 屯 1116/ 彭 餿 一 附 1：22445； 四 4：32053，32812，34566，34569/ 爵 用 二 1：24506/ 執 凡 二 1：23650/ 叙 祝 二 1：25353/ 彭奏二 1：23256/ 延彭二 1：23545/ 升 岁： 二 1：23217/ 勺 岁二 1：25986；三 1：27424/ 侑勺三 2：27641，30467/ 宾飨三 1：27456/ 祀 告 三 1：30760/ 祀 祝 三 4：27553，30763，30757，30758/ 告 祭 三 1：27168/ 桒 延 三 2：27613，27613/ 祀 桒 三 1：27370/ 鲎 智 三 2：30677，31127/ 智 執三 1：屯 4490/ 岁用三 1：屯 2356/ 用陟三 1：屯 2219/ 執彭三 2：27052，30746/ 祀御三 1：30759/ 福用三 1：26899/ 祀用三 1：屯 2219/ 遘 翌 三 1：27076/ 彭 侑 三 1：27376/ 彭 畴 三 1：30811/ 彭 餗 三 3：30806，30807，30808； 四 1： 屯 1089/ 奏 餗 三 1： 屯 4301； 四 1： 屯 417/ 宾祭 三 3：27583，30540，30541； 四 1： 屯 948； 三—四 1： 屯 3140/ 寻 桒 四 1：32439/ 福 告 四 4：32915，33193，34505，34605/ 遘 翌 日 四 3：34083，34083，34300/ 遘 肜 四 1：34614/ 鲎 御 四 1： 屯 30746/ 鲎 伐 四 3：32035，32256， 屯 751/ 卯伐四 2：32122，32122/ 勺伐四 1：32252/ 用伐四 1：屯 25/ 延伐四 1：32258/ 宾日四 1：32181/ 戠桒四 1：33706/ 戠夕四 1：33709/ 祭 遘 四 2：34613，34616/ 弘 御 四 1：32892/ 祀 侑 四 1： 屯 1116/ 侑 燎 四 2：34339， 屯 969/ 彭 勺 四 2：33062，34516/ 彭 品 四 8：34524，34524，34525，34526， 屯 3033， 屯 3731， 屯 3731， 屯 3852/ 彭 告 四 2：34498，34499/ 岁 告 四 1：32915/ 延 蒸 四 3：32454，32592，34598/ 蒸 宜 四 1：34596/ 岁祭四 1：33986/ 桒告四 1：英 2460/ 侑酉四 1：34338/ 宜熹四 1：32536/ 侑豊四 1：怀 1586/ 烄凡四 4：32296，32296，32296，32299/ 彭祝 四 1：34504/ 彭舌四 5：34521，34522，屯 213，屯 213，怀 1582/ 桒升四 1：屯 2860/ 延用四 1：34409/ 延鼓四 3：34476，34476，34477/ 鼓肜四 2：34475，34475/ 宾桒三—四 1：屯 305/ 彭幼五 1：英 2605

另一类共 3 例，都是一期的。

彭祊一 2：13557，15690/ 彭餿一 1：15679

54.3　$S_{施}+V_1+V_2$

共314例，一期13例，一期附1例，二期194例，三期14例，四期1例，五期91例。

侑祊一2：14927正，14932/奏祀一1：英1286/宾祀一2：15193正，15194正/宾福一2：15165，15167；二53：22606，24233，24312，24341，24341，24341，24345，24345，24360，24362，24362，25563，25564，25566，25567，25568，25569，25572，25572，25574，25575，25576，25577，25578，25579，25580，25581，25582，25583，25584，25585，25585，25585，25586，25587，25589，25592，25600，25600，25601，25602，25604，25605，25607，25609，25611，25612，25613，25614，25616，25617，25769，英2130；三1：27543/宾日一1：13327；二1：22539；四1：32181/宾岁一1：14369；二28：22551，22625，22722，22906，22967，24247，24266，24266，24272，24879，25111，25114，25115，25116，25117，25118，25119，25120，25121，25122，25125，25126，25148，25312，25543，25583，25853，英2103；五75：38097，38098，38100，38471，38472，38473，38474，38475，38476，38478，38484，38485，38487，38488，38493，38493，38494，38495，38499，38502，38503，38504，38505，38508，38511，38513，38514，38515，38516，38518，38519，38520，38521，38523，38524，38528，38529，38535，38540，38541，38548，38549，38556，38563，38563，38566，38567，38567，38568，38579，38574，38588，38588，38589，38592，38597，38601，38602，38603，38604，38605，38606，38607，38608，38609，38610，38673，38674，38675，39475，怀1713，怀1717，怀1720，怀1722，怀1723/宾𣪊一1：15237；五1：38265/宾咼一3：5202，5203，5203；五1：38269/宾龠二5：24883，25752，25753，25755，25759/宾蒸二1：25765/宾伐二1：23734/宾戠二64：25282，25282，25458，25456，25658，25662，25664，25665，25666，25667，25668，25669，25670，25672，25673，25674，25675，25676，25677，25677，25678，25679，25680，25681，25682，25683，25684，25685，

25687，25690，25691，25692，25693，25694，25695，25696，25700，25701，25702，25703，25704，25705，25706，25707，25709，25710，25711，25713，25714，25716，25722，25727，25729，25730，25732，25733，25736，25737，25738，25739，26591，英 2144，怀 2152，怀 2153；三 2：27042 反，30547/ 宾 蓺 二 1：23241； 三 4：27382，30528，30528，30528/ 宾 祭 二 2：25650，25655； 三 5：27583，30533，30534，30535，30539； 五 1：35736/ 宾 叙 二 35：22815，22830，22899，23032，23033，23106，23187，23193，23193，23327，23351，23483，23488，24247，24247，24252，24272，24275，24305，25244，25244，25245，25246，25246，25248，25257，25258，25259，25265，25269，25281，25283，25284，25311，25325；三 2：30549，30549；五 5：38361，38535，38567，38578，38599/ 宾 鼓 二 1：25238/ 宾 延 二 1：22587/ 宾 丁 二 1：23062/ 桒 彭 五 1：36482/ 宾 薦 五 2：38439，38440/ 宾 叡 五 1：38469/ 宾 升 五 2：35776，38459/ 宾品五 2：38715，38716

54.4　$AV_1+S_{施}+V_1+V_2$

共 2 例，都是一期的。

宾福一 1：15167/ 奏舞一 1：英 1282

54.5　$S_{施}+AV_2+V_1+V_2$

共 13 例，都是一期的。

彭蒸一 5：9520，9522，9522，9523，9524/ 祀宾一 6：6497，6497，6498，6498，15195，15196/ 宾夕一 2：1540，15175 正

二　单宾句及其变式

（一）动词—地点

55　$(AV_1)+(S_{施})+(AV_2)+V_1+V_2+O_{地}$

55.1　$V_1+V_2+O_{地}$

共 3 例，二期 1 例，三期 1 例，四期 1 例。

福告二 1：24942/ 秦侑三 1：27315/ 桒即四 1：34372

55.2　AV_1+$S_{施}$+AV_2+V_1+V_2+$O_{地}$

仅 1 例，是二期的。

彭告二 1：14940

56　（AV_1）+（$S_{施}$）+（AV_2）+V_1+V_2+P+$O_{地}$

56.1　V_1+V_2+P+$O_{地}$

共 2 例，一期 1 例，二期 1 例。

侑祊一 1：557/ 二 1：24943

56.2　AV_2+V_1+V_2+P+$O_{地}$

共 7 例，一期 3 例，二期 1 例，三期 2 例，四期 1 例。

燎禘一 1：14686 反 / 侑伐一 1：英 408/ 岁改一 1：15484/ 福告二 1：英 2082/ 延尊三 1：30373/ 彭奉三 1：30335；四 1：屯 1229

56.3　$S_{施}$+V_1+V_2+P+$O_{地}$

共 2 例，都是一期的。

侑祊一 2：7772 正，7772 正

56.4　$S_{施}$+AV_2+V_1+V_2+P+$O_{地}$

共 2 例，都是二期的。

彭告二 2：24944，25950

56.5　AV_1+$S_{施}$+AV_2+V_1+V_2+P+$O_{地}$

共 2 例，都是五期的。

侑勺五 1：36123/ 宾宜五 1：38178

（二）动词—神祇

57　（$S_{施}$）+（AV_2）+V_1+V_2+$O_{神}$

57.1　V_1+V_2+$O_{神}$

一类共 29 例，一期 10 例，一期附 7 例，三期 5 例，四期 7 例。

盠御一 1：1203 正 / 即燎一 2：1200，1200/ 即宾一 1：12590/ 侑彭一 1：1534 正 / 宾侑一 1：13871/ 侑祊一 1：150 正 / 彭御一 1：屯 4517；一附 1：19838/ 侑岁一 1：7780 反；一附 1：22075；三 1：27384/ 侑伐一 1：964；四 2：32175，屯 751/ 彭奉一附 1：19840/ 用翌一附 1：22065/ 夕侑一附 1：19798/ 奉侑一附 1：19946 正 / 御共一附 1：19933/ 啚延三 2：

27261，27262/ 酘彡三 1：27107/ 勺伐三 1：27008/ 蒸酘四 1：屯 68/ 寻侑四 1：32221/ 鐩遘四 1：屯 488/ 侑勺四 1：32229

一类仅 2 例，一期 1 例，一期附 1 例。

酘御一 1：屯 2671/ 延福一附 1：20503

57.2　$AV_2+V_1+V_2+O_{神}$

一类共 34 例，一期 6 例，一期附 1 例，二期 1 例，三期 14 例，四期 7 例，五期 5 例。

侑晋一 1：英 38/ 即宾一 1：12590/ 酘肇一 1：15517/ 酘伐一 1：957/ 侑福一 1：10613 正 / 燎酘一 1：1601/ 侑岁一附 1：22065；二 1：23480；三 1：27360；四 2：32522，32746/ 舌新三 3：27217，27345，屯 822/ 若冋舌三 1：27200/ 延鬯三 1：27347/ 柰侑三 1：27092/ 祀告三 2：屯 656，屯 656/ 勺岁三 1：27149/ 侑勺三 4：27098，27100，30334，屯 2324；四 2：32223，屯 2340/ 夕告四 1：33043/ 侑祊四 2：32672，屯 182/ 畬祭五 1：35749/ 畬彡日五 1：35891/ 苎祭五 1：35410/ 酘翌五 1：37867/ 彡夕五 1：35422

另一类仅 1 例，是三期的。

弘福三 1：30981

57.3　$S_{施}+V_1+V_2+O_{神}$

仅 1 例，是五期的。

宾柰五 1：35803

58　叀 / 勿唯 $+O_{神}+V_1+V_2$

共 6 例，一期 1 例，三期 5 例。

取 敹 一 1：1591/ 彡 日 畴 三 3：27041，27041， 屯 348/ 祝 用 三 1：27296/ 遘酘三 1：27051

59　（AV_1）$+S_{神}+$（AV_2）$+V_1+V_2$

59.1　$S_{神}+V_1+V_2$

共 10 例，一期 2 例，二期 2 例，三期 4 例，四期 2 例。

侑酘一 1：14886/ 勺岁一 1：1306；三 1：屯 1088/ 彡舌二 1：25091/ 岁酘二 1：23326；四 1：32498/ 舌升三 1：27335/ 岁𦳊三 1：27340/ 升鬯三

1：30348/ 餗祭四 1：屯 1106

59.2　$AV_1+S_{神}+V_1+V_2$

共 6 例，二期 1 例，三期 1 例，四期 4 例。

岁𢼄二 1：22992/ 舌競三 1：屯 594/ 岁酌四 2：32532，32532/ 燎酌四 2：32307，32308

59.3　$S_{神}+AV_2+V_1+V_2$

仅 1 例，是三期的。

𦍒御三 1：屯 324

60　$(AV_1)+(S_{施})+(AV_2)+V_1+V_2+P+O_{神}$

60.1　$V_1+V_2+P+O_{神}$

一类共 88 例，一期 26 例，一期附 8 例，二期 1 例，三期 5 例，四期 48 例。

㴉㕛侑一 1：1785/ 㴉㕛𠦪一 1：1439/ 陟岁一 1：1292/ 侑酉一 1：1777 / 侑酌一 1：1777 福告一 1：13619/ 奏𢆶一 1：14311/ 侑伐一 4：900 正，942，954，970；三 1：27001；四 6：32206，32207，32224，屯 751，屯 751，屯 751/ 肜酌一 2：1184，1185；四 4：32335，32335，32619，屯 2511/ 侑勺一 3：1381，1713，英 38；四 5：32141，32216，2406，32640，34106/ 夕侑一 1：2164/ 四 1：34123/ 侑祊一 9：6，385，892 反，1162，1432，2381，14522，10942，14729 正；四 3：32327，32671，屯 608/ 翌用一附 1：22044/ 侑岁一附 7：22044，22066，22075，22079 甲，22079 乙，22088，22098；三 2：屯 1014，屯 2293；四 12：32131，32411，32462，32519，32520，33329，34123，屯 761，屯 856，屯 2293，屯 4286，屯 4475/ 陟告二 1：22912/ 肜日酌三 1：27044/ 畴祭三 1：27223/ 寻燎四 1：34200/ 寻舌四 1：屯 78/ 褅伐四 1：34050/ 侑燎四 3：32647，32647，32387/ 酌卯四 1：32423/ 燎酌四 2：34176，34188/ 延𠦪四 1：32468/ 戠𠦪四 1：33707/ 酌𠦪四 1：怀 1604/ 酌岁四 1：32463/ 酌伐四 1：32234/ 伐告四 1：屯 2342// 酌各四 1：屯 423/ 酌祊四 1：32365

另一类共 4 例，一期 1 例，五期 3 例。

𥝋𠦪一 1：2920 正 / 酌翌日五 2：37843，37844/ 酌肜日五 1：37836

60.2　$AV_2+V_1+V_2+P+O_{神}$

共106例，一期24例，二期14例，三期25例，四期41例，三—四期2例。

酌肜一1：怀32/酌燬一1：2217/酌御一1：1195/陟用一1：1667/侑告一1：667正/㲋用一1：227/奏兹一1：14311/酌餿一1：2217/延侑一1：672正/侑祊一1：892反；二1：24945；四7：32328，34572，屯665，屯1105，屯1122，英2398，英2398/侑伐一10：248正，248正，902正，952正，943正，944正，954正，946正，946正，952正；四2：屯1104，屯1104/酌伐一2：190正，956；四3：33692，33692，屯2510/侑勺一2：1713，1344正；四3：32397，32397，屯2124/延岁二1：23081/酌劦二5：22650，22651，22652，25940，英1923/延伐二1：22609/哳宾二1：英1998/酌祭二1：24280/酌翌二4：22655，22663，22669，22751/侑岁三22：27172，27331正，27340，27373，27387反，27388，27392，27394，27442，27484，27653，27486，27488，27516，屯260，屯1048，屯1226，屯2354，屯2684，屯2951，屯2951，怀1371；四14：32409，32446，32450，32451，32452，32453，32587，32589，32630，32631，32658，32660，33308，33425；三—四2：屯3776，屯3794/秦宗三2：30329，32742/酌日三1：27315/酌勺四1：32935/侑桒四1：32663/尊甗四2：32125，32694/酌燎四4：33273，33273，屯1062，屯1062/酌舌四1：屯900/酌肜四1：屯2511/取即四1：屯2322/禘伐四1：34050

60.3　$S_{施}+V_1+V_2+P+O_{神}$

共13例，一期1，一期附1，二期4，四期5，五期2。

侑祊一1：6653正/酌御一附1：19809/㲋侑二1：22823/宾奏二1：22625/宾岁二1：22899/宾桒二1：23538/侑岁四3：32133，32517，屯3673/侑御四1：32597/侑伐四1：32225/宾幼五2：35437，35437

60.4　$AV_1+S_{施}+AV_2+V_1+V_2+P+O_{神}$

仅1例，是五期的。

侑勺五1：36168

61 （AV_3）$+P+O_{神}+V_1+V_2$

61.1 $P+O_{神}+V_1+V_2$

共 17 例，一期 5 例，三期 2 例，四期 9 例，无分期 1 例。

侑祊一 2：418 正，1076 甲反 / 彭褅一 1：14345/ 侑伐一 2：902 正，947 正；四 2：32218，屯 1015；无 1：屯 1080/ 寻奉三 1：30430/ 侑勺三 1：屯 1439；四 1：屯 4347/ 侑岁四 6：32113，32517，32517，32628，32629，屯 3673

61.2 $AV_3+P+O_{神}+V_1+V_2$

共 4 例，一期 2 例，三期 1 例，四期 1 例。

侑祊一 1：418 正 / 侑伐一 1：947 正 / 侑延三 1：27437/ 勺岁四 1：32478

（三）动词—人事

62 （AV_2）$+V_1+V_2+O_{事}$

62.1 $V_1+V_2+O_{事}$

共 4 例，一期 1 例，一期附 2 例，四期 1 例。

侑伐一 1：655 甲正 / 彭肜一附 2：21796，21797 福告四 1：32979

62.2 $AV_2+V_1+V_2+O_{事}$

共 2 例，三期 1 例，四期 1 例。

宾叡三 1：30530/ 寻告四 1：33230

（四）动词—祭牲

63 （$S_{施}$）+（AV_2）$+V_1+V_2+$（叀 / 其）$+O_{牲}$

63.1 $V_1+V_2+O_{牲}$

共 47 例，一期 10 例，一期附 5 例，二期 8 例，三期 6 例，四期 18 例。

毖用一 1：246/ 肇丁一 2：15519，15520/ 肜夕一 2：672 正，672 正 / 侑卯一 1：6475 反 / 燎酉一 1：英 1256/ 彭勺一 1：903 正 / 彭燎一 1：1441/ 燎侑一 1：15627；四 1：32117/ 岁用一附 1：22435/ 伐卯一附 1：19798；三 1：26999；四 1：32229/ 侑伐一附 1：22155；四 2：32072，32082/ 侑岁一附 1：22047；四 2：32757，34317/ 侑用一附 1：22099；四 1：34450/

勺伐二 5：22549，22551，22560，22569，23106/ 沈燎二 1：22594/ 勺岁二 2：22847，22847；四 2：34626，屯 2420/ 伐舌三 1：屯 2520/ 曾用三 1：28233；卯曾三 1：30381/ 延燎三 1：30785/ 侑毁三 1：26956/ 福岁四 2：屯 1060，屯 3958/ 餗岁四 1：34574/ 鬯卯四 1：屯 4479/ 宜卯四 1：屯 4178/ 彡宜四 4：32051，32124，32124，英 2466

63.2　$AV_2+V_1+V_2+O_{牲}$

共 15 例，一期 3 例，一期附 1 例，三期 4 例，四期 7 例。

用 凿 一 1：728/ 延 彡 一 1：15514/ 彡 伐 一 1：995/ 用 御 一 附 1：22137/ 彡品三 1：屯 2292/ 卯侑三 1：怀 1380/ 卯侑三 1：怀 1380/ 福岁三 1：30935；四 1：屯 1106/ 夕岁四 2：34355，34433/ 侑岁四 1：34545/ 尊岁四 1：32536/ 岁卯四 1：屯 2615/ 延用四 1：屯 3824

63.3　V_1+V_2+ 叀 / 其 $+O_{牲}$

共 4 例，三期 2 例，四期 2 例。

鬯 卯 三 1：31113/ 夕 岁 三 1：30494/ 伐 卯 四 1：32066/ 勺 岁 四 1：34626

63.4　$S_{施}+V_1+V_2+O_{牲}$

共 13 例，一期 1 例，二期 8 例，五期 4 例。

侑 祊 一 1：14929 正 / 宾 伐 二 1：226606/ 宾 岁 二 7：24247，24279，24308，25096，25100，25267，25303/ 宾 蒸 五 4：38686，38688，38689，38690

64　$S_{牲}+（AV_2）+V_1+V_2$

64.1　$S_{牲}+V_1+V_2$

共 4 例，一期 1 例，一附 1 例，四期 2 例。

鼗用一 1：241/ 御用一附 1：22294/ 勺岁四 1：屯 2215/ 用卯四 1：34594

64.2　$S_{牲}+AV_2+V_1+V_2$

共 3 例，一期 1 例，一期附 1 例，三期 1 例。

鼗用一 1：242/ 御用一附 1：22294；三 1：26953

三　双宾句及其变式

（一）动词—人事—神祇

65 （$S_{施}$）+（AV_2）+V_1+V_2+$O_{事}$+P+$O_{神}$

65.1　V_1+V_2+$O_{事}$+P+$O_{神}$

共 4 例，一期 1 例，二期 1 例，四期 2 例。

燎告一 1：39/ 福告二 1：英 1969/ 寻𡆥四 2：33286，33267

65.2　AV_2+V_1+V_2+$O_{事}$+P+$O_{神}$

仅 1 例，是四期的。

寻𡆥四 1：屯 705

65.3　$S_{施}$+V_1+V_2+$O_{事}$+P+$O_{神}$

仅 1 例，是四期的。

寻告四 1：屯 2564

（二）动词—神祇—祭牲

66 （$S_{施}$）+（AV_2）+V_1+V_2+$O_{神}$+$O_{牲}$

66.1　V_1+V_2+$O_{神}$+$O_{牲}$

共 8 例，一期附 2 例，三期 1 例，四期 4 例，三期—四期 1 例。

祐侑一附 1：22259/ 延勺一附 1：22258/ 蒸甾三 1：27180/ 侑御四 1：32729/ 侑伐四 1：屯 4460/ 勺伐四 1：32086/ 勺御四 1：32729；三—四 1：屯附 5

66.2　AV_2+V_1+V_2+$O_{神}$+$O_{牲}$

一类共 9 例，一期附 1 例，三期 4 例，四期 3 例，三期—四期 1 例。

御用一附 1：22242/ 侑舌三 1：27269/ 侑勺三 3：26908，27043，27184；四 1：32325/ 侑伐四 1：32083/ 侑岁四 1：32494；三—四 1：屯 2668

一类仅 1 例，是四期的。

侑岁四 1：32501

66.3　$S_{施}$+V_1+V_2+$O_{神}$+$O_{牲}$

仅 1 例，是一期的。

侑酌一 1：2406

66.4　$S_{施}+AV_2+V_1+V_2+O_{神}+O_{牲}$

仅 1 例，是三期的。

侑勺三 1：屯 2483

67　$S_{神}+V_1+V_2+O_{牲}$

共 4 例，二期 1 例，三期 2 例，四期 1 例。

升岁二 1：23214/ 舌岁三 1：屯 2315/ 福岁三 1：屯 1011/ 岁卯四 1：屯 2615

68　（$S_{施}$）+（AV_2）$+V_1+V_2+P+O_{神}+O_{牲}$

68.1　$V_1+V_2+P+O_{神}+O_{牲}$

一类共 37 例，一期 11 例，一期附 8 例，二期 1 例，四期 16 例，三期—四期 1 例。

夕侑一 2：1922 正，1926/ 告祊一 1：1947/ 酌祊一 2：356，1971/ 侑岁一 1：屯 2771；一附 7：22074，22075，22078，22092，22092，22093，22098；四 2：屯 51，屯 1083/ 侑祊一 1：1946；二 1：25937/ 侑勺一 4：380，438 正，438 正，1380；四 1：32775/ 侑御一附 1：22099/ 侑燎四 5：32118，32674，33273，33273，屯 1062/ 酌桒四 2：34115，34116/ 侑伐四 3：32050，32083，32119/ 酌燎四 2：32691，32692/ 勺御四 1：32729，三—四 1：屯附 5

一类共 2 例，都是四期的。

侑伐四 1：32114/ 伐卯四 1：屯 1115

68.2　$AV_2+V_1+V_2+P+O_{神}+O_{牲}$

共 36 例，一期 6 例，一期附 1 例，二期 2 例，三期 5 例，四期 21 例，三期—四期 1 例。

蓺侑一 1：2543/ 蓺攺一 1：1965/ 夕侑一 1：2874/ 侑岁一 2：屯 2361，屯 2509； 二 1：22884； 三 5：27164，27372，27440，27582，27615； 四 11：32119，32316，32447，32448，32449，32454，32455，屯 1116，屯 2293，屯 2293，怀 1558；三一四 1：屯 286/ 酌燎一 1：39；四 2：34172，屯 935/ 酌御一附 1：22227/ 侑祊二 1：23064/ 侑伐四 3：32053，32055，屯

4538/ 侑勺四 1：屯 2603/ 侑卯四 1：屯 759/ 告舌四 1：32335/ 告鼓四 1：32418 侑卯四 1：屯 759

68.3　$S_{施}+V_1+V_2+P+O_{神}+O_{牲}$

共 3 例，一期 2 例，一期附 1 例。

侑祊一 2：1115 正，1115 正 / 侑岁一附 1：22078

（三）动词—祭牲—神祇

69　（AV_2）$+V_1+V_2+O_{牲}+P+O_{神}$

69.1　$V_1+V_2+O_{牲}+P+O_{神}$

共 4 例，一期 2 例，一期附 1 例，四期 1 例。

侑勺一 1：974 正 / 彭用一 1：454 反 / 侑岁一附 1：22088/ 侑伐四 1：32072

69.2　$AV_2+V_1+V_2+O_{牲}+P+O_{神}$

共 5 例，一期 1 例，一期附 2 例，四期 2 例。

御斫一 1：屯 2241/ 彭血一附 1：22228/ 彭盟一附 1：22229/ 延蒸四 2：32592，32593

70　$S_{牲}+V_1+V_2+P+O_{神}$

共 4 例，一期 1 例，四期 3 例。

鼖用一 1：102；四 2：32024，屯 2253/ 延岁四 1：屯 631

四　存疑类

（一）单宾句及其变式

23　$V_1+V_2+O_{神}$

共 2 例，都是一期附的。

岁暨一附 2：22560，22560

24　V_1+V_2+ 其 $+P+O_{神}$

共 2 例，都是三期的。

勺岁三 2：27101，27654

25　$S_{施}+$（AV_2）$+V_1+V_2+P+O_{神}$

25.1　$S_{施}+V_1+V_2+P_1+O_{神1}+P_2+O_{神2}$

共3例，二期1例，五期2例。

宾祏二1：22622；五2：35437，35438

25.2　$S_{施}+AV_2+V_1+V_2+P+O_{神}$

仅1例，是四期的。

屮告四1：屯2366

26　$V_1+V_2+N_{时}+P+O_{神}$

仅1例，是四期的。

彰伐四1：32234

27　$(AV_2)+V_1+V_2+O_{事}$

27.1　$V_1+V_2+O_{事}$

仅1例，是四期的。

来告四1：32033

27.2　$AV_2+V_1+V_2+O_{事}$

共4例，都是一期的。

有告一4：9620，9620，9620，9621

28　$AV_2+V_1+V_2+P+O_{事}$

共4例，二期3例，四期1例。

品司二3：23712，23713，23714/延岁四1：34435

29　$S_{事}/S_{施}+(AV_2)+V_1+V_2$

29.1　$S_{事}/S_{施}+V_1+V_2$

共6例，一期5例，一期附1例。

侑祊一3：2607，17397正，17397正/尊餗一1：14125/侑晋一1：14780/凡彰一附1：22294

29.2　$S_{事}/S_{施}+AV_2+V_1+V_2$

共2例，一期1例，三期1例。

侑祝一1：3414/ 敀鼎三1：31116

30　叀$+O_{牲}+V_1+V_2$

仅1例，是三期的。

汱用三1：30715

31　$S_{牲}+S_{施}+AV_2+V_1+V_2$

仅 1 例，是三期的。

㞢蒸三 1：屯 1088。

32　$AV_2+V_1+V_2+P+O_{地}+O_{牲}$

仅 1 例，是四期的。

酌宜四 1：32051

（二）双宾句及其变式

33　$V_1+V_2+O_{牲}+O_{神}$

仅 1 例，是四期的。

盟用四 1：34103

34　$V_1+V_2+O_{牲}+P_1+O_{神1}+P_2+O_{神2}$

仅 1 例，是三期的。

酌品三 1：30286

35　$S_{事}/S_{施}+V_1+V_2+P+O_{神}$

共 2 例，都是一期的。

燎爵一 1：屯 2118/ 岁攺一 1：1073

36　$S_{神}+V_1+V_2+$ 叀 $+O_{牲}$

共 3 例，都是三期的。

福岁三 1：屯 1031 / 夕岁三 2：27453，22249

37　$S_{神}+AV_2+S_{施}+V_1+V_2+O_{牲}$

仅 1 例，是一期的。

祊用一 1：924 正

38　$V_1+V_2+O_{神}+N_{时}+O_{牲}$

共 2 例，都是一期附的。

酌御一附 2：22258，22258

39　$V_1+V_2+P+O_{神}+N_{时}+O_{牲}$

仅 1 例，是一期附的。

侑岁一附 1：22077

40　$V_1+V_2+N_{时}+P+O_{神1}+O_{牲1}+O_{神2}+O_{牲2}$

仅 1 例，是四期的。

酌桒四 1：34120

41　$S_{事}/S_{施}+V_1+V_2+O_{神}+O_{牲}$

共 4 例，都是一期附的。

侑勺一附 4：21552，22248，22249，22249

第三部分　三祭祀动词句型索引

一　无宾句及其变式

71　（$S_{施}$）+（AV_2）$+V_1+V_2+V_3$

71.1　$V_1+V_2+V_3$

共 30 例，一期 4 例，一期附 1 例，二期 5 例，三期 6 例，四期 13 例，无分期 1 例。

嘏伐燎一 1：6477 反 / 鼄侑伐一 1：9946 乙正 / 勺酌伐一 1：991 正 / 取肜叡一 1：1591 酌勺岁一附 1：英 2109；四 2：32743；屯 4318；无 1：屯 11/ 肜龠叡二 4：22762，22789，22882，23112/ 夕岁叡二 1：23189/ 夕福酌三 1：27522/ 鬻尊升三 2：31045，屯 2276/ 遘侑肜日三 1：30980/ 福岁蓺三 2：30745，30933/ 翌日酓日肜日四 1：32714/ 酌翌舌四 2：34283，屯 2716/ 福岁弘四 1：34380/ 侑勺岁四 3：34298 正，34306，屯 1131/ 酌勺岁四 1：屯 582/ 酌肜翌日四 1：34506/ 侑勺伐四 3：屯 751，屯 2510，英 2453

71.2　$AV_2+V_1+V_2+V_3$

共 43 例，一期 13 例，二期 1 例，三期 14 例，四期 15 例。

取肜叡一 2：1590，1591/ 侑勺岁一 1：14939/ 侑酌伐一 1：811 反 / 侑岁福一 1：10613 正 / 鼄侑伐一 1：9946 乙 / 肜畴酌一 1：15454/ 夕宾福一 2：634 正，634 反 / 即宾丁一 1：12590/ 酌肜用一 1：451/ 肇丁用一 1：557/ 酌勺伐一 1：811 反；四 6：32251，32252，32252，32252，32253，屯 313/ 遘侑勺二 1：25940；三 1：27050/ 侑肜日遘三 1：26992/ 熹鼓尊三

1：31017/侑夕岁三 2：30493，屯 628/ 鬳侑勺三 1：屯 3743/ 勺岁祝三 1：30958/ 鼎用祝三 2：屯 2345，屯 2345/ 叡祝用三 1：31009/ 宾侑祭三 1：屯 959/ 侑伐燎三 1：30775/ 将祀鼓三 1：30763/ 彭品豊三 1：屯 2292/ 彭勺岁四 5：32014，32422，32748 反，32818，屯 2215/ 彭奉用四 1：33127/ 酉勺伐四 1：32248/ 侑勺伐四 1：32239/ 遘翌日彭四 1：32671

71.3　$S_{施}+V_1+V_2+V_3$

共 158 例，一期 1 例，二期 148 例，三期 8 例，五期 1 例。

即宾丁一 1：12590/ 宾岁叡二 7：22735，25092，25092，25093，25113，25298，25300/ 宾䂂叡二 2：25236，25240/ 宾龠叡二 2：25749，25750/ 宾戠祭二 1：25712/ 宾執福二 69：22721，23002，23002，23241 正，23241 正，23241 正，23241 正，23241 反，23241 反，23241 反，23732，25373，25374，25375，25376，35277，25378，25379，25380，25381，25382，25383，25384，25385，25386，25388，25389，25392，25393，25394，25395，25396，25397，25398，25399，25400，25401，25402，25403，25404，25405，25406，25408，25409，25411，25414，25415，25416，25418，25421，25423，25425，25428，257429，25431，25432，25433，25437，25438，25439，25440，25450，25488，25516，25539，25680，25680，英 2093，怀 1029；三 3：27042 正，27042 反，30529/ 宾夕福二 67：22630，23197，23671，24307，24341，24345，24362，25377，25385，25394，25458，25460，25462，25463，25464，25465，25466，25467，25476，25477，25479，25480，25481 正，25481 反，25482，25483，25484，25485，25486，25487，25488，25493，25494，25495，25497，25503，25504，25505，25508，25510，25511，25512，25513，25514，25515，25516，25517，25518，25518，25519，25520，25521，25527，25528，25531，25533，25538，25562，25572，26107，英 2122，英 2124，英 2126，英 2127，英 2129，怀 1258，怀 1259；三 3：27042 正，27042 正，30544/ 宾侑攺三 1：30552/ 宾夕戠三 1：30546/ 宾血岁五 1：38633

71.4　$S_{施}+AV_2+V_1+V_2+V_3$

仅 1 例，是三期的。

遘侑勺三 1：27044

二 单宾句及其变式

（一）动词—神祇

72 $S_{施}+（AV_2）+V_1+V_2+V_3+O_{神}$

72.1 $V_1+V_2+V_3+O_{神}$

共 3 例，四期 2 例，无分期 1 例。

侑勺岁四 1：32410/ 酌勺岁四 1：32751，无 1：屯 4101

72.2 $AV_2+V_1+V_2+V_3+O_{神}$

共 13 例，一期 7 例，二期 1 例，三期 3 例，四期 1 例，五期 1 例。

侑勺岁一 7：1343，1574 反，1575，2009，2566，英 112 反，英 1196；二 1：22558；三 1：26999；四 1：32323/ 夕侑岁三 1：屯 2996/ 侑勺伐三 1：26994/ 芒酌祭五 1：35411

72.3 $S_{施}+V_1+V_2+V_3+O_{神}$

仅 1 例，是一期的。

侑勺岁一 1：1894

72.4 $S_{施}+AV_2+V_1+V_2+V_3+O_{神}$

仅 1 例，是三期的。

遘有勺三 1：27046

73 叀 $+O_{神}+V_1+V_2+V_3$

共 2 例，都是四期的。

㱿福岁四 1：34606/ 侑勺岁四 1：34088

74 $（S_{施}）+（AV_2）+V_1+V_2+V_3+P+O_{神}$

74.1 $V_1+V_2+V_3+P+O_{神}$

共 27 例，一期 5 例，一期附 1 例，二期 1 例，三期 2 例，四期 18 例。

福夕告一 1：6672/ 翌酌肜一 1：2097/ 侑勺伐一 3：320，326，955；四 9：32103，32211，32212，32213，32219，32896，屯 441，屯 532，屯 750/ 侑勺岁一附 1：22046；三 2：27150，27153；四 7：32508，32596，34302，屯 488，屯 856，屯 996，屯 1131/ 翌酌祊二 1：英 2174/ 餗侑勺四

1：屯 313/ 彭勺岁四 1：32361

74.2　$AV_2+V_1+V_2+V_3+P+O_{神}$

一类共 16 例，一期 4 例，二期 1 例，三期 3 例，四期 8 例。

彭伐勺一 1：960/ 夕彭祊一 1：1594/ 侑勺岁一 2：1158，15865；二 1：23002；三 2：27076，27097 四 1：32454/ 侑夕岁三 1：30359/ 鱻侑岁四 1：屯 1116/ 彭勺岁四 4：32014，32421，32651，屯 2603/ 侑勺伐四 2：32210，32228

一类共 3 例，都是四期的。

侑勺岁四 3：34045，34046，34047

一类仅 1 例，是四期的。

侑勺岁四 1：屯 2420

74.3　$S_{施}+V_1+V_2+V_3+P+O_{神}$

共 3 例，都是四期的。

侑勺伐四 3：32064，32089，屯 611

74.4　$S_{施}+AV_2+V_1+V_2+V_3+P+O_{神}$

共 2 例，一期 1 例，四期 1 例。

侑祊彭一 1：14732/ 侑勺伐四 1：屯 611

75　$P+O_{神}+V_1+V_2+V_3$

共 4 例，都是四期的。

鱻侑伐四 2：32214，32215/ 侑勺岁四 2：32454，32455

（二）动词—祭牲

76　（AV_2）$+V_1+V_2+V_3+$（叀）$+O_{牲}$

76.1　$V_1+V_2+V_3+O_{牲}$

共 6 例，一期附 1 例，二期 1 例，四期 4 例。

侑勺岁一附 1：22065；四 1：34301/ 侑蓺岁二 1：22548/ 福夕岁四 1：屯 2391/ 彭宜伐四 1：英 2466/ 夕福酉四 1：32182

76.2　$AV_2+V_1+V_2+V_3+O_{牲}$

共 5 例，一期 1 例，二期 1 例，三期 2 例，四期 1 例。

彭御尝一 1：6035/ 遘勺岁二 1：22556/ 侑夕岁三 2：30490，30491/ 彭勺岁四 1：屯 2308

76.3　$V_1+V_2+V_3+$ 叀 $+O_{牲}$

仅 1 例，是三期的。

岁延彭三 1：30727

76.4　$AV_2+V_1+V_2+V_3+$ 叀 $+O_{牲}$

共 2 例，都是三期的。

侑夕岁三 2：30492，屯 704

三　双宾句及其变式

（一）动词—神祇—祭牲

77　$V_1+V_2+V_3+O_{神}+O_{牲}$

共 2 例，一期 1 例，四期 1 例。

侑伐卯一 1：14315 正 / 彭勺伐四 1：屯 739

78　（$S_{施}$）+（AV_2）$+V_1+V_2+V_3+P+O_{神}+O_{牲}$

78.1　$V_1+V_2+V_3+P+O_{神}+O_{牲}$

一类共 15 例，都是四期的。

侑勺伐四 5：32090，32097，屯 595，屯 1091，屯 1091/ 侑勺岁四 10：32506，32509，32510，33273，34165，34303，屯 595，屯 1062，屯 3673，怀 1555

一类共 2 例，都是四期的。

彭勺伐四 1：32099/ 侑勺岁四 1：34104。

78.2　$AV_2+V_1+V_2+V_3+P+O_{神}+O_{牲}$

一类共 16 例，一期 2 例，二期 4 例，四期 9 例，三期—四期 1 例。

尊鼓告一 1：1291/ 侑勺岁一 1：313；二 1：22904；四 6：32322，32324，32512，32513，32670，屯 1111；三—四 1：屯 993/ 鼓肜告二 1：22749/ 侑勺伐二 2：22567，22605/ 彭勺岁四 3：32360，32422，32480

一类仅 1 例，是一期的。

侑勺伐一 1：怀 31

78.3　$S_{施}+V_1+V_2+V_3+P+O_{神}+O_{牲}$

共 7 例，都是四期的。

侑勺岁四 7：32057，32113，32113，32113，32114，32511，32669

（二）动词—祭牲—神祇

79　$V_1+V_2+V_3+O_{牲}+O_{神}$

仅 1 例，是三期的。

酌勺岁三 1：屯 4318

80　$AV_2+V_1+V_2+V_3+O_{牲}+P+O_{神}$

仅 1 例，是四期的。

侑勺伐四 1：34047

四　存疑类

（一）单宾句及其变式

42　$S_{神}+V_1+V_2+V_3$

共 2 例，都是三期的。

侑夕岁三 1：27448/ 夕岁弘三 1：屯 173

43　（$S_{施}$）+（AV_2）$+V_1+V_2+V_3+P+O_{神}$

43.1　$V_1+V_2+V_3+P+O_{神}$

仅 1 例，是一期的。

告既侑一 1：1205

43.2　$AV_2+V_1+V_2+V_3+P+O_{神}$

共 2 例，都是二期的。

酌彤祏二 2：22646，22657

43.3　$S_{施}+V_1+V_2+V_3+P+O_{神}$

仅 1 例，是二期的。

宾翌祏二 1：22621

44　$AV_2+V_1+V_2+V_3+P+O_{地}+P+O_{神}$

仅 1 例，是四期的。

侑勺岁四 1：34046

（二）双宾句及其变式

45　$AV_2+V_1+V_2+ V_3+O_{神}+O_{牲}$

仅 1 例，是三期的。

侑岁暨三 1：27615

46　$AV_2+V_1+V_2+V_3+[O_{神}+O_{牲}]n$

仅 1 例，是四期的。

酌𢀛品四 1：32384

47　$S_{神}+V_1+V_2+V_3+O_{牲}$

仅 1 例，是四期的。

福夕岁四 1：32448

48　$V_1+V_2+V_3+O_{神}+N_{时}+O_{牲}$

仅 1 例，是四期的。

侑勺岁四 1：32507

49　$V_1+V_2+V_3+P+O_{神}+N_{时}+O_{牲}$

仅 1 例，是四期的。

酌勺岁四 1：屯 2953

50　$V_1+V_2+V_3+N_{时}+P+O_{神}+O_{牲}$

仅 1 例，是四期的。

酌勺伐四 1：屯 739

（三）四祭祀动词句

51　$V_1+V_2+V_3+V_4$

共 2 例，都是四期的。

尊餗侑伐四 1：32235/ 延桒福岁四 1：34381

52　（AV_2）$+V_1+V_2+V_3+V_4++O_{神}$

52.1　$V_1+V_2+V_3+V_4+O_{神}$

共 2 例，一期 1 例，四期 1 例。

畴侑勺岁一 1：1654/ 侑勺伐享四 1：32227

52.2　$AV_2+V_1+V_2+V_3+V_4+O_{神}$

共 2 例，一期 1 例，三期 1 例。

酌勺岁斫一 1：15695 正 / 侑勺岁御三 1：27321

53　$S_{神}+V_1+V_2+V_3+V_4$

共 2 例，都是三期的。

舌侑夕岁三 2：27280，27452

54 （AV_2）$+V_1+V_2+V_3+V_4+P+O_{神}$

54.1 $V_1+V_2+V_3+V_4+P+O_{神}$

共 2 例，二期 1 例，四期 1 例。

鼖侑肜岁二 1：23429/ 遘酌宜伐四 1：32216

54.2 $AV_2+V_1+V_2+V_3+V_4+P+O_{神}$

仅 1 例，是二期的。

侑鼖勹岁二 1：英 1924

第四部分　祭祀动词兼语句索引

81 （S）+（AV_1）$+V_1+$（OS）$+V_2$

81.1 V_1+OS+V_2

共 3 例，都是一期的。

侑一 1：2606 正 / 酌一 2：15767，15768 正

81.2 $AV_1+V_1+OS+V_2$

仅 1 例，是一期的。

舞一 1：16013

81.3 $S+V_1+V_2$

仅 1 例，是四期的。

桒四 1：32805

81.4 $S+AV_1+V_1+V_2$

仅 1 例，是一期的。

酌一 1：5046 正

81.5 V_1+V_2

共 8 例，一期 7 例，三期 1 例。

酌一 1：2944/ 祭一 1：12869 乙正 / 舞一 5：12831 正，12831 正，16004 反，英 996，英 996/ 肜三 1：31232

81.6　$AV_1+V_1+V_2$

共 3 例，一期 1 例，三期 2 例。

宜一 1：英 1275 正 / 祝三 1：27796/ 舞三 1：30029

82　叀 $+OS+V_1+V_2$

共 2 例，都是三期的。

舞三 2：30028，30028

83　（S）+（AV_1）$+V_1+$（OS）$+V_2+$（P）$+O_{地}$

83.1　$V_1+OS+V_2+P+O_{地}$

仅 1 例，是一期的。

奏一 1：13517

83.2　$AV_1+V_1+OS+V_2+P+O_{地}$

共 2 例，都是一期的。

奏一 1：13517/ 宜一 1：8035

83.3　$S+AV_1+V_1+OS+V_2+O_{地}$

仅 1 例，是三期的。

舞三 1：28180

83.4　$V_1+V_2+P+O_{地}$

仅 1 例，是一期的。

舞一 1：13624 正

83.5　$AV_1+V_1+V_2+P+O_{地}$

仅 1 例，是一期的。

舞一 1：13624 正

84　（AV_1）$+V_1+$（OS）$+V_2+$（P）$+O_{神}$

84.1　$V_1+OS+V_2+O_{神}$

共 5 例，都是一期的。

彭一 2：14469 反，英 794/ 爵一 1：914 反 / 御一 2：924 正，924 正

84.2　$AV_1+V_1+OS+V_2+O_{神}$

仅 1 例，是一期的。

祝一 1：924 正

84.3 $AV_1+V_1+V_2+O_{神}$

共2例，都是一期的。

酌一1：1443，14590

84.4 $V_1+OS+V_2+P+O_{神}$

共5例，都是一期的。

福一1：3171甲正/祀一1：14551/侑一2：2972，2973/燎一1：14453

84.5 $AV_1+V_1+OS+V_2+P+O_{神}$

共4例，都是一期的。

禘一1：10976正/侑一3：1977正，3111，3112正

85 叀$+OS+V_1+V_2+O_{神}$

仅1例，是一期的。

侑一1：4047反

86 （AV_1）$+V_1+OS+V_2+O_{事}$

86.1 $V_1+OS+V_2+O_{事}$

仅1例，是一期的。

御一1：376正

86.2 $AV_1+V_1+OS+V_2+O_{事}$

仅1例，是一期的。

御一1：376正

87 $V_1+OS+V_2+O_{牲}$

共3例，都是一期的。

祝一1：672正/用一1：1051正/戠一1：6572

88 （AV_1）$+V_1+OS+V_2+P+O_{神}+O_{牲}$

88.1 $V_1+OS+V_2+P+O_{神}+O_{牲}$

共6例，都是一期的。

戠一1：6572/侑一3：924正，924正，3190/峀一1：924正/酌一1：672正

88.2 $AV_1+V_1+OS+V_2+P+O_{神}+O_{牲}$

共6例，都是一期的。

燎一 2：1051 正，1051 正 / 侑一 4：130 正，924 正，2975 正，14375

89　V_1+OS+V_2+$O_{牲}$+P+$O_{神}$

仅 1 例，是一期的。

侑一 1：94 正

90　V_1+OS+P+$O_{神}$+V_2+$O_{牲}$+V_3+$O_{牲}$

仅 1 例，是一期的。

沈哲一 1：5522 正

91　（AV_1）+V_1+（OS）+（AV_2）+V_2+V_3

91.1　AV_1+V_1+OS+AV_2+V_2+V_3

仅 1 例，是一期的。

御燎一 1：177

91.2　AV_1+V_1+V_2+V_3

仅 1 例，是一期的。

御燎一 1：14527

92　（AV_1）+V_1+（OS）+（AV_2）+V_2+V_3+（P）+$O_{神}$

92.1　AV_1+V_1+OS+V_2+V_3+P+$O_{神}$

共 2 例，都是一期的。

酌伐一 1：969/ 酌燎一 1：4058

92.2　V_1+OS+AV_2+V_2+V_3+P+$O_{神}$

共 2 例，都是一期的。

御燎一 2：177，4055 正

92.3　V_1+V_2+V_3+$O_{神}$

仅 1 例，是一期的。

祊御一 1：376 反

另有两种句型存疑：

55　（AV_1）+V_1+OS+V_2+$O_{牲}$/$O_{神}$+P+$O_{事}$

共 2 例，是一期的。

酌一 2：3061 正、3061 正。

56　$S+V_1+OS_1+V_2+OS_2+（AV_2）+V_3+（P）+O_{地}$

共 4 例，是四期的。

萛四 4：屯 4366，32107，32832，32833

附录二　甲骨文祭祀动词句型五期分布表格

附表 1　甲骨文祭祀动词句型在五期的分布情况

句型	第一期	一期附	第二期	第三期	第四期	第五期	合计
1（AV_1）+（$S_{施}$）+（AV_2）+V	509	88	239	482	390	189	1897
1.1 V	130	37	151	87	79	155	639
1.2 AV_2+V	323	47	73	370	302	31	1146
1.3 $S_{施}$+V	22	2	3	9	1	3	40
1.4 AV_1+$S_{施}$+V	2	1		1			4
1.5 叀+$S_{施}$+V	4		5	2	3		14
1.6 $S_{施}$+AV_2+V	24	1	7	11	5		48
1.7 AV_1+$S_{施}$+V				2			2
1.8 叀/勿唯+$S_{施}$+AV_2+V	4						4
2（AV_1）+（$S_{施}$）+（AV_2）+V+$O_{地}$	1		2	5	6		14
2.1 V+$O_{地}$	1			1	1		3
2.2 AV_2+V+$O_{地}$			1	4	5		10
2.3 AV_1+$S_{施}$+AV_2+V+$O_{地}$			1				1
3（AV_1）+（$S_{施}$）+（AV_2）+V+P+$O_{地}$	40	1	7	21	17	1	87
3.1 V+P+$O_{地}$	28	1	2	10	6	1	48
3.2 AV_2+V+P+$O_{地}$	8		5	10	10		33
3.3 $S_{施}$+V+P+$O_{地}$	2			1			3
3.4 $S_{施}$+AV_2+V+P+$O_{地}$	2						2

续表

句型	第一期	一期附	第二期	第三期	第四期	第五期	合计
3.5 AV_1+$S_{施}$+AV_2+V+P+$O_{地}$					1		1
4（AV_1）+（$S_{施}$）+（AV_2）+V+$O_{神}$	203	78	24	105	90	123	623
4.1 V+$O_{神}$	111	62	5	41	44	42	305
4.2 AV_2+V+$O_{神}$	87	15	9	52	44	79	286
4.3 $S_{施}$+V+$O_{神}$	2	1	9	6	1	2	21
4.4 $S_{施}$+AV_2+V+$O_{神}$	3			6	1		10
4.5 AV_1+$S_{施}$+AV_2+V+$O_{神}$			1				1
5 叀/勿唯 +$O_{神}$+（AV_2）+V	4	1	2	23	13		43
5.1 叀/勿唯 +$O_{神}$+V	2	1	2	15	5		25
5.2 叀/勿唯 +$O_{神}$+AV_2+V	2			8	8		18
6（AV_1）+$S_{神}$+（AV_2）+V	17	18	49	78	46	49	257
6.1 $S_{神}$+V	12	10	36	66	43	49	216
6.2 AV_1+$S_{神}$+V	3	4	10	9	1		27
6.3 $S_{神}$+AV_2+V	2	4	1	3	2		12
6.4 AV_1+$S_{神}$+AV_2+V			2				2
7（AV_1）+（$S_{施}$）+（AV_2）+V+P+$O_{神}$	478	17	85	58	129		767
7.1 V+P+$O_{神}$	304	14	11	18	64		411
7.2 AV_2+V+P+$O_{神}$	166	3	72	40	62		343
7.3 $S_{施}$+V+P+$O_{神}$	4						4
7.4 AV_1+$S_{施}$+V+P+$O_{神}$			1				1
7.5 $S_{施}$+AV_2+V+P+$O_{神}$	4		1		2		7
7.6 AV_1+$S_{施}$+AV_2+V+P+$O_{神}$					1		1
8（$S_{施}$）+（AV_3）+P+$O_{神}$+（AV_2）+V	111	7	8	33	42		201
8.1 P+$O_{神}$+V	74	7	7	27	41		156
8.2 AV_3+P+$O_{神}$+V	37			4			41
8.3 P+$O_{神}$+AV_2+V			1	2			3
8.4 $S_{施}$+P+$O_{神}$+V					1		1

续表

句型	第一期	一期附	第二期	第三期	第四期	第五期	合计
9（$S_{施}$）+（AV_2）+V+$O_{神}$+P+$O_{地}$			1	2	2		5
9.1 V+$O_{神}$+P+$O_{地}$					2		2
9.2 AV_2+V+$O_{神}$+P+$O_{地}$			1	1			2
9.3 $S_{施}$+AV_2+V+$O_{神}$+P+$O_{地}$				1			1
10（AV_1）+（$S_{施}$）+（AV_2）+V+$O_{事}$	89	34	10	27	41		201
10.1 V+$O_{事}$	55	27	1	6	14		103
10.2 AV_2+V+$O_{事}$	30	7	9	20	23		89
10.3 $S_{施}$+V+$O_{事}$	3			1			4
10.4 AV_1+$S_{施}$+V+$O_{事}$	1						1
10.5 $S_{施}$+AV_2+V+$O_{事}$					4		4
11（AV_2）+V+P+$O_{事}$	4	1	2				7
11.1 V+P+$O_{事}$	2	1	1				4
11.2 AV_2+V+P+$O_{事}$	2		1				3
12（$S_{施}$）+（AV_2）+V+（叀/其）+$O_{牲}$	380	32	71	106	262	12	863
12.1 V+$O_{牲}$	342	24	61	49	212	11	699
12.2 AV_2+V+$O_{牲}$	34	7	8	41	34	1	125
12.3 V+叀/其+$O_{牲}$	3	1	1	13	12		30
12.4 AV_2+V+叀/其+$O_{牲}$			1	1			2
12.5 $S_{施}$+V+$O_{牲}$	1				1		2
12.6 $S_{施}$+AV_2+V+$O_{牲}$				2	3		5
13 叀/勿唯+$O_{牲}$+V	13	6	1	25	2	4	51
14（AV_1）+$S_{牲}$+（AV_2）+V	15	7	1	8	7		38
14.1 $S_{牲}$+V	4	6		4	2		16
14.2 AV_1+$S_{牲}$+V	2	1		1			4
14.3 $S_{牲}$+AV_2+V	9		1	3	5		18

续表

句型	第一期	一期附	第二期	第三期	第四期	第五期	合计
15（AV_2）+V+P+O牲	4						4
15.1 V+P+O牲	2						2
15.2 AV_2+V+P+O牲	2						2
16（AV_2）+V+O牲+P+O地	5			4	2		11
16.1 V+O牲+P+O地	4			1	1		6
16.2 AV_2+V+O牲+P+O地	1			3	1		5
17 AV_2+V+P+O地+O牲	9						9
18（AV_2）+V+O事+O神	7	7		2	1		17
18.1 V+O事+O神	6	7			1		14
18.2 AV_2+V+O事+O神	1			2			3
19 S事+AV_2+V+O神	1						1
20（S施）+（AV_2）+V+O事+P+O神	89	6	3	6	25		129
20.1 V+O事+P+O神	74	5	2		8		89
20.2 AV_2+V+O事+P+O神	14	1		5	17		37
20.3 S施+AV_2+V+O事+P+O神	1		1	1			3
21 叀+O事+V+P+O神					1		1
22 S事+（AV_2）+V+P+O神	6					1	7
22.1 S事+V+P+O神	5					1	6
22.2 S事+AV_2+V+P+O神	1						1
23（AV_1）+S事+P+O神+V	3						3
23.1 S事+P+O神+V	2						2
23.2 AV_1+S事+P+O神+V	1						1
24（AV_1）+S神+（AV_2）+V+O事	12	1		1	1		15
24.1 S神+V+O事	3	1		1	1		6
24.2 AV_1+O神+V+O事	5						5

续表

句型	第一期	一期附	第二期	第三期	第四期	第五期	合计
24.3 $S_{神}+AV_2+V+O_{事}$	4						4
25 $V+P+O_{神}+O_{事}$	1			1	1		3
26（$S_{施}$）+（AV_3）$+P+O_{神}+V+O_{事}$	37	7		2	11		57
26.1 $P+O_{神}+V+O_{事}$	32	5		2	9		48
26.2 $AV_3+P+O_{神}+V+O_{事}$	5				2		7
26.3 $S_{施}+P+O_{神}+V+O_{事}$		2					2
27（$S_{施}$）+（AV_2）$+V+O_{神}+O_{牲}$	58	49	3	12	26		148
27.1 $V+O_{神}+O_{牲}$	43	43		2	16		104
27.2 $AV_2+V+O_{神}+O_{牲}$	14	6	3	9	10		42
27.3 $S_{施}+V+O_{神}+O_{牲}$	1						1
27.4 $S_{施}+AV_2+V+O_{神}+O_{牲}$				1			1
28（AV_1）$+S_{神}$+（AV_2）$+V+O_{牲}$	2	7	32	22	40		103
28.1 $S_{神}+V+O_{牲}$	2	7	23	19	40		91
28.2 $AV_1+S_{神}+V+O_{牲}$			5				5
28.3 $S_{神}+AV_2+V+O_{牲}$				3			3
28.4 $AV_1+S_{神}+AV_2+V+O_{牲}$			4				4
29 $S_{神}$+叀$+O_{牲}+V$	1						1
30 $S_{神}+S_{牲}+V+P+O_{地}$				1			1
31（AV_2）$+V+P+O_{神}+O_{牲}$	148	8	11	15	29		211
31.1 $V+P+O_{神}+O_{牲}$	108	7	2	3	14		134
31.2 $AV_2+V+P+O_{神}+O_{牲}$	40	1	9	12	15		77
32（AV_3）$+P+O_{神}+V+O_{牲}$	4	4			7		15
32.1 $P+O_{神}+V+O_{牲}$	3	4			7		14
32.2 $AV_3+P+O_{神}+V+O_{牲}$	1						1
33（AV_2）$+V+O_{牲}+O_{神}$	9	16		2	5		32

续表

句型	第一期	一期附	第二期	第三期	第四期	第五期	合计
33.1 $V+O_{牲}+O_{神}$	2	14			4		20
33.2 $AV_2+V+O_{牲}+O_{神}$	7	2		2	1		12
34 叀 $+O_{牲}+V+O_{神}$	2	1					3
35 $S_{牲}$+（AV_2）$+V+O_{神}$	1	2		2	3		8
35.1 $S_{牲}+V+O_{神}$	1	2			3		6
35.2 $S_{牲}+AV_2+V+O_{神}$				2			2
36（其）$+S_{牲}+S_{神}+V$	1	2			1		4
36.1 $S_{牲}+S_{神}+V$	1	2					3
36.2 其 $+S_{牲}+S_{神}+V$					1		1
37（$S_{施}$）+（AV_2）$+V+O_{牲}+P+O_{神}$	33	8	4	5	20		70
37.1 $V+O_{牲}+P+O_{神}$	15	7		1	11		34
37.2 $AV_2+V+O_{牲}+P+O_{神}$	18	1	4	4	6		33
37.3 $S_{施}+V+O_{牲}+P+O_{神}$					1		1
37.4 $S_{施}+AV_2+V+O_{牲}+P+O_{神}$					2		2
38 叀 $+O_{牲}+V+P+O_{神}$	1			1			2
39 $S_{牲}$+（AV_2）$+V+P+O_{神}$	3	1		1	10		15
39.1 $S_{牲}+V+P+O_{神}$	3	1					4
39.2 $S_{牲}+AV_2+V+P+O_{神}$				1	10		11
40（AV_2）$+V+O_{牲}+O_{神}$+ 数词 / 数量词	3	1		2			6
40.1 $V+O_{牲}+O_{神}$+ 数词	1	1					2
40.2 $AV_2+V+O_{牲}+O_{神}$+ 数词 / 数量词	2			2			4
41 $V+O_{牲}+P+O_{神}$+ 数词	2						2
42 $AV_2+V+O_{牲}+O_{神}+P+O_{地}$				1			1
43（AV_2）$+V+O_{事}+O_{牲}$	1	1			5		7
43.1 $V+O_{事}+O_{牲}$	1	1					2

续表

句型	第一期	一期附	第二期	第三期	第四期	第五期	合计
43.2 AV_2+V+O 事 +O 牲					5		5
44 V+O 牲 +O 事	1						1
45（AV_2）+V+O 事 +O 神 +O 牲	5	2		3	3		13
45.1 V+O 事 +O 神 +O 牲	3	2			3		8
45.2 AV_2+V+O 事 +O 神 +O 牲	2			3			5
46 S 牲 +V+O 事 +O 神		2					2
47（AV_2）+V+O 事 +P+O 神 +O 牲	7	3	1		12		23
47.1 V+O 事 +P+O 神 +O 牲	7	3	1		5		16
47.2 AV_2+V+O 事 +P+O 神 +O 牲					7		7
48 V+O 事 +O 牲 +P+O 神	2						2
49 V+P+O 神 +O 事 +O 牲	2						2
50 V+P+O 神 +O 牲 +O 事	1						1
51 叀 +O 牲 +V+O 事 +P+O 神		1					1
52 P+O 神 +V+O 事 +O 牲		2			1		3
53 P+O 事 +V+O 神 +O 牲		3					3
54（AV_1）+S 施 +（AV_2）+V_1+V_2	125	16	237	79	173	99	729
54.1 V_1+V_2	24	11	32	27	34	7	135
54.2 AV_2+V_1+V_2	73	4	11	38	138	1	265
54.3 S 施 +V_1+V_2	13	1	194	14	1	91	314
54.4 AV_1+S 施 +V_1+V_2	2						2
54.5 S 施 +AV_2+V_1+V_2	13						13
55（AV_1）+（S 施）+（AV_2）+V_1+V_2+O 地			2	1	1		4
55.1 V_1+V_2+O 地			1	1	1		3
55.2 AV_1+S 施 +AV_2+V_1+V_2+O 地			1				1
56（AV_1）+（S 施）+（AV_2）+V_1+V_2+P+O 地	6		4	2	1	2	15

续表

句型	第一期	一期附	第二期	第三期	第四期	第五期	合计
56.1 V_1+V_2+P+O 地	1		1				2
56.2 AV_2+V_1+V_2+P+O 地	3		1	2	1		7
56.3 S 施+V_1+V_2+P+O 地	2						2
56.4 S 施+AV_2+V_1+V_2+P+O 地			2				2
56.5 AV_1+S 施+AV_2+V_1+V_2+P+O 地						2	2
57（S 施）+（AV_2）+V_1+V_2+O 神	17	9	1	20	14	6	67
57.1 V_1+V_2+O 神	11	8		5	7		31
57.2 AV_2+V_1+V_2+O 神	6	1	1	15	7	5	35
57.3 S 施+V_1+V_2+O 神						1	1
58 叀 / 勿唯 +O 神+V_1+V_2	1			5			6
59（AV_1）+S 神+（AV_2）+V_1+V_2	2		3	6	6		17
59.1 S 神+V_1+V_2	2		2	4	2		10
59.2 AV_1+S 神+V_1+V_2			1	1	4		6
59.3 S 神+AV_2+V_1+V_2				1			1
60（AV_1）+（S 施）+（AV_2）+V_1+V_2++P+O 神	51	9	19	31	96	6	212
60.1 V_1+V_2+P+O 神	27	8	1	5	48	3	92
60.2 AV_2+V_1+V_2+P+O 神	24		14	25	43		106
60.3 S 施+V_1+V_2+P+O 神	1	1	4		5	2	13
60.4 AV_1+S 施+AV_2+V_1+V_2+P+O 神						1	1
61（AV_3）+P+O 神+V_1+V_2	7			3	11		21
61.1 P+O 神+V_1+V_2	5			2	10		17
61.2 AV_3+P+O 神+V_1+V_2	2			1	1		4
62（AV_2）+V_1+V_2+O 事	1	2		1	2		6
62.1 V_1+V_2+O 事	1	2			1		4
62.2 AV_2+V_1+V_2+O 事				1	1		2

续表

句型	第一期	一期附	第二期	第三期	第四期	第五期	合计
63（$S_{施}$）+（AV_2）+V_1+V_2+（叀/其）+$O_{牲}$	14	6	16	12	27	4	79
63.1 V_1+V_2+$O_{牲}$	10	5	8	6	18		47
63.2 AV_2+V_1+V_2+$O_{牲}$	3	1		4	7		15
63.3 V_1+V_2+叀/其+$O_{牲}$				2	2		4
63.4 $S_{施}$+V_1+V_2+$O_{牲}$	1		8			4	13
64 $S_{牲}$+（AV_2）+V_1+V_2	2	2		1	2		7
64.1 $S_{牲}$+V_1+V_2	1	1			2		4
64.2 $S_{牲}$+AV_2+V_1+V_2	1	1		1			3
65（$S_{施}$）+（AV_2）+V_1+V_2+$O_{事}$+P+$O_{神}$	1		1		4		6
65.1 V_1+V_2+$O_{事}$+P+$O_{神}$	1		1		2		4
65.2 AV_2+V_1+V_2+$O_{事}$+P+$O_{神}$					1		1
65.3 $S_{施}$+V_1+V_2+$O_{事}$+P+$O_{神}$					1		1
66（$S_{施}$）+（AV_2）+V+V_2+$O_{神}$+$O_{牲}$	1	3		6	10		20
66.1 V_1+V_2+$O_{神}$+$O_{牲}$		2		1	5		8
66.2 AV_2+V_1+V_2+$O_{神}$+$O_{牲}$		1		4	5		10
66.3 $S_{施}$+V_1+V_2+$O_{神}$+$O_{牲}$	1						1
66.4 $S_{施}$+AV_2+V_1+V_2+$O_{神}$+$O_{牲}$				1			1
67 $S_{神}$+V_1+V_2+$O_{牲}$			1	2	1		4
68（$S_{施}$）+（AV_2）+V_1+V_2+P+$O_{神}$+$O_{牲}$	19	10	3	5	41		78
68.1 V_1+V_2+P+$O_{神}$+$O_{牲}$	11	8	1		19		39
68.2 AV_2+V_1+V_2+P+$O_{神}$+$O_{牲}$	6	1	2	5	22		36
68.3 $S_{施}$+V_1+V_2+P+$O_{神}$+$O_{牲}$	2	1					3
69（AV_2）+V_1+V_2+$O_{牲}$+P+$O_{神}$	3	3			3		9
69.1 V_1+V_2+$O_{牲}$+P+$O_{神}$	2	1			1		4
69.2 AV_2+V_1+V_2+$O_{牲}$+P+$O_{神}$	1	2			2		5

续表

句型	第一期	一期附	第二期	第三期	第四期	第五期	合计
70 $S_{牲}+V_1+V_2+P+O_{神}$	1				3		4
71（$S_{施}$）+（AV_2）$+V_1+V_2+V_3$	18	1	154	29	29	1	232
71.1 $V_1+V_2+V_3$	4	1	5	6	14		30
71.2 $AV_2+V_1+V_2+V_3$	13		1	14	15		43
71.3 $S_{施}+V_1+V_2+V_3$	1		148	8		1	158
71.4 $S_{施}+AV_2+V_1+V_2+V_3$				1			1
72（$S_{施}$）+（AV_2）$+V_1+V_2+V_3++O_{神}$	8		1	4	4	1	18
72.1 $V_1+V_2+V_3+O_{神}$					3		3
72.2 $AV_2+V_1+V_2+V_3+O_{神}$	7		1	3	1	1	13
72.3 $S_{施}+V_1+V_2+V_3+O_{神}$	1						1
72.4 $S_{施}+AV_2+V_1+V_2+V_3+O_{神}$				1			1
73 叀 $+O_{神}+V_1+V_2+V_3$					2		2
74（$S_{施}$）+（AV_2）$+V_1+V_2+V_3+P+O_{神}$	10	1	2	5	34		52
74.1 $V_1+V_2+V_3+P+O_{神}$	5	1	1	2	18		27
74.2 $AV_2+V_1+V_2+V_3+P+O_{神}$	4		1	3	12		20
74.3 $S_{施}+V_1+V_2+V_3+P+O_{神}$					3		3
74.4 $S_{施}+AV_2+V_1+V_2+V_3+P+O_{神}$	1				1		2
75 $P+O_{神}+V_1+V_2+V_3$					4		4
76（AV_2）$+V_1+V_2+V_3+$（叀）$+O_{牲}$	1	1	2	5	5		14
76.1 $V_1+V_2+V_3+O_{牲}$		1	1		4		6
76.2 $AV_2+V_1+V_2+V_3+O_{牲}$	1		1	2	1		5
76.3 $V_1+V_2+V_3+$ 叀 $+O_{牲}$				1			1
76.4 $AV_2+V_1+V_2+V_3+$ 叀 $+O_{牲}$				2			2
77 $V_1+V_2+V_3+O_{神}+O_{牲}$	1				1		2
78（$S_{施}$）+（AV_2）$+V_1+V_2+V_3+P+O_{神}+O_{牲}$	3		4		34		41

续表

句型	第一期	一期附	第二期	第三期	第四期	第五期	合计
78.1 $V_1+V_2+V_3+P+O_{神}+O_{牲}$					17		17
78.2 $AV_2+V_1+V_2+V_3+P+O_{神}+O_{牲}$	3		4		10		17
78.3 $S_{施}+V_1+V_2+V_3+P+O_{神}+O_{牲}$					7		7
79 $V_1+V_2+V_3+O_{牲}+O_{神}$				1			1
80 $AV_2+V_1+V_2+V_3+O_{牲}+P+O_{神}$					1		1
81（S）+（AV_1）+V_1+（OS）+V_2	13			3	1		17
81.1 V_1+OS+V_2	3						3
81.2 $AV_1+V_1+OS+V_2$	1						1
81.3 $S+V_1+V_2$					1		1
81.4 $S+AV_1+V_1+V_2$	1						1
81.5 V_1+V_2	7			1			8
81.6 $AV_1+V_1+V_2$	1			2			3
82 叀 +OS+V_1+V_2				2			2
83（S）+（AV_1）+V_1+（OS）+V_2+（P）+$O_{地}$	5			1			6
83.1 $V_1+OS+V_2+P+O_{地}$	1						1
83.2 $AV_1+V_1+OS+V_2+P+O_{地}$	2						2
83.3 $S+AV+V_1+OS+V_2+O_{地}$				1			1
83.4 $V_1+V_2+P+O_{地}$	1						1
83.5 $AV_1+V_1+V_2+P+O_{地}$	1						1
84（AV_1）+V_1+（OS）+V_2+（P）+$O_{神}$	17						17
84.1 $V_1+OS+V_2+O_{神}$	5						5
84.2 $AV_1+V_1+OS+V_2+O_{神}$	1						1
84.3 $AV_1+V_1+V_2+O_{神}$	2						2
84.4 $V_1+OS+V_2+P+O_{神}$	5						5
84.5 $AV_1+V_1+OS+V_2+P+O_{神}$	4						4

续表

句型	第一期	一期附	第二期	第三期	第四期	第五期	合计
85 叀 +OS+V_1+V_2+O 神	1						1
86（AV_1）+V_1+OS+V_2+O 事	2						2
86.1 V_1+OS+V_2+O 事	1						1
86.2 AV_1+V_1+OS+V_2+O 事	1						1
87 V_1+OS+V_2+O 牲	3						3
88（AV_1）+V_1+OS+V_2+P+O 神 +O 牲	12						12
88.1 V_1+OS+V_2+P+O 神 +O 牲	6						6
88.2 AV_1+V_1+OS+V_2+P+O 神 +O 牲	6						6
89 V_1+OS+V_2+O 牲 +P+O 神	1						1
90 V_1+OS+P+O 神 +V_2+O 牲 +V_3+O 牲	1						1
91（AV_1）+V_1+（OS）+（AV_2）+V_2+V_3	2						2
91.1 AV_1+V_1+OS+AV_2+V_2+V_3	1						1
91.2 AV_1+V_1+V_2+V_3	1						1
92（AV_1）+V_1+（OS）+（AV_2）+V_2+V_3+（P）+O 神	5						5
92.1 AV_1+V_1+OS+V_2+V_3+P+O 神	2						2
92.2 V_1+OS+AV_2+V_2+V_3+P+O 神	2						2
92.3 V_1+V_2+V_3+O 神	1						1
合计(例)	2680	487	1006	1286	1760	498	7717
比例（%）	34.7	6.3	13	16.7	22.8	6.5	100
卜辞各期片数分布比例（%）	54.5	7.4	3.9	13.5	9.3	11.4	100

以上附表 1 第四期中包含有第三期至第四期卜辞 30 例，无分期卜辞 11 例，具体情况见附表 2。附表 2 中第一行的数字代表句型序号，第二行和第三行的数字代表卜辞出现的次数。

附表 2　甲骨文祭祀动词句型中属于第三期—第四期及无分期的分布情况

句型序号	1.1	1.2	1.4	2.2	3.2	4.2	5.1	6.1	7.1	7.2	12.1	12.2	27.1
第三期—第四期	1	1		1	2	1	1	3	1	1	4	1	
无分期	2	1	1					1					1

句型序号	28.1	31.1	31.2	54.2	60.2	61.2	66.1	66.2	68.1	68.2	71.1	72.1	78.2
第三期—第四期	4			2	2		1	1	1	1			1
无分期		1	1			1					1	1	

附录三 《村中南》单祭祀动词双宾句和三宾句

中国社会科学院考古研究所安阳队 1986 年与 1989 年在小屯村进行发掘，获刻辞甲骨 305 片（缀合后为 291 片）。2002 年与 2004 年又于小屯村南进行发掘，共获刻辞甲骨 233 片（缀合后为 207 片）。经刘一曼、岳占伟整理与研究，2012 年云南人民出版社出版了《殷墟小屯村中村南甲骨》。[①] 自此书出版以来，刘一曼、蒋玉斌、李爱辉、刘影、莫伯峰、赵鹏等共缀合了 16 组卜辞。《村中南》甲骨完整的卜骨较少，多小且残损。但该批甲骨组类多，包括了午组、师组、宾组、无名组、历组、黄组等卜辞，其历史年代横跨整个殷商时期。

本附录在李真、徐艳利的基础上，[②] 参照《村中南》《殷墟小屯村中村南甲骨刻辞类纂》，[③] 对《村中南》中的单祭祀动词双宾句和三宾句进行分类描写，以备参考。

一 双宾句及其变式

（一）动词—人事—神祇

1 （AV_2）+V +$O_{事}$+$O_{神}$

句型 1 仅 2 例，祭祀动词为桒、御。

---

① 中国社会科学院考古研究所编著《殷墟小屯村中村南甲骨》，云南人民出版社，2012。

② 李真:《〈殷墟小屯村中村南甲骨〉词汇、句型研究》，硕士学位论文，西南师范大学，2014；徐艳利:《〈殷墟小屯村中村南甲骨〉整理及文字研究》，硕士学位论文，西南师范大学，2014。

③ 李霜洁:《殷墟小屯村中村南甲骨刻辞类纂》，中华书局，2017。

1.1　V + $O_{事}$ + $O_{神}$

（1）桒禾甲大。村中南 355-1（甲大：即大甲。）

1.2　AV_{2}+V +$O_{事}$ +$O_{神}$

（2）癸亥卜：弜御受兮、河、岳。村中南 451-2（兮、河、岳：神祇名。）

2　（$S_{施}$）+（AV_{2}）+V+$O_{事}$ +P +$O_{神}$

句型 2 共 14 例，祭祀动词为御、桒、宁。

2.1　V+$O_{事}$ +P +$O_{神}$

（3）癸丑贞：桒禾于河，燎三宰，沉三，宜牢。村中南 058-4

（4）癸丑贞：桒禾于高，燎五牛。村中南 058-5

（5）己亥贞：桒禾于河，受禾。村中南 456-2

（6）乙丑卜：桒妊生于龙。村中南 478-7

（7）丁未卜：御石于祖乙，力，十月。村中南 457-2

（8）乙卯卜：御妇妊于妣口。村中南 327+361-2

（9）丙申卜：御倖于母戊。村中南 357-1

（10）丙申卜：御倖于妣辛。村中南 357-3

2.2　AV_{2}+V+$O_{事}$ +P +$O_{神}$

（11）丁巳贞：其宁伋于四方，其三犬？ 363-1（四方：指四方之神。）

（12）丁酉卜：其桒雨于十小山，叀豚三。村中南 169-2

（13）戊戌：桒禾于岳。村中南 461-5

（14）戊戌：桒禾于夒。村中南 461-6

2.3　$S_{施}$ +AV_{2}+V+$O_{事}$ +P +$O_{神}$

（15）癸丑贞：寻桒禾于河。村中南 058-2（寻：人名。）

（16）癸丑贞：寻桒禾于高。村中南 058-3

（二）动词—神祇—人事

3　V + 于 +$O_{神}$ +$O_{事}$

句型 3 仅 1 例，祭祀动词为告。

（17）辛卯卜：告于丁方。村中南 245-3（丁：神祇名。）

4　（AV_{2}）+ 于 +$O_{神}$ +V +$O_{事}$

句型 4 共 5 例，祭祀动词为桒、御。

4.1　于 +$O_{神}$+V +$O_{事}$

（18）于河桒雨，桒三宰，沉五牛。村中南 213-2

（19）丁未卜：于兄己御石，力。村中南 457-1（力：嘉。）

（20）戊申卜：于祖庚御石，力。村中南 457-3

4.2　AV_2+ 于 +$O_{神}$+V +$O_{事}$

（21）丁未卜：又于岳桒禾。村中南 326-1

（22）庚戌卜：又于岳桒禾。村中南 326-3

（三）动词—神祇—祭牲

5　（AV_2）+V+ $O_{神}$+$O_{牲}$

句型 5 共 12 例，祭祀动词为侑、燎、酚、御。

5.1　V+ $O_{神}$+$O_{牲}$

（23）己未卜扶：侑子己豕。村中南缀 316+353

（24）侑南庚牢。318-3

（25）丁亥卜：侑大乙五牢，庚寅。村中南 341-4

（26）丙申卜贞：侑祖丁五牢，用。丁酉。村中南 341-5

（27）贞：侑祖丁三牢。村中南 341-6

（28）丙辰贞：侑大丁五牢，用。丁巳。村中南 341-7

（29）己未卜：侑大庚二牢不。村中南 341-8

（30）庚寅卜贞：侑祖辛五牢，用。辛卯。村中南 342-4

（31）庚戌 [卜]：燎东牛三。村中南 355-5

（32）燎岳羊豕。村中南 451-10

5.2　AV_2+V+ $O_{神}$+$O_{牲}$

（33）甲子卜扶：夕酚鲁甲宰。村中南缀 316+353-3（鲁甲：神祇名。）

5.3　$S_{施}$+V+ $O_{神}$+$O_{牲}$

（34）己卜：口亚御司己艮、牢。村中南 507-2（口亚：施祭者。司己：神祇名。艮：人牲。）

6　$S_{神}$+V+ $O_{牲}$

句型 6 共 6 例，祭祀动词为岁、燎、帝、沉。

（35）丙寅贞：父丁岁一牢，不用。村中南 046-1

（36）岳燎三牛。村中南 172-2

（37）河燎五牛。村中南 461-2

（38）乙 [酉]：河沉五牛。村中南 461-4

（39）庚戌卜：巫帝一羊一犬。村中南 326-4

（40）巫帝犬、三豕。村中南 451-5

7 V+P+O 神 +O 牲

句型 7 共 5 例，祭祀动词为步、侑、御、卯、倲。

（41）庚申卜：束目，步于祖庚牢。村中南 308-1

（42）丁巳卜：侑于父己羊十。村中南 447-2

（43）丙寅卜：御于石甲㲋。村中南 462-1

（44）壬戌卜，在㠯，卯于妣乙牢不，用。村中南 478-1

（45）倲于父戊羊。村中南 483-2

8 P+O 神 +V+ O 牲

句型 8 仅 1 例，祭祀动词为帝。

（46）于巫帝犬、三豕。村中南 451-5

（四）动词—祭牲—神祇

9 （AV_2）+V+O 牲 +O 神

句型 9 共 4 例，祭祀动词为示、燎、用。

9.1 V+O 牲 +O 神

（47）己巳卜：示牛父庚，旧司…。村中南 460-1

（48）壬午卜：燎㽙上戊示。村中南 462-3

（49）辛丑卜：用犬子更、父口。村中南附录 1.1.2（子更、父口：神祇名。）

9.2 AV_2+V+O 牲 +O 神

（50）壬午卜：叀今日燎㽙上戊，用。村中南 462-2

10 （AV_2）+V+O 牲 + 于 +O 神

句型 10 共 4 例，祭祀动词为岁、御、祼。

10.1　V+O$_{\text{牲}}$+ 于 +O$_{\text{神}}$

（51）壬寅卜：岁彘于妣癸，用㞋。村中南 294-1

（52）癸亥卜在子：御㞋于母乙，臣于祖庚，卯羊二豼二。村中南 478-4（㞋：人牲。）

10.2　AV$_2$+V+O$_{\text{牲}}$+ 于 +O$_{\text{神}}$

（53）壬午卜：其祼秋于上甲，卯牛。村中南 259-2

（54）叀甲辰岁豕于石囗。村中南缀 459+366

二　三宾句及其变式

12　V+O$_{\text{事}}$+O$_{\text{神}}$+O$_{\text{牲}}$

句型 12 仅 2 例，祭祀动词为御。

（55）甲申卜：御雀父乙一牛？用。村中南 341-2

（56）甲申卜：御雀父乙一牛？用。村中南 355-2

13　V+O$_{\text{事}}$+ 于 +O$_{\text{神}}$+O$_{\text{牲}}$

句型 13 仅 1 例，祭祀动词为御。

（57）乙卯卜：御子匿于父丙羊？村中南 337+389（子匿：人名；）

14　V+O$_{\text{事}}$+O$_{\text{牲}}$+ 于 +O$_{\text{神}}$

句型 14 仅 1 例，祭祀动词为御。

（58）甲子卜：御量彔于父戊？村中南 496-1（量：人名；彔：祭牲。）

以下两条卜辞暂时存疑：

1　AV$_2$+V+ O$_{\text{神}}$+O$_{\text{牲}}$

（59）丙戌卜：又彳大丁五牢。村中南 342-3（又：或释为祭祀动词“侑”。）

2　S$_{\text{施}}$+V+P+O$_{\text{神}}$+O$_{\text{牲}}$

（60）丁酉卜：河御于祖戊牛，福[illegible]于大。村中南 453-2（河：卜辞中一般指河神。此条卜辞中是否为施祭者不能确定。）

综上可知，《村中南》中单祭祀动词双宾句及其变式共出现 54 例，其中“（AV$_2$）+V+ O$_{\text{神}}$+O$_{\text{牲}}$”式双宾语句数量最多，其次常见的是

“(AV_2) +V+O$_{牲}$+O$_{神}$” 式双宾语句。未出现 “动词－人事－祭牲” “动词－祭牲－人事” 两种类型的双宾句及其变式，“动词－神祇－人事” 式仅见双宾句的变式而未出现双宾语句。三宾句及其变式仅 4 例，仅见 “V+O$_{事}$+O$_{神}$+O$_{牲}$” 一种类型的三宾语句。

参考文献

一 专著类

〔日〕岛邦男:《殷墟卜辞研究》，日本弘前大学，1958；又温天河、李寿林中译本，台湾鼎文书局，1975。

白于蓝:《〈殷墟甲骨刻辞摹释总集〉校订》，福建人民出版社，2004。

蔡哲茂编著《甲骨缀合汇编（图版篇）》，花木兰文化出版社，2011。

曹锦炎、沈建华:《甲骨文校释总集》，上海辞书出版社，2006。

曹锦炎、沈建华:《甲骨文字形表》，上海辞书出版社，2008。

常玉芝:《商代周祭制度》，中国社会科学出版社，1987。

陈昌来:《现代汉语句子》，华东师范大学出版社，2000。

陈建民:《现代汉语句型论》，语文出版社，1986。

陈梦家:《殷虚卜辞综述》，中华书局，1988。

陈年福:《甲骨文动词词汇研究》，巴蜀书社，2001。

陈年福:《甲骨文词义论稿》，上海古籍出版社，2007。

陈年福:《殷墟甲骨文摹释全编》，线装书局，2010。

崔恒昇编著《简明甲骨文词典》，安徽教育出版社，1992。

高明:《中国古文字学通论》，文物出版社，1987。

管燮初:《殷虚甲骨刻辞的语法研究》，中国科学院，1953。

郭沫若主编《甲骨文合集》（全13册），中华书局，1978—1982。

胡光炜:《甲骨文例》，国立中山大学语言历史学研究所考古学丛书，余永梁手写石印本，1928。

胡厚宣主编《甲骨文合集释文》，中国社会科学出版社，1999。

黄天树:《殷墟王卜辞的分类与断代》，科学出版社，2007。
黄天树:《甲骨拼合集》，学苑出版社，2010。
黄天树:《甲骨拼合续集》，学苑出版社，2011。
黄天树:《甲骨拼合三集》，学苑出版社，2013。
黄天树:《甲骨拼合四集》，学苑出版社，2016。
黄天树:《甲骨拼合五集》，学苑出版社，2019。
李临定:《句型与动词》，语文出版社，1987。
李临定:《现代汉语句型》，商务印书馆，1986。
李霜洁:《殷墟小屯村中村南甲骨刻辞类纂》，中华书局，2017。
李学勤、彭裕商:《殷墟甲骨分期研究》，上海古籍出版社，1996。
李学勤、齐文心、艾兰主编《英国所藏甲骨集》，中华书局，1992。
李子云:《汉语句法规则》，安徽教育出版社，1996。
刘风华:《殷墟村南系列甲骨卜辞的整理与研究》，上海古籍出版社，2014。
刘翔、陈抗、陈初生、董琨编著《商周古文字读本》，语文出版社，1989。
刘兴隆:《新编甲骨文字典》，国际文化出版公司，1993。
刘一曼、曹定云:《殷墟花园庄东地甲骨》，云南人民出版社，2002。
刘钊:《新甲骨文编》，福建人民出版社，2009。
梅广:《上古汉语语法刚要》，三民书局，2015。
彭炯、谢济、马季凡:《甲骨文合集补编》(全七册)，语文出版社，1999。
齐航福、章秀霞编著《殷墟花园庄东地甲骨刻辞类纂》，线装书局，2011。
齐航福:《殷墟甲骨文宾语语序研究》，中西书局，2015。
上海博物馆:《上海博物馆藏甲骨文字》(上下)，上海辞书出版社，2009。
邵敬敏:《汉语语法的立体研究》，商务印书馆，2000。
沈培:《殷墟甲骨卜辞语序研究》，台北文津出版社，1992。

时兵:《上古汉语双及物结构研究》，安徽大学出版社，2007。
宋镇豪:《夏商社会生活史》，中国社会科学出版社，1994。
吴浩坤、潘悠:《中国甲骨学史》，上海人民出版社，1985。
徐中舒主编《甲骨文字典》，四川辞书出版社，1989。
杨逢彬:《殷墟甲骨刻辞词类研究》，花城出版社，2003。
杨郁彦:《甲骨文合集分组分类总表》，艺文印书馆，2005。
姚孝遂主编、肖丁副主编《殷墟甲骨刻辞摹释总集》，中华书局，1988。
姚孝遂主编、肖丁副主编《殷墟甲骨刻辞类纂》，中华书局，1989。
姚萱:《殷墟花园庄东地甲骨卜辞的初步研究》，线装书局，2006。
于省吾:《甲骨文字释林》，中华书局，1993。
于省吾主编《甲骨文字诂林》，中华书局，1996。
喻遂生:《甲金语言文字研究论集》，巴蜀书社，2002。
詹鄞鑫:《神灵与祭祀——中国传统宗教综论》，江苏古籍出版社，1992。
张玉金:《甲骨文虚词词典》，中华书局，1994。
张玉金:《甲骨文语法学》，学林出版社，2001。
赵诚:《甲骨文简明词典——卜辞分类读本》，中华书局，1988。
赵诚:《甲骨文与商代文化》，辽宁人民出版社，2000。
赵诚主编《甲骨文简明字典》，中华书局，1988。
郑继娥:《甲骨文祭祀卜辞语言研究》，巴蜀书社，2007。
中国社会科学院考古研究所编著《小屯南地甲骨》，中华书局（全5册），1980—1983。
中国社会科学院考古研究所编著《殷墟花园庄东地甲骨》，云南人民出版社，2003；又（修订本）（6卷本），云南人民出版社，2016。
中国社会科学院考古研究所编著《殷墟小屯村中村南甲骨》，云南人民出版社，2012。
周法高:《中国古代语法·造句编》，台北“中央研究院”历史语言研究所，1961原刊，光华版。
朱德熙:《语法答问》，商务印书馆，1985。

朱德熙:《语法讲义》，商务印书馆，1982。
朱歧祥:《殷墟卜辞句法论稿——对贞卜辞句型变异研究》，台湾学生书局，1991。

二 论文类

〔韩〕孙睿彻:《从甲骨卜辞来研究殷商的祭祀》，硕士学位论文，台湾大学研究生院，1980。

〔加拿大〕许进雄:《殷卜辞中五种祭祀的研究》，台湾大学文学院文史丛刊之二十六，国立台湾大学出版社，1968。

〔瑞典〕马悦然:《关于古代汉语表达情态的几种方式》,《中国语文》1982 年 2 期。

〔苏〕刘克甫:《论殷墟卜辞文法词位研究法》,《中原文物》1990 年第 3 期。

〔苏〕刘克甫:《殷墟卜辞语句的形式结构与资讯结构》，载《中央研究院历史语言研究所集刊》之六十七本第四分册，“中央研究院”历史语言研究所，1996。

曹定云:《三论殷墟花东 H3 卜辞中占卜主体“子”》,《殷都学刊》2009 年第 1 期。

曹定云:《殷墟卜辞“𡆥”乃“敦”字初文考》，载《纪念殷墟甲骨文发现一百周年国际学术研讨会论文集》，社会科学文献出版社，2003。

常玉芝:《卜辞“大示”所指再议》，载《甲骨文与殷商史》新辑，线装书局，2008。

常玉芝:《说文武帝——兼略述商末祭祀制度的变化》，载《古文字研究》第四辑，中华书局，1980。

晁福林:《论殷代神权》,《中国社会科学》1990 年第 1 期。

陈初生;《论上古汉语动词多对象语的表示法》,《中国语文》1991 年第 2 期。

陈剑:《说花园庄东地甲骨卜辞的“丁”——附：释“速”》,《故宫博物院院刊》2004 年第 4 期。

陈练文:《殷墟甲骨卜辞句法研究》，博士学位论文，武汉大学，2008。
陈梦家:《古文字中之商周祭祀》,《燕京学报》1936年第19期。
陈年福:《卜辞“御”字句型试析》,《古汉语研究》1996年第2期。
陈年福:《甲骨文词义研究》，博士学位论文，郑州大学，2004。
陈顺成、魏德胜:《甲骨卜辞句型研究综述》,《汉语史研究集刊》第七辑，2009。
陈炜湛:《论殷墟卜辞命辞的性质》，载《语苑新论——纪念张世禄先生学术论文集》，上海教育出版社，1994。
陈炜湛:《卜辞文法三题》，载《古文字研究》第四辑，中华书局，1980。
陈昭容:《关于“甲骨文被动式”研究的检讨》，甲骨文发现一百周年学术研讨会论文，台湾，1998。
邓统湘:《〈殷墟花园庄东地甲骨〉句型研究》，硕士学位论文，西南师范大学，2006。
邓统湘:《〈殷墟花园庄东地甲骨〉祭祀动词双宾语和三宾语句型研究》,《南昌航空大学学报》(社会科学版)2011年第1期。
董莲池、高云海:《甲骨文使动、为动用法举例》,《古汉语研究》1991年第3期。
董莲池:《甲骨文中的“于”字被动式探索》,《古籍整理研究学刊》1998年第4期、第5期。
董作宾:《甲骨文断代研究例》，中央研究院历史语言研究所专刊之五十附册，“中央研究院”历史语言研究所，1970。
董作宾:《为书道全集详论卜辞之区分》,《大陆杂志》1957年第14卷第9期；又载《中国现代学术经典·董作宾卷》，河北教育出版社，1996。
董作宾:《殷历谱》，中央研究院历史语言研究所专刊之二十三，“中央研究院”历史语言研究所，1945。
范毓周:《甲骨文研究的历史、现状与未来展望》,《史学月刊》1999年第1期。

冯丽萍:《论商代祭祀》，硕士学位论文，北京师范大学，1993；后收录于邹晓丽等著《甲骨学文字述要》，岳麓书社，1999。

甘露:《甲骨文中的双重否定句》,《古汉语研究》2001 年第 2 期。

葛英会:《卜辞衣祀与与周礼禘祫之祭》，载《文化的馈赠——汉学研究国际会议论文集·考古卷》，北京大学出版社，2000。

葛英会:《附论祊祭卜辞》，载《夏商周文明研究》，中国文联出版社，1999。

葛英会:《论卜辞祔祭》,《殷都学刊》2001 年第 1 期。

管燮初:《殷虚甲骨刻辞中的双宾语问题》,《中国语文》1986 年第 2 期。

郭青萍、郭胜强:《卜辞句法结构研究刍议》,《殷都学刊》1986 年第 3 期。

郭新和:《卜辞中的“告”》,《殷都学刊》1999 年第 2 期。

郭旭东:《商代“雩”祭的考察》，载《甲骨学研究第二辑·纪念甲骨文发现九十周年》,《安阳甲骨学研究》编辑部，1989。

何定生:《汉以前的文法研究》,《国立中山大学语言历史研究所周刊》1928 年第 3 集 31-33 期。

侯镜昶:《论甲骨刻辞语法研究的方向——评〈殷墟甲骨刻辞的语法研究〉》，载《中华文史论丛增刊·语言文字研究专辑》(上)，上海古籍出版社，1982。

胡厚宣:《殷卜辞中的上帝和王帝》,《历史研究》1959 年第 9 期、第 10 期。

胡厚宣:《中国奴隶社会的人殉和人祭(下)》,《文物》1974 年第 8 期。

黄德宽:《甲骨文“(S)叀 OV”句式探踪》,《语言研究》1988 年第 1 期。

黄劲伟:《甲骨文三宾语句的句法推导》,《外文研究》2013 年第 3 期。

贾燕子:《甲骨文句法研究综述》,《北方论丛》2002 年第 5 期。

贾燕子:《甲骨文祭祀动词句型研究》，硕士学位论文，西南师范大学，2003。

贾燕子:《甲骨文祭祀动词句法语义研究》,《殷都学刊》2004 年第 4 期。

贾燕子:《甲骨文单祭祀动词句型定量研究》,《漳州师范学院学报》2006 年第 3 期。

贾燕子:《甲骨文单祭祀动词句型断代研究——单祭祀动词句结构分布与

甲骨文分期的关系》,《怀化学院学报》2006 年第 9 期。
贾燕子:《甲骨文多祭祀动词句定量研究》,《周口师范学院学报》2006 年第 6 期。
贾燕子:《甲骨文多祭祀动词句型断代研究》,《乐山师范学院学报》2008 年第 10 期。
贾燕子:《甲骨文祭祀动词的三宾语句和双宾语句》,《乐山师范学院学报》2009 年第 10 期。
贾燕子:《甲骨文祭祀动词兼语句研究》,《唐山学院学报》2009 年第 4 期。
姜宝昌:《殷虚甲骨刻辞句法研究》,《殷都学刊》1990 年第 3 期。
蒋玉斌:《殷墟子卜辞的整理与研究》,博士学位论文,吉林大学,2006。
焦智勤:《卜辞燎祭的演变》,《殷都学刊》2001 年第 1 期。
李立新:《甲骨文中所见祭名研究》,博士学位论文,中国社会科学院研究生院,2003。
李林林:《甲骨文祭祀动词专题研究》,硕士学位论文,西南大学,2012。
李曦:《古汉语中最早的使动意动用法》,载《徐中舒先生九十寿辰纪念文集》,巴蜀书社,1990。
李曦:《殷墟卜辞语法》,博士学位论文,四川大学,1988。
李曦:《"惠""唯"辨》,中国古文字学会第六届年会论文,1986。
李曦:《殷虚卜辞复句初探》,中国古文字学会成立十周年研讨会论文,1988。
李学勤:《关于师组卜辞的一些问题》,载《古文字研究》第三辑,中华书局,1980。
李真:《〈殷墟小屯村中村南甲骨〉词汇、句型研究》,硕士学位论文,西南师范大学,2014。
连劭名:《甲骨刻辞中的福祭》,载《第二届国际中国古文字学研讨会论文集续编》,香港中文大学,1995。
连劭名:《甲骨刻辞中的血祭》,载《古文字研究》第十六辑,中华书局,

1989。
梁银峰:《甲骨文语言研究两篇》，硕士学位论文，西南师范大学，1998。
刘风华:《殷墟村南系列甲骨卜辞的整理与研究》，博士学位论文，郑州大学，2007。
刘海琴:《殷墟甲骨祭祀卜辞中“伐”之词性考》，博士学位论文，华东师范大学，2006。
刘桓:《试释勺祭与“某某祊其牢”》,《殷都学刊》2001 年第 1 期。
刘青:《甲骨文句型研究》，硕士学位论文，西南师范大学，1996。
刘青:《甲骨文句型的转换和衍生》,《殷都学刊》2001 年第 1 期。
刘青:《甲骨文中的主谓宾句和主宾谓句》,《西南师范大学学报》1998 年第 2 期。
刘源:《商代祭祖礼研究》，博士学位论文，南开大学，2001。
龙正海:《也谈甲骨卜辞中的三宾句》,《语文知识》2011 年第 4 期。
卢岩、葛英会:《关于殷墟卜辞的肜祭》,《故宫博物院院刊》2000 年第 2 期。
吕叔湘:《〈现代汉语句型〉序》，商务印书馆，1986。
孟蓬生:《上古汉语的大名冠小名语序》,《中国语文》1993 年 4 期。
逄方慧:《甲骨文非祭祀动词句型研究》，硕士学位论文，西南师范大学，2013。
彭明瀚:《卜辞“作祭”考》,《殷都学刊》1990 年第 2 期。
彭明瀚:《卜辞取祭考》,《殷都学刊》1995 年第 2 期。
齐航福:《花东卜辞中的宾语前置句试析》,《河北师范大学学报》2008 年第 5 期。
齐航福:《花东卜辞中所见非祭祀动词双宾语研究》,《北方论丛》2009 年第 5 期。
齐航福:《花东卜辞中的祭祀动词双宾语句试析》,《古汉语研究》2010 年第 1 期。
齐航福:《殷墟甲骨文宾语语序研究》，博士学位论文，首都师范大学，2010。
齐航福:《殷墟甲骨文中句式使用的组类差异考察——以“岁”字句为

例》,《中国语文》2014 年第 2 期。

齐航福:《殷墟甲骨文中焦点问题的初步研究》,《语文研究》2014 年第 4 期。

齐航福:《再论殷墟甲骨文中句式使用的组类差异——以“燎”字句为例》,《语言研究》2017 年第 2 期。

齐航福:《三论殷墟甲骨文中句式使用的组类差异考察——以“祷”字句为例》,《古汉语研究》2020 年第 1 期。

乔宇譞:《花东子卜辞所见祭名祭法材料的整理与研究》,硕士学位论文,郑州大学,2015。

秦岭:《甲骨卜辞所见商代祭祀用牲研究》,硕士学位论文,华东师范大学,2007。

裘锡圭:《关于殷墟卜辞的命辞是否问句的考察》,《中国语文》1988 年第 1 期。

裘锡圭:《卜辞“異”字和诗、书里的“式”字》,《中国语言学报》第 1 期,商务印书馆,1983。

裘锡圭:《甲骨文字考释·重文和合文重复部分的省略》,载《古文字研究》第四辑,中华书局,1980。

沈林:《甲骨文动词断代研究》,硕士学位论文,西南师范大学汉语言文献研究所,1998。

沈培:《殷墟花园庄东地甲骨“𣪘”字用为“登”证说》,《中国文字学报》第一辑,商务印书馆,2006。

沈培:《殷墟甲骨卜辞中主语的位置及相关问题》,《古汉语研究》1992 年第 4 期。

沈培:《商代占卜中命辞的表达方式与人我关系的体现》,载李宗焜主编《古文字与古代史》第二辑,“中央研究院”历史语言研究所,2009。

沈之瑜、濮茅左:《殷墟卜辞的辞式与辞序》,中国古文字学研讨会论文,1986;又载《古文字研究》第十八辑,中华书局,1992。

时兵:《古汉语双宾结构研究——殷商到西汉年代相关地下语料的描写》,博士学位论文,安徽大学,2002。

唐钰明、周锡馥:《论上古汉语被动式的起源》,《学术研究》1985 年第 5 期。

唐钰明:《甲骨文“唯宾动”式及其蜕变》,《中山大学学报》1990 年第 3 期。

王崇月:《甲骨文含“侑”祭祀动词连用句研究》,《唐山师范学院学报》2015 年第 6 期。

王国维:《殷礼徵文》,载《王国维遗书》,上海古籍书店,1983。

王宇信:《周原出土庙祭甲骨考》,《考古与文物》1988 年第 2 期。

王宇信:《殷人宝玉、用玉及对玉文化研究的几点启示》,《中国史研究》2000 年第 1 期。

文术发:《商周祭祀铭文研究》,博士学位论文,中山大学,1999。

夏大兆:《甲骨文字用研究》,博士学位论文,安徽大学,2014。

徐艳利:《〈殷墟小屯村中村南甲骨〉整理及文字研究》,硕士学位论文,西南师范大学,2014。

徐志林、刘彭冰:《甲骨卜辞双宾结构原型范畴理论研究》,《江西师范大学学报》(哲学社会科学版)2008 年第 6 期。

徐志林:《甲骨卜辞中的“三宾语”问题的反思》,《江西师范大学学报》(哲学社会科学版)2009 年第 6 期。

杨逢彬:《殷墟甲骨刻辞词类研究》,博士学位论文,武汉大学,1998。

杨树达:《甲骨文之先置宾词》,载《积微居甲文说》,上海古籍出版社,1954。

姚孝遂:《牢宰考辨》,载《古文字研究》第九辑,中华书局,1984。

于省吾:《甲骨文字诂林》,中华书局,1979。

喻遂生:《甲骨文三宾语句研究》,载《语言文字与文学诠释的经典对话》,台湾东海大学中国文学系,2011。

喻遂生:《甲骨文存现句述要》,载《甲金语言文字研究论集》,巴蜀书社,2002。

喻遂生:《甲骨文单个祭祀动词句的转换和衍生》,《语言研究》2002 年第 2 期;又载《甲金语言文字研究论集》,巴蜀书社,2002。

喻遂生:《甲骨文的词头“有”》，载《甲金语言文字研究论集》，巴蜀书社，2002。

喻遂生:《甲骨文动词和介词的为动用法》，载《甲金语言文字研究论集》，巴蜀书社，2002。

喻遂生:《甲骨文双宾语句研究》，载《甲金语言文字研究论集》，巴蜀书社，2002。

喻遂生:《语法研究与卜辞训释》,《绵阳师范学院学报》2007年第4期。

喻遂生:《甲金语法札记三则·于A于B》，载《甲金语言文字研究论集》，巴蜀书社，2002。

詹鄞鑫:《释甲骨文“彝”字》,《北京大学学报》1986年第2期。

张秉权:《祭祀卜辞中的牺牲》，载《中央研究院历史语言研究所集刊》第三十八本，“中央研究院”历史语言研究所，1968。

张秉权:《殷代的祭祀与巫术》，载《中央研究院历史语言研究所集刊》第四十九本第三分册，“中央研究院”历史语言研究所，1978。

张新俊:《殷墟卜辞祭名祭法考》，硕士学位论文，郑州大学，1999。

张玉金:《甲骨卜辞语法研究两篇》，博士学位论文，北京大学，1988。

张玉金:《甲骨卜辞中“惠”和“唯”的研究》,《古汉语研究》1988年第1期。

张玉金:《论宾字句的句法结构》,《古汉语研究》1993年第2期。

张玉金:《论殷墟卜辞命辞的语气问题》,《古汉语研究》1995年第3期。

张玉金:《祭祀卜辞“遘”字句的句法分析》,《辽宁师范大学学报》1995年第4期。

张玉金:《论甲骨金文中的“宾”字及相关问题》,《古汉语研究》1996年第2期。

张玉金:《释甲骨文“宾”》,《古汉语研究》1996年第4期。

张玉金:《殷墟甲骨句类问题研究》,《古汉语研究》1997年第4期。

张玉金:《〈甲骨文句型句式汇典〉编纂的设想》，古文字信息化处理国际学术研讨会论文，2001。

张玉金:《二十世纪甲骨文语法研究的回顾暨展望》,《古籍整理研究学刊》2002年第1期。

张玉金:《论甲骨文“御”字句中的单动句》,《古汉语研究》2003年第3期。

张玉金:《论甲骨文中的兼语句》,《古籍整理研究学刊》2003年第1期。

张玉金:《关于殷墟甲骨文中有无被动句式的问题》,《殷都学刊》2006年第3期。

张玉金:《释甲骨金文中的“宜”字》,《殷都学刊》2008年第2期。

张玉金:《关于甲骨文中的“往”是否用作祭名的考察》,《古汉语研究》2019年第4期。

张玉金:《21世纪以来甲骨文语法研究的回顾与展望》,《出土文献》2021年第2期。

张玉金、孙志豪:《论殷墟甲骨文非处所词语的处所化》,《古汉语研究》2021年第2期。

赵诚:《甲骨文动词探索(二)——关于被动式》,《中国语言学报》1991年第4期。

赵伟:《殷墟甲骨语词汇释》,博士学位论文,河南大学,2018。

赵岩:《论非同类卜辞语言使用的特色——以两类子卜辞祭祀动词的比较研究为例》,《大庆师范学院学报》2009年第2期。

郑继娥:《甲骨文动词语法研究》,硕士学位论文,西南师范大学,1996。

郑继娥:《殷墟甲骨卜辞祭祀动词的语法结构及其语义结构》,博士学位论文,四川大学,2004。

郑继娥:《甲骨文中的连动句和兼语句》,《古汉语研究》1996年第2期。

周国正:《卜辞两种祭祀动词的语法特征及有关句子的语法分析》,载《古文字学论集初编》,香港中文大学,1983。

朱凤瀚:《商周时期的天神崇拜》,《中国社会科学》1993年第4期。

朱凤瀚:《商人诸神之权能与其类型》,载吴荣曾主编《尽心集·张政烺先生八十庆寿论文集》,中国社会科学出版社,1996。

朱歧祥:《由“不”的特殊句例论卜辞命辞有属问句》,载《第三届国际中国古文字学研讨会论文集》，香港中文大学，1997。
朱歧祥:《论花园庄东地甲骨用词的特殊风格——以岁字句为例》，载《古文字研究》第二十三辑，中华书局，2002。
朱歧祥:《〈殷墟花园庄东地甲骨释文〉正补》，第五届国际汉语语法研讨会论文，“中央研究院”语言学研究所，2004。

后　记

本书是在笔者硕士学位论文《甲骨文祭祀动词句型研究》的基础上修改而成。[①] 在本书出版之前，笔者对原硕士论文进行了修改和增补，主要做了以下几个方面的工作。

绪论部分，收集了 2003 年至 2021 年期间甲骨文句法方面的主要研究成果，据此对第一节“甲骨文句法研究概述”进行了增补和修改，并新增了第二节“甲骨文祭祀动词句法研究综述”；吸收了商代祭祀以及殷墟卜辞祭名祭法研究方面的代表性论著，如冯丽萍、张新俊、李立新、刘源等，[②] 对第三节和第四节进行了增补。

第一章至第三章，一方面，对其中句型的分类及描写方法进行了较大调整。这三章原来是根据转换生成语法的基本原理，运用移位、添加、省略、变序等转换方法，具体分析甲骨文祭祀动词句型转换衍生的过程。以第一章第一节单祭祀动词单宾句为例，句型 4“$(AV_1)+(S_{施})+(AV_2)+V+O_{神}$”是“动词＋神祇”类的基本句型，句型 7“$(AV_1)+(S_{施})+(AV_2)+V+P+O_{神}$”则为在句型 4 的“$O_{神}$”前添加“P”、把宾语变为补语而成，句型 8“$(S_{施})+(AV_3)+P+O_{神}+(AV_2)+V$”则是

① 笔者的硕士学位论文 2003 年被评为西南师范大学优秀硕士论文，2004 年又荣获“重庆移动通信杯”优秀学位论文奖。书中的一些章节已以单篇论文的形式在一些大学学报发表过，详见参考文献。

② 冯丽萍:《论商代祭祀》，硕士学位论文，北京师范大学，1993；后收录邹晓丽等著《甲骨学文字述要》，岳麓书社，1999；张新俊:《殷墟卜辞祭名祭法考》，硕士学位论文，郑州大学，1999；李立新:《甲骨文中所见祭名研究》，博士学位论文，中国社会科学院研究生院，2003；刘源:《商周祭祖礼研究》，博士学位论文，南开大学，2000。

把句型 7 的"P+O$_{神}$"移到"V"前，变补语为状语而成，句型 9"（S$_{施}$）+（AV$_2$）+V+O$_{神}$+P+O$_{地}$"则看作是在句型 4 后添加"P+O$_{地}$"而成。原来文中所述某句型由某句型变化而成，具有一定的主观性和猜测性，没有制定明确的转换规则和变序条件。各类句型之间的生成关系，到底是由简单句型通过添加手段而衍生出复杂句型，还是由复杂句型通过省略手段而生成简单句型，难以确定。故修改时将此部分全部删除。另一方面，利用时兵、陈练文、齐航福、张玉金、黄劲伟等甲骨文句法尤其是祭祀动词句式方面的研究成果，[①] 对诸多问题进行了更为深入的讨论；吸收了近年来甲骨文祭祀动词考释、训释、断句方面的研究成果，对一些难懂的卜辞新增了字词注释；对一些有异议的卜辞，将其他学者的观点用引文的形式呈现出来，以供读者参考；对所使用的一些句型符号标识进行了修改，以使其表意更为明确。

第四章，利用邓统湘、齐航福、逄方慧、乔宇譞等研究成果，结合《殷墟花园庄东地甲骨》和《殷墟花园庄东地甲骨刻辞类纂》，[②] 新增了

① 时兵：《古汉语双宾结构研究——殷商到西汉年代相关地下语料的描写》，博士学位论文，安徽大学，2002；陈练文：《殷墟甲骨卜辞句法研究》，博士学位论文，武汉大学，2008；齐航福：《花东卜辞中的祭祀动词双宾语句试析》，《古汉语研究》2010 年第 1 期；齐航福：《花东卜辞中的宾语前置句试析》，《河北师范大学学报》2008 年第 5 期；齐航福：《殷墟甲骨文中句式使用的组类差异考察——以"岁"字句为例》，《中国语文》2014 年第 2 期；齐航福：《殷墟甲骨文中焦点问题的初步研究》，《语文研究》2014 年第 4 期；齐航福：《殷墟甲骨文宾语语序研究》，中西书局，2015；齐航福：《再论殷墟甲骨文中句式使用的组类差异——以"燎"字句为例》，《语言研究》2017 年第 2 期；齐航福：《三论殷墟甲骨文中句式使用的组类差异考察——以"祷"字句为例》，《古汉语研究》2020 年第 1 期；张玉金：《论宾字句的句法结构》，《古汉语研究》1993 年第 2 期；张玉金：《论甲骨文"御"字句中的单动句》，《古汉语研究》2003 年第 3 期；张玉金：《21 世纪以来甲骨文语法研究的回顾与展望》，《出土文献》2021 年第 2 期；黄劲伟：《甲骨文三宾语句的句法推导》，《外文研究》2013 年第 3 期。

② 邓统湘：《〈殷墟花园庄东地甲骨〉句型研究》，硕士学位论文，西南师范大学，2006；邓统湘：《〈殷墟花园庄东地甲骨〉祭祀动词双宾语和三宾语句型研究》，《南昌航空大学学报》（社会科学版）2011 年第 1 期；齐航福：《花东卜辞中的祭祀动词双宾语句试析》，《古汉语研究》2010 年第 1 期；齐航福：《殷墟甲骨文中句式使用的组类差异考察——以"岁"字句为例》，《中国语文》2014 年第 2 期；逄方慧：《甲骨文非祭祀动词句型研究》，硕士学位论文，西南师范大学，2013；乔宇譞：《花东子卜辞所见祭名祭法材料的整理与研究》，硕士学位论文，郑州大学，2015；中国社会科学院考古研究所编著《殷墟花园庄东地甲骨》（修订本），云南人民出版社，2016；齐航福、章秀霞：《殷墟花园庄东地甲骨刻辞类纂》，线装书局，2011。

第五节“花东卜辞祭祀动词双宾句和三宾句”；新增了第六节“祭祀动词的分类”，分析已有分类方法存在的不足，根据句法结构和宾语语义类型的不同对祭祀动词重新进行了分类。

附录部分，参照李真、徐艳利等已有相关研究及《村中南》《殷墟小屯村中村南甲骨刻辞类纂》等著录资料，[①] 新增了附录三，对《村中南》出现的所有单祭祀动词双宾句和三宾句及其变式进行了分类描写，以备读者查阅。

原硕士学位论文的选题、写作、修改都是在导师喻遂生先生的精心指导下进行的。先生严谨的治学态度，使我终身受益。三年来，先生在学业上和生活上无微不至的关怀，我将永远铭记在心。

谨对毛远明先生、张显成先生、李海霞先生、徐难于先生、翟时雨先生、刘青先生（按受业先后）的言传身教深表感谢。对在学习和生活上给我关心和帮助的甘师母、黄立凌老师、苏文英老师、欧昌俊老师、陈蕊老师、李弘毅老师深表感谢。对三年来有幸、有缘相识的学友给我的帮助深表感谢。

作 者

2022 年 2 月 22 日

① 李真:《〈殷墟小屯村中村南甲骨〉词汇、句型研究》，硕士学位论文，西南师范大学，2014；徐艳利:《〈殷墟小屯村中村南甲骨〉整理及文字研究》，硕士学位论文，西南师范大学，2014；中国社会科学院考古研究所编著《殷墟小屯村中村南甲骨》，云南人民出版社，2012；李霜洁:《殷墟小屯村中村南甲骨刻辞类纂》，中华书局，2017。

图书在版编目（CIP）数据

甲骨文祭祀动词句型研究 / 贾燕子著 . -- 北京：社会科学文献出版社，2022.12

（出土文献与中国文学研究丛书）

ISBN 978-7-5228-0720-1

Ⅰ. ①甲… Ⅱ. ①贾… Ⅲ. ①甲骨文-动词-研究②甲骨文-句型-研究 Ⅳ. ① K877.14

中国版本图书馆 CIP 数据核字（2022）第 172063 号

出土文献与中国文学研究丛书

甲骨文祭祀动词句型研究

著　　者 / 贾燕子

出 版 人 / 王利民
责任编辑 / 崔晓璇
责任印制 / 王京美

出　　版 / 社会科学文献出版社
地址：北京市北三环中路甲 29 号院华龙大厦　邮编：100029
网址：www.ssap.com.cn
发　　行 / 社会科学文献出版社（010）59367028
印　　装 / 三河市东方印刷有限公司

规　　格 / 开 本：787mm × 1092mm 1/16
印 张：24.75 字 数：369 千字
版　　次 / 2022 年 12 月第 1 版 2022 年 12 月第 1 次印刷
书　　号 / ISBN 978-7-5228-0720-1
定　　价 / 168.00 元

读者服务电话：4008918866